上海市教委重点学科（第五期）项目　　　　　　　　项目编号：J50801

生命的主旋律

上海音乐学院钢琴系四大教授纪念专辑系列

主编　吴誌顺

李嘉禄纪念文集

上海音乐学院出版社
SHANGHAI CONSERVATORY OF MUSIC PRESS

图书在版编目(CIP)数据

生命的主旋律:李嘉禄纪念文集/吴誌顺主编. —上海:

上海音乐学院出版社,2008.5

(上海音乐学院钢琴系四大教授纪念专辑系列)

ISBN 978 - 7 - 80692 - 361 - 0

Ⅰ.生…　Ⅱ.吴…　Ⅲ.李嘉禄(1919~1982) - 纪念文集

Ⅳ. K825. 76 - 53

中国版本图书馆 CIP 数据核字(2008)第 045832 号

书　　名:生命的主旋律——李嘉禄纪念文集

主　　编:吴誌顺

责任编辑:沈庭康

封面设计:邵奇青

出版发行:上海音乐学院出版社

地　　址:上海汾阳路20号

印　　刷:上海师范大学印刷厂

开　　本:787×1092　1/18

印　　张:27$\frac{1}{3}$

字　　数:400 千

版　　次:2008 年 5 月第 1 版　2008 年 5 月第 1 次印刷

印　　数:1—2,300 册

书　　号:ISBN 978 - 7 - 80692 - 361 - 0/J. 349

定　　价:42.00 元

1981 年 11 月 25 日（入住华东医院前夕）在家备课

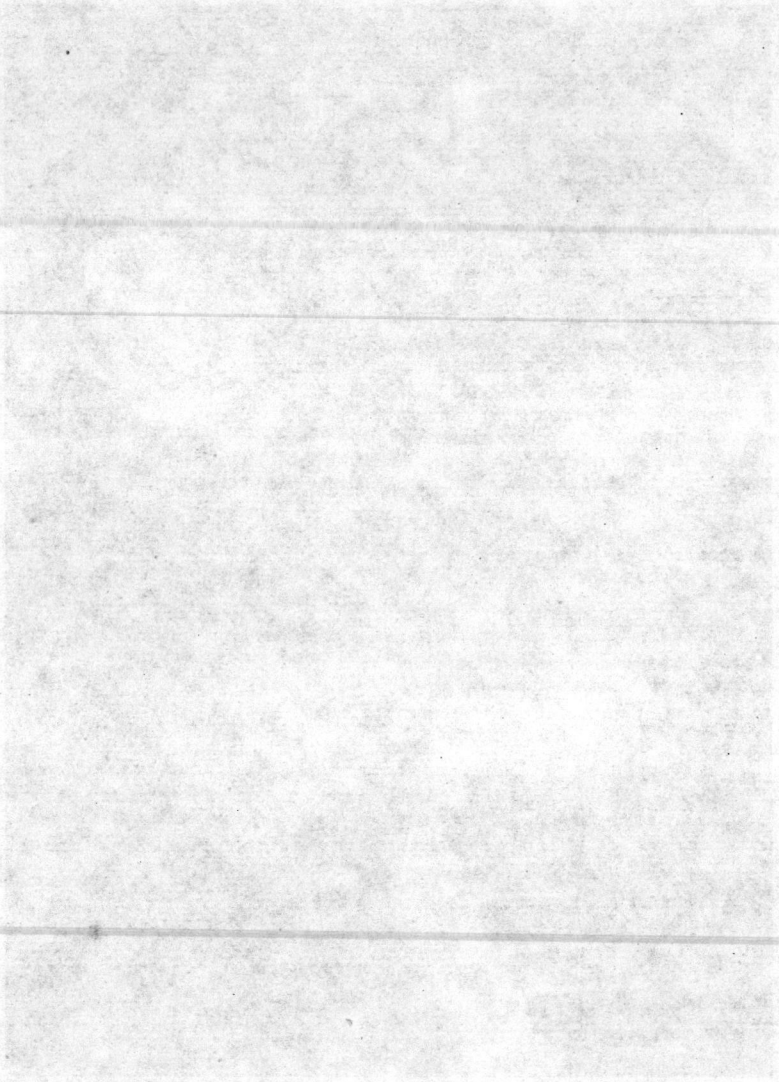

怀念嘉禄同志、

谁知琴中音

声声皆辛苦

缪天瑞

序

桑　桐

　　我深感荣幸地接受了李嘉禄教授夫人吴誌顺老师之嘱，为这本富有纪念和教育意义的《李嘉禄纪念文集》作序。我认真地阅读了李先生以前的老友、同学、同事、亲人和学生们所写充满深情的缅怀、纪念的文章，以及李先生讲授几首钢琴名作的音乐分析、演奏方法和创作的遗稿，深为这些文中所叙李先生的刻苦钻研、辛勤教学、一生奉献于音乐教育事业的崇高精神和动人事迹所感动。眼前也浮现出李先生那宽阔的额角，眼镜后面充满睿智和仁爱目光的眼睛，圆圆而总是带着笑容的脸庞，他是一位不能令人忘怀的可亲可敬的教师和长者。

　　李嘉禄先生是我国著名的钢琴家演奏家和教育家，也是曾任上海音乐学院钢琴系副系主任的资深教授，培养了众多的优秀钢琴家、钢琴教育家和音乐人才，与其他钢琴教授一起，为上海音乐学院的钢琴教育事业作出了卓越的贡献。这本纪念文集，既表达了对李先生的怀念感谢之情，又记录了李先生一生的教学业绩和高尚品德的丰富事迹。由于写纪念文章的有各方面的人士，所以为我们呈示了李先生在教学、演艺、品德、为人和亲情等多方面的闪光形象。其中，汪培元和郑曙星两位老师所写的长文，概括而又全面地叙述了李先生一生勤奋刻苦、专心致志地奉献于钢琴教育事业，尽心培育无数的桃李门生、钢琴俊英的事迹，读后可对李先生的一生功绩、敬业精神、爱心奉献有一个较全面的了解。他们中一位是李先生早在福建音专时就已是同事，一位是先为学生后为同事，与李先生均有较长时间的相处，了解甚深。两文均不仅叙述了历史事迹，并表达了对李先生的深情厚意，使读者亦加深了对李先生的景仰之情。

　　李先生的同学陈作述先生的回忆，给我们描绘了李先生青年时期多才多艺、钟情钢琴、勤学苦练的生动形象。福建音专的老校友杨碧海先生叙述了李先生的学习精神、教学态度和无私奉献，博得了当时全校学生的爱戴："李先生的琴声是每一个同学回忆永安时代的特殊记忆。"这是一个极富诗意、极为形象的描写，写出了李先生在福建音专时期，以琴声鼓励同学们克服困难、刻苦学习的情景。许文新先生的文章中也提到了李先生是学生们勤学苦练的榜样："李师已逝，琴音永存；苦练精神，影响深远。"林鸿祥先生的"饮水不忘掘井人"，则叙述了李先生的"循循善诱、诲人不倦"的敬业精神，师生间的关心照顾、亲密无间的情谊，在教学、演奏上精心钻研的态度。李先生早年的学生赵方幸、林元宁两位女士，也都回忆了福建音专时期，李先生的鼓励和帮助、言传身教的宝贵精神。杨炳维先生除深情回忆福建音专时期李先生的教学外，还叙述了李先生对培养家乡厦门音乐人才的关心。他的儿子杨鸣先生也是李先生的学生，为他打好了基本功，在这本文集中也有他写的纪念文章，表示要继承和发扬李先生为音乐事业献身的精神。李思芳女士的文中提到"我以薪火相传的行动来告慰李先生在天之灵"。这些可贵的心愿和行动，表明了李先生在早年的教学时期，即以他的勤学苦练、诲人不倦的精神而产生深远的影响，代代相传。

　　温可铮先生回忆了与李先生合作举办音乐会的往事，提到"李先生走了，但他留给人间的美、音乐、品德永远不朽"。令人深感惋惜的是温先生前不久亦告别人世，这些挽语亦适于他自己。

　　李嘉禄先生向学生传授了先进的钢琴弹奏方法和音乐表现的要领，口授与示范并举，不计报酬、不计时间、不顾劳累的奉献精神，因材施教，培养多方面的钢琴人才。他以爱国敬业的精神，全心全意投注于为祖国培养优秀的钢琴人才。这些高尚品德，在他以前的学生们所写的纪念文章中都得到充分的缅怀、叙述和赞颂。叶惠芳女士的文章缅怀了"李先生在教学中不仅教学生钢琴的技能、音乐的内涵，还有意识地培养学生的毅力和创造能力，为学生的发展殚精竭虑"。汝洁女士的文章赞扬了李先生"追求艺术完美的精神"；"他教课主要是启发和引导学生主动地去追求音乐的美，精益求精，永无止境"；同时非常讲究音色，讲究"如何用不同的触键法来获得各种美妙的声音。"又叙述了李先生熬着身体的病痛站着上了几小时的课,令人感动。林瑞芝女士的文章这样叙述:"回想先生对我的教学,除了他本人有丰富的教学经验外,特别注重诱导学生去独立思考和发挥主观能动性。"文中还举了一件充分表现李嘉禄先生在教学上完全认真负责的事情。在50年代初,学校规定钢琴系学生需担负其他系同学钢琴副科或担任伴奏的工作,而李先生亦并不因不属于他主科范围而不加顾问,所以文中说:"每次我为同学上课时,先生必到教室,听我是如何教的,课后,他一定和我交换意见,指出我在教学中的优缺点。"李嘉禄先生这种认真负责培养学生的精神,是音乐学院教师的典范,也是上海音乐学院应该发扬的传统。 韩曼云 女士的文章中深情地说:"他为我们树立了为人师表的极好榜样。"在徐月初先生的回忆文章中,通过他与李先生在南京金陵女大一年时期的相处,以具体事实形象地赞扬了李先生"可贵的爱国热忱",以及相互间"难忘的师生情谊"。在邵智贤女士的"师恩永镌"一文中,更以一位远赴西南贵州工作的老学生的身份,回顾了李先生的关心鼓励、针对性的教学方法,并且在李先生有病在身时,还考虑到她远处西南而更要尽心传授帮助。她在文章中说:"几十年来他对教学工作就是这样严谨认真、呕心沥血、忘我地奉献。这是他对祖国钢琴教育事业所表现出的高度的责任感。"这些话,既是对李先生的赞扬,也是对我们身为人师者的激励,要学习李先生的这种宝贵精神。正如黄登辉先生的"绵绵的思念"一文中所说:"李先生最难能可贵的是对钢琴教育事业的无比热爱。这种深沉的爱表现在对工作、对教学上的无私忘我,鞠躬尽瘁。""他的敬业精神是我们的楷模。"在康却非女士的文章中,也都提到了李先生的高尚品德、不辞辛劳的敬业精神。在李民铎先生的一文中,赞扬"李先生是一个真正具有'赤子之心'的艺术家";"我们在怀念李先生时,要特别学习他高尚的师德和对教学的满腔热忱。"张国美女士的文中,提到"李先生的人品、才能和一丝不苟的教学态度、教学方法都成为我几十年来作为钢琴教师的楷模和榜样"。

李先生的这种敬业精神和教学态度,不仅是我们的楷模,而且也是上海音乐学院得以不断发扬光大的精神支柱。正是由于很多教师的辛勤教学、刻苦钻研、无私奉献、鞠躬尽瘁、为祖国音乐教育事业而奋斗终身的精神,才使母校得以不断地发展创新。李嘉禄先生就是共建这一光荣传统的代表之一。李先生的这种精神深深地影响着后继者,正如姚世真女士在她怀念文章的最后说:"敬爱的李先生,您虽离我们而去,但是您的播种已在学生一辈或者您的徒孙一代中开花结果;您对音乐的热诚与献身精神将永远存留在学生的心中,时刻鼓舞与鞭策着我们不懈地去承接和继续您的事业。"秦有斐女士的文章中,特别提到李先生不论学生程度深浅,都是热情鼓励,认真指导,把教好每一个学生作为自己天职的师德风范。李先生的学生与同事、与李先生在教学上共同相处了四分之一世纪的朱昌平女士在叙述了李先生在教学工作的各方面事迹后,提到李先生"他执着追求,兢兢业业,任劳任怨,无私奉献,在承传发展钢琴教育事业的道路上留下了不可磨灭的足迹。他的品德和精神至今仍深深影响着后人"。这就是李先生学生辈的响亮誓言和深切缅怀,也是李先生高尚人格力量的影响,我相信这种奉献精神、光荣传统一定会代代相传,影响深远。

有一篇纪念文章是顾圣婴传记的作者蔡蓉曾女士所写,她以生动的文笔,具体的事实,叙述了钢琴演奏家顾圣婴学艺成才的过程,其中介绍了李先生精心教学的动人事迹,还特别提到了顾圣婴原来的老师杨嘉仁先生与李先生的高尚师德与无私品格,这些都是值得大家学习的精神。

在方仁慧女士1982年发表的《辛勤浇灌　桃李芳菲——祝贺李嘉禄教授回国任教三十周年》一文中,特别颂扬了李先生满怀爱国热情,为发展我国的音乐事业贡献自己力量的高尚爱国主义精神。并从"一、因材施教,栽培有方;二、忘我劳动,诲人不倦;三、洋为中用,艺为人民"三个方面介绍了李先生的精细有效的教学方法、忘我劳动的献身精神和既传授西洋音乐经典作品,又热心于向国内外介绍中国作品。文章最后"预祝李嘉禄先生在钢琴艺术教育事业上取得更大的成功"!但令人遗憾和不胜悲痛的是就在这篇文章发表时,李嘉禄先生积劳成疾、因病于上海去世,这是钢琴教育事业的重大损失,也是上海音乐学院的重大损失!

其他纪念文章从各方面回忆记叙了李先生钢琴教学艺术的特色。在董景敏女士的"怀念"一文中,谈到了李先生教她如何善于运用臂力、手腕和手指,以及对音色的理解和掌握,还谈到"我深深体会到他对学生的爱护,以及在教学上尽心、尽力、尽责的精神。他一生不计名利,为教育事业倾注全部心血"。姚彬女士在她的文中更多地归纳了李先生教学方面的成就,她谈到:"是他,带我走进了更广阔的音乐世界……所用教材从巴洛克——古典——浪漫——近代——现代各个时期,以及中国作品,全有涉及。"文中还特别有意思地提到李先生勤学苦练功夫:"只要从湖南路一转进弄堂,即未见人影,先闻琴声。"那些教过、演奏过多少次的乐曲,每教一次,他总要像新教新弹的乐曲一般,用功练习,专注备课。姚彬女士深情地写道:"李先生像是一支腊烛,默默地点燃自己,照亮学生。""然而,老师用生命点燃的这枝腊烛并没熄灭,也不会熄灭,它永远在我们心中燃烧,发热发光!"我想李先生在天之灵,一定会满面笑容、满怀欣喜、满心安慰地聆听着他的学生们发自肺腑之言。

王叔培先生的纪念文章介绍了李先生在教学方面的七个特点,这是很有意义的一个总结,简明扼要,概括地阐明了李先生的教学艺术与教学要求,对钢琴教学会有很大的启发。司徒璧春女士提到了李先生非常重视的触键与音色问题:"对于钢琴演奏的音色层次变化是李先生最讲究、要求最仔细最严格的……讲到触键的声音时,李先生总是不厌其烦反复示范。"并且提到李先生除了教学生学音乐、学技术,"还必须加强实际能力的培养,这样的训练让我终身受益。"裘寿平先生则谈到"李先生的教学是严格而又充满艺术情趣的,总是讲解和示范并用"要求演奏要"一气呵成"。要求对乐句、乐段的发展以及全曲的结构和高潮心中有数。找出乐曲中多声部的因素,使乐曲富有纵深感。裘寿平还提到:"李先生的教学原则何尝不是和这些大钢琴家们(霍夫曼、帕特列夫斯基等)一脉相承呢!""我们都会永远感激他一生在钢琴艺术领域中的重要贡献。"朱贤杰先生的怀念文章亦是对李先生钢琴教学方面的回忆:"既强调乐曲宏观的结构,在具体的处理手法上,又有细致入微的指导。"这是对李先生钢琴教学艺术的又一个概括。并且具体以教肖邦《升f小调波兰舞曲》为例介绍了整个教学进程,他激动地这样写着:"李先生的讲课,不仅让人大开眼界,而且一下子充满了如此多的新的信息、新的想象、新的方案与手法。"并且热情地赞颂李先生"是一位天生的教育家,他上课时,总是循循善诱……总是带着微笑,好像为学生上课是他最愉快的时光"。"跟李先生上课的那些时刻,对于我来说,就好像是穿透灰暗云层的一道阳光。"我所以引了朱贤杰文中的许多话,因为这很能说明李先生以其献身于钢琴教学的精神所产生的深厚的影响。顾仪方女士回顾了李先生对自己的启发、引导,细致地以学习肖邦《第三奏鸣曲》的过程为例,介绍了李先生从作品内容、创作特点、音乐结构、演奏要求、表情特色等各方面进行指导的教学全过程,从中显示李先生教学上全面、细致、循循善诱的精神。李健先生在他的文章中深情地提到"师从李嘉禄先生是难得的机会,亦是我人生的重要转折点",在处理乐曲中李健先生特别提到"李先生给我很多触键的练习","对我当时十分陌生的拉威尔,李先生极力从丰富我对光、色、明、暗、水、天、情、景的想像力,让我去寻求那种轻盈、伶俐、变化细腻的音色。那段时间的学习对我来说是个极大突破","作为李先生的学生,希望在追忆中加深对他的怀念,表示对他的崇敬之情;更重要的是希望他的精神后继有人。"这些都说明了学生对李嘉禄先生的崇敬心情,也希望代代相传后继有人。徐临女士专从李先生学得的练习音阶弹奏的"转大指"的诀窍中得益,并用这种方法传授学生,效果很好,受益匪浅。蔡怡敏女士的文章特别介绍了李先生的《钢琴表演艺术》一书,认为"这是他毕生演奏和教学心得的结晶"。许多纪念文章从自身所受的实际教学中介绍了李先生教学艺术的要点;而蔡女士的这篇文章则从李先生的著作而指出这是李先生毕生演奏和教学的心得,这可以说是一个很重要的补充。

并非是李先生钢琴专业学生的著名作曲家饶余燕先生,详细而富有深情地回忆了向李先生学习的过程,深感自己在李先生"平易近人,朴实无华","仁慈而宽厚的教导"下,"引领进音乐艺术殿堂的大门"。诚挚地提到:"他的人格魅力和精神风范将永远是我们学习的榜样。"文章最后的一句话,和李民铎先生文章的题目一样:李先生"将永远活在我们心中"。我相信这也是所有铭记着李先生师恩的人们心中共同的一句话。另一位作曲家俞抒先生则特别缅怀和赞扬了李先生的民族情结:大力地鼓励和支持中国作品的创作和演出,"切盼新中国早日出现钢琴创作的繁荣局面"。李先生不仅希望,而且身体力行,创作和改编了不少富有民族风格的钢琴曲,就是一个明证,并且也具体地表明了李先生爱国主义精神的一个方面。金村田先生从 40 年代中起,即与李先生有接触,几十年来他难忘李先生的演奏、教学和对劳动人民学生的热爱。

指挥家水蓝先生回忆了李先生的演奏对他的深刻印象,并体会了李先生"手要松、手要通"的要诀对演奏和指挥的普遍意义。白祖怡、于今、李诺、林恩蓓等老师的缅怀文章,都具体地记述了李先生富有成效的教学方法,不辞辛劳的敬业精神,悉心传授、为人师表的高尚品德,也都提到了终身牢记、不能忘怀李先生深厚师恩。李毅先生的"记忆犹新",则是作为李先生的儿子,对自己在父亲的培养、教育、关心、爱护、指导、合作下逐步成长的感恩记录,提到过去的许多录音和手抄谱是李先生留给他唯一的宝贵财富,"其中每一个渗透了汗水的音符和每一首曲子,是他为我个人的前途铺平道路的印记。我永远铭记他那不可斗量的父爱。"读之令人深感李先生深厚的亲子之情,深为感动。李嘉惠先生一文,闪耀着李先生笃于手足之情的仁爱形象,令人敬佩。

这本文集中,除了许多满怀深情的纪念文章外,尚有李嘉禄先生分析讲解几位钢琴作曲大师作品的遗稿,这也从另一方面说明了李先生的丰富学识和钢琴教育方面的全面才能,他不仅在课堂上具体指导钢琴的弹奏方法、演奏要点,指出存在的问题,口头讲解,手上示范,进行乐曲的分析,提出演奏要求与方法,务使学生能深入掌握,切实提高。他的这些讲稿内容,从介绍作曲家生平、乐曲的内容与形式,直至具体地提出弹奏处理、踏板运用的方法。本文集所辑录的李先生给李恒函授的内容,是李先生对钢琴弹奏方面的经验总结和教学心得,有很重要的实际指导意义,能从中学习到这些问题的弹奏要点。另外亦表明了李先生一心帮助不在身边的爱儿,不断提高钢琴演奏技巧和水平的慈爱之心。李恒先生在他的"怀念我的父亲李嘉禄"一文中深情地说:"现在我自己已是进入中年的钢琴教师了,他仍然是我工作上遇到难题时最想请教的恩师"、"最想倾诉的亲人"。在工作困难时,用函授的方法加以指导帮助,八年的函授,结出了丰硕的成果。所以李恒将李先生当年花了无数精力和心血的信稿,奉献在这本纪念文集中,是很有意义的。在那些怀念文章中所说李先生教学上的特点,从这些讲稿中亦可得到充分的证明。我想信无论是认识或不认识李嘉禄先生的人,都可从这本宝贵的纪念文集中了解李嘉禄先生的师德风范和仁爱品格。

李先生的老友、指挥家、老教授黄飞立先生亦为李先生写了纪念文章,为我们回忆了许多在40年代早期、在福建音专时与李先生的友谊,李先生的刻苦钻研精神和为音乐事业一起合作与有趣的往事,令人深感兴趣。老友朱思明先生的文中,提到了李先生当年的刻苦勤奋、"夜以继日、力求进取的拼搏精神"。并介绍了李先生的一些往事,使人对李先生有一个多方面的了解。还有一篇程本先生的"一个听众的感受"的纪念文章,回忆了半个世纪以前,聆听李先生在独奏音乐会上弹奏肖邦《第二叙事曲》的印象和感受。从听众的角度赞美了李先生演奏方面的艺术造诣,令人深感兴趣。这表明了李先生演奏方面的功力和深度,使听众留下了难以磨灭的印象。

李先生的千金李小宁女士富含深情的纪念文章"思念和蔼可亲的爸爸"中提到李先生"不仅是个多才多艺的人,而且是充满了爱心和同情心的人"。这在其他的一些文章中也从不同方面赞扬了李先生的这种可贵品德。文中还有一些鲜为人知的饱含亲情的事,如为女儿亲手设计针织绒线衣,为亲戚修补藤座椅等,使我们不仅看到一个刻苦钻研、认真投身教学的资深教授,而且也是一位富于亲情、多才多艺的慈爱父亲和长者。

特别需要提到的是李嘉禄先生的夫人吴誌顺老师的纪念文章"追忆和缅怀",读后使人对李先生一生的生活、学习和工作的丰富而多彩的事迹,艰苦而幸运的历程,有了较为详细的了解;对李先生与吴先生之间的伉俪情深,亦有了细致的感受,李先生在学习与事业上的发展,都包含了吴先生全身心支持的力量与作用。同时,令人对李先生从青年求学时期起就醉心音乐、献身钢琴、勤奋学习、刻苦追求的远大志向和拼搏精神,有了更为生动而深刻的印象。李先生一生为了达到自己所追求的掌握钢琴艺术的精髓、奉献于祖国的音乐教育事业、培养钢琴艺术人才的大志所付出的巨大努力与辛勤劳动,呕心沥血、鞠躬尽瘁的艰苦经历与光荣业绩,使人深受教育,令人深深感动。

我自己与李先生同事三十载,李先生进上海音乐学院任教时,我尚只是一个刚开始教学的"毛头小伙子",我在作曲系工作,虽为两个系,接触不多,但一直对李先生的演奏和教学深为景仰,特别因为李先生在美国留学时曾就读理论作曲专业、从事创作活动而更有同行学长之谊。我与李先生虽为同事,但我的夫人汝洁是李先生的学生,所以又应当是我的师父,但因汝洁于钢琴系毕业后,应贺绿汀院长之命而从事视唱练耳的教学,离开了钢琴系,与李先生较少联系,因而了解不多。这次阅读了这本纪念文集,了解了更多李先生的高尚品德和教学成就,深受教育,十分感人。李先生的一生是勤奋努力、刻苦钻研的一生!是鞠躬尽瘁、献身祖国音乐事业的一生!也是热爱钢琴教育、尽心尽力培养桃李俊英的一生!上海音乐学院不能忘记李嘉禄先生为上音钢琴教育事业的发展、培养优秀钢琴人才所付出的无比辛劳和作出的巨大贡献!

　　李嘉禄先生光辉的教学功绩传之永远!

　　李嘉禄先生崇高的奉献精神永垂不朽!

2007 年 6 月 30 日

编 者 的 话

吴誌顺

    首先让我向原天津音乐学院院长、百岁人瑞音乐家缪天瑞教授及原上海音乐学院院长、著名作曲家、理论家桑桐教授为《李嘉禄纪念文集》题词、写序,表示衷心的感谢。

    这本文集分六个部分:

    第一部分是李嘉禄生平的图片。

    第二部分是解放前李嘉禄在福建永安国立福建音乐专科学校,解放后在南京金陵女子文理学院(1951年秋与南京金陵大学合并,1952年秋院系调整时,金大音乐系又合并到上海音乐学院)和上海音乐学院所教过的部分学生,以及李嘉禄在中学、大学里的同学、个别听众为纪念李嘉禄逝世二十五周年所写的文章。他们在文章中所写的事情,有许多是我读后才得知的。他们对李嘉禄的演奏、教学及为人师表的充分肯定和敬重,令我非常感动。在此谨向所有投稿者表示诚挚的感谢。为了这本纪念文集,秦有斐老师在健康欠佳的情况下为我和同学们、朋友们联系,并打印、转寄文章到加拿大给我,花了不少精力和时间,我由衷地感谢她。

    李嘉禄自从1940年起在福建协和大学二年级开始教钢琴至1981年底为止,除在上述三所音乐院校外,还在前南京国立中央大学音乐系、南京军区文工团兼教钢琴。他所教过的优秀学生中,有大学本科生、研究生、进修生、师范生、私人学生,假期远道来求教的青年教师、学生等达数百人。他们毕业后被分配到全国各大专院校及文艺团体。有国际比赛获奖者,有专家,有独奏、伴奏演员,有教授、教师,有院校的领导、艺术团体的骨干,也有在辛勤地培养钢琴音乐幼苗的园丁。他们在国内外都干得很出色,培养了不少音乐人才，有许多退休后仍然退而不休，继续献身于音乐事业。李嘉禄在天之灵，一定会为他的学生们而感到无比的骄傲与欣慰。由于这些学生分散在全国各地，或移居美、加、澳、意、香港、台湾等国家与地区，多数的地址和电话都更换了，因此未能一一告知有关编印纪念文集之事，甚感抱歉。有的虽然联系上了，但因抱病在身，难以执笔，深感遗憾！

第三部分是李嘉禄的家书：即李恒于 1971 年 1 月到北京总政参军期间，当时艺术院校全面停课，在北京没有钢琴老师上课的情况下，为配合李恒在部队的任务并结合他当时的业务水平，以家书的形式答复他的一些有关音乐和技术的问题。这些保留了三十余年的书信，纸张已变黄了，墨迹也变浅了，但它毕竟是李在百忙中、在夜深人静时边抽烟边思考，边看乐谱边分析，他口授、我笔录的情况下完成的。它们记载着为父者的心血，字里行间也充满着父亲教子的慈爱心情。虽然是家书，其中大部分内容对学钢琴者仍然是很有学习价值的，要把它当废纸处理掉实在于心不忍。因此，我考虑再三，并得到李恒的同意将其中一部分在《李嘉禄纪念文集》里出版。由于是在上述的情况下写的家书，措词方面就不太字斟句酌，列举谱例时又因所用的乐谱版本上没有加注小节数，当时仅写明出自乐谱的第几页。为了方便今天的读者，得到朱昌平和康却非二位老师的帮忙，她们在繁忙的教学和事务之余挤出宝贵的休息时间，借来同样版本的乐谱，不厌其烦地将谱例复印后加注小节数，还有其他繁琐工作，使得本文集能够较完满地出版。特此向她们二位表示万分的感谢。

第四部分是李嘉禄的创作与改编：包括单乐章《钢琴奏鸣曲》（1950 年），为李毅生日而作的小提琴练习曲《无穷动》（1974 年），还有 1958 年"革命化、民族化、大众化"（教学改革）时所改编的《清江河》等钢琴曲共九首。

第五部分是李嘉禄的钢琴独奏保留曲目部分目录及部分音乐会节目单。

第六部分是李嘉禄病逝的刊讯与挽联。

2007 年 2 月 19 日于加拿大

目　录

生 平 图 片

1941 年在福建邵武

1942 年 6 月获私立福建协和大学理
学士学位

1945 年在福建永安

1947 年出国留学时

1956 年在漕河泾上音大礼堂屋顶钟楼边　(范静渊摄)

1957 年于桂林公园

1974 年摄于
天安门前

1976 年深夜在写信
给儿子李恒

1977 年秋在福园 3 号

1978 年冬在家练琴

1980 年 8 月

1980 年 10 月下旬于肖邦故居门前

1980 年 9 月在德国波茨坦会议大厅前

1980 年 10 月下旬于肖邦故居边门

1980 年 10 月在波兰华沙古城街上

1980 年 10 月于华沙古城一角

1980 年为儿子
抄谱后在校对

1980 年 10 月 27 日在莫斯科红场

1980 年夏在家备课

1980 年深秋于家中

1981 年 11 月 24 日在家备课 (马熙宁摄)

1945 年结婚照

1949 年在美国内州道安大学校园里

1950 年 1 月在美国内州朋友家中写硕士论文

1949 年春在道安大学与音乐系部分同学合影

1954 年夏 小宁在听爸爸讲故事

1957 年 10 月 18 日于漕河泾家门口花园里

1957 年 10 月 18 日在漕河泾合家欢

1961 年 8 月在上音附中花园里 (赵陵娟摄)

1973 年为小儿子李毅伴奏

1973 年李恒回家探亲

1974 年 9 月游长城

1976年儿女仨回家团聚摄于上音图书馆资料室阳台上

1976年李恒回家探亲抓紧上课

1979年于院办二楼阳台 黄宗炜摄

1979 年合家欢 (黄宗炜摄)

1979 年夏于上音南大楼前 (黄宗炜摄)

1980 年大姨吴瑞霞(前中)由新加坡回国探亲、参加小宁婚礼后合影于西郊公园(黄宗炜摄)

1981 年 9 月 4 日欢送李毅赴美深造在家合影 (黄宗炜摄)

1981 年 9 月 4 日李毅出国前一天

1945 年 9 月欢送福路教师返国留影(摄于永安上吉山)

1946 年夏校长
唐学咏、李嘉禄
夫妇与留校部
分学生摄于福
建国立音专新
迁临时校址福
州竹屿乡

1947 年本科第三届、五师第二届毕业生与老师合影（摄于新迁临时校址福州竹屿乡）

1947年夏唐学咏校长与李嘉禄夫妇为薛奇逢夫妇及同学们合影（摄于新迁临时校址福州竹屿乡）

國立音樂專科學校寒假旅行演奏團

1945 年 2 月 1 日
后排左起：黎绍吉、杨桦、杨碧海、陈曒初
中排左起：李嘉禄、王连三、许文新、叶林、吴逸亭、江士骖、
          薛奇逢
前排左起：陈婉翩、李惠连、谢雪如、何雪瑜、黄一虹、王鼎藩

1947 年 12 月欢送李嘉禄老师赴美国留学
后排左起：邱人才、陈维华、傅永根、张修明、林鸿祥、程 远
前排左起：林必戒、郑行秀、吴誌顺、李嘉禄、李思芳、吴慧芳、盛 敦

1951 年与金陵女大钢琴主
修生于教室大楼前合影
左起：叶惠芳、杨道先、李嘉
禄、方仁慧

1951 年春假金陵大学音乐系留校师生春游留影
左后起：黄明、李嘉禄、王晴华、饶余燕、梅滨
右前起：王柏林、程午加、汪培元、常肖梅、林瑞芝、徐月初
（陈洪摄）

北京文代会期间合影

左起：陈洪、谭抒真、黄贻钧、李嘉禄、谢绍曾、丁善德、范继森

1953 年秋与金陵大学部分学生合影于漕河泾家门口
左起：1.朱荣芬 2.郑克玲 3.陈敏庄 4.李嘉禄 5.汪培元

1955 年 2 月 25 日顾圣婴首次在上海
兰心剧场开钢琴独奏音乐会会后合影

1955 年李嘉禄与毕业
生汝洁、林瑞芝在漕
河泾家门口合影

1956 年与应届毕业生合影
左起：郑克玲、陈泽溶、
林瑞芝、王叔培

1956 年于漕河泾上音
办公 大楼前与授课毕
业生合影　左起:秦有
斐（58 届)陈泽溶(56
届)顾仪方（57 届)李
嘉禄、王叔培、郑克玲、
林瑞芝(56 届)

1960 年 5 月 2 日 与班上部分学生到
复兴公园春游
前排左起:姚世真、李嘉禄、王叔培
中排左起:朱昌平、李民铎
后排左起:康却非、王立本

1960 年 5 月 2 日 到复兴公园春游
时的四个男将:左起 李民铎、李嘉
禄、王叔培、林尔耀

与 60 届毕业生黄登辉合影

1960 年 5 月 2 日在复兴公园春游
左起：姚世真、朱昌平、王叔培、李嘉禄

1960 年与王叔培合影

与 62 届毕业生李民铎合影

1960 年钢琴系毕业生与老师们合影 左前起：1.秦有斐 2.马文琛 3.李淑君 4.汪容生 5.黄 登辉 左中起：1.李文蕙 2.张玮琪 3.全庚华 4.李嘉禄 左后起：1.范继森 2.张隽伟 3.刘思同

1964 年与毕业生杨榆生

1960 年福建国立音专上海校友欢迎缪天瑞先生（第二排中）来沪开学术会议时合影

1975 年许斐平与杨鸣来湖南路福园家中探访时留影

1978 年 69 届毕业生上海交响乐团独奏演员裘寿平来湖南路家中上课

80 届全体毕业生与院长及授课教师留影

1980 年 10 月底在波兰参观肖邦故居时与参赛者白祖怡合影

1980 年 9 月底在德国夏宫前留影
左起：吴乐懿、刘亿凡、李嘉禄、白祖怡、王一、文化部领队老董

李嘉禄教授与美籍钢琴家交谈（张甫柏摄）

钢琴家钱赋力来院开独奏会后留影　后左起：李明明、李民铎、汪容生、谭露茜、丁善德、洪腾、盛建颐、秦有斐。前左起：陈良、贺绿汀、钱赋力、吴乐懿、李嘉禄（张甫柏摄）

1979 年在学校大礼堂。
左起：李嘉禄、殷承宗、陈淑贞、吴乐懿、李名强

1980 年管弦系钢琴系老、中、青三代教师与美籍华人小提琴家马思宏及夫人钢琴家董光光合影

钢琴系师生在小礼堂听著名钢琴家傅聪讲解肖邦作品 （张甫柏摄）

1979 年钢琴系教研活动 左起：谭露茜、李嘉禄、吴乐懿、李名强、洪腾、何汉心、林尔耀 （张甫柏摄）

1980 年春巴西钢琴家演出后李嘉禄教授与附中校长王羽上台祝贺 （张甫柏摄）

1980 年 6 月 10 日波兰钢琴家、肖邦国际钢琴比赛获奖者巴巴拉·赫·布科斯卡来院讲学、演出后，丁善德院长、贺渌汀院长、吴乐懿、李嘉禄上台祝贺 （张甫柏摄）

1980 年 8 月 10 日
奥地利钢琴家弗莱
斯曼来院讲学，丁善
德院长陪同与钢琴
系全体师生在小礼
堂听学生演出

1980 年 8 月 12 日奥
地利钢琴家弗莱斯
曼为学生授课后与
听课老师合影
前左起：姜瑞芝、李
嘉禄、弗莱斯曼、贺
绿汀院长、弗夫人、
吴乐懿
后左起：朱昌平（任
翻译）、王晴华、秦有
斐、胡兰儿、李名强

1980 年 8 月 15 日
听完奥地利钢琴家
弗莱什曼的学生汇
报音乐会后贺绿汀
院长上台祝贺，李
嘉禄教授翻译
（张甫柏摄）

1980 年秋德国钢琴家比利为研究生朱贤杰上课，李嘉禄翻译（张甫柏摄）

1981 年 2 月 11 日欢迎著名钢琴家傅聪来上音讲学 左起：李民铎、吴乐懿、傅聪、李嘉禄、李名强（赵家圭摄）

1981 年 7 月 4 日—10 日应国家轻工业部之邀参加于湖南长沙举行的全国钢琴制作评比会
左起：1.钢琴厂代表 2.周广仁 3.李嘉禄 4.钢琴厂代表 5.刘诗昆 演奏者李淇

1981 年夏李名强副院长与李嘉禄教授陪同美国加州杉塔、巴巴拉尼欧逊夫妇来上音访问并游览浦江

1981 年夏谭抒真副院长与李嘉禄教授代表上音院宴请美国钢琴家欧伯拉克来上音演出

1981 年 8 月底美籍华人钢琴家牛恩德宴请上音院系领导后合影
左起：李名强、李嘉禄、贺绿汀、吴乐懿、牛恩德、姜瑞芝与牛家亲戚及上海文化局朱济道

1981 年 10 月 27 日美国驻上海领事杰克·斯瓦兹（后）陪同美国爵士音乐家里里安·斯瓦兹（左前二）来院参观、演出。顾连理教授翻译（左一）

1981 年 11 月 4 日上音部分优秀青年教师来李嘉禄家中探访福路教授（三代学子欢聚一堂）左起：朱昌平、丁逢辰、康却非、李嘉禄、福路、李民铎

1981 年 11 月 6 日钢琴家、钢琴教育家福路教授来上音讲学　左起：林尔耀、福路、李嘉禄　（张甫柏摄）

1981 年 11 月 7 日李嘉禄陪
钢琴家福路教授参观院乐
器工厂 （张甫柏摄）

1981 年 11 月 7 日前国立
福建音专在沪校友宴请
福路教授来上音讲学时
留影
前排左起：王孝存、马革
顺、唐学咏、福路、尤端、
李嘉禄

1981 年 11 月 9 日欢送福路
赴榕讲学。
后左起：林尔耀（系负责
人）、林乐成、李嘉禄、于金
前左起：吴誌顺、李小宁、
福路、李恒

追悼会大厅里

出席追悼会的领导、学生、亲朋好友默哀

原院领导贝纹致悼词

李嘉禄生前学生李民铎
致哀词

家属代表李恒致答谢词

1982年3月12日李嘉禄生前部分学生参加骨灰安葬留影。 左起：郑克玲、董景敏、丁逢辰、康却非、李民铎、李恒、唐兵、郑曙星、汝洁、朱昌平、白祖怡、张国美、于今

左后起：李民铎、马熙宁、康却非、汝洁、李恒、李小宁、唐兵、朱昌平、郑克玲、白祖怡
左前起：董景敏、蔡蓉曾、顾高地、吴誌顺、吴瑞雪、郑曙星、丁逢辰、张国美、于今

追 忆 与 哀 思

李嘉禄生平简介

李嘉禄: 1918 年 1 月 18 日(农历戊午年 12 月 17 日)生于福建鼓浪屿,1982 年 2 月 19 日病故于上海华东医院。

教育情况:

福建同安启悟小学、福建漳州寻源中学就学期间即师从闵加力夫人(Mrs. H. M. Veenschoten)学钢琴。

1938 年 9 月~1942 年 6 月　私立福建协和大学主修生物,获理学士学位,课余师从福路教授(Prof. A. Faurot)学钢琴。

1948 年 1 月~12 月　美国内布拉斯加州道安大学音乐学系毕业,主修钢琴。

1949 年 1 月~1950 年 6 月　美国内布拉斯加州州立大学音乐研究院毕业,获钢琴演奏硕士学位,师从欧洲著名钢琴演奏家及教育家曼海密尔(Prof. Franck Mannheimer)私人学钢琴。

工作经历:

1940 年　大学二年级开始在课余教大学课余钢琴学生,时或到邵武小学任音乐代课老师,作为勤工俭学。

1942 年 6 月　大学毕业后,留校任钢琴助教及合唱伴奏。

1943 年 1 月　应聘于福建永安国立福建音乐专科学校任钢琴讲师。

1945 年 9 月~1947 年底升任钢琴副教授。

1950 年 10 月~1951 年 8 月　任南京金陵女子文理学院音乐系系主任、钢琴教授兼教作曲理论。

1951 年 9 月~1952 年 8 月　任公立南京金陵大学音乐系系主任、钢琴教授并在国立南京中央大学音乐系及南京军区文工团兼课,教钢琴。

1952 年 9 月~1982 年 2 月　任上海音乐学院钢琴系教授。1952 年后,相继任教研组组长、副系主任、院学术委员会委员。

1978 年开始　任上海钢琴厂钢琴制作顾问。

1979 年起　任钢琴演奏专业研究生导师。

1980 年　应聘上海交通大学任艺术顾问。

教学优点及成绩:

面对学生能因材施教、一视同仁,为钢琴事业贡献毕生精力和智慧。"从事钢琴教学达四十年,以治学严谨、耐心细致、循循善诱著称。他注意调动学生的学习信心和能动性,要求学生在理解力、情感表达和技巧三方面全面发展。他的教学选材丰富、曲目多样并博采众长、立意求新。在训练学生的演奏技术时,特别重视指触变化和色彩性,要求做到音色丰富,层次清晰,虚实相间,错落有致。四十年来他培养出大批钢琴演奏家(其中包括已故的著名钢琴家、国际比赛数次获奖者顾圣婴),教学人才,院校及艺术团体领导骨干。"(选自大百科李嘉禄词条,郑曙星撰文)

演奏特点及演出活动:

"李嘉禄钢琴演奏热情细腻,善于用不同的色彩变化和力度对比刻画音乐形象,布局严谨而不流于平淡,达到了罗辑性和激情的较好结合。"(同上,选自大百科)

1940 年~1947 年底　每学期开 1~2 场钢琴独奏会(曲目另页)。在大学期间又先后与同学李东溪、许碧端、李国元、黄明东等同学合开音乐会,与福路教授合开钢琴协奏曲音乐会。

在福建音专期间与小提琴家尼哥罗夫教授(Prof. P. Nicoloff)到长汀厦门大学演出,又先后与小提琴家黄飞立、章彦等教授,声乐家程静子、薛奇逢、陈玄、冯昆贤等教授分别在永安中山纪念堂开音乐会,与二胡教授王沛纶、琵琶教授刘天浪到江西新赣南开音乐会,并参加学生巡回演出队先后到过南平、沙县、龙岩、永春、漳州、泉州、福州等城市演出,共五十多场次。

1948 年~1950 年 9 月 在美国深造期间到过俄亥俄、堪萨斯、敏尼苏塔、密芝根、内布拉斯加等州的许多城市和纽约开音乐会,其中包括两场曲目完全不同的毕业独奏音乐会,先后共五十多场次。

1950 年 11 月 到金陵女大任教不久,即为"皖南救灾募捐寒衣"与温可铮合开音乐会。

1951 年 9 月 1 日 在天津为"抗美援朝捐献飞机、大炮、坦克"与温可铮合开音乐会,之后在天津市及中央音乐学院开两场独奏音乐会。

同年冬天分别在燕京大学、文化部大礼堂与温可铮合开音乐会,后又在北京国际俱乐部为招待驻我国的各国大使及文艺界人士与周小燕、温可铮合开音乐会。

1952 年~1958 年 在北京、上海曾数次为招待法国、苏联、波兰艺术家代表团等演奏肖邦的《革命练习曲》、《叙事曲》第二首,李斯特——帕格尼尼的《钟》……等名曲。

创作与遗稿:从略,请参阅本文集第三、四部分。已出版的如下:

1946 年著《钢琴演奏技术》在福建音专油印使用过,刚解放时归入福州市档案室。

1981 年遗稿:《钢琴表演艺术》1993 年 9 月北京人民音乐出版社初版,2006 年 1 月再版。

《钢琴基本技术练习》1998 年 1 月在北京人民音乐出版社初版,2000 年再版。

唱片:

1951 年在北京录制瞿维《花鼓》、寄明《农村舞曲》。

* 1956 在上海唱片厂录制肖邦《升 F 大调夜曲》。

* 1958 年上海天马制片厂为宣传聂耳牌钢琴,拍摄电影录制《降 A 大调

注:有 * 号者系反右运动前后录制出版的,但上海唱片厂于"文革"中部分唱片被毁,档案不全,尚未找到。

波兰舞曲》。

为葛朝祉录制唱片《魔王》弹伴奏。

奖状：

1940 年~1942 年荣获私立福建协和大学生物系优秀生奖状。

1950 年 6 月在美国内州州立大学获硕士学位，因成绩优异获全美荣誉奖金钥匙一枚、奖状一纸（此奖状于"文革"开始时上交，未见退回）。

1960 年 5 月 7 日获文教方面社会主义建设先进工作者称号。1982 年 3 月被评为 1981 年院先进工作者。

社会活动：

历任中国音乐家协会上海分会理事。

徐汇区政协常委。

1956 年加入民主同盟。

1980 年以观察员身份由文化部组团赴波兰参加第十届肖邦国际钢琴比赛。

1981 年应中华人民共和国轻工业部邀请，担任 7 月 3 日在湖南长沙市举办的全国钢琴制作质量评比会评委。

·

难忘的记忆

陈作述

陈作述（右一）与部分漳州协和大学校友　摄于 2006 年 10 月

　　李嘉禄教授是我中学和大学的同学。他在学校不但书念得好，而且钢琴也弹得很好。他既是学校铜管乐队的一名小号手（每天早上的起床号就是他吹的），又会吹出带有和声的口琴；他是学校足球队的一名中锋，又会游泳；他还会织羊毛衣，真是多才多艺，给我留下极其深刻的印象。

　　嘉禄对钢琴情有独钟，他在漳州寻源中学读书时曾经有个学期和我同住一间宿舍，我经常看见他在天还没亮就起床。那时候学校没有电灯，他就拿着一盏油灯，先到浴室里冲凉，然后就去大礼堂练琴，直到吃早饭的钟声响了才停下来。

嘉禄的老家同安离漳州不远，为了抓紧时间练琴，他连续几个暑假都没有回家去。他不论学什么东西都十分投入。课外时间，我经常看见他在室外的墙壁上，用粉笔划了一个圆圈，把足球朝着那个圆圈直踢，为了提高射门技术，他不厌其烦地踢着。他那坚韧不拔的精神实在感人。后来，我经常用这一实例去教育我的学生。

嘉禄从小就很有志气。有一次，福建协和大学合唱团来漳州演出，我们的中学校长向一位外国牧师借来一架刚从上海买来的新钢琴，放在学校的礼堂里。嘉禄听到这消息，格外高兴，就立刻跑到礼堂去。校长远远地看见有人走近那架钢琴，没有看清是谁，就大声喊道："别去摸它！"嘉禄突然给校长这么一喊，心里感到很不是滋味。过后，他告诉我："校长也不是不知道我会弹琴，怎么连摸一摸也不可以。真是岂有此理！我一定要刻苦练一手好琴，到时演奏让他听。"当时他才念初中三，年龄不大，说话还有些孩子气，可是他的愿望很快就实现了。

抗日战争期间，协和大学内迁山城。那里的气候十分寒冷，我经常看见嘉禄随身带着一个铜制的暖壶到琴房练琴。当他手指确实冻得无法忍受时，才把手放在暖壶上暖和一下，然后继续往下弹，他就是这样刻苦地练习。夏天，我经常看见他利用午睡时间，独自站在树下或靠在门边，手里捧着一大本琴谱翻来翻去地琢磨着。有一次，我问他在干什么，他说他在背琴谱。我又问："那么长的琴谱你怎么都能背下来呢？"他说："能！而且是必须把它背下来才能弹好。"

嘉禄在大学主修生物。生物系系主任鸟类学专家郑作新教授对音乐也很有修养。他建议嘉禄写生物的毕业论文可以结合音乐来写。就这样他在四年级开始，总是风雨无阻地、每天在清晨五点多钟就到树林里去听各种鸟类不同性别、不同时期优美的鸣声，用音符记下。他的毕业论文《邵武各种候鸟的鸣叫声》就是这样写成的。

嘉禄既要读好专业课，又要弹好钢琴，确实是很不容易的。他那始终如一和执著向上的精神，真是难能可贵的。功夫不负有心人，经过多年的勤学苦练,嘉禄的钢琴演奏技术有很大的提高。1942 年 6 月 16 日大学毕业前夕,他和美国青年钢琴家福路(A. Faurot)先生合开的钢琴协奏曲音乐会"Rachmaninoff Concerto in c minor 和 Grieg Concerto in a minor"获得巨大成功,轰动了整个校园,也轰动了整个山城。

老同学李嘉禄教授离开人世快二十五年了,可他留给我的美好印象,永远铭刻在我的心中。

2006 年 6 月 5 日于福建漳州

陈作述:1945 年毕业于私立福建协和大学西语系,长期从事中学外语教学工作。

1979 年—1986 年任福建漳州第一中学副校长。

1987 年被评为中学特级教师。

平凡中见伟大

——纪念李嘉禄教授逝世二十五周年

朱思明

我初识李嘉禄教授是抗日战争期间，1944 年元旦在闽西长汀，当时我就学于内迁的厦门大学。在福建临时省会永安的国立福建音专任教的李教授与该校保加利亚籍小提琴教授尼哥罗夫来长汀为厦门大学师生举办两场演奏会。初次会面以前，"李嘉禄"这一名字对我并不陌生，那是由于他在漳州念中学时所师从的美籍钢琴教师闵加力夫人（Mrs. H. M. Veenschoten），也正是后来我在厦门鼓浪屿所师从的同一教师。李教授该是闵夫人在漳州培养的最得意的门生。她常向我提起李嘉禄，赞赏他的才华和勤奋，以至我在长汀与他初次见面便一见如故。

闵夫人的教学除了对钢琴基本技术和技巧的严格要求外，可能由于她还是杰出的声乐家，因此对钢琴弹奏的音色特别讲究其歌唱性，这就形成她的门生们演奏的特殊风格。闵夫人教学的另一特点是，想方设法培养学生的乐感。她将与学生四手联弹视为教学手段之一，选用乐曲多是根据海顿、莫扎特等交响乐作品改编的四手联弹曲。闵夫人还将读谱和誊抄乐谱视为培养学生音乐基本功的一种手段，作为门生，李嘉禄和我都有类似的誊抄乐谱的经历。

1953 年秋我调来上海工作,李教授已先我一年由南京调入上海音专(现上海音乐学院),从此时有晤面机会。长年接触,我对李教授的治学待人总的印象是:学习上刻苦,品性上乐于提携后辈,业务上勇于探索创新。

李教授是抗日战争时期在迁校闽北山城邵武的福建协和大学完成他的四年大学本科学业,主修生物学。在学期间,曾师从校内美籍钢琴家福路教授习琴。李教授回忆,到大学四年级时,他几乎将全部精力投入钢琴,白天练琴,晚自修抱着琴谱进图书馆认真研读。学业上他还在著名鸟类学专家郑作新教授指导下,完成他以对邵武田野的百鸟鸣叫声调查研究为内容的学位论文,获得理学士学位。1943 年起,李教授在永安的国立福建音专任教。回忆这段岁月,李教授经常提起,当时全校数十位教师中,就数他与小提琴教授尼哥罗夫和黄飞立练琴最刻苦,白天教课之余,晚间还挑灯苦练直至深夜方休,这种夜以继日、力求进取的拼搏精神在全校师生中传为美谈。

李教授珍惜人才,提携晚辈,从不计较个人得失。1959 年夏,李教授到厦门鼓浪屿招生,有人向他推荐琴童许斐平。李教授聆听斐平的钢琴确实弹得不错,当即建议其家长送斐平去上海音乐学院附小就读。当斐平在其母亲陪同下到上海时,李教授接待斐平母子在自己家中暂住,让斐平在家中练琴,为其提供安定的生活和学习环境,使他能专心准备直至顺利通过由钢琴系主任范继森教授主持的面试,正式录取入学。

创建在厦门鼓浪屿的钢琴博物馆是全国唯一、也是举世罕见的钢琴专门博物馆。馆内珍藏两百多台名贵钢琴,其中几台价值连城,全是旅居澳大利亚华人胡友义先生捐赠的。1954 年青年胡友义仰慕李教授盛名,远道赴上海专拜李教授为师学琴,经李教授启迪调教,胡友义感受钢琴魅力,琴艺猛进,为嗣后游学西欧、收藏名琴、以至兴建钢琴博物馆奠定基础。时至今日,胡友义先生仍感戴李教授昔日教诲之恩,将恩师玉照悬挂在鼓浪屿钢琴博物馆,永志不忘。

李教授尊重钢琴艺术传统,但不墨守成规,无论是在乐曲创作或教学法方面,都勇于探索创新。上世纪六、七十年代,极"左"思潮统治我国文化艺术领域十多年,西方传统的钢琴练习曲被限制弹奏。为满足教学要求,李教授凭借个人丰富的教学经验和对钢琴演奏技术的深刻理解,为学生们谱写适用于钢琴教学的具有中国民族风格的练习曲。李教授还采取民间曲调为素材编写或创作钢琴曲,为钢琴乐曲民族化做有益的尝试。还是在此钢琴命运存亡未卜的1973年,李教授为了给钢琴生存争取相对宽松空间,曾不畏艰辛,强忍遭人误解甚至非议的精神压力,毅然承担起上级委派的培养原无钢琴基础的工农兵学员成才的任务。为此,李教授特编写专用教材,经四年费心栽培,终于使其学生成功地达到相当弹奏水平。有位学员在其毕业音乐会的演奏曲目就包括肖邦的《幻想波兰舞曲》和李斯特的《第十二匈牙利狂想曲》,以及其他中外名曲。当然,今日看来这种做法未必可取,但就当时环境而论,恰好可以反映出李教授从实际出发,大胆探索、勇于创新的精神,其所总结的一套具有历史意义的独创性教学经验,至今仍有值得借鉴之处。

李教授并非不懂生活情趣的刻板钢琴家,在从事繁忙的教学工作和紧张的专业活动之余,他自有个人的悠闲生活。李教授毕竟未曾丧失对大学时代所攻读的生物学领域的兴趣,几次到厦门鼓浪屿度假,总不忘记访问旧日的同窗好友亚热带植物学专家李芳洲场长,在他引领下参观鼓浪屿亚热带植物场。应该是上世纪60年代初,李教授在上海湖南路住宅的院子里,曾种过花生、芝麻、绿豆,有所收成。他还种植过一株由南方移植的香蕉树,进行保护其耐冬存活的科学实验。日后我未曾分尝过这株树结出的果实,甚至再也不见其踪影。不言而喻,实验以失败告终。

李教授一生未必轰轰烈烈。大音稀声,在平凡中见伟大。惟其如此,李教授更加值得后人仰慕钦敬。

朱思明:上海华东理工大学退休教授。1923年生,厦门市人。1946年毕业于国立厦门大学机电系。先后在厦门大学及华东理工大学(原华东化工学院)任教。

一个听众的感受

——纪念钢琴家李嘉禄教授

程　本

1954 年李嘉禄教授来北京曾在音乐学院举办音乐会。我有幸聆听他的演奏。时隔半个世纪对于他演奏肖邦《第二叙事曲》我始终留有深刻的印象。我在享受音乐的过程中，每个曲目总会使我联想到某一个时空，某一个环境和某一位演奏家。至今每次听到这首叙事曲就会很自然地联想到李嘉禄教授的那次演奏。这个曲目是我非常喜爱的肖邦作品之一。他的演奏使我领会到作品的内涵，他的解释更丰富了我通过音乐而带来的幻想。

乐曲开始，他用非常优美而深厚的音色奏出宁静而又充满憧景的旋律。好像是欧洲教堂的圣诗和钟声回荡于安详的村庄之中。乐句中还好像带着一种回声与问答的感觉。这一段开始曲在平静渐慢的尾声中结束。他弹奏的音色在最轻的乐句中轻而不虚，正到好处，把人领入美妙的意境之中。

一个短暂的休止后，他以急风暴雨、雷电交加的强音奏出叙事曲的第二个主题。强劲的和弦在起伏的波浪中叙述了故事的转折。他的强音演奏音色深厚，富有弹性。低音部的上行主题和高音部下行的分解和弦层次分明。达到高潮之后，转入高音部以和弦奏出的主题和低音部反复的上行音阶烘托主题。他流畅地奏出叙事曲的又一意境,在逐渐缓慢之后重现开始曲的宁静主题,随之出现短暂的变奏再次进入又一高潮。急风暴雨的强音再现,低音部的旋律和高音部急促的颤动和弦酝酿着故事的又一转折。渐强的下行颤音引出激动不安的主题。短促跳动的和弦奏出焦急的情绪,好像千言万语涌上心头。这种情绪逐渐达到高潮,出现一个滑音带出的和弦,乐曲休止片刻再重现开始时的主题。在这一段演奏中特别显现出他高超的表现技巧和微妙的解释,让听众的心随之起伏。他把这种叙事性的作品表现得淋漓尽致。

作为听众我只听过他一次演奏,只在台下看见他一次,他的仪容我已经记不清了,但他的演奏打动了我。他的音乐永久留在我心中。他在台上演奏时的台风也给我深刻的印象。他没有不必要的肢体动作和面部表情,而是专注于音乐,正像几位大师那样严肃的风格,更使我敬重。

在那场音乐会上他弹了许多曲目,我非常享受,专心地聆听他的每一个演奏。但事隔五十年对于每个节目的印象已经淡漠消逝了,惟有这个叙事曲让我无法忘怀。我喜欢保留每一场音乐会的节目单,作为纪念,也作为回忆的提示。50 年代我不仅保留他的节目单,我还保留钢琴家李赫特、斯缅谦卡、周广仁、顾圣婴、刘诗昆、殷诚宗、李名强等等的音乐会节目单,视为我的珍品。不幸在那场最不文化的“文化革命”中均被付之一炬。在那次音乐会后我不知道他后来的经历和他在音乐事业上的贡献,也不知道他如何度过那场把西方音乐视为罪恶的浩劫。但我相信他的成就不会被磨灭,他在音乐教育的事业中一定是桃李满天下。

如今李嘉禄教授虽已辞世多年,而李恒老师在加州继承了父业,培养出众多出色的学生,令人敬重欣慰。

　　　　　　　　　　　　　　2007 年 2 月 14 日寄自纽约家中

程本:音乐爱好者,北京燕京大学机械系 1952 届毕业,1990 年退休于煤炭科学研究院。

我与李嘉禄先生

黄飞立

著名指挥家黄飞立教授与夫人赵方幸教授

　　我和李嘉禄先生是于 1943 年夏开始认识的,我当时在福建永安的国立音乐专科学校任教。1943 年春天,李先生已受聘到学校来了,我和他很快就从互相认识、了解,到成为好同事和好朋友。我和李先生有很多相似的经历:都是基督教的家庭环境出生,在基督教的教会学校里成长。进入大学以后,都因为家庭经济困难而几乎辍学。我们都是在大学生物学系毕业,毕业后都曾留校任教。我们都没有在专业的音乐学校学过音乐,只因为喜欢音乐而用课外的业余时间来学音乐。我们都有幸跟一位好老师学音乐，他学钢琴，我学小提琴。我们的老师都对我们教得很严谨、规范。虽然是"业余"学习，除了进度略慢，其他和在音乐专门学校学习相比，没有什么区别。我们见面后，很快就发现我们有很多共同语言。我们对事物的看法、喜爱或憎恶，很多都一致。我们很快就成为很谈得来的好朋友。在学校里他和我一样，上课、备课和练琴，都很忙，不可能有很多见面和接触。但只要我们有机会在一块，我们总会有交流，我总会从他那里学到一些或得到启发。

李先生对业务的态度非常值得大家崇敬和学习。我们在福建音专的年代是抗日战争时期的艰苦年代，学校刚从福州迁到战时省会永安的上吉山。校址很安静优美，但教学和生活的条件却非常简陋艰苦。全校只有不足十架旧钢琴，连钢琴专业学生练琴的时间都很难满足。我们当老师的不可能霸占学生的练琴时间，只能等晚上学生熄灯以后才"开夜车"练琴。当时我住在一个小山上。半山腰有一间第 13 号教室，是上合唱课和大课的教室，里面放一架算是全校最好的钢琴。这个教室离学生宿舍较远，琴声不会妨碍学生睡觉。我和李先生，还有一位作曲的张慕鲁先生，三人约好，每人每晚熄灯后轮流在那教室练琴两个小时。第一个练完就去叫醒第二个，然后又第三个。有趣的是，第一位要带上灯泡，第三位练完要把灯泡除下、保管好。第二天把它交给晚上的第一位以防灯泡被偷走。在战争年代，一个灯泡也是很珍贵的。

因为我住的地方离教室不远，所以我常常能听得到李先生练琴，从而知道李先生是怎样练琴的。李先生对待所练的乐曲，无论音乐或技术，都练得非常细致、认真。特别是那种执著、坚持不懈的努力去达到真、善、美的精神和态度，使我留下深刻的印象。我听他反复练习某一个细节，经过多次反复练习，到达一个新的境界，也就能听得出来他是要怎样来解决他想解决的问题。我对他练习弹肖邦的作品 31 号《谐谑曲》有特别深刻的印象。这首乐曲中有好多处，例如乐曲的第五、六小节，左右手都有一个很大的、从低音区到高音区的换位。为了在很短两拍之间，不看键盘，在速度、力度和音色上准确无误地把换位的两拍弹奏连接好，李先生就把这两拍反复练习，不是反复几次,而是几十次。不是今晚有把握了就满足,而是明晚还要反复检查练习,要求达到百分之百的把握、完美。见微知著,他对待其他业务和其他任何工作也是一样。所以他在短期内的教学成绩就很显著,也很快得到大家的推崇和爱戴。

我和李先生有过一次有趣的经历。1943 年冬或 1944 年初的春节前后,我和李先生、还有尼哥罗夫和杨碧海四人利用寒假的时候去漳州举办了一场音乐会。杨碧海是漳州人,当时是作曲本科的毕业班学生。这次旅行演出就是由他张罗起来的。尼哥罗夫是当时在学校的一位保加利业籍小提琴教授,他是欧洲近代小提琴大师舍夫切克的学生,小提琴拉得很好,长期任中央歌剧院交响乐团首席的唐敏南就是他的学生。我们到漳州演出的节目包括李先生的钢琴独奏、尼哥罗夫的小提琴独奏、我和尼哥罗夫的二重奏(李先生伴奏),最后由我指挥漳州的几个合唱团联合起来的一个大合唱团演唱黄自的清唱剧《长恨歌》,杨碧海钢琴伴奏。这个合唱团水平和能力都很好,都看五线谱,视谱能力很强。我们的音乐会开得很成功。有趣的不是音乐会,而是去漳州往返路上发生的趣事。当时从永安到漳州的路程,只有永安途经龙岩的一段可以乘公交班车,其余的路程只能徒步。附带说一下,当时的汽车是靠烧木炭做动力,大清早要等司机用鼓风机把木炭烧旺才能启动。汽车的轮胎叫做"罗斯福(螺丝覆)胎"。是将旧轮胎的仍可用部分剪下来,再用镙丝钉连接起来,覆盖在里胎外面就叫做"罗斯福胎"。路上抛锚是经常的事。从龙岩到漳州要徒步走两天。我们去的时候,第一天在龙岩住了一个晚上。第二天从龙岩出发,走了一天,到傍晚,眼看天还没有黑,觉得还可以走一段然后再找投宿的地方。谁知那是冬天,日短夜长,走了不远,天完全黑了,没有路灯,伸手不见五指,实在是不能继续走了。附近也没有乡镇,更不用说旅店了。好不容易摸黑走到路旁的一个点着油灯的卖茶摊子。路对面有一座用木板搭起来的阁楼,是堆放稻草柴禾的。我们只好和摊主商量,摊主也很好心,答应我们在阁楼上睡一晚,并为我们铺开稻草。因为是冬天,我们就连衣躺下。没过多久,我们四人身上就发痒起来。冬天穿得很多,搔痒很困难,十个手指也不够用,难受极了。无奈,只好都起来回到那茶摊,用柴草烧起一盆火。大家烤着火坐到天亮,我们才继续走路。直至太阳出来后，我们也走得身体暖和起来了。刚巧经过一个香蕉园，我们都到园里，在太阳底下把衣服脱下来。我们才发现身上的红斑像满天星罗棋布似的，都是虫子咬过的，而衣服里层起码有几十只红的、黑的、白的臭虫、跳蚤、虱子……原来昨晚我们给这些小动物提供了一顿丰盛的晚餐！我们把衣服都抖了一下，不敢说是彻底把那些小家伙都抖下来了，还得把衣服穿上，又免费吃了一顿香蕉早餐，然后继续往前走。傍晚到了漳州，不由分说，首先是一头栽进澡堂，从头到脚洗干净，把衣服从里到外都换下来，才敢住进杨碧海家。

音乐会后，我们沿原路回永安，又发生一桩趣事。仍是漳州到龙岩之间的一个晚上，不过不是借宿茶摊，而是投宿在一间非常简陋的"旅店"，只租一个床位，共用一盏油灯，其他一概自理。半夜，尼哥罗夫睡不着觉，一个人起来抽烟。忽然发现李先生的行李里有一个网兜，里面有一瓶蜜饯，是李先生的亲人给李先生带回永安吃的。在战争年代，这瓶蜜饯也可以说是很珍贵的了，何况是人家热情送给李先生的东西。尼哥罗夫很馋甜食，忍不住打开瓶子，拿出一块吃了。他知道是李先生的东西，应该把瓶子放回去。但又觉得很好吃，就想，再吃一个吧，就又吃了一个……就这样把整瓶金橘蜜饯都吃光了！到天亮，他把吃蜜饯的事跟大家说了。大家都哈哈大笑，笑他馋，也在笑中批评他。李先生也无可奈何，只得和大家哈哈笑了一下。这虽然看起来是一桩小趣事，但可以看出李先生对别人是多么厚道、宽容和大量。

1945 年初，我因为受当时的国民党迫害而离开永安，就没有再和李先生见面。1948 年我到耶鲁大学，知道李先生也在美国。但不知道电话地址，所以也没有机会通信见面。1951 年李先生和我先后回国。李先生在南京，我在暂设立于天津的中央音乐学院，我们还是没有机会见面。直到李先生调到上海音乐学院。有一天他到了北京，专门到天津来看我。在我家吃饭，聊天，谈了许多，谈得很欢。他还专门送给我一本欣德米特的《画家马蒂斯》的总谱。可惜在"文革"中连同我的全部书谱都被红卫兵抄走丢失了！后来到"文革"后，我到上海招生，我专门去探望李先生。他的夫人吴誌顺特别为我做了一顿丰盛的晚餐。这是我最后一次和李先生见面了。

李先生是我永远不会忘记的好朋友！

黄飞立：1943 年—1945 年　前国立福建音乐专科学校先后任讲师、副教授。

1948 年　赴美国耶鲁大学留学，师从保罗·欣德米特学习理论作曲。

1951 年　毕业回国在北京中央音乐学院先后任作曲系副教授、管弦系主任。

1956 年　任中央音乐学院指挥系教授、系主任至 1988 年退休。数次出任香港、台湾、新加坡、美国和加拿大各乐团的客席指挥。培养的指挥中有许多在国内外有所建树，包括在国际重要比赛中获大奖和国内外重要乐团中任指挥、总监并获得声誉。获首届"中国音乐金钟奖"终身荣誉勋章。

年已过 90 高龄的老指挥家黄飞立没有放弃音乐教育和社会活动。时至今日他仍然执棒指挥北京市教育局主办的中学生金帆艺术团交响乐团培养青少年。

攀登艺术高峰的带路人

——著名钢琴家、钢琴教育家李嘉禄传记

汪培元

南国小马驹

福建省沿海的同安县,与厦门市隔海相望。这一带因地理关系和出产在学术研究上有重要意义的文昌鱼而引人注意,所以接受西方文化也较早。当地的乡镇马巷有位农民出身的传教士李永栋先生,与鼓浪屿的渔家姑娘杨冰结婚后,于 1918 年 1 月 18 日产下一男婴,因为旧历是戊午年 12 月 17 日,所以孩子的生肖属马。年轻的父母希望小马驹长大后能啸傲驰骋、美满幸福,所以请人给孩子取一吉祥的名字叫作嘉禄。

父亲的职业对孩子自然有影响,例如以后一直读教会学校,有较好的外语基础等。但母亲杨冰女士在娘家时读过教会办的明道小学,喜爱唱歌,熟悉五线谱,会弹风琴,因此给孩子日后学习钢琴奠定了较好的基础,也功不可没。

小嘉禄在同安的启悟小学学习,因为能弹风琴,每逢集会或做礼拜,就成为司琴。毕业后到漳州读寻源中学。初中时在牧师闵加力夫人(Mrs. Veenschoten)的指导下,不仅开始正规学习钢琴,而且向喜欢四手联弹的老师学会了与他人合奏时互相默契的能力。在该校六年间,他先后参加了学

校的铜管乐队和球队,会吹小号和旋律带伴奏的口琴,是一个成绩优异而又十分活跃的学生。

奇异的学位论文

"七·七"事变以后,寻源中学北迁到山区华安县,翌年李嘉禄毕业,考入内迁到邵武的协和大学外语系。该校设有正式的钢琴选修课,教钢琴的福路(A. Faurot)老师毕业于美国奥伯林音乐学院,获得硕士学位。他是德裔英籍的钢琴家、作曲家马泰伊(T. A. Matthay)①的得意门生。在福路老师细致而有说服力的讲解和真挚热情的指导下,李嘉禄学习钢琴的兴趣和信心倍增。不幸的是只读了三星期父亲就突然病故,因为弟弟妹妹众多,母亲又卧病在床,做哥哥的他只能休学回家,准备务农做一家的顶梁柱。所幸在回家的路上遇到中学英语老师李法德(Rev. de Velder),问明情况后愿意提供资助,促使他重返协和。但世事无常,一年后这位老师因夫人逝世无力继续支援,于是李嘉禄靠自己在校勤工俭学、在当地小学兼课和私人教授钢琴等读完这最后的高等教育阶段。

意想不到的是李嘉禄在频繁外出时逐渐被山林中的鸟类鸣声所吸引,后来他就干脆转入生物系。系主任郑作新教授是教务长,不仅同意他在二年级转系,还建议他将音乐和生物结合起来作为研究课题,因此大学的最后一年,李嘉禄整天沉醉在钢琴的美妙声和大自然的天籁之间,只有傍晚的课外活动,才偶尔在足球场上看到他健美的身影,作为一名中锋参加作战。

1942 年暑假前,李嘉禄以一篇融会生物学知识和听音记谱技术在内的论文《邵武常见候鸟的鸣叫声》,在协和大学取得理学士的学位。同时由于他每天挤时间刻苦练琴,每学期都能准备一套独奏曲目举行音乐会,因而被留校担任了福路先生的助教。

谁知琴中音,声声皆辛苦

1943 年 2 月,李嘉禄应国立福建音专之聘来到永安,首先他感到为难的是缺乏供他专用的钢琴,他本想用协和时的方法:早早坐在琴凳上默谱,等起床铃一响就开始练琴。不料音专练琴的学生太多,每架钢琴都有人占好,于是他改弦更张,等寝室息灯之后,所有学生都上了床,独自一人到离寝室稍远的琴房去练琴。这一方法果然奏效,但坚持一段时间之后,却引起学生的模仿,也将所有的琴房像排琴点一样,一个接一个地练起琴来,从此竟掀起通宵练琴的热潮。但这样做与身体健康有矛盾,所以缪天瑞先生曾在校刊上写下"谁知琴中音,声声皆辛苦"的感叹!

李嘉禄如此刻苦练琴,不仅仅是为了教学的需要。实际上从协和开始,福路先生已经把他按钢琴独奏家的苗子在培养,这一点我们只要从他到永安第一年的演出日程表中就可以看出来:

1943 年 3 月 6 日 钢琴独奏会在音专礼堂举行。

1943 年 6 月 21 日 钢琴独奏会,邀请黄飞立、程静子参加,在永安中山纪念堂演出。

1943 年 6 月 22 日 钢琴独奏会,邀请章彦、程静子参加,在永安中山纪念堂演出。

1943 年 12 月 10 日 与尼哥罗夫、黄飞立共同举行音乐演奏会,在永安中山纪念堂演出。

1943 年 12 月 11 日 同上。

1944 年 2 月 与尼哥罗夫、黄飞立、杨碧海赴漳州演出。

值得注意的是,即使像 6 月 21、22 两天这样紧接着的独奏会,所弹的曲目也大多互不相同,可见其曲目之广泛、背谱能力之惊人。不仅如此,李嘉禄又挤出时间向萧而化教授请教作曲方面的知识,以提高自己的理论水平。所以学校迁到福州以后,他除了忙碌的教学与演出工作之外,还向学生作了《背谱方法》、《踏板使用》、《钢琴技术派别》等学术讲座,又写下《钢琴演奏技术》的论文在校刊上发表。他的职称也从讲师晋升为副教授。

乘风破浪,远行磨炼

1947 年底,李嘉禄经福路推荐,乘轮船横渡太平洋,来到美国中西部的内布拉斯加州。先在克利特城的道安大学音乐系深造,以一年的时间补足所有音乐系的学分,于 1949 年 1 月 4 日,以巴赫的《降 e 小调前奏曲与赋格》,贝多芬的《降 A 大调奏鸣曲》(Op. 110),勃拉姆斯的《E 大调间奏曲》、《g 小调随想曲》,巴托克的《熊舞》、《野蛮的快板》等节目举行了一场钢琴独奏音乐会,获得音乐学士学位。而后进入州立大学研究院,主修钢琴。由于他在出国之前已有几十场次高水平的演出经验,他的钢琴表演的确已远远超过该院毕业生的水平,因此他总是在周末和寒暑假外出演奏,他到过堪萨斯、敏尼苏达、密芝根、俄亥俄、伊利诺、纽约等州,作过数十次的独奏或演讲介绍中国音乐。并为全国旅美留学生联谊会演出。期间还特地利用暑假到敏尼苏达大学举办大师班的欧洲著名钢琴家弗朗克·曼海米尔(F. Manheimmer)学习,曼海米尔不但给李免费的待遇,并对他说:"你每次上课弹奏的乐曲,对我来说是一种无比高尚的享受。"这次学习,使李嘉禄的视野更为开阔,演奏技术也提高了不少。

勤勉好学的李嘉禄在道安大学音乐系和内布拉斯加州大学研究院时期,还学习了和声、作曲、配器、音乐史等课程。到 1950 年春,写出有中国风味的单乐章的《钢琴奏鸣曲》及论文《中国音乐的旋律与和声依据》,又开了两场曲目截然不同的钢琴独奏会,非但获得音乐硕士学位,而且被授予全美学生荣誉奖状一张和金钥匙一枚,并收到了威士利安大学的聘书,但恰好遇到国家动员留学生回国参加新中国的建设,爱国心切的李嘉禄义无反顾地接受了金陵女子文理学院聘他任系主任的聘书,随即动身回国。当他在深圳上岸,经罗湖桥海关时,看见五星红旗和前来迎接归国留学生的政府工作人员时,不禁热泪盈眶。

小而全的音乐系

金陵女子文理学院以环境幽美及历史悠久著称,校长吴贻芳又是教育界闻名的杰出人才。原来的钢琴教师胡惜苍、陈正平也都是"上音"的老校友,加上以前的高校学生很少,李嘉禄既任系主任又教钢琴。到校不久,外国教授即纷纷回国,胡惜苍进医院。学生虽少,各种专业课程需要的教师却不比音乐学院少。因此除了担任系主任、增聘教师和教钢琴外，还兼教对位、曲式学之类的课，加上全校和南京音协的种种活动，以及在前南京中央大学音乐系的兼课，又和以前一样忙得不可开交。

演出方面，李嘉禄教授也积极参加，如1950年11月24日他在南京与温可铮先生为皖南灾区募捐开了音乐会。1951年9月1日又在天津为抗美援朝捐献飞机大炮进行义演，开了两场音乐会。随后又代表国家在北京招待各国驻华使节，招待波兰艺术家代表团等一系列活动。在"金女院"也举行过红五月音乐会，并带领音乐系师生到部队作慰问演出等，受到各界欢迎。

令人难忘的是1951年暑假，学院改为金陵大学文学院，音乐系参加统一招生，所以新生中有的只是音乐爱好者，并无音乐专业基础，入学后学习钢琴有一定的困难。李嘉禄教授除了凭他满腔热情和多年的教学经验及理论知识谆谆善诱之外，他还利用自己带回国的录音机，一面教一面录音，遇到学生不对的地方，便倒回到原处和同学共同分辨，指出问题何在。这一招果然灵，一学期下来，学生的进步非常快。而对高年级的学生，更是从作者特点、乐曲内涵、写作方法、曲式结构以及弹奏方法各方面详加讲解，使学生获益匪浅。

新社会的优越性

1952年全国院系调整，李嘉禄教授来到上海音乐学院，担任钢琴系教研组组长、副系主任、音协上海分会理事、徐汇区政协常委等职。新的环境、新的任务和要求，加上各种政治运动接踵而来，使李嘉禄感到必须放弃热爱的演出活动，全身心地投入到钢琴教学中去。突出事例如当时学校按上级指示招收了几名残疾学生，钢琴系招收盲人王叔培。本来盲人有比常人更灵敏的听觉和很好的记忆力，但对学钢琴主课的人来说决非易事，特别是复杂的乐谱使任何老师都难以下手。李嘉禄深知这一措施的意义在于体现新社会的优越性，所以毅然收下这个学生。他除了比一般学生更细致地讲解和反复示范给学生听之外，还让学生摸自己的手触键时各个部位细微的变化,为了结合某乐句的需要必须运用不同的踏板法,时或搬动学生的脚,让他感觉到脚尖怎么放,脚用多少力等。尤其难得的是他的夫人吴諟顺老师在图书馆里找到英国出版盲人乐谱的公司,通过国际书店为这位学生购进了适用的乐谱。王叔培以优异的成绩毕业,之后留校担任助教,直到晋升为教授,还在残疾人协会担任副主席,代表盲人访问过德国、荷兰、瑞典和我国的台湾等地,演出时受到极为热烈的欢迎。

与接受盲人学生的同时,杨嘉仁教授把自己心爱的学生介绍给李嘉禄。这位文静、聪慧又有很好基础的学生就是后来扬名国际的女钢琴家顾圣婴,她当时不到15岁。李嘉禄深为杨嘉仁谦虚的美德所感动,他倾尽全力为她授课,每次上课时不但从各种不同的角度进行讲解和示范,而且扩大她的曲目范围,还给她聆听同一乐曲不同演奏家的差别,上课时间是星期天早上八点到中午十二点,在圣婴父亲顾高地陪同下,一年五十二个星期风雨无阻。小顾家学渊源,知识丰富,理解力和记忆力超过常人,所以对中学的功课全不费力,将属于自己的时间全部用在琴上。仅仅一年半的功夫,她就在兰心剧场举行了第一场钢琴独奏会。由于节目内容丰富,音乐形象鲜明生动,深得音乐界人士赞赏。后来顾圣婴顺利地进入中央音乐学院苏联专家班。但无论在工作之余或假期回上海,她常将自己所遇到的问题向这位老师请教,两人既像师生,又像朋友,互相切磋交流。苏联专家撤走后,1964年顾圣婴准备参加比利时皇太后国际钢琴比赛的整套节目,就是李嘉禄帮她设计、指导的。李嘉禄常常谈到他从杨嘉仁手上接下她近三年后又将她转让给苏联专家,这种像接力棒一样在国内才能获得辉煌成绩的教育体制,也只有在解放以后才能做到。这是他肺腑之言,也是他纯真谦逊的地方。

1958年教学改革,李嘉禄又和全系师生大力投入到中国钢琴教材的介绍和创作中,写出《音乐会练习曲二首》、改编《山区公路通车了》、《清江河》、《游击队歌》及介绍贺绿汀、丁善德等钢琴作品的文章。

艰难的拼搏

“文化大革命”开始,首先使李嘉禄教授无法理解的是他心爱的学生顾圣婴英年早逝,然后是他自己受到不公正的待遇。他怎么也想不通。幸而他的历史清楚,又是响应祖国号召第一批回国的留学生,所以很快回到群众当中。但他和大家一样,相当长一段时间既无课可教,也不能练琴,更谈不上演出。加上三个孩子远行的牵挂和几家住在一起的不便,使他难以安心做点什么。尽管如此,他还是想出各种点子,如默默分析琴谱或回忆自己的教学心得,写成笔记。后来他的大儿子进部队搞文艺工作,他就像函授一样,有计划地写成教材寄给他,这样倒也为以后出书打了点小小的基础。

1973年("文革"后期)复课闹革命,教育部下达指示:各大专院校必须向有实践经验的工农兵开门,钢琴和小提琴也可招收在学的工农兵子弟,并规定"要打破资产阶级概念"、"不会的也要教会"。作为系教学临时负责人的李嘉禄,又不得不担任试点小组组长的重任,从白丁教起。当时洋曲子不能用,他就打破框框,自己编写适合初学者的技术练习。试验一年半收到一定成果,还写成总结在全院大会上介绍,尽管如此,他始终觉得不论是曲目的选择,还是对演奏技巧的要求,都有不够理想的地方。例如印象派的作品,经过1965年姚文元的批判以后谁也不敢多教,而这方面却是讲究音色的微妙变化所不可或缺的教材,也是他最为重视又擅长的教学特点之一。再如"样板戏",作为演出节目可以,作为教材就有一个循序渐进的问题,但当时也不可能不用。肖邦的作品,尽管如《前奏曲》第24首、《练习曲》作品10号之12,或《波兰舞曲》作品53等含有革命内容,而如何保持在肖邦本人的演奏风格之内,也是一个难以处理得恰到好处的问题。作为老教授,作为艺术家,他屡屡为此感到困惑。

老骥伏枥,志在千里

十年浩劫过去,党的阳光照耀祖国大地,李嘉禄教授也备感兴奋,种种学术上的思考随着改革开放的潮流,不断地在他脑际涌现。1978年学院恢复"文革"前择优录取的招生办法,并通过研究生招生计划,他除教本科学生外,也招收了研究生。因此他不仅备课更为仔细认真,还配合教学需要,动手编写《钢琴表演艺术》一书,并计划将引用的谱例自己演奏,录成音带附在书中。由于工作繁忙,他只能千方百计挤时间写,但点点滴滴,日积月累,到 1979 年底,倒也粗略地完成了第一稿。

1980 年 9 月,李嘉禄随同文化部组织的代表团前往波兰参加第 10 届国际肖邦钢琴比赛。他通过现场观察,将自己多年研究和曾经感到困惑的问题加以比较,感到获益匪浅,也增加了自己的信心。另外根据社会需要和自己长期的实践经验,觉得伴奏是钢琴系课程设置悬而未决的问题之一,也借此机会和有关方面进行了交流探讨。加上在留美时期曾经购买过《键盘和声》一书,感到写得过于简单,更不合我国的旋律特点,于是他又萌发了写作《织体浅说》一书的想法,准备有人开设新课程之用,对于一般学生也可增加对乐曲的理解和掌握。种种设想,竞相涌来,难以抑制。

与此同时,上海交通大学聘请他担任艺术顾问,还有徐汇区政协常委等工作,社会活动逐渐增加。1981 年 7 月,他又代表上海前往长沙参加全国钢琴制作评比交流会,担任评委会委员。另外各地同行和学生,也都不约而同,带着各种新的设想和累积的问题前来探讨和求教。随着这类接触的增加,他又想在以前与孩子通讯的基础上写《钢琴教学问答 100 例》等等,新的打算,层出不穷,连他自己也感到意外。但由于他年复一年地总是处于超负荷的忙碌之中,因此也就付出得太多太多。一个人的精力毕竟有限,细心的人不难发现,他的烟抽得更多,茶也喝得更浓了。

永远的怀念

正当李嘉禄教授仍旧以一种朝乾夕惕的精神,终日勤奋谨慎、不敢懈怠的姿态在为钢琴教育事业辛勤工作的时候,正当“七十多来兮,六十小弟弟”,许多老年人都焕发着青春活力,越活越年轻的时候,谁也没有料到病魔已经悄悄降临到当年的小马驹、球场上的运动员李嘉禄的身上。我们从 1981 年 11 月拍摄的照片中,可以看出他在备课时一种疲惫的神态。也就在这时,他送第二个儿子出国,突然感到身体乏力,到华东医院一查,竟已肺癌晚期,不得不住院治疗。尽管如此,他还是把已经着手的《织体浅说》一书的稿子放下,抓紧时间在医院里写《钢琴教学问答 100 例》,但当他写到第 20 个问答时,对身边的亲人说:"来不及了,来不及了!"遂即进入昏迷状态,于 1982 年 2 月 19 日丢下他未完成的书稿辞世,这时他才 63 岁。老骥贲志而去,使人顿生"出师未捷身先死,常使英雄泪满襟"的慨叹!走笔至此,令人唏嘘再三,不禁为之扼腕痛惜!

李嘉禄教授的一生,是为我国钢琴教育鞠躬尽瘁并作出杰出贡献的一生。从他工作的时间算起,四十年中一直是一个勤奋拼搏、不计个人得失、任劳任怨、无私奉献的人。从教育对象来说,他不讲条件,真正做到"有教无类"。再从专业角度来说,他较早地接受 20 世纪新颖的教学派别——马泰伊钢琴弹奏技术,对触键与音色、音量变化的关系十分讲究。不仅要求学生对技术与表现乐曲内容和情感的关系把握正确,而且从乐曲内涵、创作方法、作家特点、社会背景等全方位去启发和教育学生。这一点我们只要从他初到美国购买的书籍中竟有一本贝多芬全部室内乐的总谱和二百多盘 70 年代使用时间最短、淘汰最快的 601 大盘录音带,即可以看到他钻研范围之广和对教学所下的工夫之深。在他一生培养的众多学生中有的是国内音乐院校的校长、系主任、教授,艺术团体独奏演员和骨干,也有活跃于国际乐坛,在钢琴教育和演奏方面都作出了突出贡献,也有在钢琴基础教育或边远地区作出卓著的成绩,为音乐院输送人才并获得国内或国际项奖。限于篇幅,这里无法一一详述。

下面仅就笔者所知收有关于李嘉禄教授逝世后的一些资料择要加以介绍,作为永久的怀念。

1982 年 8 月 31 日,暮秋在纽约《华侨日报》发表《发展祖国钢琴音乐——辛勤浇灌、桃李芳菲》的文章,纪念归国三十二年的李嘉禄教授。

1984 年 4 月 11 日,牛恩德在同一报纸著文《怀念李嘉禄老师》。

1993 年 9 月,李嘉禄教授遗著《钢琴表演艺术》在北京人民音乐出版社出版②。

1994 年,在美国曼哈顿音乐学院攻读博士学位的蔡怡敏(现为阿拉巴马州大学教授),以中国钢琴教育为研究课题,将李嘉禄教学思想、成果和著作作为重点介绍,在博士论文答辩时获得导师和专家的好评。

1995 年 7 月,陈炳煌在《福建音专校友通讯》第 9 期发表《一篇奇异的毕业论文》,纪念钢琴教育家李嘉禄教授。

1998 年 1 月,李嘉禄的遗著《钢琴基本技术练习》在北京人民音乐出版社出版。

然而最能传神、表达亲朋好友、学生晚辈对李嘉禄教授无限怀念的,还是顾圣婴父亲——顾高地先生写的一幅挽联,谨录于此作为本文的结束:

四十年化有乐坛,长愿传薪人常健,那堪病榻缠绵,力疾深宵著巨帙。

九泉下若逢吾女,应怜入室出同工,忍顾琴键深沉,神伤何处觅遗音?

汪培元:曾任前福建音专助教,台湾省编译馆编辑,上海美专讲师、副教授,金陵女子文理学院副教授、教授。前国立福建专校史主编、中国大百科全书《音乐舞蹈卷》理论副主编、私主福建音乐学院名誉理事。亨受国务院特殊津贴。曾荣获匈牙利人民共和国柯达伊纪念委员会证书及证章。

著作及译作:《中国民歌主题小赋格曲集》,译著《应用和声学》上下册,《键盘和声学》。论文百余篇分载于北京、上海、广州等音乐杂志。

---

① 马泰伊是从生理学角度研究钢琴弹奏技术的新教学派别缔造者,见上海音乐学院学报《音乐艺术》1996 年第 4 期周薇《西方钢琴教学理论的历史回顾与反思》。

② 参见《福建音专校友通讯》第 9 期《复吴諟顺老师的一封信》。

怀念李嘉禄老师

金村田

1943 年,我在永安福建音专读书,李嘉禄教授与夫人吴誌顺老师都在我校任教。

李老师经常在校内外演出。只要有机会,我总是要去听的。他是我欣赏理解钢琴音乐的启蒙老师。

1952 年,我在上海音乐学院干部训练班工作,李老师也到我院钢琴系任教,又有机会经常听他的演奏。李先生演奏时总是着重对乐曲情绪的表达,因此很容易引起共鸣。有一次他把用几首民歌编写的、描写中国人民翻身解放后喜悦心情的钢琴独奏曲演奏得淋漓尽致。我当时忘情地鼓掌,为李先生演出的成功、也为李先生和中国人民心情的一致而鼓掌。五十多年已经过去,乐曲和时间也已经忘记了,但和李先生心情一致的记忆至今犹存。

上音曾招收过一些学钢琴的工农子女,他们家中没有钢琴,只有在学校和少年宫学了一点,程度浅,方法也有问题。对这样的学生是否能培养成为合格的人才不大有把握。但李先生主动接受了两个,并且从教材、教学方法和教学时间都专门设计过,耐心尽责地教他们。大约两年后,我居然听到了这两个学生的演奏,程度不算很浅,而且对音乐的理解和表演也不错。那是李老师热爱劳动人民最好的表现。

1978年,学校开会研究招生工作。会上我提出附小也应恢复,参加招生。也许是那时小学校长姜瑞芝同志因为冤案,尚未参加工作,因此会议主持人说,还是缓一缓吧。其他与会的同志都不表态,看样子我的提案要被否决了。没有想到这时李先生突然发言,十分肯定我的意见。接着还有几个搞业务的同志也表示支持。于是就决定了附小也恢复招生,所有的工作都由我临时代理直到姜校长恢复工作。这才在斯特恩的纪录片《从毛泽东到莫扎特》中有了附小的“每一个窗口都有一个天才”的镜头。当年的幼苗,今天应该已是音乐文化事业的中坚了,这是可以告慰于李先生的。

2007年6月5日于上海

金村田(金希树):1919年生于浙江长兴。先后在国立福建音专、上海音专学习。1939年参加中国共产党。1944年被囚于永安吉山监狱和崇安集中营。建国后在上海军管会文艺处、华东文化部艺术处工作,1952年开始在上海音乐学院负责附中、民族音乐系和教务处工作。1984年离休。

创作《过长江》、《抗美援朝》等歌曲。

荣获中共中央、国务院、中央军委颁发的“中国人民抗日战争胜利60周年”纪念章。

和李嘉禄先生在一起的日子

杨碧海

左起：福路教授、杨碧海、张修明、黄明东、李国元、李嘉禄

1945 年暑假于福路教授家中

　　我最早认识李先生，是 1935 年在福建漳州寻源中学上初中的时候。寻源中学是美国基督教会创办的，每天早上上课之前，全体学生都要在礼堂举行简短的宗教仪式，读一段圣经，唱圣歌，仪式进行中都有琴声相伴，司琴者就是高中生李嘉禄同学。他从开始的前奏曲到圣歌的伴奏，直至仪式尾声，都用琴声为晨会营造一片肃穆、安详的气氛。出席者都为音乐的魅力而感

动,我便是其中的一员。自此,李嘉禄这名字在我心目中占有特殊的地位。

1937 年抗日战争时期,寻源中学迁移山区,李先生高中毕业也上了协和大学理学院主修生物,但他仍然坚持学习钢琴,与美国钢琴家福路教授学习钢琴的演奏新技法之一——旋腕法(Rotation)。在学习过程中显彰他的才能,从而让他这个学生物的大学生转而确定以钢琴演奏为终身事业的努力方向。1943 年,我在国立福建音专重新见到的李嘉禄先生,已是一个才华横溢,立志钢琴演奏、钢琴教学的年轻有为的老师了。

李先生刚到学校,就以他高超的演奏技巧、勤奋刻苦的学习精神、热心忘我的教学态度和助人为乐的无私爱心,博得全校学生的爱戴。他和夫人吴誌顺先生常在他们住所前的草坪上举行唱片欣赏,参加的不仅是他的学生,外班的学生也很踊跃,接受李先生的教导。

抗战时期物质奇缺,全校钢琴数量不过十,李先生在白天很难有练琴机会,他只能每天晚上在教师授课的教室练琴。在福建永安的深山沟里,每晚夜深人静时,从钢琴科教室里边传出李先生的琴声。他花很多时间练基本功:音阶、琶音……等,然后引人入胜地弹李斯特《匈牙利狂想曲》……美妙的音乐便清晰地传入学生们的耳朵。李先生的琴声是每个同学回忆永安时代的特殊记忆,这琴声是激励同学刻苦学习的动力。这琴声波及整个校园,国立福建音专再也没有安静的夜晚了。可怜的几架旧钢琴,每天 24 小时被学生排定、轮番弹奏,这就是李氏的效应。

李先生还常参加学生组织的假期旅行演出活动,他在前台演奏李斯特的《匈牙利狂想曲》,学生在后台席地而坐静听着,他们全身心沉浸在李先生的琴声中,感受到无比的喜悦与兴奋。

我是主修理论作曲,钢琴虽是副科,但也很想进一步提高。我主动向李先生求教,他不加思考就一口答应了。他用半年的时间把 Rotation 的方法和练习内容都一一教我。经过我每天六、七小时的苦练,我的技术取得明显的进步。李先生的无私帮助,为我毕业前后担任学校钢琴教学打下基础,我心底里感激他。不久后,李先生就赴美深造了。

解放后,李先生在上海音乐学院任职期间,曾到北京开会。我的夫人王鼎藩只是随便说起,在北京买不到莫什科夫斯基练习曲,没想到李先生回上海后很快就把自己保存的乐谱寄来了。李先生助人为乐的品德大大地感动我们。

李先生离开我们已二十五载，但他的音容笑貌，在我们的脑海中仍清晰如初。李先生在永安之夜自强不息的琴声，更时时提醒着一代永安学子们：在人生征途中不可有丝毫懈怠。经历了不同人生征途的学子们可以告慰李先生：我们尽力了，没有辜负母校众师长的培育之恩。

2006 年 7 月 10 日写于北京

杨碧海：1945 年毕业于福建国立福建音乐专科学校，留校任助教，1948 年底升讲师，1950 年在北京中央戏剧学院创作室工作，1952 年在中央民族歌舞团创作至 1986 年退休。

苦练精神　影响深远

——感怀李嘉禄先生

许文新

在国立福建音乐专科学校，李嘉禄先生连续教我学琴五个学期。他给我印象最深的，就是自己以身作则，苦练钢琴，对学生严格要求、耐心指导。

抗战时期，母校设备较差：1942 年 11 月从省立升格为国立时。全校学生 123 人，而钢琴只有 8 架，其中一架还是为老师授课和练习专用的。李先生教授的学生很多，自己白天练琴的时间很少，他就经常半夜起床"熬夜"练琴。有一段时间，我深夜路过礼堂，每每听到李先生背弹肖邦的《波兰舞曲》。礼堂一片漆黑，那气势磅礴、慷慨激昂的琴声，从李先生的双手指尖流出。特别是弹肖邦《波兰舞曲》Op. 40 No. 1

和弹低声部近百拍的《波兰舞曲》Op. 53

前者威武有力，如吹号角，勇士出征；后者音型反复，从最弱到最强，似鼓声动地，千军万马，由远而近，令人热血沸腾，催人奋勇前进。然而，"谁知琴中音，声声皆辛苦！"从读谱、练琴到背谱，很难想像，李先生为此付出了多少个不眠之夜，倾注多少心血。

　　榜样的力量是无穷的！同学们在李先生的感染下，掀起了一股勤学苦练的热潮。钢琴是全校每个学生必修的基础课，但"粥少僧多"，学校安排的练习时间，从早晨6时至晚上10时，每人一个小时（一年级学生半小时，钢琴本科生才有两个小时），许多同学只好在晚上10时电灯熄灭后，到处"打游击"：点起小油灯，熬夜苦练，我就是"打游击"中的一员，一小碟花生油，两根"灯心"（灯草），就这样熬夜加班。有时也会心疼：燃烧灯油，像是燃烧身上的脂膏；但是，李先生还这样熬夜苦练，我这个已经20几岁，入校以前又从来未摸到钢琴的"笨鸟"，只有一条选择："多飞！"就这样，我经常整个晚上"开夜车"，这样就超过学校一个星期为我安排的"琴点"。

　　在李先生的严格要求和耐心指导下，我弹了车尔尼几本技巧练习，巴赫的钢琴曲，以及一些小奏鸣曲。特别是从第一学期起，在李先生教授的"学生练习音乐会"上,我先后独奏贺绿汀的《牧童短笛》和肖邦的两首《夜曲》(Op. 9 No. 2 和 No. 1)。李先生指导的各种钢琴练习曲,使我打下比较扎实的基础;而"学生练习音乐会"上的独奏使我更明显地一次又一次上了一级又一级的新台阶。没有李先生苦练精神的感染和悉心指导,我不可能有这样的收获。

六十年来,每当我听到肖邦的《波兰舞曲》,看到反映肖邦爱国精神的《一曲难忘》(我还特地买来《一曲难忘》的影碟),就回想起李先生熬夜背弹《波兰舞曲》的情景。而重弹肖邦的《夜曲》时,我更十分感激李先生在我身上花费的心血。直到了现在,我对音乐,对钢琴,对肖邦的《波兰舞曲》还有强烈、深厚的感情;而肖邦的爱国精神,更时时激励我为祖国做出贡献。

李师已逝,琴音永存;苦练精神,影响深远;教导之恩,无齿不忘!

2006 年 10 月于福建厦门

许文新:曾任香港中华音乐院教师,上海《时代日报》、《新音乐》双周刊主编。

离休后曾任福建省金门同胞联谊会会长、厦门老年大学常务副校长。

饮水不忘掘井人

林鸿祥

1974 年林鸿祥（右）与李嘉禄于北京

　　李先生：您的学生林鸿祥今天怀念、追思您生前在教学上、工作上和生活上对我们同学循循善诱、诲人不倦的教导和关心。您为赵方幸同学学琴而抄写琴谱，您因郑行秀同学有病为她烹煮营养品，您关怀我们家乡沦陷断了经济来源要资助我们，您性格温和，平易近人，乐于助人。抗战胜利后，音专从永安上吉山迁到福州竹屿乡，您进城顺便到我家看望，谈论学习和生活上的问题。有时晚上太晚了便在我家破旧的阁楼里过夜。我们彻夜长谈，除了谈论学习方法，解决练琴的难点外，几乎无所不谈。后来我毕业了，先后在天津和北京工作，您因公出差或来京开会或带领学生出国参加国际钢琴赛也抽空到我的工作单位看看,询问我的工作情况和我练琴的进展状况,听我回课(德彪西的《明月之光》和肖邦的《波兰舞曲》作品52,)给我授课,点拨学习要领。您对我和同学们如此地关怀,比父兄还亲切的爱心,都永远印记在我们心中。

李先生教学与演出双管并进,不但每学期为学生举行学习汇报音乐会,自己也举行钢琴独奏会,同时也和学校的小提琴家黄飞立、彼得·尼哥罗夫(Peter Nicoloff),声乐家陈玄、薛奇逢等开音乐会。还参加学生的巡回演出到许多城市,演奏曲目份量重,技艺深。我有幸听到他演奏古典派、浪漫派、印象派及苏俄作家和近现代(20世纪)作曲家的作品。这些作品大多是钢琴名家经常演奏的、内容广泛而雅俗共赏的名曲。由于他经常在校内外举行钢琴独奏会,对我们同学的学习作出了示范。李先生演奏的乐曲的技术难度不在话下。我深深地感到他演奏的指触具有极好的精确性。他对指、掌、腕、上下臂、肘、肩乃至躯体运用重量技术灵活自然。运用踏板恰到好处。他在独奏会上从不发生失误、失手、失神和怯场的事情。这种失误与怯场情况不仅在学生和青年钢琴家中时有发生,甚至老一辈钢琴家也在所难免。鲁宾斯坦(Ar. Rubinstein)曾自歉地说自己是失误冠军。霍洛维兹(Vladimir Horowitz)举办钢琴独奏会时曾因怯场临阵要改期。我也亲耳听到一个钢琴家在独奏会上演奏时因中途意外失手而放弃奏完全曲,感到非常遗憾。如今国际或国内钢琴比赛不论演奏得多么精彩,只要出现失误就被淘汰出局。李先生的演奏所以能做到万无一失,若非千锤百练、技艺娴熟、信心百倍是达不到全曲的连续性和整体性,而一气呵成、无懈可击的[①]。

建国初期李先生在天津音乐学院举办钢琴独奏会,马思聪院长听后,赞许备至,随后由钢琴系主任易开基教授邀请李先生、朱工一、李昌荪诸位教授座谈有关钢琴演奏及钢琴教学等问题,李先生介绍上海钢琴界情况。我有幸旁听了他们的讨论。座谈会热烈、轻松,收益良深。李先生对乐曲的演绎富有哲理性,擅长演奏内容雄伟、庄严、深邃、壮丽、华彩及速度快的乐曲,既清晰又具有颗粒性。谛听他的演奏,强音铿锵洪亮如雷鸣;弱音纤细灵巧精细入微。他深刻淋漓尽致的表演,不禁使人想起了白居易的名句:"大弦嘈嘈如急雨,小弦切切如私语;嘈嘈切切错杂弹,大珠小珠落玉盘。"李先生对抒情乐曲的演绎,有他独到之处,受到听众们的赞赏,尤其是他对肖邦抒情作品(如《夜曲》等)的演绎具有质朴纯真、深刻和抒展天然理性情感的手法,其诠释与前苏联钢琴学派对肖邦抒情作品的诠释如出一辙,不谋而合。遗憾的是:李先生解放后回国除在1950～1954年于北京、天津、南京开过几场音乐会外,不久后即由于各种政治运动接踵而至,教学之余没有整块的时间练独奏节目;虽在1966年以前的几年,他经常为了接待外宾的任务也弹一两首钢琴独奏曲,但仅是在小范围内。因此他的许多学生没有机会听到他个人的独奏音乐会,而仅能在上课时听到他示范演奏乐曲的片段而已。

李先生在美国深造的时间不长(1948～1950),不到三年时间得了音乐学士和硕士学位并获全美荣誉金钥匙奖及奖状一纸,这不是轻而易举的成就。只要看一看他在美国举行的钢琴独奏会节目单,其水平之深度,便可一目了然了。李先生在回国服务于钢琴音乐教育事业长达三十二年,他勤勤恳恳、呕心沥血地培养众多音乐人才,对他的为人师表是众口皆碑的。

李先生在钢琴教学与演出之余更撰写出版了高水平的著作:《钢琴基本技术练习》和《钢琴表演艺术》等,深深地启发了我们学习音乐的心灵和才智。光阴似箭,二十五年过去了,我们工作了一辈子也没有能回报他所付出的万分之一。时至今日,我们也都退休了,离休了,我们对他感激之情深深寄望他在九泉之下,能宽恕我们而瞑目含笑!

2006年4月21日于北京

林鸿祥:1985年退休后又任北京联合大学艺术教育系名誉教授、顾问。

---

① 在李先生著作的《钢琴表演艺术》第127页中段"……技术难关是否彻底攻克,与演奏水平的高低和成败得失有着密切的关系……智利钢琴家克劳第奥曾经说过:'针对演奏者的问题是庞大的,又是多种多样的。我的老师马丁·克劳斯总是不倦地教导学生在每次上台演奏时,不仅要有百分之百的准备,而且要有百分之二百的准备。……'"李先生演奏技术娴熟,音乐修养高深,在演奏时不出差错,其道理也就在此。

李嘉禄教授的故乡情

杨炳维

1944年我考进国立福建音专时，教务主任缪天瑞老师听完我弹奏的肖邦《玛祖卡舞曲》以后，亲切地对我说：你的主科应该是钢琴，要好好向李嘉禄老师学习。我早已知道李老师是一位很出色的钢琴演奏家，就很高兴地去跟他学钢琴。

我小时候在漳州天主教会办的小学和中学读书，每周都参加"圣歌团"的排练演出，课余时间还跟教堂司琴学弹风琴、钢琴，不少流行的世界名曲都会弹一些，心里很自负。没想到第一课李老师对我表示不满意，说我触键的方法不对，手太紧张，不注意指法等等。他鼓励我从头学起，打好基础，然后教我触键如何放松，手的各个环节如何协调等等。

当时我们正面临国难当头、民族危亡的关键时刻，全校师生含辛茹苦、共度难关。学校经费困难，只有8架破旧的钢琴给全校师生做练习之用。有的琴键已弹得凹进去，有的白键已变成黑键。但琴房还是从清早到深夜都不断有人在练琴，这正如缪天瑞教授来福州参加我们校史讨论会时所说的："吉山琴弦彻夜鸣，压倒狂风暴雨声……"（指当时的白色恐怖）。我因为觉得练琴的条件差，对学琴的积极性就不高，李老师知道我的心事就劝告

我说："学琴主要靠自觉，练琴之前先要背谱（包括背旋律、和声、节奏、表情记号等等）。背熟后练琴就不必边看谱边找音了。"我开始认真背谱，每天清晨我常看到李老师拿着一本谱子在校园中"散步"，也看到一些大同学这样做，我才知道原来都是在背谱。通过背谱我才认识到这是增强"音乐记忆能力"的重要途径，这对我们学音乐的人来说是至关重要的。

就在我开始背谱以后，李老师还教我要"手脑并用"，练琴不能只靠头脑，还得不断练习手指的灵敏性、准确性、力度和速度。当时学校给我练琴的时间每天只有一个小时，有同学集资买钢琴运来学校，既可以自己多练琴，又可以卖琴点给同学们去练（按钟点算钱）。当时因为家里贫穷，没钱买琴点练琴，又因为我对大提琴越来越感兴趣，就向教务处申请主科改为大提琴。钢琴只好由副科老师教授。但我仍然记住李老师的教诲：每学新的曲子都要"背谱"，都要"手脑并用"，一边看书一边在桌上练手指。一直到后来，我当老师，当了指挥，仍然都这样做。事实证明通过背谱提高"音乐记忆能力"使我的教学和排练功效、质量都得到了有力的保证。每念及此，就会令我心中充满了对李老师的怀念和感激之情。

1950 年我听说李老师赴美国留学顺利完成学业，而且成功地开了两场节目完全不同的毕业音乐会，由于他的技艺精湛而获得了美国"金钥匙奖"。但他放弃了可以在美国工作的优裕条件依然回到祖国执教。那时候我正在厦门负责音协和团市委市青年俱乐部的工作，在指挥市中学生合唱团排练时发现该团的钢琴伴奏殷承宗的音乐记忆力特别好，他可以在没有钢琴伴奏谱的情况下，依靠听广播音乐后凭着记忆可以模仿弹好伴奏。当时他在鼓浪屿第二中学读书，我劝他投考上海音乐学院附中，他说经济上有困难，我答应帮助他，让他到市文化馆练习弹奏贝多芬的《悲怆奏鸣曲》，并代表市音协资助一笔费用，还写了一封推荐信让他到上海去找上音钢琴系副主任李老师。承宗是个很勇敢、能吃苦、勤奋进取的孩子，当时福建的交通很不方便，他一个单身孩子带上简单行李，竟然长途跋涉七天到上音找到了李老师。在李老师和师母吴誌顺的热情帮助指导下，承宗以最佳成绩被上音附中录取。后来在苏联专家的帮助下出国留学并在国际钢琴比赛中荣获大奖，终于走上了世界钢琴艺术的顶峰。

　　1963 年我国陷入了三年经济困难时期,当时我在厦门艺校和厦门歌舞剧团创作大型舞剧《白鹭》。有一天,我在剧场指挥彩排,招待来自各地的嘉宾,演完之后李老师突然出现在乐池边向我招手,看到他那高大的身躯和爽朗的笑容使我非常高兴。多年没有见面,我一下子激动得说不出话来。这时市委宣传部长杨云同志走了过来,我给他们作了介绍。李老师对杨部长和周围的乐队演员们说:“这个舞剧很成功,内容形式都很好,音乐采用南音素材,优美动听,很有地方特色。希望加工细排之后到外地多演出,一定会受欢迎。”

　　第二天上午,没想到李老师抱了一只大公鸡到我家。他笑呵呵地用本地话对我母亲说:“炳维创作很辛苦,太瘦了,这只鸡给他营养一下。”我听了很感动,我母亲一直推脱说:“这只鸡在自由市场要好几十元,这样贵重,我们怎么好意思收下……”当时我的第四个孩子杨鸣正在弹钢琴,李老师边看边说:“这孩子这么小就这样用功,要鼓励他坚持学下去,长大到上音来找我。”后来我出差到上海只要有时间,我都会去探望李老师,和他家人畅叙乡情,其乐融融。杨鸣在上海音乐学院读书时也得到过他的很多帮助,后来在中央音乐学院当上了教授、钢琴系主任,也与李老师多年的精心培养有着密切关系。

　　已故的钢琴家许斐平,是李先生在 1959 年作为上海音乐学院招生组之一员(当时招生组还有胡登跳、葛朝祉二位教授)到厦门招收学生四人之一(声乐系郑毅训、管弦系施安同、附中钢琴许景辉和附小许斐平。)当时李先生发现斐平很有音乐才能,即写信征求院部招生组的同意把他带到上海去,又由于许斐平当时年龄很小,并同意由他的母亲陪同。刚到上海的三天,李先生很热情地招待他母子二人吃、住,同时在他家练琴准备弹给大、中、小学的老师听,作为复试。考取后,学校即安排他们母子两人住在上音大饭厅楼上的房间里。因此,斐平从上音附小、附中到中央乐团最后到美国,仍经常和李老师保持联系。

　　1960 年李老师利用暑假到厦门疗养时,发现殷承基的声乐天赋后,立即写信给当时的声乐系系主任劳景贤教授,得到他的同意,随即动员殷承基到上海音乐学院复试。他从上音声乐系毕业后,在上海乐团任独唱演员。

他也曾参加艺术团在世界各地演出,获得好评。

我总觉得李老师很爱国爱乡,一直关心厦门音乐事业的发展,用他的爱心,满腔热情和认真、无私的帮助,为厦门培育了很多优秀的音乐人才。他那高超的演奏艺术和高尚的人品深深地刻在我的脑海中。

今年是李老师辞世二十五周年,我和厦门音乐界的朋友们深深地怀念他。现在我可以告慰李老师在天之灵了。因为今天厦门新一代的钢琴人才已经脱颖而出,如厦门大学吴培文教授的女儿吴迪,现在美国朱丽亚音乐学院留学,在全美青年钢琴大赛中荣获金奖;又如中央音乐学院杨鸣教授的厦门籍学生潘晓勃,2006 年也在阿拉木图国际钢琴比赛中荣获第二名;最近厦门才十岁的孩子牛牛(现在上音附中学习)多次应邀到国外演奏取得佳绩,并应邀成功地在今年中央电视台春节晚会上演奏,更是赞誉如潮。

2006 年,厦门市委市政府和中央音乐学院开始筹办"中央音乐学院鼓浪屿钢琴学校",中央音乐学院委任杨鸣为校长,并定于今年招生,9 月开学。我们相信在中央音乐学院和厦门市委市政府的大力支持下,厦门的钢琴艺术人才定将新人辈出,为国争光! 为建设厦门艺术之城做出应有的贡献。

2007 年 2 月于福建

杨炳维:笔名杨扬,福建漳州人,作曲家、指挥家。1961 年至 1983 年担任厦门市歌舞剧团团长兼作曲、编导,系中国音乐家协会会员、中国合唱协会理事、上海音乐学院校友会理事,福建省合唱协会名誉会长,福建省音乐家协会、厦门市音乐家协会、厦门市文联顾问,福建省文史研究馆馆员,福建音乐学院董事、教授,厦门星海合唱团名誉团长兼指挥,厦门老朋友艺术团总监,美国海外艺术家协会理事。曾兼任福建省音乐家协会副主席、省文联委员、省政协委员,厦门市音乐家协会主席、厦门市文联常务副主席、厦门函授音乐学院院长。另有许多著述从略。

怀念我最敬爱的李嘉禄老师

李思芳

1981 年 11 月上旬,李先生因教学忙未能陪同福路教授来福州讲学,但他答应在下一个学期一定来讲课。为此我天天盼着这一天的到来,可没有想到不久后,福州师范大学收到了上音寄来李先生去世的讣告,大家才知道李先生在送走了福路教授后,因胸痛住进华东医院检查,就此未曾出院过。不到三个月后,万恶的癌症就夺走了这位一向被我们同学们敬爱的老师的生命;我美好的盼望也成了泡影。在很长的一段时间里,我就像失去慈爱的父亲一样,每当我坐在琴凳上要弹琴时,心情就久久无法平静下来。

回想 1942 年秋季,我考进国立福建音乐专科学校五年制师范班学习(抗日战争时期,音专设在福建临时省会永安山城的郊区),那时我才十五岁,虽然知道自己喜欢音乐,但选什么专业心里还没有底。1943 年 1 月学校聘来李嘉禄先生,把我分配到他的门下。他一到校就开了一场很高水平的钢琴独奏会,当我听到那清晰、优雅、富有诗意和扣人心弦的肖邦《夜曲》Op. 9 No. 2,那节奏感极为明显又充满了激情的李斯特《匈牙利第六狂想曲》……他所弹的每一首曲子都是那么富有艺术感染力,使我深受感动。

我当下就决心要选修钢琴作为我的主科,声乐为副科。从一年级下学期到毕业时,我一直是李先生的学生。

师从李先生真是我的幸运,可当我第一次走进他的教室时,我的心就像吊桶,七上八下:他会因为我年龄大才开始学钢琴而把我拒之门外吗? 他会因为我的手小,而说我不适合弹钢琴吗? 可没想到,我一见到他那和蔼可亲的面容,紧张的心情立刻烟消云散,我的担心也是多余的了。上课一开始,李先生先了解我的情况,之后就根据我的手的条件给我一些打基础的练习。他教我用转腕法来练手指,用手指的重量发出优美的声音,哪怕是练音阶也要注意不要敲打,同时也给我很简单的小曲子,提高我弹钢琴的兴趣。他选了适合我弹的优雅、小巧的曲子,每教一首曲子,他总要先分析它的结构内容,来培养我对音乐的理解力。他是个很严格又有耐心的老师,他既夸我乐感好,又对我的十指不够灵活的缺点想方设法让我解决。他教我如何既省力又省时地练好一首曲子:首先应该把曲子略弹一遍,找出自己的困难片段反复地练习到流利为止,然后再弹整首曲子。按老师的指导,我每次回课都比较好,上钢琴课时也不觉得紧张,而且特别喜欢尽可能练好,等待下节钢琴课的到来。当我们这些李先生的学生在交换学习心得时,都有同样的感受:李先生教学的特点就是因材施教,一视同仁,因此他教过的学生在不同程度上都有很大的进展。李先生要学生学的是如何根据乐曲内容的要求,弹出音色优美的音乐,特别强调弹钢琴最重要的是控制手指如何触键和如何运用踏板,而不是"敲敲打打"。敲打的声音不是音乐,不会受听众欢迎的。这点我们都牢牢记住,尽可能练好,来达到老师的要求。

回忆在抗战期间,物资缺乏,国立福建音专全校仅有八架钢琴,要安排一百三十余个主副科生都能有机会练琴,是极其难的。每个初学主科生每天只能有一小时练琴时间,李先生要备课又要练独奏曲目就更难了。他即利用同学在晚上十点熄灯后,下山大练起琴来。可是声音是关不住的,同学们在宿舍里听到琴声再也不想睡了,纷纷起床,不怕女舍监深夜查询,从粪坑的门爬出去练起琴来了。后来同学们索性自发地排起琴点,老师们(李先生、黄飞立等老师)也不亦乐乎地参加了"夜战"。后来教务处不得不同意让同学们充分利用那八架钢琴。我们有些同学宁愿把白天的一小时换到深夜 12 点钟直到清晨 5 点钟。我就是这样坚持练了两年的。可以想象,在那几年里永安上吉山的日日夜夜,乐声四起,学习气氛极浓。那时的学生生活虽然艰苦,但彼此间感情却很融洽,精神上很愉快。后来我们十八个同学把家里给的零花钱积攒起来合买一台琴,这样练琴的时间多了,李先生给我布置的功课也就多了起来了。

我跟随李先生从拜尔学起一直到车尔尼的 740。他同时让我弹巴赫的初级钢琴曲,创意曲;亨德尔、海顿、莫扎特和贝多芬的小奏鸣曲、奏鸣曲、变奏曲;肖邦的练习曲、夜曲……为我打下扎实的基本功。在李先生班上的学生每学期总要开学习音乐会(期中一次,期末一次和毕业音乐会)。会后,还要让同学互相评讲弹奏的优缺点,作为老师的他总是很亲切地先肯定学生的优点,然后一一点明应改进的要点。此外李先生每学期自己也开独奏音乐会,时或与小提琴家尼哥罗夫、黄飞立、章彦……声乐家程静子、陈玄、薛其逢、冯坤贤……等合开音乐会,他既弹独奏又弹伴奏。

当时永安这个山城的音乐会非常频繁,音乐气氛非常浓郁。李先生也经常为学校合唱队弹伴奏,令我印象最为深刻的一次是由黄飞立先生指挥、李先生弹伴奏的那首我国早期具有代表性的大合唱作品《海韵》(徐志摩词、赵元任曲)。他运用不同的色彩弹出大海波澜起伏的前奏和过门,呈现一幅诗情画意的背景来衬托着合唱队的歌声,当琴声和歌声糅在一起描绘一个"女郎"忘情地徘徊在大海之边,而最后被大海吞没的悲剧。他弹得真是如诗如画、如痴如醉,时而清晰飘逸,时而潇洒自如。他的琴声和合唱配合得天衣无缝,在揭示人物性格的同时,把内心的情感化作鲜明生动的形象,把我带入梦幻般的境界。

李先生知道我 7 岁时就失去双亲,感情比较内向,他在为我选材时就注意到让我发挥我的个性特点,弹些抒情的曲子。跟李先生学习四年半,我的手指也比较坚实、灵活。毕业考时他让我弹肖邦的《即兴幻想曲》(Fantasie Impromptu)和肖邦的《练习曲》作品 10 号第 3 首……考试的成绩也相当不错,这完全应归功于李先生。

1947 年夏天,我毕业后和吴恩清、王璇三等同学到台湾去巡回演出,之后同学们都留在台湾,只有我一人为了要跟福路教授深造钢琴,毅然决定回福州。回来后,李先生介绍我到以前省长林森命名的"林森师范学校"(福建师范大学的前身)艺术科任教,他自己也在是年的冬天到美国深造去了。解放后不久,听说他为了报效祖国,回到南京金陵大学担任音乐系系主任和教学工作。之后又随该系合并到上海音乐学院任钢琴系教授兼副系主任。而我当时的工作也常调动,最后到了省立幼儿师范教钢琴和声乐。退休后一直到1989年移居美国前,我受聘于福建艺术学校和福师艺术系任教。目前,在福州的几所艺术院校的骨干都曾是我教过的学生。数十年来我所培养的学生可谓桃李遍地,我以薪火相传的行动来告慰李先生在天之灵。

值得一提的是,李先生在艺术上有这么大的成就,首先应归功于有这么一位好师母,我们所敬爱的英语老师吴誌顺。正由于她任劳任怨、全心全意地支持,才使李先生得以全身心投入教琴育人的事业。

由于工作及家务缠身加上交通不便,李先生在世这么多年,我只在上海见过他一面。那时他还是那么的健壮、和蔼可亲、没有一点架子。在李先生去世不久后,我去参加上音五十五周年校庆时,曾和林元宁、陈雪轩等老同学特地到湖南路福园7号23室探望师母,并在李先生的遗像前深深地三鞠躬,以示我们对这位我国著名的钢琴演奏家、教育家、恩师的缅怀之情。

最敬爱的李嘉禄老师永远活在我们心中!

2007年3月7日寄于美国尼发达州荏诺家中

李思芳:解放前在福建国立音专师从李嘉禄教授。1947年毕后,在林森师范学校(福建师范大学前身)艺术科任教,解放后任福建幼儿师范音乐教研组组长,退休后在福建师范大学艺术系担任钢琴客座教授。

1989年年移居美国,多次参加旧金山等大型歌剧院音乐活动,担任旧市少年儿童钢琴比赛评委。

恩师李嘉禄

林元宁

1943 年初，我参加国立音专组织的学生旅行演奏团到外地演出，我们第二队目的地是沙县、南平，当时大家都非常兴奋，但更令人兴奋的是：听说在南平演出时有一位年轻钢琴家来客串，大家热切地期待着。

我们二十余人坐木船顺流而下，岸上风光旖旎，水下浅滩暗礁密布，遇到险恶地段，船主还烧香求佛。一路上我们只是兴奋着，却忘了所有的险情。不幸的事情发生了，我们的船倾斜了，有的同学尖叫着："船进水了！船进水了！"几个胆小的同学吓得直哆嗦，幸好船离岸近，几个男同学机智勇敢地组织抢救，马上搭好木板桥，把乐器、米……抢救上岸，把女同学一个个搀扶上岸。有惊无险的一幕过后，大家都说："好事多磨。"

到了南平，音乐会如期举行，中途上场的是一位高个男士，洁白的脸孔，宽大的脑门下有一双睿智的眼睛，他一出场就迎来了热烈的掌声，只见他很有气势的一个和弦下去，接着就是令人眼花缭乱的指尖滚滚而动，我从来没有看过这样的演奏，也没有听过如此排山倒海的音乐。钢琴竟是这样弹的

吗?! 我惊呆了,当时就产生一个强烈的愿望,有朝一日要成为他的学生。他就是李嘉禄老师。

李嘉禄老师来到音专任教了,幸运之神也同时降临在我的头上,是谁把我心中的秘密告诉了上帝? 学校竟然调我到李嘉禄老师班上。

第一次上课时,我怀着忐忑不安的心情,向老师诉说我的苦脑。我非常喜欢钢琴,但天赋比较差,能不能学? 李老师沉默了片刻,那时我心慌了,是不是被先生嫌弃了,我不敢直面。接着,李先生却面带笑容亲切地说:"你知道世界上天才多还是常人多? 在常人中成才者也不乏其人,所以应该说是靠培养的。你刚接触音乐,怎么知道你没有音乐潜能呢? 这不是庸人自扰吗?""那我能学好吗?""怎么不能呢? 你对钢琴有浓厚的兴趣,这是学好钢琴最重要的条件。其二、你年龄小,可塑性强,接受能力快,只要你坚定朝着目标走下去,一切都会学好的。"李老师一席话,令我那不安、焦虑、自卑的心情顿时一扫而光。李老师的鼓励与期望,找回了我学好钢琴的自信。

吴先生那时很年轻,她像大姐一样关心我们的生活和学习。所以我们喜欢她,另一方面她是英语老师,又是钢琴老师的爱人,所以也有点怕她,有时碰到我就会说:"要好好学呀,要是你被李先生批评哭鼻子,我可管不了。"对这种吓唬,我也当真。有两位老师同时督促、教育我们,真的很温暖、很幸福。

音专学习氛围特别好,钢琴利用率是 24 小时换人不停琴,不仅学生开夜车,连先生也开夜车,那我要更加努力,于是就给自己立下军令状:"每次到老师那儿上课,都要使老师满意。"我当时年纪小,没有那么多顾虑,所以一遇上有琴空在那儿,不管人多人少,也不怕出丑,冲上去就弹,因为同学之间关系特别融洽,他们不会讥笑,而且会真诚地告诉你怎么弹。我得到许多同学的帮助,因此,每次上课都得到老师的好评,在经过他的点拨,每首乐曲基本上都能达到很好的效果。有一次,全校在大礼堂考钢琴,李老师给我打 98 分,而曼捷克夫人却给我打 100 分。学生演奏水平提高,反映老师的教学水平。

李老师教学非常注重诠释音乐,对声音要求有想像力,我们的乐感就是通过一首首的乐曲培养起来的。李老师经常分析音乐与技术的辩证关系,乐感好，还必须靠技术做载体；反过来，乐感可以带动技术。基本功是我每天必修的课程，有一次午饭后我在大礼堂练习基本功时，有几个同学从教室跑出来看，其中有吴逸亭、马一新，他们说："原来是你，我们还以为是谁？弹得真好。"我说："我这样的基本功还达不到老师的要求呢！"

有几次李老师给我上课时，发现窗外有人在听，原来是一位女同学，她说："你进步这么快，我想听听，李先生到底是怎样教你的。"我说："李先生是用一颗爱心在教育人。"天冷时上课他会把毛衣一件件脱了，过了吃饭时间还不厌其烦地教，我不忍心，就不懂装懂地说："懂了，懂了"、"会了，会了。"

解放初期，我到上海音乐学院拜见李、吴二位老师，虽多年未见，他俩健康依旧，李老师衣冠楚楚，神采奕奕地说：你来得很巧，迟来一步就碰不上了。"李老师把我带到琴房、打开琴盖坐下，定一定神就弹起李斯特的《匈牙利狂想曲》，音乐猛烈地撞击着我的心……音乐停止了，我的呼吸也快停止了，接着李老师讲了一句更令人震惊的话："这首乐曲我过去曾经给你弹过，你还记得吗？"我心慌意乱地说："记得，记得。我这个不成器的学生，怎么得到了您如此的关爱……"他又接着说："顾圣婴将要出国参加钢琴比赛，过会儿我要给她上课，你来得正好，一起去听吧。"这真是难得的机会，既可以听顾圣婴的现场演奏，又能再听一次李老师的课，这是我多年的愿望。可是我不得不婉言谢绝了，我如实地对李老师说；"这次上海之行是团队性质的，归队有时间限定。"李老师说："可惜！可惜！那也没有办法！"现在想想，那时如果有手机就好了，或者受处分也值得。可惜留下终生遗憾！

李老师，您经常点拨我不要陷入成名成家的的名利怪圈，而应该走成才之路，这思想一直作为我人生的航标，根据我自身与客观条件，干一行爱一行，成为社会有用的人。直到退休我才有机会干我的本行，我才开始探索教学规律，从而发现了一些好苗子，也培养一些人才。

李老师，您对学生一视同仁也给我深刻的影响，我认为"天生我才必有用"，我教学生是有教无类。我认为人才是靠培养的，常人可以培养成为聪明人，进而培养成为人才，在我的学生群中就有这样的人。每个学生都是一座矿，每座矿都有它的用处，学生所具有的才能各有差别，怎样取材、怎样培养,做老师的该心中有数。即使做一个普通劳动者,至少也是个优秀的劳动者,一个人民共和国的优秀公民。

时间已经过去半个多世纪,恩师也已走了二十五年了。平日我总觉得在冥冥中有人在督促、勉励我,那就是您——我的恩师。

在我整个人生道路上,无论从工作、学习到为人等方面,凡是能使它闪光的,那都是李先生您给于我的。您的人生观、道德观、价值观,都沉淀到我的心中,启动了我的心智,这笔宝贵的精神财富,使我一生受用不尽,也将一代一代地传下去。

恩师! 愿您含笑九泉直到永远!

2006 年 9 月 10 日于宁波

林元宁:毕业于福建国立福建音专后,即热心于培养钢琴幼苗,即福建音专校友期刊所介绍的宁波的"钢琴奶奶"。曾著有《宁波钢琴一百年》。

我最敬爱的老师——李嘉禄

薩锡玉

抗战时期,李先生大学毕业后就来福建音专任教,当时学校条件差:住房、琴房简陋,钢琴少,伙食更差,每天基本上是黄豆加空心菜。

李先生每晚坚持开夜车练琴。他这种好学苦练的精神带动了我们同学。许多同学也逐渐抓紧时间争先恐后地抢琴点练琴,有的同学不顾教务处的规定也在半夜起床,点着小小油灯在琴房练琴到天亮。

李先生对学生十分和蔼可亲,好似自己家人。在钢琴教学上他总是耐心地、反复不断地指导学生,所以李先生班上学生的成绩都非常优秀。

更值得记忆的是 1947 年我们毕业考试,我的声乐伴奏是请李先生弹的,当时我感到十分荣幸。如今李先生已离开我们二十五年了,但他慈父般的形象永远留在我们心中。

2006 年 1 月 4 日

薩锡玉:1947 年国立福建音专毕业后来上海,在北站中心小学、上海岭南中学任教。解放初受聘浙江金华师范学校,一学期后复回上海,任溧阳路小学校长,1956 年调入上海音乐学院附属小学任副校长。1964 年又调到南湖中学、广灵中学直到退休。

永远不忘李先生的言传身教

赵方幸

在纪念李嘉禄先生逝世二十五周年之际,我借此文表示我对李先生的感激之情。

作为学生,是最知道、最理解、最了解老师给予他(她)的恩惠的;作为学生,是最知道老师是如何培养他(她)们成长的雨露的份量的;而且,这种"知道"和"理解"将伴随着时日而增长,而深刻……永远不忘——因为他(她)的工作能力里面有着他老师的苦心与功勋。

回想小时候我就非常热爱音乐,常常徘徊在教堂边及有钢琴声的房子下面,聆听琴声,真是神往。虽然在我家里有架风琴,自己也弹些当时流行的"外国歌曲 101 首"或一些什么小曲子,但我未曾正式学琴,简直是鸡手鸭脚的。初中毕业时即已抗战,完全失掉学琴的机会了,但美妙的琴声常常萦绕在我的脑海里……

1942 年暑假,我从广东省立文理学院附中高中毕业后,即赴福建永安上吉山,投考前国立福建音乐专科学校(解放后合并到上海音乐学院),经当时的教务主任缪天瑞老师主考,录取了我,并直接让我升入本科二年级钢琴主课就读。

我在福建音专开始教我钢琴的是王政声老师,不久后即被分配到李嘉禄老师班上。他不嫌我的水平低、年龄大,想尽方法细心、耐心地指导我,给我"吃"大量的作业。每次上课都超课时,加班加点,他就是这样地把我"拔"起来的。

李先生开始教我时,我的程度为车尔尼练习曲"849"靠后的几首。他要求特别严格,而且布置的功课很多。他最重视的是句子呼吸……他教我

弹琴时手如何放松(这样,我每天练琴六小时,手都没得过职业病)。我每周必弹曲目如下:

1. 音阶、和弦的琶音和终止式。

2. 车尔尼练习曲:从"849"—"299"—"740"("740"未学完。)

3. 巴赫:二部、三部创意曲,前奏与赋格,组曲等(后来在曼夫人班上课,以上练习继续学完)。

4. 海顿、莫扎特、贝多芬等的小奏鸣曲,奏鸣曲也弹了不少

5. 肖邦前奏曲、舞曲、夜曲及李斯特的《爱之梦》等乐曲,每首都弹。

1947年底,李老师赴美留学,我改随德籍(犹太人)钢琴老师曼者克夫人学琴。我在曼夫人班上考试,弹肖邦《夜曲》第二首,曼夫人给我100分。经过曼夫人考核过后,即随曼夫人学至1948年暑假毕业。毕业考试是在学校大礼堂举行,演奏的曲目为贝多芬的《悲怆奏鸣曲》及巴赫《法国组曲》。考完后,曼夫人上台拥抱我并向我祝贺。我想说的是李老师和曼夫人的教学风格、手法、技术要求是一致的,因此我学习比较顺利,最重要的是我学习始终是很努力的。我最最爱弹的是巴赫的曲子,总是弹不释手,以至于我克制自己不敢先练巴赫,否则没完没了。

1945年1月我离开福建音专时,已弹车尔尼299及许多首巴赫二部创意曲、贝多芬的奏鸣曲第27首。1946寒假后我又回学校仍然跟李先生学琴,他对学生要求特别严格。他教我这样安排的:

我每次上钢琴课,首先检查音阶、和弦的琶音及终止式的弹奏,每周一个新调(及其关系小调),还复习旧调。

然后,依次检查车尔尼的练习曲,每次均学新的一首,复习旧的,书中曲目也依次每首必弹,新曲要抓重点、难点,细弹慢练,做到没有错音。上课时要求按原曲的速度回课。

练习音阶、琶音及练习曲时,要配合各种节拍、节奏型,重点练习弹奏。这种既严格又细致的要求及练习方法,既提高了我的练琴技能与进度,也对我今天的教学工作起了很大的作用。

我随李老师学琴,自知不足,惟有立志勤学苦练以对应。当时,我校钢琴不多,但每个学生,不论是学什么专业的(如声乐的,大、小提琴的,二胡

的……)一律都要学钢琴(这是个好传统——即只要你想学音乐,就必要学钢琴。这样,音准、音位、乐理……在脑子里都有明确的概念)。因此几乎人人都是"钢琴虫",琴谱不离手,一听不到琴声,立即"打游击"(练琴)!哪怕能捞到几分钟练琴也值得!但是,哪能有多少这种机会呢?!

于是,男生开始"开夜车"练琴了!女生则只有叹息的份儿!因为女生宿舍在一个大祠堂里,祠堂的四周有结实的高围墙,每晚十时——早上六时,沉重的、厚厚的铁门就关上了。只能"幻想"有"飞檐走壁"的功夫,才能有半夜弹琴的福份!

但是,天无绝人之路!不知谁在哪儿拾来了(不是偷)一条长木板,宽不到六寸,长不过二米,厚度不敢说,但绝不会超过"一分半"!也就是说,能承受我们爬过去而木板不会断的力量!我们几个"琴虫"就把它(木板儿)偷偷地搁在"女厕楼"化粪池的两边(上吉山在山林之中,木材较为易找。所以用木头搭起一个"女厕楼",化粪池靠围墙有一个"小洞口",让老乡每天在那儿掏粪)。"琴虫们"每晚"开夜车"练琴,就沿着小木板钻出那个老乡掏粪的"小洞口",直奔琴房练琴去了!……

由于"开夜车",练琴的时间倍增,上琴课时,喜得李老师的夸奖。

但好景不常!在一个银色的月光之夜,我们为了节省灯油(每晚十时最后一个练琴的同学必须把灯泡收好,在第二天交给另一个练琴的同学用。抗战时期,灯泡也是不好买到的,我们开夜车只能靠自己买油点灯了),就把琴房的门打开,让月光照进琴房好练琴。当我正在得意地弹奏《月光奏鸣曲》之时,忽闻隔壁一声"惨"叫!吓得我立即跑去,扶起跌在地上的陈婉翩。原来是她正在专心练琴时,忽闻背后牛叫,不知是什么,吓坏了!哦!是老乡把牛放牧到琴房外的草场上吃草,牛听见琴声,走到琴房(没关门,月光正"晒"得亮亮的)在阿翩的背后大叫一声……糟啦!琴练不成了,赶快把阿翩扶回宿舍(当然还得从"原路"钻回去……),而阿翩因此吓病了几天!

如此,"东窗事发",小木板没有了,可能是被舍监(二胡教授顾西林)没收了?"夜车"开不成了!我们又估计是舍监同情我们,所以饶了我们,而且从此教导处也让我们在晚上十点直至天明把琴点都排上,让同学们轮流练琴了,真要谢谢她。

1944 年的一个晚上,忽闻从隔壁不远的视唱练耳教室传来那美妙、悦耳的琴声……如此这般,天天晚上弹……是谁在弹呢?原来是青年教师张慕鲁(他也是李老师的学生)。不久,我上钢琴课时对李老师说我也想弹那一首曲子。但李老师说:"没有琴谱呀!"唉! 我只好作罢!

可是,张慕鲁还天天弹! 尤其是那第二乐章的

简直是"绕梁三月"……但是要抄谱得用"钢笔"在蜡纸上刻写,再用油印机印出来。在那物资缺乏的抗战时期,实在不敢妄想!

大约过了两、三个星期吧,一天我去上课,李老师递给我一叠琴谱说:"你要的奏鸣曲琴谱有了,拿去弹吧! ……"

我一个惊喜,拿来一看,天啊! 是一叠粗糙的油印五线谱纸,用钢笔沾深蓝色墨水,一笔一划工工整整地抄出来的贝多芬《第 27 奏鸣曲》呀! 我一下子傻了! 感动得泪水夺眶而出,万分感谢、万分抱歉地喊:"李老师……! 这不是我要的,我怎能要你抄哩?! 这首李老师的手抄本后来被好几个同学借用,逐渐地损耗而不知去向了,但老师那无声的行动始终激励着我。没有言语能表达我的感恩、感激之情(即使现在想起来,也难以表达)。我只有用我的勤奋,好好地服务于社会来报答李老师的教导之恩。学习李老师为人师表的高尚精神。

此后,我在 1948 年毕业之后,就担任教师工作,李老师给我抄谱之恩,和那帮助学生、教导学生的敬业精神,永远是我的楷模。自 1951 年我到中央音乐学院教视唱练耳课至今,我都记住教书育人的任务,一定要落实在行动中。

1960 年初,李老师曾到北京,他问我为何不教钢琴? 我说:"都用上了。"(即李老师教我的钢琴,教书育人……我在上视唱练耳课时,都用上了)是的,我每次教课,视谱弹伴奏(即法国视唱的伴奏)一拿就弹,都不成问题。上课时我也基本上一拿就能弹舒伯特、舒曼、勃拉姆斯等作曲家的名曲让学生练节奏,视谱即唱,以增加他们的音乐知识、音乐感、艺术感。我毕业后即做母亲,有了孩子,我再不能像在音专那时拼命地练琴了,全靠在音专时李先生为我打下坚实的基础,我永远感谢他,幸而在他生前我能亲自告诉他我的感激,和感谢他教成年人弹钢琴的好办法。

如今社会上仍然有些人像我当时那样喜爱音乐,但没有机会学,我很理解他们,也深深地同情他们。为此我首先为他们编写一本《简谱视唱》,我不认为因为编这本书会降低我的身份。后来我也编些专业性的视唱练耳教材,但我先一步搞普及,为的是让更多音乐爱好者学到一点音乐,我愿意为他们服务。我这样做也是受李先生身教的影响,因为他从不嫌弃任何程度低或是能力差的人。

李老师的用功、勤奋是出名的,他练钢琴在 13 教室,那儿钢琴是全校最好的。但他们教师练琴要"排队","开夜车"也要排队!"僧多粥少"也。为了省"琴点",李老师每天一早,在操场上拿着琴谱在"背谱",背好了再在琴上弹奏,他的钢琴独奏会曲目就是这样"默读 + 弹奏",一个个独奏节目、音乐会节目练出来了。

言传身教,他是我们奋斗的楷模。他的行动,鼓励着我们勤学苦练,直到今天,仍然是鼓励我们奋斗、前进的力量。

2007 年 3 月 18 日于北京

赵方幸:李嘉禄生前在国立福建音乐专科学校的学生。中央音乐学院教授,担任视唱练耳研究生导师。曾编写《简谱视唱》、《幼儿视唱》,并创作《视唱基础练习曲 105 首》等。

退休至今仍然应文化部的聘请编写视唱练习教材。

怀念李嘉禄教授

温可铮

2007年2月4日　温可铮教授与夫人王逑教授于北京全国政协礼堂同台演出

我二十岁刚毕业,即被聘到南京金陵女子大学音乐系执教,吴贻芳校长接见我和我谈了学校教学情况,特别提到即将来校的音乐系主任是一位刚从美国学成回国的钢琴家李嘉禄教授。

我在金陵女大音乐楼办公室见到了身材魁梧、面容亲和的李先生时,有一种发自内心的好印象,他很亲切、随和,没有一点教授的架子,很容易相处。原来这是一种神往,因为我们都热爱音乐,很快就感到音乐是我们的桥梁,因而一见如故。

当时我住在学院的校园外宁海路教师宿舍,李先生住在南山的教授楼。由于我们亲密的友谊,有时我能聆听李先生演奏肖邦的乐曲,那富有诗意美妙的音乐从李先生的手指中传出,使我心领神往。有时我听李先生介绍美国音乐界及音乐学院的一些经验和学习体会,使我受益匪浅。

1950~1951年,我和李先生合作分别在京、津、宁举办了音乐演唱演奏会①。在和李先生的合作过程中,我们配合相当默契;我更体会到歌声与琴声的和谐与真情的流露。李先生曾经是我的夫人王述的老师,他对他的每一个学生的天赋很能看准,他对王述说她应从伴奏方面培养,将来会很成功的。果真,我们俩夫唱妇随,数十年如一日。她七十八岁时,我们俩还很成功地开了一场独唱音乐会。要是李先生还在一定会为我们很高兴的。

李先生虽已离开我们二十五年了,但他的音容笑貌和琴声还历历在目,不能忘怀。

李先生一生光明磊落,为人善良,追求进步。特别是在钢琴教育事业上培养了许许多多的钢琴音乐人才,为音乐事业作出了极大的贡献,他的业绩永垂史册。

李先生走了,但他留给人间的美、音乐、品德永远不朽。

2006年11月20日于北京

温可铮:著名男低音歌唱家。1950年执教于南京金陵女子文理学院音乐系,任讲师;1952年执教于上海音乐学院声乐系,1984——1987年任系主。1984年、1992年曾两次赴美国康涅尔大学任访问学者。他的音乐生涯跨半世纪多,演唱曲目超过五百首,演出场次一千五百以上。2007年春开独唱音乐会,不久后因心脏病突发而不幸去世。借此深表哀悼。

---

① 笔者与李嘉禄曾经数次合作开音乐会:

1. 1950年11月24日下午七时半,假南京金陵女子大学大礼堂开一场"为皖北灾民募捐寒衣音乐会"(伴奏由方仁慧担任)。

2. 1951年9月1日七时半,假天津亚洲电影院开"为抗美援朝捐献飞机、大炮、坦克音乐会"(伴奏由李嘉禄亲自担任)。

3. 1951年9月上旬于北京燕京大学大礼堂开"独唱独奏音乐会"(伴奏由李嘉禄担任)。

4. 1951年9月中旬应文化部邀请在北京文化俱乐部为接待外国使节开"独唱独奏音乐会"(伴奏由李嘉禄担任)。

辛勤浇灌　桃李芳菲

——祝贺李嘉禄教授回国任教三十周年

方仁慧

　　李嘉禄先生是我国著名的钢琴演奏家和钢琴教育家。三十年前他毅然地放弃了美国威士利安（Weslyan）大学的聘书及优厚的生活条件，怀着满腔热情，冲破重重阻挠回到祖国怀抱。李先生说："美国再好，总不如故土，何况又是一个解放了的祖国，我要把自己的学识献给祖国人民，为发展我国的音乐事业贡献自己的力量。"三十年如一日，李先生不断用行动在实践着自己的诺言。

　　李先生回国不久就相继在南京、北京、天津等地举行钢琴独奏音乐会。他的演奏曲目从古典的巴赫、贝多芬到浪漫派时期的肖邦、李斯特，以及印象派的德彪西，现代派的卡巴列夫斯基、斯特拉文斯基等。除此而外，还有贺绿汀的《牧童短笛》、丁善德的《新疆舞曲》、瞿维的《花鼓》以及他本人创作的单乐章的《钢琴奏鸣曲》一首。在解放初期，曲目如此丰富而又精彩的钢琴独奏会是罕见的。

　　1950年深秋李嘉禄先生应当时金陵女子大学吴贻芳校长之聘来到南京任音乐系钢琴教授兼系主任。当时的李嘉禄先生刚满三十岁，正是年富力强、勤奋立业的大好时光。李先生在美国深造，不仅钢琴求师于欧洲钢琴名师弗兰克·曼海米尔（Frank Manheimmer）获得优异成绩，而且还深入钻研和声、作曲、配器、音乐史等课程，音乐素养十分丰富。在美国内州道安大学音乐系毕业后又考入内布拉斯加州州立大学音乐研究院，获得音乐硕士学位，并被授于全美荣誉的金钥匙一枚和奖状。李先生来到金陵女子大学时，由于当时一批外籍教师刚刚撤走，而我们自己的青年教师则尚未培养出来，正是青黄不接师资缺乏之际，李先生本身的演出、创作及系主任的行政工作已经负担不轻了，然而他仍自告奋勇，不但担任了钢琴主课的教学，还亲自开设了复调、作品分析等课程，这种为社会主义音乐教育事业献身的精神博得上下一致的赞赏。

　　1952年全国院系调整，金陵大学音乐系合并至上海音乐学院。李先生带领全系师生到上海音乐学院之后，由于时间、精力上的限制，他决定放弃演出，为了培养下一代全身心地投入钢琴教学工作，在学生身上，他倾注了全部心血，其中最突出的就是已故钢琴家顾圣婴，李先生为她在艺术上的进步与发展奠定了良好的基础。1964年顾圣婴参加比利时国际钢琴比赛，李先生帮她准备了全套曲目，比赛结果，顾圣婴获伊丽莎白皇太后国际比赛奖，这荣誉的得来，包含着李先生多少辛勤的劳动和汗水呀！

一、因材施教　栽培有方

　　在李嘉禄先生班上学习过的学生都深深地体会到李先生对触键和音色

变化要求十分细腻,对乐曲的处理和表现要求很高。这也可说是李先生教学的两大特点。他常说:"钢琴是声音的艺术,通过音色变化,音乐就语言化了,就能更生动更好地表达作品内容。"这说明了在钢琴演奏艺术和学习中触键的重要性。李先生认为所谓触键就是"指尖的敏感度"。"下键的速度、距离,用力的部位,力度的大小,这几个因素的不同结合就产生不同的音响效果。"在日常教学中,他把对学生基本功的训练和控制触键的变化有意识地结合起来。在弹奏音阶、琶音等各种基本练习时,不但要求一定的力度、速度、均匀、流畅,还要求用不同的力度(首先用 *mf*,然后向两端扩展 *mf*→*pp*,*mf*→*ff*),不同的用力部位(手指:高指、低指,手臂重量),不同的弹奏法(如一手用连音另一手用非连音弹奏)等,同时训练各种类型的触键感觉。这样,要求明确,思想集中,减少了盲目性,学生在锻炼基本功的同时锻炼了触键的控制。但是通过乐曲来学习控制触键和音色变化毕竟更加重要。李先生特别重视区别不同的作曲家、不同作品的不同风格和特点。他经常告诫学生,首先要了解作曲家的风格和意图,才能决定运用何种触键达到特定的效果。巴托克和普罗柯菲耶夫,这两位作曲家尽量发挥了钢琴键盘乐器的特长,他们的触键大不同于肖邦、莫扎特,如果离开其风格特点、作品要求来弹 Martellato,这种触键就可能使人感到很硬,甚至刺耳。要注意在弹奏时手指、手掌、腕和臂成一个整体,并且十分有控制地有弹性地来触键,这样才能获得合乎作品要求的悦耳的音响效果。又如德彪西的《月光》那种清晰、透亮而又"虚无飘渺"的音色,是有他独特的触键手法的。手臂好似悬挂着,十分放松,手指动作很小,指尖特别敏感,弹奏起来犹如手指在琴键上轻轻抹去一片薄尘似的,其奥妙和高度控制就在其中。如果把德彪西的触键方法和音色照搬到弹奏贝多芬或其他古典作品上,那就会是错误和令人不能容忍的。在弹奏肖邦练习曲第一条时,李先生认为:右手的大琶音、拇指与小指的连接、收缩、伸展绝不能单纯强调手指的独立。手腕的灵活,肩、肘的放松实际起很重要的作用。左手的八度,触键要深厚、饱满,要处理得十分线条化。如果这两点解决好了,对演奏好这条练习曲能起很大作用。

李嘉禄先生教授钢琴几十年,积累了一大批教学曲目,其中不少曲目已反复教过十几甚至几十遍，但他仍坚持每教一次都要重新备课。在听学生弹奏时他很少看谱，谱子和音乐都铭刻在他脑际和心底，但李先生并不满足于此，他强调要针对"人"，针对每个具体的学生进行备课。在选择作品时，他全面考虑一系列问题：当前学生的水平与乐曲要求之间的差距？可能出现什么问题？需要预先或同时进行何种补充练习？需要分几个步骤达到艺术与技术的统一完善……另外每个学生的基础、气质、感受、优缺点都不同，在尊重作曲家风格的前提下如何设法保留学生的气质和特长，而不强求千篇一律。这就是他为什么虽是熟悉的作品，但教不同的学生时都要重新备课的道理。对于作品他力求深入探索并提出自己的见解。他经常钻研不同的版本，聆听不同艺术家的演奏、录音，从中取其精华，再次进行艺术处理。因此，同一作品，不同的学生，不同时期的演奏都可能在演奏上有新颖独到之处。李嘉禄先生不仅强调音乐形象、刻画主题性格，同时也注意和声的进行、解决，支声部的线条处理，节奏的张弛，高潮的安排以及各种转折等。经他一指点，学生对作品的全局与细节都十分明确，不少学生体会到在李先生班上学到了许多钢琴课以外的音乐知识和修养。李嘉禄先生这种对艺术表现精益求精、不断创新的精神，值得我们每一个从事艺术教育工作的同志学习。

二、忘我劳动　诲人不倦

李嘉禄先生常说："中国有十亿人口，有条件学钢琴的是极少数。我国音乐教育事业的发展又落后于现实需要，有能力考入音乐院校学习的更是少数中的少数，对于这些沙里淘金挑选出来的学生，做教师的只能是尽自己一切力量充分发挥他（她）们最大的才能。根据学生的特点把他（她）们培养成'材'就是我最大的幸福和无穷乐趣。"李先生把学生都看成是祖国的宝贵财富，是未来文化艺术建设的栋梁。因此他对待每个学生不论资质、才能高低，都是一视同仁，热情教导。他认为乐感和素质特别好的学生是难能可贵的，应倍加爱护、精心培养。但是作为教师切不可忽视自己的作用和职责。在教学中，师生双方要互相配合，首先教师要因材施教、对症下药，技术上严格训练,音乐上耐心启发,促使学生有目的、有意识地去钻研、磨炼并持之以恒,那么经过一定阶段都能收到显著成效。基于这样的指导思想,他对中等才能的学生甚至花费更多的时间和精力。每一个学生经过他的教导都能发挥最大的积极性,在原有基础上大幅度地提高,比较牢固地掌握钢琴弹奏基本技能。

李嘉禄先生已经年逾花甲又患病,但是在课堂上他永远是那么精力充沛、生龙活虎,上起课来劲头之足不减当年。由于患糖尿病控制饮食,常常易饥,大家都劝他随身带些点心,但李先生一进了教室、进入音乐,就像科学家进了实验室一样,忘了时间、忘了饥饿、忘了一切。常常有这样的情况:下午一点半教师和同学们都来上课了,李先生却刚结束他上午的课程离开教室,也只有这时他才意识到饥肠辘辘,一进家门已是精疲力竭了。但是如果下午还有课的话,那么他会仍和上午一样聚精会神地进行他的教学。

李嘉禄先生不但对自己的学生呕心沥血、循循善诱,任何一个学生或青年教师有求于他时他都能抛开门户之见,诚恳无保留地给予热情的帮助,肯定其优点并坦率地指出问题。在他家中经常能见到青年教师或过去的学生带着他们自己的学生来登门请教。即使再忙再累李先生也要放弃自己的休息或挤出时间来进行辅导。

三、洋为中用　艺为人民

李嘉禄先生出身贫寒,从小过着艰苦的生活。当李先生在漳州上中学时,他受到一些革命思想的影响,经常带头上街宣传抗日,这也为他一生的道路奠定了基础,对他世界观、艺术观的形成起了促进作用。40年代在福建音专时,他就曾多次举行钢琴独奏会,广泛演奏和介绍各国作曲家的作品。用他自己的话来说:"当时我不懂得音乐有阶级性,只认为音乐是一种世界语言,它能沟通人民的思想感情,促进文化交流。"因此他大量介绍肖邦、李斯特、德彪西以及穆索尔斯基的作品。肖邦的《降 A 大调波兰舞曲》是他最喜爱的保留曲目之一。40年代的中国正和肖邦当时的祖国一样受到蹂躏、侵犯,乐曲倾注了肖邦对祖国的热爱和革命激情;穆索尔斯基的钢琴套曲《图画展览会》是一首写实主义和人民性很强的作品,在当时国民党统治区内点滴不慎都可能遭遇不测,演奏这样的作品也要担风险,但他却首次在福州介绍了这首作品,这些说明了他当时的思想倾向。

在美国学毕回国后,他看到了一个在中国共产党领导下站起来了的新中国,虽然当时正肩负着抗美援朝的艰巨使命,但社会主义建设仍大力发展,人民的精神面貌与解放前有着显著的变化。李先生在北京、南京、天津等地访问演出,更感到祖国的伟大可亲。他了解到在祖国,有音乐才能的人很多,他(她)们天赋优厚,学习又很刻苦、严肃认真,尤其这后一个条件是很多外国学生难以做到的。在上海音乐学院任教期间,他深深体会到党对音乐事业的关怀,亲眼看到我国钢琴艺术水平不断提高,我们自己的青年钢琴家开始在世界音乐舞台上为祖国争光、赢得了席位,他为此感到由衷的欣喜、自豪。1956 年毛主席在全国音乐周上的谈话使他更加明确了方向,进一步理解了学习西洋、借鉴西洋是为了更好地发展我们自己民族的音乐文化。在钢琴艺术事业上需要创作出代表我们时代和民族面貌的中国作品。李先生重视和鼓励创作,积极支持和推荐新作品,经常把优秀的新作品列为教材。汪立三的《兰花花》、桑桐的两首《序曲》、王建中的《樱花》等都是李嘉禄先生通过自己的学生首先介绍给听众的。中国钢琴曲很多都用五声音阶及民族调式来进行创作,它的技术规律和特点不同于传统的西洋作品,为此李先生又编写了以五声音阶为基础的系统的基本技术训练教材。更加难能可贵的是他在繁重的教学任务之余,还带头挤时间搞创作。他的作品有《清江河》以及改编的《游击队歌》、《南泥湾》等钢琴小品。

去年,李嘉禄先生的一个学生去美国参加国际钢琴比赛,李先生为他准备了三首中国钢琴独奏曲:贺绿汀的《牧童短笛》,陈培勋的《平湖秋月》,王建中改编的《百鸟朝凤》。李先生介绍说:"这三首是我极喜爱的乐曲。《牧童短笛》是中国最早的复调乐曲,用五声音阶的曲调加上左手复调支声部写成,纯朴、动听。《平湖秋月》用钢琴奏出了祖国山清水秀的江南风光。《百鸟朝凤》是一首杰出的唢呐独奏曲,通过百鸟争鸣表现了农村中一年四季紧张繁忙的劳动情景。外国作曲家和作品中描写鸟叫的没有一首能超过我国的《百鸟朝凤》,改编效果也很好。我要向美国人民介绍这三首曲子还有一个重要原因就是它们代表了音乐界的三代人,并显示了中国钢琴音乐的发展。"在这位留学美国的教授身上,找不到一丝崇洋的气息,却有着纯朴的中国气质,他用自己的行动实践着"洋为中用"的道路。

三十年来李嘉禄先生培养出来的学生,在全国音乐团体、艺术院校中,大多成为教学骨干,第三代也正在苗壮成长,李先生却仍以顽强的毅力、献身的精神向着钢琴艺术的高峰,继续不停地攀登着!

预祝李嘉禄先生在钢琴艺术教育事业上取得更大的成功!

原载《人民音乐》1982 年第 2 期

方仁慧:1952 年毕业于南京金陵大学音乐系主修钢琴,师从胡惜苍、李嘉禄。毕业后先后任教于上海音乐学院、沈阳音乐学院及南京艺术学院,退休后应沈阳音乐学院及南京艺术学院聘为钢琴客席教授。1988 年移居美国期间在美国几所大学传讲《中国钢琴音乐的发展》,1988 年出席英国京士顿大学举办的首届中国国际音乐研讨会,以英语宣读论文《The Development of National Style in ChinesePiano Music》讲解并示范演奏。1995 任中国旅美音乐家演出团团长领团回国,在北京、上海演出。曾连任两届在美国东部地区金陵女大海外校友会纽约分会主席,1997 年代表金女大海外校友会出席我国在北京召开的高校海外联谊会。在美期间曾任第六、七届江苏省政协海外委员。

出国前任中国音乐家协会会员。

在美时为全美音乐教师协会会员。所教的学生曾在各种比赛中不断获奖,并曾连续 6 年有 6 名学生分别在不同比赛中获第一名。

2001 年获全美教师协会颁发的终身成就证书。

2003 年回国定居。

忆李嘉禄先生

叶惠芳

1951年金陵女子大学迎来了美国归来的李嘉禄教授夫妇。当时归国的华人甚少，我怀着好奇心前往李先生家拜访。只见他满屋都是书，钢琴上堆着一叠叠的琴谱，琴盖总是开着的。李先生正坐在琴凳上研究乐谱。我的第一印象：这是一位勤奋执著、朴实无华的老师。当时对归国人员还没有什么优惠政策，李先生不计报酬，毅然回国，要为祖国音乐教育事业尽心尽力，非常令人感动和钦佩。

不久，我被分到李先生班上，我很快就发现他带来了先进的弹琴方法。概要地说，就是靠人体本身的重量，通过肩、臂、肘、手腕直至手指的第一关节灌注到键盘上，从而通畅地控制音量和音色，使音乐与演奏者紧密地协调一致，这就是所谓"重量演奏法"。这种弹奏方法仿佛替我开辟了一个开阔的天地，很多技术问题都迎刃而解，弹出来的声音也好听多了，促使我开始思考并研究如何真正深入地演奏钢琴。

1952年全国院系大调整，金陵女子大学音乐系合并到上海音乐学院，我因成绩已达毕业水平，校方准予提前一年毕业。当时还未设研究生班，因此我就边任上音钢琴系助教，同时仍随李先生进修。李先生从不收我学费，并把我弹的贝多芬《热情奏鸣曲》三个乐章全部录音下来，给钢琴系系主任范继森教授听。此时正值上海文化局为纪念柴科夫斯基逝世六十周年，准备举办"柴科夫斯基作品专场音乐会"，上海音乐学院便推荐我去担任柴科夫斯基《第一钢琴协奏曲》的独奏,由上海交响乐团协奏,黄贻钧先生指挥。我知道这一定是李先生和范继森先生在为我的前途铺平道路。当时我只弹过第一乐章,要在短短的时间内把另外两个乐章背出,实在缺乏信心。这时李先生从心理上清除我的顾虑,激发我的斗志,教导我要有勇往直前的精神。在他的鼓励下,我终于克服了一切困难,不久在上海兰心大剧院顺利地演出了七场。

李先生在教学中不仅教学生钢琴的技能、音乐的内涵,还有意识地培养学生的毅力和创造能力,为学生的发展殚精竭虑。这一切都对我产生了很大的影响,成了我以后学习和工作的榜样。

李先生使我懂得了音乐是值得我们一生为之奋斗的艺术。懂得了通过学习钢琴,通过严肃的劳动,在精神上达到更高的境界。

在此,我深深地感谢李先生!

2006 年 5 月 22 日于南京

叶惠芳:1952 年毕业于南京金陵女子文理学院;

1952～1960 年先后在上海音乐学院、北京中央音乐学院任教;

1960～1991 年任南京艺术学院音乐系任教,之间提升为教授,又先后任研究生导师、系主任,在任期间应邀赴名古屋艺术大学音乐系讲学及演出,后在上海音乐学院讲学一年;

1991～1993 应美国康州哈特福德大学之邀赴美访问及演奏、教学,在美期间任加州音乐家协会会员、美国钢琴家学会会员,曾在美国新泽西州举行钢琴独奏会。

所教的学生曾有数名(如夏明毅等)于国际比赛中获奖。

仁爱　宽厚　奉献

——李嘉禄教授二十五周年祭

饶余燕

每当想起李嘉禄先生时,总会想到我国著名诗人臧克家的至理名言:"有的人活着,他已经死了;有的人死了,他还活着。"诗人赞美、颂扬的是人类永恒的崇高精神,他们为了某一壮丽、神圣的事业,生命不息、努力不止,以至于奉献自己的一切,包括生命。这种人类的精英们虽然早已远离我们而去,但每每忆及他们的昔日岁月时,总会让活着的人感慨万千,追念不已。李先生正是这样一位令人永远难以忘却的人。

二十五年前,当我收到母校寄来李先生突然谢世的讣告及随后师母写的短信并附有先生生前的照片时,情不自禁地潸然泪下。那么样纯真而善良、那么样专注于钢琴艺术、那么样满怀爱心对待所有求学者的李先生,竟然在事业又将开始新的辉煌时期却撒手人寰,离开他挚爱的家人和莘莘学子们,令人哀痛、伤怀!记忆的闸门随着噩耗的传来而洞开,尘封多年的点滴往事也历历在目地显现在眼前。

那是 1951 年的初夏,在"反侮辱! 反非谤! 反美帝!"的呼吼声中,中央和华东教育部宣布私立金陵女子文理学院与私立金陵大学合并,改为公立金陵大学。我们正是在合校的喜庆日子里，作为新金大的第一批学生入学的。新生有来自上海的我、俞抒和荣品英（该同学到校不久就退学了），江苏的徐月初、王伯林、黄明和南京本地的常肖梅，广东的林瑞芝，二年级有郑克玲、陈敏庄和从金女大附中上来的王述，三年级的叶惠芳、方仁慧、简华玉和朱荣芬，四年级只有杨道先一人，此后还有从北京来借读的丁美瑞和本校生物系转来的李耀伦。而李先生刚从美国深造归来，是我们新金陵大学音乐系系主任，其他专职教师有汪培元、温可铮、王晴华及下半学期从美国归来的马幼梅，兼职教师有陈洪、黄友葵、程午加等。当时李先生除了给本系主修和少数副修的钢琴学生上课外，还要给三年级上曲式分析课，同时还在中央大学音乐系兼课和音乐会独奏演出的任务，加上当年各种政治运动频繁，因此先生的辛苦、繁忙是可想而知的。但李先生总是在力所能及的范围内关心系里的每一位同学，他几乎是有求必应，我就是其中的受益者。

记得刚开学不久，我慕名想让李先生给我上钢琴课，他并不因为我程度太浅而拒绝。反而是挤时间在系主任办公室给我上了几次课。他根据我小时候曾学过几天钢琴，后因病停学的特点，除了要求弹奏初级的技术练习外，还让我选弹舒曼作品68《青少年钢琴曲集》中技术简易、形象生动、感情贴切的短小乐曲。如其一的《旋律》、其二的《战士进行曲》、其三的《无言歌》等，让我感到钢琴音乐的奥妙和动人的魅力。有一次我在大礼堂后台的三角钢琴上练琴，李先生也来此练琴准备音乐会演出，我提出留下来听他练习演奏，他居然同意了。于是我听李先生练奏瞿维的《花鼓》、寄明的《农村舞曲》、肖邦的《夜曲》和李斯特的《钟》等乐曲。他练奏是先完整地将乐曲从头到尾过一遍，然后挑出艰难的片段加以练习，或反之。在休息时，他给我讲述这些乐曲的特点，特别是对李斯特的《钟》的解释较详尽。其主题源于帕格尼尼的《第二小提琴协奏曲》末乐章，最初的钢琴改编曲结构庞大，出版时冠名为《华丽的帕格尼尼钟声大幻想曲》，现在弹奏的版本是李斯特题献给克拉拉·舒曼的钢琴曲集《帕格尼尼主题大练习曲》六首之三，是在大幻想曲的基础上改写的。这些练奏和讲解，既让我近距离地聆听到李先生富有感染力的演奏，又让我学习到乐曲分析的知识。

正是由于李先生平易近人、朴实无华的作风，此后我还有多次机会享受到这种难得的待遇。在我记忆中印象极其深刻的还有一次,是我在李先生办公室外听到类似拉赫玛尼诺夫艺术歌曲《春潮》般起伏激荡的钢琴织体和上方声部像钟声般明亮光辉的旋律相呼应的乐曲。琴声暂停后,我情不自禁地冒昧敲门进去,李先生仍和蔼地向我解释他在备课,这首乐曲是拉氏《降 B 大调前奏曲》作品 23 之 2,是准备给方仁慧的功课。于是他给我讲述这首作品是拉氏 24 首《前奏曲》中最华丽、最辉煌的一首。它描写俄国人民在节日庆典活动中的欢乐气氛,并详说拉氏年轻时常爱用各种钟声来表达自己的感情。他除了写过钟声大合唱外,如《升 c 小调前奏曲》作品 3 之 2,这首著名乐曲是另一种带有忧郁情绪的钟声。接着李先生告诉我,在拉氏长期远离祖国后,每次钢琴独奏会 Encore 节目时,只要演奏到这首《升 c 小调前奏曲》,再热烈的掌声,他都不会再返台,而是独自关在房间里,沉湎在对故国、故土的思念中。这些精彩的讲述加深了我对拉赫玛尼诺夫作品的理解,因此当不久后苏联电影《大音乐会》中,出现以柯岗为首的几十位小提琴家和竖琴合奏这首《降 B 大调前奏曲》时,我感到确如李先生所描绘的华丽又辉煌,具有强烈的震撼人心的感人力量。

　　我就是这样通过李先生仁慈而宽厚的教导,从中学到许多珍贵的感性和理性的音乐知识,把我引领进音乐艺术殿堂的大门。至今李先生练奏钢琴时的姿态、动作和讲解作品时的神情仍鲜活地保存在我的记忆中。对待其他有求于他的同学,李先生同样地尽一切可能去关心帮助他们。记得在下半学期从外系转来的小提琴学生李耀伦,他一再要求李先生能教他钢琴,而当时王晴华先生来校后,副修钢琴的学生都安排到她处学习,考虑再三,李先生最终还是答应李耀伦上课的请求。类似的例子不胜枚举。

　　在短短的一年中,李先生与同学们的关系亲切而融洽。上半学期由于老同学和年轻教师都到皖南参加土改运动,我们一年级新生留校学习,因此偌大的一座音乐大楼,就我们七个学生和三位老师。有一次假日,李先生邀请我们到他南山上的家做客,我们六个同学(俞抒胃出血住院)和先生、师母一起谈人生、谈音乐、吃茶点,看先生在美国及归国后数十场音乐会的节目单,也看他的全美荣誉证书和金钥匙,师生间充满着真诚的美好情谊。还有一次初秋期间,系里组织我们师生共游中山陵、明孝陵、紫金山、天文台、栖霞山等地，每个人自带饮料、干粮。路途上师生之间谈笑风生、亲密无间。陈洪先生为我们这次出游留下弥足珍贵的照片。正由于李先生和同学打成一片，纯真而无邪，因此当时的各种政治运动，如触及旧知识分子思想改造的运动，同学们对李先生只有爱戴、爱护而没有任何过分的行为。

1952年初夏，全国高等院校调整，音乐系合并到中央音乐学院华东分院(即上海音乐学院的前身)。离别前在音乐楼举行师生座谈会，全系师生包括兼职的陈洪、黄友葵等教授都参加，会上充满惜别依依之情。余兴节目时，陈洪先生特意表演了翻跟斗的绝活，以活跃会场的情绪。李先生还专门同音乐楼的工友握手致谢，二位老教授的人品、风范令人难以忘怀！

到了上音，我和徐月初、俞抒等五人转入作曲系，而李先生在钢琴系任教，见面的机会少了，但先生仍然继续关心我们，见面时会主动了解我们的学习、生活情况。在学校从江湾搬迁到漕河泾时，由于先生住在校区，我有时也会去他家小坐，顺便向先生汇报各种情况，他和师母也会给指导。有一次去先生家探望，正好他在给顾圣婴上课，我和顾的父亲顾高地同在客厅等候，上完课，李先生和顾老先生交谈并送走父女俩后，他才告诉我顾圣婴的学习情况以及顾老对女儿上音乐学院学习，提出一些条件和设想。后来得知顾圣婴于1955年1月考入上海交响乐团任独奏演员，不过她仍在李先生处上课，其后我还遇到过一次。1956年苏联作曲理论专家来上音作为期两年面向全国的讲学活动，学院专家办公室的常受宗同志找我谈话，希望我提前毕业作专家的业务秘书，我曾向李先生谈过自己不愿提前毕业的想法，得到李先生的同意和支持，因此我仍然继续学习同时担任专家复调课的业务秘书工作。在此期间，李先生见到我总会关心我的学习和工作情况，甚至于我的恋爱情况他也表示关怀，特别是对我的钢琴作品常会提出一些建设性的意见，让我得益匪浅。

此后，我因故改派到西安音乐学院工作，当时不少人对我疏而远之，但先生和师母仍像过去一样爱护我们这些学子。因此多年后我返沪探亲，仍会抽空去福园探望先生和师母，因为在我的心目中他们始终是慈祥、仁爱的长者、恩师。有一次在"文革"后期我去他们家探望，李先生正在上课，课毕先生给我介绍在上海交响乐团任钢琴独奏演员的裴寿平，我们三人在客厅里喝茶、谈话,其乐融融,记忆犹新。

虽然我和先生分隔两地,但随时从各种渠道得知先生在教学上的各种成功尝试和新的探索,也知道他在总结自己数十年的演奏和教学经验而撰写《钢琴表演艺术》和《钢琴基本技术练习》的论著,更知道他在以争朝夕的精神,要把十年浩劫损失的时间夺回来而夜以继日地努力工作。听到这些消息,我既为先生的各种成就而高兴,同时也为先生的超负荷忙碌而担忧。

李先生的一生确实是为祖国的钢琴事业鞠躬尽瘁,死而后已。他的慈祥、仁爱、宽厚、无私,他的人格魅力和精神风范将永远是我们学习的榜样。正如贝多芬墓志铭所刻写的:"他总是以他自己的一颗人类的善心对待所有的人。"李先生正是这样一位充满爱心的人!他将永远活在我们的心中。

2007 年 1 月 25 日于西安音乐学院

饶余燕:1957 年上海音乐学院作曲系毕业之前一年即任上音专家工作组专家秘书,负责记录整理《复调音乐讲座》讲稿。1958 年到西安音乐学院作曲系任教,2000 年退休前任西安音乐学院作曲系系主任长达十年之久,退休返聘至今任研究生导师。曾任陕西音乐家协会、山西文联常委二十多年,中国音乐家协会理事兼社会音乐教育委员会副主任,中国音乐家协会《音乐创作》编委,上海音乐学院校友会副会长,山西省政协第 5~7 届常委,并多次任国家级评委。

在教学之余创作了百余部不同体裁的声、器乐作品,主要代表作有钢琴独奏曲《即兴曲——手车》、《引子与赋格》等百余部用丰富多彩的复调手法和浓郁的地方风格相结合的作品。

钢琴教授的民族情结

——念李嘉禄先生

俞抒

未曾投稿的作品怎么会自动发表呢？

在我的音乐文集《琴余断想》的第 202 页有一个 300 多字的"注文"，内容如下：

现将当年失误的过程加以记述，也还有趣：1960 年初，我因治病回到上海。当时带去了刚写成的帕萨卡利亚（Passacaglia）《红旗板车队》的初稿，请教于我亲密的老师李嘉禄先生（时任上海音乐学院钢琴系副主任），并将乐谱留在了他那里。接着，我就住进了中山医院，闯过了一道外科关。手术后，又休养了一段时间，我便返回成都，全忘了尚有手稿留在李先生处。待记起时，也懒得去函询问，直到发现稿子已刊行，我才趁再次返沪的机会询问于李先生。据先生说："由于当时正赶上要为钢琴编'中国教材'，我觉得你那首曲子不错，就交给全庚华老师，请她在钢琴教研组试弹。弹完后，应在座老师们的要求又弹了几遍，大家都认为这首曲子很有新意，当即决定推选出去。事情就是这样。哈哈！"我也跟着他哈哈一通。

　　在写上述"注文"时，我深深地陷入对李先生的怀念。往事一件件、一桩桩在脑海里呈现，聚成李先生的形象。那形象是先生作为曾经受过西方教育、感染过西方文化的钢琴家，在他的心底里时时刻刻不忘祖国的命运和民族音乐的前途。作为钢琴教授，他一生义不容辞地竭诚鼓励中国作曲家们写钢琴作品。他竭力推广中国的钢琴作品。他赋予中国钢琴曲以生命。在我个人的切身体验最难忘的当然是 1954 年我平生所发表的第一件音乐作品。那是一首钢琴独奏的《序曲》（此为当年的称呼，今称"前奏曲"）。李先生见到了乐谱，他不仅自己立刻演奏和研究，而且迫不急待地加以推广。一时在钢琴系里出现了弹奏此曲的热潮，其中就我目前还记得当年弹我这作品的同学计有林瑞芝、郑克玲、顾仪方、王叔培、周勤龄、李民铎、尤大淳等。王叔培的盲人乐谱是周士玮帮助读谱、王叔培记录打成的。李先生将我的《序曲》和我的高班同学施咏康的《序曲》配成一套作为王叔培毕业音乐会中的一个曲目。记得周勤龄的毕业音乐会也用了我的这个作品。

　　总之，李先生热心于推广新作品，正看出他切盼新中国早日出现钢琴创作的繁荣局面。归根结蒂是出于他艺术家的民族情结。

金 陵 大 学

　　1951 年，我和饶余燕作为应届生毕业于上海震旦大学附中，并双双考取了公立南京金陵大学音乐系。当时高考的录取名单是统统登上报纸占了整整一大版的。甭说当我们看到自己榜上有名时有多高兴了。不久，我们就收到金陵大学上海同学会的通知，邀我们一起乘火车去南京。当然，我们按时在上海火车站集合，兴奋地踏上火车。当我们刚跨入车厢，就听到接待我们的同学高呼："王迷！你们音乐系的两位新同学到了！"王迷是比我们高一年的老同学，只见她一路上热情地指挥同学们齐唱王莘的《歌唱祖国》；另外，她也向我们介绍了一些金大音乐系的情况，包括有哪些课，有哪些教师。这样，我第一次听到系主任是李嘉禄教授，也就知道了他是留美的，同许多学者一样，在获知祖国解放的大好形势下，奔回祖国。王迷当然还介绍了对于钢琴领域里的学术问题，李先生是最权威的。我当时就产生了一种敬畏的感觉,想想自己的音乐基础是那么差,心里就先害怕了,真害怕了!可是我也确实知道,学校是绝不会迁就学生的,学生只能择定标杆,猛追!

第一次面见李先生

我第一次面见李先生记得是在金陵大学他的家里(我到金大才几天就病倒了,很多活动没能参加)。那天有几位同学陪我去见李先生,我见他穿着一身当时"时尚"的蓝布"人民装",很朴素的。我上前呼了一声"李先生",便等着他问我什么。没想到他含笑首先问我的竟是我的健康状况,我回答:"是十二指肠溃疡。精神紧张容易发病。另外,易地而居,水土不服也容易发病。"此后,我在学生食堂用餐,每天中午总给我格外加一碗猪肝,说是校医嘱咐的,因我这次发病失血过多,吃猪肝能补血。我想,我既未与校医接触过,莫非是系上的同志向有关方面反映了我的情况?我感觉李先生平易近人,十分和蔼,他真诚地关心学生,实在是一位既有学问,又富感情的师长,是我有幸得以亲近的极好的好人。

这时,就有同学表示想听李先生弹奏,李先生像是早有准备似地说:"我给你们弹个《花鼓》吧!这是瞿维写的,地道的中国风味,特别有价值啊!"这是我第一次听到钢琴曲《花鼓》,给我留下了深刻的印象。后来李先生曾多次演奏这首乐曲,并录制了唱片,可见他是真心喜爱并推崇它的。

我们的合奏课

李先生十分重视在我们音乐教育中应包含本民族的音乐内容。但是在沿用金大音乐系旧的体制中根本没有开设民乐课程的条件。是李先生在校外寻到了程午加先生,请他来金大组织一个民间打击乐的合奏课。我记得那时在音乐系的大楼里,全系学生无论主修是钢琴、是声乐、是管弦、是理论作曲的,全都集合在一起,手持民族乐器按照程先生的布局围成一个圈子,程先生指挥我们合奏,使我们这些民乐"白丁"长了见识。同时也初尝了

"合奏"的滋味。

阵　雨

在金大读书应该是很愉快的,尤其是我们音乐系是个小系,师生人数都很少,像个"小家庭",气氛十分和好。

可是谁料到,在一天风和日丽中阵雨也会说来就来的。"思想改造"运动的目的是"与资产阶级思想划清界限",是用"和风细雨"的方法来提高思想认识。这像是一次"学习"运动,我觉得是个好运动,也可以说是很有必要的。因为全国刚解放不久,包括我们知识分子思想水平都不高,在许多问题的认识上,其实的确是模糊不清,本应当明了是非界限。然而这毕竟是群众运动,总难免出现一些过火之举。当时,我们青年学生似乎无事,首当其冲的是教授们。所以,我那时只是在展览会上当讲解员,直到运动结束时嗓子也没喊破。我所挂念的只是李先生,想着他那么一个忠厚老实又挺有脸面的人,万一面对某些放肆的扭曲,他能受得了吗?

果然,不久就听到传闻:"李先生在自我检查中说他从小就吃了'洋'面包。这还了得! 连面包都要吃洋货,那不是洋奴是什么?"

后来有人就此问过李先生。李先生说:"我是这样想的,中国人吃的是馒头,外国人吃的才是面包,我加上个'洋'字是为了加强厌恶感,再不迷恋资产阶级的食品了!"

其实,这样的故事在我身上也曾发生过:我的剃须刀平时总是放在学生漱洗室里,这一天突然不见了。有知情人告诉我,是我系的某某认为是洋货,他拿去上交,作展览会的展品了。我说:"哪是洋货呀? 纸盒上打的是洋招牌,其实是国产的。"

上海音乐学院

再就是"院系调整"了。

金大音乐系被整合到"上海音乐学院"里,李先生率领全系师生迁往上海江湾。老实讲,对于这一变动,我们学生们的心情是既高兴又紧张。高兴的是久慕上音的名声,感到自己获得了更好的培养条件。紧张的是怕上音整个学术水平高,自己能否跟得上脚步。这些情况,李先生当然清楚。他告诉我们,关键在于每个人自己,无论基础怎么样,每个人都要有加倍努力的决心,就会有成功的信心。

不久,我和其他同学们就都感受到"上海音乐学院"了。在"上音"的校园里学风端正,师生们"勤学苦练"是当然的。我这里所指的"学风"还包括院领导作风诚信,教师们思想单纯。这些当然都是我今天对五十年前母校品质的回忆,我始终认定一所艺术院校的校风能被人们称赞为"朴实天真"那实在是非常光荣的。

我在上音的环境里实在获益良多,除学业上功底较扎实之外,因良师的风范而在做人处世方面影响也很大。尤其是经过"文革"的磨难,人们在各方面都有所长进。自1977年初至1979年春夏,我被上音母校借调回去任教。这期间,我又得与李先生时有交往。其中最重要的教训是李先生在闲谈中对我说的:"我知你是个老实人,这是对的,但在世界上做老实人也不容易,你千万不要放弃!"

2006年12月

俞抒:1957年毕业于上海音乐学院作曲系。现为四川音乐学院教授,从事作曲、西方音乐史及音乐美学的教学和科研工作。曾创作发表音乐作品数十件,音乐散文近百篇。

相处一年　终生难忘

徐月初

李嘉禄先生逝世二十五周年了。我们作为金陵大学音乐系 1951 级的学生，与这位好老师、好主任尽管相处仅仅一年(根据国家规定，原金陵女子文理学院自 1951 年与原金陵大学合并，至 1952 年金大音乐系随院系调整合并到上海音乐学院，前后也仅有一年时间)，可他的音容笑貌却一直铭记在我的心头，至今不忘。

可贵的爱国热忱

李先生是 1950 年回国担任金陵女大音乐系主任的，他对新中国及他所从事献身的音乐教育事业表现出极大的热忱。为了树立金大音乐系的新形象，提高它在社会上的知名度，首先着眼于完善和加强教师队伍，一方面紧密团结本系汪培元、温可铮、王晴华等老师，另一方面从当时南京中央大学音乐系请来陈洪先生(中央大学音乐系主任)、黄友葵先生、程午加先生、甘涛先生，从市军乐团请来威俊达先生，从南京军区请来梅滨先生来共同担任教学，同时积极参与和开展各项社会活动。比如在金大内部举行的运动会，李先生亲自创作、演奏、录制了一套体操音乐，效果很好。在一次演出张文纲新创作的《飞虎山大合唱》，歌颂抗美援朝为主题的音乐会上，他参加独奏弹了瞿维的《花鼓》和肖邦的《降 b 小调诙谐曲》，赢得了一片片掌声和一阵阵欢呼。

难忘的师生情谊

金大音乐系比较袖珍，学生总共不到 20 人，加上当年高班同学要到皖北去参加土改，留下的只有我们班 9 人。再加上不多几位老师，简直就像一个小家庭似的，师生关系非常融洽。李先生作为"一家之长"对我们更是慈母心肠，和蔼可亲，关怀备至。他给我们讲解弹琴的基本姿势、放松、用力、触键等要领，耐心细致。他还经常晚上到琴房和自修室来看我们，约我们到他在南山的住处去听他弹琴，聊他在国外学习的情况，使我们开阔眼界。另外他也很关注我们的身心健康，在生活多元化方面做了很多工作。有两次活动至今我还记忆忧新：一次是元旦联欢晚会，地点在大礼堂旁边的一个小教室。晚会上大家出了很多精彩节目，玩得挺开心。记得有一个节目是每人讲一个笑话，当轮到陈洪先生时，汪培元先生介绍说陈先生有绝技表演，这位年近半百的老教授二话没说，笑容可掬地站起身在地板上翻了一个跟斗，弄得大家哄堂大笑。再一次是第二年的春游，那天天气晴朗，春光格外明媚。沿途听陈洪先生讲述南京城墙的不朽历史，连哪块砖是什么朝代的都讲得一清二楚，饶有趣味。目的地紫金山，风景秀丽，中山陵雄伟壮观。我们又参观了天文台的各种仪器，巨大的望远镜，汉代张衡的地动仪，一上午饱览无遗，至今尚历历在目。中午大家席地而坐在中山陵的台阶上，品尝着李夫人为我们准备好的饭菜。陈洪先生则抽空为我们拍照，由于陈先生摄影技术精湛，照像器材精良，自拍自冲自印，照片效果特别好，以致我的照相册中无法找到一张能与之匹敌的。由此可见，在李嘉禄先生领导下的金大音乐系的师生情谊是何等亲密无间啊！

2006 年 8 月于广西

徐月初：广西艺术学院教授，已退休。广西音乐家协会名誉会长。

音乐是他生命中永恒的主题

——著名钢琴演奏家、钢琴教育家李嘉禄

郑曙星

人们赞美红烛,是她燃烧自己,给人们带来光明,她的无私的奉献精神受人称道。这里所记叙的主人公,就具有这种奉献精神。在他走完人生路途之际,他的学生和家属别出心裁地在他遗体上覆盖了一块精心绣制着钢琴和休止符号的白绸布,在深沉的肖邦《葬礼进行曲》声中向他作最后的告别。他就是上海音乐学院钢琴系的教授、副系主任李嘉禄先生。

李嘉禄去到另一个世界已有许多年了。但是他的学生们仍然经常想起他,似乎在许多音符中都可以看到他的音容笑貌和那充满鼓励的眼光,似乎又看到他含着香烟、神情严肃地坐在钢琴旁边,静静地聆听学生们的弹奏。……

理学士与音乐硕士

1918 年 1 月 18 日李嘉禄诞生在闽南的一个小城镇——同安县塘美乡。他母亲是鼓浪屿渔民的女儿,由于教会的影响,她不仅会唱歌,而且会弹风琴,认识五线谱。在家庭的熏陶下,李嘉禄在童年时代,幼小的心灵里

就活跃着音乐细胞，音乐是他生活中的重要内容。他学会了弹风琴，还担任过全校集会时的司琴，担任全校大合唱课的伴奏，他的小号也吹得挺不错。由于各科成绩名列前茅，从启悟小学毕业后就被保送到漳州一所著名的寻源教会中学就读。当时那位中学校长很欣赏他的音乐才能，热情地介绍他到一个美国女教师闵加力夫人那里学琴。由于家境贫困，钢琴学费难以承受，便以帮助女教师抄谱作为学琴的条件。当时他只是出于兴趣，并未想到从此之后，他的一生便与钢琴结合在一起了。

这位美国钢琴女教师是他的启蒙老师，她身体高大肥胖，四手联弹时，一坐在琴凳上便占去了三分之二的面积，把李嘉禄挤得仅有立锥之地，摇摇晃晃，好像是一艘巨轮旁边挂着的小舢板。老师除了每周固定课之外，经常锻炼四手联弹，李嘉禄虽然被挤得苦不堪言，却从学习中获得了极大进步。但他既要完成一段中学课程，又要练琴、吹小号，还喜欢踢足球，时间毕竟太紧了。有一次钢琴老师突然宣布停止上课，使他心情极为沮丧，后来他才知道他抄谱太马虎了，钢琴老师生气了。虽然惩罚不久就结束了，但这件事留给他难忘的印象。从此之后，他懂得做任何事都不该马虎了。

1938年，李嘉禄考取了福建的协和大学，这所教会大学依山傍水，环境秀丽，条件优越，但却没有音乐系，只有音乐选修课，有钢琴课。正当他举棋不定、不知选择什么专业时，当时大学里的生物系教授是位全国赫赫有名的鸟类学专家郑作新教授对他十分赏识，执意要他读生物系。他就一边学习生物，一边不间断地学习钢琴及参加颇为频繁的演出活动。

在李嘉禄念大学二年级时，一位从美国著名的奥柏林音乐研究院毕业的高材生福路先生来协和大学执教。在一次独奏会上，福路先生演奏的一曲穆索尔斯基的《图画展览会》强烈地震动了他。那些细致微妙的音色变化，那些栩栩如生的音乐形象，使他如痴如迷。音乐会一闭幕，他就情不自禁地求见福路先生，请求收他为学生。他的真诚和求知欲感动了先生，福路先生满足了他的请求。接着他必须咬紧牙关每月要凑齐20元的学费。他的勤奋好学精神和聪明才智，使福路先生十分感动。当福路先生发现自己喜欢的学生经济上的拮据时，就深情地对他说："你不要再付学费给我了。给你上课，对我是一种愉快，也是一种享受。"

　　李嘉禄在启蒙老师那里学到不少东西,到了福路先生亲授时,钢琴技术又有了突飞猛进,曲目极为广泛,音乐的视野大大地拓宽了。他在大学的毕业论文就是运用音乐记谱法记录和研究各种鸟类的鸣叫声,这一独特的论文选题既新颖,又把音乐和生物糅和在一起,表现了他那极强的音乐记忆力。四年的大学生活,他不但成了优秀的生物系的学士,而且开过几场独奏会,包括在毕业前夕与福路教授开双钢琴协奏曲音乐会(拉赫玛尼诺夫的《c 小调钢琴协奏曲》及格里格的《a 小调钢琴协奏曲》),在音乐上显露才华,被协大留任为钢琴助教,就此开始他的音乐生涯。

　　李嘉禄当了半年助教,就被国立福建音专教务主任缪天瑞挖走了。在福建音专的五年中,他边教学边演出,还与小提琴家黄飞立、尼哥罗夫,声乐家薛奇逢、陈玄等教授多次合作演出,或参加学校的巡回演出。也曾与王沛纶(二胡)、刘天浪(琵琶)等到江西新赣南演出,为福建音专扩大影响。当时正值战争年代,条件简陋,仅八架钢琴远远不能满足师生的要求。练琴又是分秒必争的事情,他经常在夜里练琴,有时甚至到天明。后来,有些学生也仿效他,在夜间练琴,在那秋冬寒夜里,四周寂静,琴声格外清晰。缪天瑞无限感慨地写了一篇《谁知琴中音,声声皆辛苦》的短文发表在校刊上,指出催人奋发的这种艰苦的环境中,琴声培养了意志毅力,长进了技术,造就了人才。

　　1946 年,福路先生回国度假以后又返回中国,福路先生询问李嘉禄是否愿意赴美留学,他可以帮忙解决入学和奖学金问题。李嘉禄喜出望外,凑足了 120 美元的路费。当他到达太平洋彼岸时,手上只剩十几美元了。

　　在异国他没有任何娱乐和休息,日程表上只是学习、听名家音乐会和打工。他在钢琴专业上成绩优异,在和声、配器、复调、曲式等课程上也名列前茅,他顺利地从美国内布拉斯加州道安大学音乐系毕业,再考入内布拉斯加州立大学的音乐研究院攻读硕士。他的指导老师是当年欧洲的名师费兰克·曼海米尔,这位名师像福路一样,自愿免费教授这个中国青年。在研究院毕业,他举办了两场曲目不同的独奏音乐会。创作了一首以中国民歌为主题的单乐章的《钢琴奏鸣曲》以及一篇名为《中国音乐的旋律和和声依据》的论文。由于他优异的成绩被授予全美荣誉奖状和金钥匙一枚。这在当时对于中国留学生是一种极大的荣誉。

心系祖国　琴声抒情

就在李嘉禄获得殊荣,开始在美国的各州巡回演出多达数十场次时,美国威斯利安大学音乐系向他发出了聘书,国内南京金陵女大音乐系也向他发出了聘书。两张聘书使他思潮汹涌,不由自主地想到了"九·一八"事变。当时国内发起了抗日救亡运动,学校也经常闹学潮。他品学兼优被选为代表带领同学上街演唱宣传抗日,参加查封日货的活动,使他对外侮内患十分痛恨。那时期如火如荼的学生运动也点燃了他爱国的热情之火,在他人生道路上刻下了深刻的烙印。是回到昔日满目疮痍、苦难深重的祖国,还是留在薪金优厚、生活舒适的异乡国土? 他没有丝毫犹豫,毅然地退回了美国威斯利安大学的聘书,决定回国。是新中国诞生的礼炮声,声声召唤游子的归来。归心似箭,他冲破美方的阻挠,三个月以后才获准签证。他和爱人乘坐第二批遣返轮回来,当船到达菲律宾时,电报使他与思念的祖国取得了联系。时值中秋,皓月当空,顿时船上一片欢腾,拥抱、雀跃、还扭起了秧歌舞。

金陵女大因一批外籍教师回国,师资紧缺。李嘉禄风尘仆仆地从海外归来,没有很好休息就投入了工作。他不但教钢琴,还开设复调、曲式分析等课。担任系主任工作。但他从不放弃演出机会,无论是为皖北灾民募捐寒衣,还是为捐献飞机大炮及为各国代表团演出。在回国后的短短时间里他竟演出了十场之多。他满怀热情,以琴声表达了他的赤子之心。

就是在"四人帮"猖獗时,钢琴被视为资产阶级修正主义的东西,音乐学院内消失了琴声,李嘉禄因涉嫌留美而被隔离审查,他也没有对党、对祖国失去信念,充分表现了一个正直的知识分子的思想觉悟。当时他的一个学生千里迢迢从外省来到上海,要求李嘉禄先生帮助他解决一些钢琴演奏技术上的难题。当时只许弹《红灯记》,弹西方乐曲是犯禁的,外国练习曲是不可碰的,李嘉禄为难了。怎么办呢? 他就采取化整为零的办法上课,把门窗关得严严实实,然后他把有关的技术,从许多肖邦练习曲里抽了出来,一句句或一小节、一小节地弹,使别人不注意,以为是手指练习。因为当时的说法是乐曲有阶级性,手指练习没有阶级性。就这样上了七次课,这个学生满载而归。至今这位学生还说:"那次上课使我受益匪浅,终生难忘。"也就在这个时期里,李嘉禄写了《钢琴基本技术》、《钢琴表演艺术》等初稿。

"四人帮"垮台后,李嘉禄先生重新焕发了青春。为了把失去的时间夺回来,他更是马不停蹄,为教学、行政事务、外事活动、培养国际比赛选手日夜操劳。1980年,他亲自带学生赴波兰参加第十届肖邦钢琴比赛。

1981年,李嘉禄的老师福路先生访问中国,这位对中国怀有感情和友好的教师,旧地重游,感慨万千! 他对上海音乐学院的钢琴水平极为赞赏:"我很高兴,我早年在中国的工作,看来还是有收获的。你(指李嘉禄)对钢琴事业的贡献是很大的。"李嘉禄欣慰地笑了。

勤耕苦耘　乐坛长赞颂

从1952年起,李嘉禄任上海音乐学院钢琴系教授和副系主任。他平易近人,衣着朴素。严冬季节,头带一顶厚帽子,围着一条羊毛长围巾,来去总是骑一辆旧自行车。讲课时,他声音低沉,语调缓慢,讲究民主,从不强求学生按照他的模式弹奏。他总是诱导启发说:"哦,你这样处理吗? 也可以成立,不过如果……是不是更好呢?"他经常先从剖析乐曲的结构入手,在和声进行、声部线条高潮安排方面都提供了充实的理论依据,使学生能纵观大局,把握整体,然后再开始对乐曲进行细腻的处理。

李嘉禄的教学特点是注重触键。他认为美好的声音是演奏的关键,而各种音乐、层次感都与触键密切相关。他强调指尖的稳定性与敏感性,强调手指、手腕、手臂的结合运用。他教学生用各种不同的踏板,用半踏板、用颤音踏板。这些在今天已比较普遍的问题,在50年代初期还是较为新颖的。他采用的曲目非常广泛,毫不保守,有许多曲目是通过他的学生弹奏而被公认应用的。

李嘉禄的教学计划十分严谨。对每一个学生,他都有厚厚的几本笔记本,那是用最普通的草稿纸和粗线订起来的,上面写满了密密麻麻的蝇头小楷,不但有每次上课的记录,连课堂上学生的提问,言谈思想也都记载了进去。有一次,他把学生的提问用红笔在下面划了一道线,然后写上:"他为什么提这个问题？下次上课要再同他谈一谈。"

　　一个好教师首先必须对学生的素质具有敏锐的观察力。李嘉禄先生就具备这种非凡的能力，他常常能使一些平日似乎并非突出的学生脱颖而出。他会利用各种教材发挥学生的特长和积极性，他又十分了解和同情学习上困难的学生，当一些学生由于心理上或技术上遇到障碍，感到困惑徘徊在十字路口时，他常常向他们伸出温暖的手。有一个学生学习上不顺利，产生了自卑和悲观的心理。当她转到李先生班上后，李先生满面笑容地对她说："啊！你的演奏还是很有激情的，这很珍贵。你会好起来的，你解除了一些束缚之后，我想你会出得来的……"这些话犹如一股暖流注入了她的心田，使她树立了信心。从此她如饥似渴地学习，期末竟然获得了最好的成绩。这个当年曾挣扎在低谷中的学生，现在已是外省的一位骨干教师了。她已步入老年，一提起这段经历，仍然禁不住热泪盈眶。

　　李嘉禄对有才华的学生，从不当作追逐个人名利的私有财产。顾圣婴是他多年的学生，正是在他的辛勤教育下，她完成了高难度的技巧训练，掌握了如歌似画的音色，发挥了她细腻抒情的特长。这个驰名中外、国际乐坛为之倾倒的年轻女钢琴家一次又一次地摘取了国际比赛的桂冠。但是他只赞扬了她的才华与勤奋，却不涉及自己的教学。当苏联专家来华讲学时，他首先毫不犹豫地把她推荐给专家。这种品德实在令人崇敬。

　　上音校园里李先生不仅是最晚才离开教室的人，而且教学时就像不要命似地，把什么都忘记了。寒冬季节他会教得满头大汗，脱了厚棉袄，又脱棉背心，这些习惯动作学生们早已习以为常成了赞扬他的口头禅。当年他的一些学生至今已成了各艺术院校的骨干教师、系主任、教授。在60年代还是年轻学生的上海音乐学院附中的骨干教师，有一次约会在一起，从窗户外面窥视着一间琴房里上课的教师，想找她讲话。但是这位教师正在一而再、再而三地示范，边讲解、边打手势，虽然听不出她在说什么，但是看得出她很专注，很激动。她们只好在外面等候她，不忍打断她的讲课。这时其中的一位教师说："唉，怎么我们教起琴来也都像李先生一样了呀，不要命了似的……"另一个教师说："谁叫我们是李先生的学生呀？我们改不了啦……"大家面对面笑了，笑声中充满了对恩师的怀念。

星斗遽陨　师表长存

　　1981 年 11 月 25 日,座落在汾阳路上的全国闻名的上海音乐学院,下午最后一节课的铃声早已响过,从窗户飞出的琴声、歌声也暂时停息了。校园中暮色苍茫,这时,从南大楼钢琴系教室中踽踽走出了李嘉禄教授,他六十岁左右,却显得步履蹒跚、神志疲惫。像平时一样慢慢地走出了校门,没有再回头看一眼校园和眷恋的教室。因为,此时此刻他并不知道明天对于他意味着什么,他只是感到十分十分的疲劳……第二天,他被送进了医院。三个月后,他面容消瘦,安详地睡去。上音的师生记住了这个悲痛的日子:1982 年 2 月 19 日。

　　李嘉禄这位农民与渔民的后代,走完了六十三年的人生道路,他以勤奋、拼搏、奉献组成了人生的三部曲。看着绣着钢琴和休止符的绸布,仿佛告诉人们:音乐是他整个生命中永恒的主题。休止符对于他是不存在的,正如古诗所说"此时无声胜有声"。这种细腻敏感的想象,只有音乐家深有体会,音乐家们理解凝固在休止符中的音乐,音乐家理解在休止符再现音乐中的力量……

　　一支红烛熄灭了,但她点燃了多少人的心啊! 不仅仅是他的学生。李嘉禄这个普通的钢琴教授,虽然没有惊天动地的事迹,只是平凡的工作、平凡的人生。但他以一个知识分子的责任和良心,对音乐事业的忠诚,做了他应该做的一切,人们永远怀念他! 正如德高望重的贺绿汀老院长为他题写的挽联:"卅载勤耕苦耘乐坛长赞颂,满园桃红李白文苑永芳菲"。

1993 年 6 月刊登于
春风文艺出版社《近现代音乐家传略》中

　　郑曙星:著名钢琴教育家,上海音乐学院钢琴系教授。历任教研组长、系主任等职。有多种录音带、DVD 及教学论著公开出版。曾任上海市第十届人大代表,上海高校教师高级职务任职资格评审委员会音乐学科评议组组长等职。曾多次出任国内外钢琴大赛评委。

缅怀恩师李嘉禄先生

汝 洁

原上海音乐学院院长、著名作曲理论家桑桐教授与夫人汝洁教授

　　我跟李先生学琴时间不算长,只有三年左右。可是我是他带到毕业的。我毕业考试时,是他亲自为我弹的伴奏。我毕业后,被分配到视唱练耳教研组任教,没有继续在钢琴艺术方面发展下去,跟李先生很少有机会接触,但就他这三年对我的教诲,影响了我的一生,使我终生受益。

　　首先是先生追求艺术完美的精神对我的影响。他曾说过:"每个人的生理条件是不同的,对音乐的感受也就不同。"他教课主要是启发和引导学生主动地去追求音乐的美，精益求精，永无止境。先生自己用功练琴是众所周知的，这本身就是一种无声的榜样。我跟先生学琴的几年中的一大收获，就是提高了自己主动追求音乐美的欲望。练琴成为一种追求，一种探索，而上课更成为我进一步探索的动力。每次上课都会给我一种新的感觉。"啊！原来是这样！"有时甚至惊奇地好像发现了什么新大陆。"啊！原来还可以这样！"上完课只想马上回到琴房去作进一步的求证。

李先生对音色的要求是非常讲究的。他说："音乐是声音的艺术。"各种音色就像画家笔下的色彩，浓淡、深浅可画出各种各样绚丽多彩的音乐形象。上课时，他总是不厌其烦地教我如何用不同的触键法来获得各种美妙的声音，就好像在我的面前呈现了一个声音的宝库，又给了我一把打开宝库的钥匙。他经常做很多示范，让我从音响上区别其中的差别。有时甚至会在我的手背上弹，让我切身感受重量的不同和触键的缓急，教会我如何思考和运用不同的色彩来表现灿烂的音乐形象。

再就是李先生的敬业精神。我知道自己是一个不太好教的学生，因为我在入学前只是一个业余音乐爱好者，虽然学了多年的钢琴，却没有扎实的技术基本功。虽然入学后经过多位老师的调教，还是有不少的毛病，先生在上课时是那么的有耐心，态度永远是那么的温和。我从来没有见他发过脾气，但对我的要求又是非常地严格。他上课从来不计较时间。我记得当时我的时间是排在星期三上午十点，经常会上到十二点半，如上课当场不能达到要求，也一定要我理解后，知道回去如何进一步练习，才放我过门。

记得有一次，我发现李先生站着给我上课。我请他坐下，他笑着说站着好。可是上到后来我发现他满头大汗，我问他是否不舒服，他笑着摇摇头要我继续弹。再到后来，我发现他讲话时声音在发抖，手也发抖。我又问，他才轻描淡写地说："我肛裂，有点疼。"我要陪他上医院，他说上完课再去。后来他疼得越来越厉害，我实在没有心思再弹下去了，坚持要马上送他去，结果他是趴在三轮车坐位上进的医院。医生一检查，直怪他为什么不早来。他只回答四个字："我在上课。"我当时站在一旁，差点儿掉下泪来。这一幕一直深深刻在我心中，督促我对自己从事的教学工作兢兢业业，不敢有丝毫懈怠。

如今,先生已离世二十多年了,我也已离开我心爱的教学工作岗位多年了,但先生的精神与容貌却存留在我心中,终生不忘。

2006 年于上海

汝洁(1930~)音乐教育家,1955 年毕业于上海音乐学院钢琴系,上海音乐学院附属专科中学教授,曾任上音附中校长。1955 年起长期任基本乐课的教学,曾任上音附中视唱练耳教研组组长,主持编写《单声部视唱教程》、《二声部视唱教程》、《旋律听写教材》等。

回 忆 点 滴

韩曼云

李嘉禄先生离开我们已二十五年了。每当我回忆起李先生当年的教学，心情不胜感激。此时此刻，想到他在课堂上的一切，宛如昨日。

李先生的教学，给我最深刻的记忆：他为我们树立了为人师表的极好榜样。他不仅认真负责，耐心细致，全面地注意学生在演奏技巧方面所存在的问题，还特别着重对钢琴作品的全面阐述。从作品产生的时代背景、作家的特定风格……以至于我们在弹奏上应如何处理作品的感情及细腻的表现手法。如此种种，使我得到了全面的音乐知识，真是受益良多。

仅举一个例子说吧，记得我学过穆索尔斯基的《图画展览会》，李先生给我讲了穆尔索斯基的时代，他在当时的俄国社会，特别是音乐界中的活动有重大的影响……《图画展览会》这首作品又是如何产生的。其中每一首都是一幅幅生动的画，弹奏者不仅要理解每一首乐曲的音乐形象，还要运用不同的声音变化来表现它。如《古堡》一曲，通过李先生的示范，让我想像到一个中世纪的古老城堡，如今虽已成了历史的遗迹，但仍然屹立在山上。这使人体会到多变的色彩。开始要用回忆、略带遥远的声音来弹出曲调，而中段要用强烈浑厚的声音，它似乎重现了当年城堡不可一世的威严景象。另一首《牛车》，李先生让我想像以前的农村里，一头老黄牛拉着一辆装满禾草的旧轮车，在泥泞不平的土路上，颠簸地走着走着。李先生教我用左手断奏的方法来弹出一个个沉重的大和弦，伴随着右手似乎在喘气而吃力的曲调；这样塑造形象就更为生动。再如《雏鸡出壳》一曲，李先生要我想像雏鸡啄破蛋壳、快乐而出的景象；他教我用指尖如何快速灵敏地触键，才能弹出非常轻巧、如小鸡在跳跃的叫声；而《基辅大门》一曲，通过李先生的讲解,使我脑中展现了当年俄罗斯基辅的城门,坚实宏伟,各种人们聚集在哪儿,嘈杂、喧闹的声音,给人以繁华的景象。李先生示范了头尾两段是那么有力度,有气魄,而中间一段又如远处教堂传来的歌声,安静而和谐,这一切给我实际的感染力,我终于学好了《图画展览会》全曲。

总之,我在上海音乐学院跟李先生学习三年,收获是非常大的。他给我在钢琴教学事业上打下了稳固的基础。今天当我在怀念李先生生前业绩的时候,在此深表感恩之情。

2006 年 10 月于美国洛杉矶

韩曼云:1955 年上海音乐学院钢琴系毕业后即分配到沈阳音乐学院钢琴系任教,"文革"后调任于广州星海音乐学院钢琴系系主任,退休后移居美国仍然执教,此文于 2006 年 6 月自美国加州洛杉矶家中寄出。她不幸于 2006 年 9 月底因突发心脏病去世,借此表示悼念。

从一首练习曲看李嘉禄先生的教学

项信恩

我幼年五、六岁时常随父母去做礼拜,所以说最早接触的音乐就是圣诗。七、八岁时在小朋友的主日学是用风琴弹奏赞美诗,在完全不识五线谱的情况下只凭自己熟悉的曲调在风琴键盘上摸熟了二十四个大小调。等我正式学钢琴时已是十三岁了,所以说起步很晚,那时才开始识谱。学习和演奏都是像小时候那样一切凭感觉走,没有理性上的认识。

进入上海音乐学院一年级时在吴乐懿先生班上,她的教学让我知道了原来在钢琴上是可以歌唱的,心中感受到的美好的音乐是可以通过弹奏像唱歌一样表达出来的。记得当时弹了很多首门德尔松(Mendelssohn)的无词歌(Song without Words)。

吴先生去法国后,我被分配到李嘉禄先生班上,在李先生的教学中让我知道了所有感性的东西必需要有理性的依据。印象最深的是一次上课学克列门蒂(Clementti)《练习曲》第十首(降 B 大调),那是一首很优美的曲子,是一首有三声部的练习曲。李先生给我分析了全曲:主题有时在高声部,有时在低声部,有时在中声部。主题的演奏要求歌唱,根据起伏触键要有变化。每次主题出现总伴随着另外一个声部,在一个单手上同时弹奏两个声部又要突出主题。这是学习的一个目的。

伴奏声部一开始就是连续不断的十六分音符,在再现时发展成六连音的十六分音符。这里每个十六分音符的速度加快了,但仍需保持 legato,音量不能超过主题,随之而来触键的要求也不同于主题。这是学习的另一个目的。

从演奏来说要弄清楚全曲的分句、分段。发展部分是通过和声的模进把曲子推向高潮,再现时虽然伴奏部分的十六分音符速度加快,但主题仍需保持开始时一样的歌唱直至宁静的结束。

整堂课李先生不厌其烦地、耐心地一字一句一段地根据分析从弹奏上来教我达到要求。

我从李先生的教学中知道了哪怕是一首练习曲,作曲家写作都是有目的的。要把曲子的乐句、乐段、高潮、结尾都弄清楚才能为感性的演奏找到依据,从而在演奏上能清楚地表达出自己所感受到的音乐。记得在课堂上当我做到一点李先生对我的要求和演奏上有进步时,他会高兴得两眼放光,给予我很大的鼓励。

李先生无论对资质高低的学生都同样的尽心尽力,尽他最大的努力耐心不倦地教导,这一点,作为教师实在是难能可贵的。这不单是我个人的感受,当时在所有的同学中也是有口皆碑的。

我要记得李先生给我的教导,学习他对学生一视同仁、孜孜不倦的教学精神作为对他的怀念和纪念。

2007 年 6 月于上海

项信恩:上海音乐学院教授。1955 年毕业于上海音乐学院钢琴系。"文革"前在附中任钢琴专业教学,"文革"后在大学部管弦系任艺术辅导。对重奏、合奏有丰富的实践经验和教学经验,多次与世界著名演奏家合作演出。已退休。

李嘉禄先生的教学特点浅说

——我随李先生学琴的体会

王叔培

　　李先生仙逝已二十五周年了,现在回想起五十多年前跟随李先生学琴时的情景,点点滴滴,仿佛就在昨日。

　　我进上音学习时,在李先生班上学了三年琴,毕业后又不定期的学了近二年。通过这几年的学习,我体会到李先生在教琴时有以下几个特点:

　　1. 以鼓励为主。每当我回课弹完一首曲子后,李先生都会有加以鼓励的评语:"还可以"、"好"、"非常好"。经过一个阶段的学习后,我逐渐领会了："还可以"就是还存在着一些问题；"好"是指有进步；"非常好"则是他认为达到了要求,非常满意。当他提出问题或是指正时也都用的是较缓和的口吻,让你不会觉得紧张。李先生教琴并不是一次就要求你达到最好,而是反复地讲解,反复地示范,非常耐心。而我则通过李先生的这些评语,对自己的练琴和演奏的程度心中有了底。每次下课后,感觉充满了信心,知道如何去练习。到了我五年级毕业那一年时,李先生的评语"好"、"非常好"就比较多了。记得快毕业时,每人要填写数量册,当李先生看到我的数量册后,对我说："这几年你还弹了不少作品,不容易啊！毕业后还要多加练习,音乐是学无止境的。"这些鼓励对我在毕业后不断坚持练琴、坚持学习起到了很大的作用。

2. 要求放松。李先生教琴时非常强调弹琴时要放松,人要放松,手更要放松,只有放松了才能弹奏出优美的音色及高难度的技巧。如何做到真正的放松,即"身"与"心"的放松,我也是在李先生的指导下及以后多年的实践下才逐步体会到的。

3. 注重"唱音"。李先生教琴时非常注重"唱音",要求在演奏时根据音乐要有歌唱的感觉,合理运用手腕,使指尖弹奏出的琴音圆润饱满、音色优美。不仅是歌唱、抒情的曲子中要弹出唱音,在一些快速的音阶、技巧较难的三度、六度及和弦的行进中也要弹出"唱音"。比如在随李先生学习肖邦的《摇篮曲》时,除了弹奏曲子中的旋律音要有歌唱性外,曲中出现的三度、不规则的琶音等钢琴技巧,李先生也都要求"唱"。包括肖邦的练习曲,虽是纯技术性的,也都要"唱",有色彩的变化,有层次,有音乐性。而我在按照李先生的要求去做后,确实感觉到弹出的曲子更完整、更动人、更有音乐性了。

4. 强调突出和弦的旋律音。李先生要求弹奏和弦时手掌要架好,弹奏出的和弦音要齐,尤其是在弹奏一些和弦堆砌的曲子中,更要突出和弦中的旋律音。如在学习勃拉姆斯的一首 E 大调的《间奏曲》时,因整首曲子都是由和弦组成的,李先生要求一定要突出和弦的上面那个音,并使弹奏出的和弦的旋律音有线条、有层次。这是比较难的,需要通过反复的练习才能达到要求。经过多年跟随李先生学习后,在这方面我有很大的收获。

5. 讲究旋律音的音色变化。李先生要求弹奏旋律音时要唱、要连,在曲子的行进中既要突出旋律音又不能生硬。弹奏出的曲调要有层次感,有音色变化。弹奏时如何使曲子中快与慢的结合、轻与响的对比能做到轻驾熟驭,除了对音乐家及其作品有深刻的了解外,还需寻找自身对音乐的感觉,不断地练习,不断地琢磨。李先生在每堂课、每首曲子的教授中,都会反复强调这一点。

6. 示范演奏。我在这几年的学习中,从李先生的示范演奏中学到了不少弹琴的方法,得到了许多启示。李先生的乐感是相当好的,在授课时,对乐曲中某些有难度的几小节或是他认为有必要强调的音符及如何换踏板,李先生都会反复地示范、讲解,并问我:你感觉到吗? 要我找到对音乐的感觉,学会处理的方法。有时我听李先生的示范演奏,觉得听唱片也不过如此。

7. 课外辅导。李先生非常热心课外辅导,经常约我晚上去他家,聊人生,谈音乐,听唱片,探讨某场音乐会、演奏会的效果,分析某首音乐作品的处理,一谈就是三个多小时,直至李师母多次催促后方罢休。我觉得这些课外的辅导及指点有时比上课的效果还要大。

跟随李先生学习的这几年让我获益匪浅,在其指点下,我初步掌握了弹琴的方法,是李先生牵着我的手一步步迈入了音乐的殿堂。遗憾的是李先生谢世过早,让我们这些学生无缘再次聆听其亲切的教诲,这也是音乐界、钢琴界的巨大损失。

谨以此文纪念李嘉禄先生逝世二十五周年。

王叔培口述　李诺整理

2006 年 12 月于上海家中

王叔培:教授,1950 年上海盲童学校毕业,即考进上海音乐学院钢琴系。1956 年毕业即留钢琴系任教,在校任教共三十年,1996 年退休。担任过钢琴基础课组长、副组长,曾任中国残联主席团委员、上海市盲人协会主席,1987 年与爱德基金会组团到德国、荷兰、瑞典访问演出,1993 年到台湾访问、讲学及演出。

怀念恩师李嘉禄先生

林瑞芝

五十年前一个初夏的深夜，在上海音乐学院漕河泾礼堂，我们 1956 年钢琴系毕业生正在轮流"试琴"，迎接即将来临的毕业考试。当时，我是排在最后一名试琴者，待轮到我时已是午夜十一点至十二点。礼堂里空荡荡的非常安静，更无人声，我专注地在弹奏。当第一组曲目练完时，我不经意地回头朝台下一看，突然见到李嘉禄先生端坐在礼堂中间。我说："李先生，这么晚了，您怎么不回去休息？"先生回答说："我担心夜深人静，你一个人在试琴会害怕。我就来听听，给你壮壮胆，也听听你试琴效果如何？"当时，我实在太感动，李先生是一位多么关爱学生的好老师啊！我暗下决心，一定要尽力考出最好的成绩来回报先生的关怀。结果，真就如我所愿，毕业考试得了"5 分"（优）。五十年过去了，当时那情景，仍然经常在我脑子里出现。

我于 1951 年考入南京金陵女子文理学院音乐系，当时正是李先生从美国回到刚解放不久的新中国，担任金女大音乐系系主任。我一入学，就在李先生班上学习。过去，我学钢琴没有受到严格训练，加上我手不大，手指又软，虽然接触过不少名家名作，视谱也快，但弹奏上毛病不少。到李先生班上后，先生了解我过去在广东汕头没遇到好老师，也未系统地在弹奏技术上、音乐表现上进行过严格训练。针对我的具体情况，他给我制定了详细的教学计划:在一年级,以加强基本功训练为主。果然生效,进步很大。1952 年全国高等院校进行"院系调整",金女大音乐系由南京并入上海"中央音乐学院华东分院"(今上海音乐学院),我们几名钢琴专业学生,就归入钢琴系,我仍然随李先生学琴。每学期,先生都要为我们分别制订教学计划,包括寒暑假该练什么曲目,也一一告知我们。这一来,我除了学习目的明确,学习劲头也更大了。加上先生每节课认真耐心的指导、示范,我专业上的进步就非常明显。回想先生对我的教学,除了他本人有丰富的教学经验外,特别注重诱导学生去独立思考和发挥主观能动性。先生要求我们除了弹好独奏曲目外,还应重视伴奏的练习(声乐、管弦),以及加强新作品的试奏。这些都是一个钢琴专业学生必须具备的能力。记得在我上四年级时,有"教学实习"课。第一学期,我教了一位作曲专业的同学和一位声乐专业同学的钢琴。先生要求我为他们各自制定了不同的教学计划。每次我为同学上课时,先生必到教室,听我是如何教的。课后,他一定和我交换意见,指出我在教学中的优缺点。经过这样的锻炼,毕业后,我走上钢琴教学岗位,自然心中有数,也就能很快地适应并且热爱我的工作了。

1956 年 10 月初,我服从国家统一分配来到成都"西南音专"(今四川音乐学院),担任钢琴教学工作。除教本科和附中的钢琴主科十几位同学外,还兼教作曲专业四位同学的钢琴课,工作量是很大的。由于过去李先生对我有五年的谆谆教导,我也从先生身上学习了如何做好一名教师的本领。我的教学成绩很快被领导和同学们所肯定。1957 年初,我有幸被派到"中南音专"(今武汉音乐学院)德国钢琴专家罗兰·勃莱特斯耐得尔教授班上进修。每逢寒暑假我回上海探亲,都要去看望李先生。他总是仔细询问我在专家班上学习的情况,鼓励我要抓紧这难得的机会,专业上要更上一层楼,为国家为人民作出更大的贡献。

在李先生离我们而去的这段日子里,我经常翻阅先生的两本著作:《钢琴基本技术练习》和《钢琴表演艺术》。它们汇集了先生几十年丰富的教学经验,为我们后人提供了许多宝贵的艺术教育财富。每当我读到各个章节和弹奏一些谱例时,先生的容貌总会出现在我眼前,温存而和蔼，他教导我做人和做教师的道理。这些话深深埋在我心中，成为我一生享用的箴言。

2006 年 5 月 20 日

于成都四川音乐学院　竹园家中

林瑞芝：钢琴教育家，1956 年毕业于上海音乐学院钢琴系，分配在四川音乐学院任钢琴教学。1957 年 1 月～1958 年 7 月由四川音乐学院选派去德国钢琴家罗兰·勃莱特斯耐德尔专家班进修。修毕返校受任钢琴主科教研室主任。退休后应聘为四川师范大学艺术学院客席教授。

李嘉禄——中国现代
卓越的钢琴教授

简华玉

　　我自 1955 年毕业于上海音乐学院钢琴系至今已有五十二年了。虽然几十年生活流动不安，我仍有机会不断地担负起钢琴专业和业余的各项教学及伴奏的工作，出色地完成任务。我认为这一点我完全可以告慰李先生在天之灵——我没有虚度年华，枉费人生！如今我仍然对琴艺保持浓厚的乐趣。对欣赏音乐、尤其对欣赏钢琴音乐更觉得是老年人之大福乐！

　　人当饮水思源。回想在青少年时期，我随着父母经历了抗日战争的逃难和解放政局的变迁，要学钢琴能达到一定的专业水准是极其困难、极不容易的。1951 年我从广州岭南大学转学到南京金陵大学音乐系，幸蒙李嘉禄教授接受悉心教导，才获得钢琴专业基础学习的好机会。那时，李先生刚从美国留学归国，在金大任系主任兼教钢琴和理论。他给我的印象是为人师表：极其纯朴的生话、热忱于钢琴教育事业、正直地处理事物、任劳任怨精神、勤勤恳恳的教学，他是那么和蔼可亲，我们都十分信任和敬重他！不论在校的、或是离校的我们都很愿意亲近他，希望能再师从他而多学一点。

　　李先生很重视培养学生有专业的演奏能力。记得那时我入学不久，他就教我在金陵校园的广播节目中弹奏挪威作曲家格里格的名曲《致春天》作品 43 之 6，大大鼓舞了我立志要学好专业为人民服务。他特别关怀我，为了我参加了"土改"损缺了些学时,采取措施,让我补学一年,使我能得到充实的、严格的专业训练。他在教学中最着重的是弹奏的音质(Singing Tone)。他很严格地要求发音明亮,并要掌握乐曲的风格及那高尚、完美的古典、浪漫、近代音乐艺术精神。李先生能教善弹,从他教课时的示范,和他经常的公演中给我们留下了古今中外钢琴曲目的完美艺术感受!

1953 年全国高等院校调整,李先生极负责,领导我们全系合并到了上海音乐学院(江湾校园),并且细致妥善安排了我们融合进入到各个系,使我们能继续深入学习,完成了音乐学院的各项课程。

钢琴专业的学习过程是相当复杂、繁难的,绝不能无师自通。李先生一生不懈地在为我国钢琴音乐教育事业尽心尽力,他的教学成果丰硕,备受赞赏,是毋容置疑的!我敬佩他!中心感谢他对我的栽培教导!李先生不愧为现代中国卓越的钢琴教授!

2007 年 4 月 15 日于加拿大温哥华

简华玉:1955 年上海音乐学院钢琴系毕业后,分配到武汉音乐学院工作长达二十余年,又在广州星海音乐学院教钢琴多年,后即移居香港教钢琴十年,现定居加拿大。

熠熠生辉之师德与授艺

——记顾圣婴与恩师李嘉禄教授的琴缘往事

蔡蓉曾

李嘉禄先生是我国初次在国际乐坛上荣膺钢琴金质奖及世界音乐大赛女子组钢琴最高奖的、著名钢琴家顾圣婴在琴艺成长过程中无可忽视的重要指导老师。值此纪念李先生而出专集之际,李夫人吴誌顺老师远道来电约稿。对我而言,这是当仁不让之事,就应承了下来。

缘由是我曾十几次采访李先生,详细了解圣婴受教的具体过程,因为我是圣婴爸爸在大量书信及遗嘱里重托的圣婴传记的唯一指定作者(注:圣婴爸爸顾高地是上海市府参事室参事,原国民党抗日爱国高级将领,曾为国家、民族作出过不少贡献。此点在他寿终时遗体告别仪式上,挤满龙华革命公墓大厅的自国务院、市人大、市政协、市府办公厅、市委统战部以及市文化局各有关单位敬献的花圈及来宾也以此作了盖棺论定)。

在1981年11月下旬,李嘉禄先生抱病乃至入住华东医院期间,我陪圣婴爸爸去探望时,李先生不顾疾病缠身,热情接待,与当年每次琴课陪伴在旁的圣婴爸爸一起回忆,详尽地描述当时传授琴艺的过程。此后二位老人先后作古,李先生于翌年就谢世,圣婴爸爸在1982年获平反后不久就恶疾缠身,于1990年辞世。李先生与圣婴师生间的这段琴缘往事,他人早已无从采集,而今只有我能述说,自然是责无旁贷,勉力作文,以此对这位在品

格、音乐修养、教学上都令我钦佩的圣婴恩师聊表缅怀之情。

李先生是在圣婴生平第一次音乐会上发现她这颗璀璨耀眼的新星的。当时圣婴是上海音乐学院指挥系杨嘉仁教授的私人学生里的拔尖弟子。她自五岁开始学琴,每年在中西小学名列第一,得琴科奖学金,但弹的都是一些小作品。直到1949年,她十二岁时来到杨嘉仁先生的门下,得到杨先生的指点,才踏上攀登艺术高峰之路的。

杨先生从圣婴的琴音中明白这孩子内蕴着非同一般的才情气质,决定对她着力严格而系统的基本功训练。在四年时间内给圣婴奠定了坚实而深广的基础,学习了巴赫、莫扎特、贝多芬等各古典作曲家大量的经典著作。杨先生十分重视音乐感觉,他满溢生趣、生动形象的授课使圣婴在理解音乐的通途上开了窍,而严格的手指灵活度、力度等指法技巧方面的系统训练,圣婴深感受益而感激不尽,圣婴的琴艺迅猛发展。

令人难忘的就是李嘉禄先生也在座的那场脱颖而出的初次公开演出。那是1953年4月,上海乐团交响乐队(现上海交响乐团)聘杨嘉仁先生任客席指挥,在兰心剧场举行"莫扎特作品专场音乐会",后半场请圣婴演奏莫扎特的最负人望的《d小调钢琴协奏曲》(K466)。人们惊异这个才十五岁的女孩竟能将这首颇具难度的作品弹得如此干净、流畅、亮丽、富有表现力,博得满场掌声,经久不息。

这场音乐会后,杨先生将以合唱指挥的身份带领艺术团前往欧洲作为期三个月的访问演出,行期在即,他向圣婴爸爸推荐李嘉禄先生代课。

李嘉禄先生在美国内布拉斯加州州立大学音乐研究院获得钢琴演奏硕士学位,因成绩优异被授予金钥匙及奖状一张,这是难得的荣誉。1950年回国,在南京金陵女子大学任音乐系教授兼系主任。两年后到中央音乐学院华东分院(现上海音乐学院)钢琴系任教授兼副系主任。他曾在宁、津、京、沪等地举行独奏会,演出巴赫、舒曼、肖邦、李斯特、穆索尔斯基、拉赫玛尼诺夫、拉威尔、德彪西等古典派、浪漫派、印象派以及近代作曲家的作品,给当时乐坛带来一股生机。

曾在金陵大学就学、也到美国留过学的杨嘉仁先生佩服李先生在艺术上的造诣,两人一见如故,十分投缘。面临出国的杨先生就把圣婴托付给他，请他代课，李先生欣然收下。

李先生早就闻说圣婴矢志刻苦学琴的情况，她在父母卓有识见的悉心培养下，走的是普通学校课程学习与课余钢琴专业学习齐头并进的方式来完成整个基础阶段的学习。在校她是中西女中品学兼优的班干部，能合理紧凑地安排时间，出色地完成繁忙的双重学习任务。在跟杨先生的三年，他开始投师马革顺、沈知白两位教授学音乐理论、音乐史、作品分析等音乐学院三年的课程，于两年里全部完成并研究音乐文学。

李先生很注重声音的修饰，在初试琴音的第一课里，将圣婴已弹过的贝多芬《月光奏鸣曲》边示范、边指点。这部熟识的乐曲在李先生的指点下，令圣婴着迷了：宁静的慢板、柔和的三连音，如置身在月色溶溶的夜景里，托出一片静谧……哦！真是太美了。

李先生还手把手地指点如何触键、行指才会产生理想的音色。如何使指触饱满有力、怎样处理高低声部的关系、在和弦中如何突出旋律音、初练某作品时应该分手练习、掌握好速度等等，圣婴都详细记下，仔细辨别、体会。第二次的回课既熟练又准确地达到教学要求，令李先生大为惊喜！

即将开始高级阶段的训练，鉴于圣婴有着坚实的基本技术根底，李先生即让她接触了不少技术艰深的作品。开始是肖邦的第二首《谐谑曲》、第四首《叙事曲》与李斯特的《安慰曲》，接下去是舒曼的《交响练习曲》及肖邦的一些练习曲。

圣婴有着非凡的理解力和接受能力，往往是先生轻轻的一个手势，她立刻就意识到而及时修正；略为提示一下，她马上就领悟并依着要求弹奏。李先生感到授课得心应手，是种愉快的享受；而圣婴呢？课后就连连向爸爸夸说李先生的教法“很有道理”。更何况李先生的音色变化更有情有味，尤其是在浪漫主义作品的天地里遨游，更切合她那颗富于幻想、热情奔放的心，令她陶然如醉。每次上课总是四个小时，师生在乐曲声中流连忘返，往往过了午餐时间。

俗语道：“士别三日，当刮目相看。”圣婴在短短三个月内的发展很快。杨嘉仁先生访欧归来后，如约收回他这个弟子时，夫人程卓如毫不含糊地告诉他：“你再也教不了她了！你去听听，她已和以前大不相同啦！”

果然！杨先生发现圣婴在技巧上、音乐上已到了另一个境界，与以前判若两人！他二话没说，打定主意要将他这心爱的弟子转让给李先生。

杨先生自谦地对圣婴的爸爸说他自己是专学指挥的，还是请专攻钢琴的、又有十几年教学和演出经验的李嘉禄先生继续教她。又赶去劝说李先生就此收下他这个得意门生。李先生一听，慌忙推却道：

"不行、不行，我有言在先，等你回来就让位，何况像顾圣婴这样的奇才，哪有因为代了课就占为己有之理呢？"

杨先生一再恳切地解说是为了圣婴的未来着想，自己决不能耽搁她的发展。

李先生平时眼见有些教师为了抢夺一个有才气的学生，竟然板起面孔，拍案吵骂，不免寒心。现在面对良朋知己，更觉得不能轻易收下他的高徒，因此始终不予应承。

又过了一星期，杨先生特意远道赶到江湾国京路李先生住宿处，再三恳切地要求李先生为了培养好下一代，别分什么你的我的了。还说："像圣婴这样难得的人才，你真忍心让她被我耽误吗？快答应吧！否则，我今天就不走了。"

对学生的爱护负责，对祖国音乐事业的一片诚挚心意——杨先生这种正直自谦、以诚待友所显示的高尚无私的襟怀和品格，使李先生为之深深动情，终于应允了下来。圣婴的这两位老师早就看准圣婴的才华，但能以她的前途为重，杨先生量力谦让，毫无持傲矫饰之态；李先生则以师德友情为重，绝不肯趁机掠人之美而一再推却，这段音乐界的佳话，为人师表者能不从这里得到启迪吗？

我们知道璞玉浑金经过研琢能成瑰宝，现在圣婴犹如一块已具雏型的美玉，要由李先生用他的心智来巧显身手了。

李先生认为能否把一个学生教导成材，取决于该生是否具备以下三个要素：天赋；刻苦、认真、用功；强的控制力。他仔细审度了圣婴，发现她充分具备。

说起天赋，圣婴实在有着受天恩赐的异乎寻常的才具。她的乐感、节奏感、听力、记忆力包括背谱能力及理解乐曲能力都非同一般，并且还得天独厚地生有一双像肖邦那样匀称、修长,既灵敏、柔软,又富弹性的手,小指长长地超过无名指的第一关节,伸张度很大,能轻松地跨十度琴键。在她后来演奏的那首在技巧及音乐处理上均颇具难度的肖邦《升 f 小调前奏曲》即是轻而易举之事。此外,她的掌部很大,掌肌肉还算丰厚,腰劲也因自幼拳术功夫在身颇具潜力,因此总的力度够用。这些条件是足以对付那些艰难的快速度、大力度的浪漫派作品的。

但是任何天才要是不刻苦努力奋斗,是决不会成功的。圣婴素来不以自己的天赋条件傲才自夸,总是脚踏实地求学问,她生命的弦线从来未曾放松。她像一架永不停息的织布机,以琴业、学业分作经、纬二线,忙碌地来回穿梭,织出一条通往艺术峰巅的道路。李先生看到无论乐曲再难、再长,布置的功课份量再重,她也不脸露难色,总是笑吟吟地接下来,坚持刻苦地按着要求完成。肖邦的那首《第二钢琴协奏曲》,她只化了个把星期就背了下来。李先生还看到,即使遇到力度很大、速度极快的,曾被一些钢琴演奏者视为畏途的乐曲,她也从不畏缩,而是坚韧不拔地刻苦用功,直到攻下来为止。学生努力配合老师,教学就卓有成效。圣婴每课专注地听讲,认真做笔记,回家反复琢磨、思量、推敲,努力追求音乐意境与思想深度的表达。

尤其是使李先生深受感动的是自从他接纳圣婴为自己门下弟子后,无论严冬酷暑,无论是节假日,一年五十二个星期,每星期日至少上课四小时。头年学校在上海东北郊江湾,1954 年又搬至西南郊漕河泾,对当时住在愚园路兆丰村的圣婴家来说,都有着相当长的路程。但圣婴父女俩是风雨无阻,从不缺课或迟到,准八点来到李先生家。爸爸总是陪坐在沙发上仔细听讲,以便课后帮助女儿整理笔记,完成教学要求。为加深对乐曲的理解,还借来美国评论家亨乃克(Huneker)的原著《肖邦传记》,阅后将书中对乐曲的解释摘译给圣婴。

李先生认为有了天赋及认真用功,还必须善于驾驭自己的情感与理智,因为速度与节拍的改变会使原来的作品性质顿然改观。而圣婴的气质与修养使她具备这两方面因素:情感丰富而理智力强,能随时根据需要操控自己以适应,因此能不断开拓曲目范围而不至于局限在一个狭窄的天地中僵化,这样的学生之未来是十分开阔的。李先生思忖自己该怎样"因材施教",才不负此天赐的良才。因为钢琴的演奏技巧是庞杂又细腻的,要表演许多高难度乐曲时,在技巧方面如果学得不得法,即使花了毕生的精力,也很难把乐曲表现得淋漓尽致的。他考虑从下面三方面着手:

一、完成高级演奏技巧的训练

为使圣婴往更深、更难、更高的方向发展,必须学习大量浪漫派作品。因为浪漫主义作家是把自己内心的喜、怒、哀、乐倾注于作品里,往往还借景、寓情抒发情怀。因而这些作品的音乐语言丰富多彩,形象生动鲜明,思想性强。在形式上冲破了古典主义作品的种种框框,在技巧上要求难度更大的各种表现手法。作为演奏者,只有运用高难度的技巧才能表达作曲家融入作品的丰富情感及思想内涵,也只有熟练地掌握这些技巧才能使自己到达"自由王国",在表演时做到"得心应手"、"随心所欲不逾矩"的地步。

李先生指导她作了各种技巧练习,将她已弹过的一些曲子加以润色,教她运用不同的指法、掌握触键、如何弹奏歌唱性的声音。诸如单音的种种表现技巧,不同音程的双音及不同调性的音阶、琶音、八度及和弦的各种弹奏方法等,丰富了她的表现力。在使用不同的踏板法方面,李先生也作了具体而生动形象的指点与示范,效果显著。

此外,为了能将这些快速、高难度的浪漫派作品弹得流畅自如,除圣婴那样手指伸张度大之先决条件外,还必须要锻炼手指肌肉,就是说要增强活动掌、指关节的能力,使掌部肌肉具有一种敏感的弹性能力来控制行指,以使掌部肌肉蓄有潜力,能随意控制自如,达到弹艰深乐曲的音乐效果。

一般没有受过这种训练的人,手指活动力不强,弹奏古典乐曲中那些一秒钟有四个音的乐曲,还不成问题,倘若要弹奏快速乐曲,就难以应对了。更不要说弹李斯特的那本十二首超绝技巧的《练习曲》中第五首《鬼火》了,一秒钟要弹 14~16 个音,而且乐曲一大半是双音!这种到达顶峰的手指活动能力,没有天赐的手指条件及刻苦的手指技巧训练,即使勉强奏出都是难以想像的。而圣婴在李先生的指导下就是凭着她的这些能耐,再现了大师的艺术珍品。

二、尽量扩大曲目的范围

李先生还让圣婴接触了各个时期不同的作曲家、不同风格的作品。例如：

古典音乐之父巴赫的复调对位法作品；

承古典之余脉、开浪漫派先河的大师贝多芬的奏鸣曲、协奏曲；

浪漫派作家舒曼、肖邦、李斯特的大量艰深作品；

复古派勃拉姆斯、印象派代表德彪西的作品；

还有近代、现代作曲家如拉赫玛尼诺夫、斯克里亚宾的作品……

这些作品充分发挥了钢琴音乐形象各异的特性——有抒情如歌的、史诗般叙情的、戏剧性的，还有包含深刻哲理的以及光色绚丽如画的。广泛的曲目极大地丰富了她的音乐体会与感受，增添了她对各种各样音乐意境的表现力。

三、探索她的演奏风格

李先生在超过两年半的授课期间，做个有心人，不断观察分析自己的这个学生，探索她究竟善于表现哪一类风格的作品。而圣婴呢？从不表露自己对各乐曲的好恶，总是尽力而为地认真练习。但李先生从琴声中感到她的音乐想像力极为丰富，能从自己体会的角度把音乐诗意地表达出来。他更了解到圣婴出自无锡书香名门，家学渊源，自幼受诗词歌赋的熏陶，从名画书法的鉴赏中滋润她的诗情画意，因此与理性、激越、辉煌等风格相比，在抒情方面更高出一筹。李先生就有意安排她弹大量肖邦作品，这很对她的路子。自此开始，圣婴整本整本地弹奏肖邦全部的前奏曲、叙事曲、诙谐曲、练习曲、波兰舞曲、奏鸣曲、玛祖卡以及两部协奏曲。肖邦作品里特有的诗意与她的气质性情渐相交糅融合，逐步奠定了她以后成为我国著名的肖邦演奏家的基础。

此外，李先生坚持要求学生背谱。这对自幼习惯每谱必背、且有着非凡记忆力的圣婴来说,并非难事,而今经李先生具体指点、分析,还将当年学自福路教授的科学背谱方法传授于她,使她愈加提高了这种记谱能力。

授课时,李先生不似杨先生那般谈笑风生、寓教于活泼生动的形象中。他不苟言笑,总是专心致志、认认真真地讲授。为保证高质量的教学,每次课前他总是充分备课。他着重乐曲的分析,对每首曲子应表达怎样的思想、意境,应如何去体会、表现它,主、副题该如何呼应,哪些精彩部分需要强调,技术的难关在哪里,该用哪几道步骤去克服,使用什么方法练习等等都详加考虑,做到心中有底。而每次布置的功课,李先生总是让圣婴自己先去探索、分析,要求她在弄清乐曲思想内容、层次结构的基础上练习,然后在课上听她弹奏后再加以评论指点。这对她今后能独立深入地分析乐曲的构思、句法,揣摩恰当的表达方式等大有裨益。例如1964年圣婴应邀参加比利时皇太后国际音乐比赛获奖,在第三轮曲目里就有未曾发表过的比利时现代作曲家基内的作品,且限定一星期,隔离在一座别墅中独自琢磨、练习后与乐队合奏。赛后该作曲家特地向她祝贺,称赞圣婴的演奏符合他创作的原意,这可见当年李先生的教授法给她打下的功底了。

李先生回忆圣婴能以每个月一部作品的速度将莫扎特、贝多芬、肖邦等的绝大部分奏鸣曲弹完,而她的琴艺已经不能用年龄的尺度来衡量了,应该把她介绍给听众。就悉心为她准备一套独奏节目,同时联系由华东音乐家协会出面主办顾圣婴钢琴独奏音乐会,定于1955年2月26、27日在兰心剧场举行。

却说就在1954年,当圣婴高中毕业正面临人生决择时,即上海电影厂筹备管弦乐队与上海交响乐队联合招生之际,在报考的20名考生里她以最优秀成绩被录取,被认为是不可多得的人才,于1955年1月入乐团编制任独奏演员。

再说离开圣婴独奏音乐会公演仅有一个月,练习时间相当紧迫。而乐团当时在2月19、20也有演出任务,勇挑重担的圣婴出色地完成她刚入乐团即面临的重任,接着就是六天后她出演的这场50年代第一次由青年钢琴家举行的独奏音乐会。消息不胫而走,购票的观众络绎不绝,连中央文化部夏衍副部长、喜爱音乐的陈毅市长、上海警备区郭化若等也来观听。两场音乐会满座,再加演场次的票子都迅即售罄,如此轰动,实在少见!

独奏会是以前期古典派作曲家巴赫的管风琴改编曲《d 小调托卡他与赋格》开始的,接下去是贝多芬的那首"火山般奔腾的狂飙,而又悲壮"的《热情奏鸣曲》,再下面是与巴赫、贝多芬并称"三 B"的德国古典派音乐代表作家勃拉姆斯的三首作品,宁静而虽灰暗却高贵的、被克拉拉·舒曼喻为"灰色的珍珠"的《e 小调间奏曲》,谐趣十足、颇富民族风味的《C 大调间奏曲》,粗犷强劲、具有浓郁的勃拉姆斯独特风格的《降 E 大调狂想曲》。下半场首先演奏了中国二位著名作曲家的作品:贺绿汀的《摇篮曲》、丁善德的《第一新疆舞曲》,然后是波兰浪漫主义作曲家肖邦的三首乐曲:先是著名的势如翻江倒海的《革命练习曲》,表达肖邦的愤昂激情,其次是情绪动荡不安的《c 小调夜曲》,接着演奏那颇具规模的笼罩着幻想风情的《第四叙事曲》。最后是德国浪漫派作曲家舒曼的那首具有交响音乐效果的《交响练习曲》。

这九十分钟不同时期、不同风格的曲目有条不紊地被安排在年仅十七岁的圣婴的脑海里,她好似在对自己这些年的钢琴学习作着小结,又用她丰富的钢琴语言向听众娓娓地描述所熟悉的花草园地的瑰姿玮态。她完全沉浸在音乐里了,直至最后一个余音渐渐远去……须臾,场内爆出阵阵雷声般的掌声,她才如梦初醒地一再出台谢幕。三十几只花篮被送到台上。李嘉禄先生上台来与圣婴合影留念,还与杨嘉仁先生互道祝贺,两位辛勤的耕耘者沉浸在丰收的喜悦里。这次广泛的曲目、风格各异且具相当难度的技巧都表明圣婴已完成了高阶段的训练,今后主要是走艺术修养的道路。

这次演出影响深远,报道文章刊登音乐界人士的评论称颂圣婴,乐坛升起这样一颗充满希望的琴星……引起了文化部领导的重视,这为她以后受到国家的培养创造了条件。此时文化部聘请苏联专家谢洛夫来华指导,在音乐学院开办专家进修班。谢洛夫出身于俄罗斯艺术世家,颇具艺术修养。他说圣婴的演奏水平令他鼓舞,他深信只要对圣婴稍加指点,她必能在国际比赛上迸发异彩而夺魁。听完圣婴演奏会后,他马上赶回北京,要求留在上海教学,获批准回沪后就找李先生索要顾圣婴为徒,诚恳而坦率地表明自己来华任教只有一年期限,必须做出成绩向自己的祖国汇报,请李先生谅解。李先生见专家如此赏识自己的爱徒,为圣婴能得到这么好的学习机会而高兴,就爽然答应了。人们再次看到李先生惯有的高尚师德,而圣婴终生难忘李先生的师情,知他人品是毋庸置疑的。

圣婴有幸在每个学习阶段都有相应的老师指导而成绩斐然。自谢洛夫专家后,每次出国比赛都在中央音乐学院专家班准备曲目。自1955年12月至1960年6月间,由于工作关系,断断续续地受到塔图良、克拉芙琴科还有在莫斯科的扎克等前苏联名教授很符合圣婴路子的具体而高水准的指导,使她成为1957年"第六届世界青年与学生和平友谊联欢节"我国第一枚金质奖获得者,后又在我国初次参赛的1958年瑞士日内瓦举办的第十四届国际音乐大赛中荣获女子钢琴比赛最高奖。令人值得注意的是在苏联专家撤走后,圣婴应邀参加1964年4月比利时皇太后国际钢琴音乐比赛时再次获奖,也是得益于李先生的指导的。我国能出顾圣婴这样卓越的钢琴家,李嘉禄先生是功不可没的。

李先生师德堪称楷模,而琴坛耕耘数十载,桃李天下,他还留下相当数量的音乐教学笔记、遗稿启迪后辈。本人写至此,越增敬重、钦佩之情,在时间的车轮即将开到是李先生九十诞辰,圣婴七十诞辰之际,本人亦藉此文寄托追思,永志纪念。

2007年3月5日于上海

蔡蓉曾:顾圣婴生父顾高地之义女,受圣婴父亲遗嘱及大量书信嘱托,是圣婴家庭遗产合法继承人,圣婴传记及影视作品等的唯一指定作者,是被授权主持、办理圣婴一切纪念事项的权责人。

自幼爱好音乐、文艺,对摄影、绘画、书法饶有兴趣。曾在国内外报刊、杂志发表过译作、诗文及音乐、绘画评论文,也曾被电台及几所夜大院校聘任为外语教师培训出国人员。

永远的怀念

陈泽溶

回想五十年前,能调入李嘉禄老师班上,确实是我一生中的幸事。李先生永远不厌其烦、不计时间、全身心地把全部知识无私地传授给学生。令我们深切地感受到李先生真挚的关怀和爱心。每当我上完课走出教室,不仅理解了该如何练琴,更醒悟到不好好地用功,怎么对得起老师谆谆的教导。在课堂上,他是那么认真地逐句、逐小节地讲解、示范,改正我的缺点,直到较好地领会,基本达到他的要求才下课。我正是在李先生认真、耐心的教导、不断的鼓励下才提高了演奏技术,恢复了演奏的信心的。至今我仍清晰地记得上课的情景:老师眯着双眼,嘴上叼着香烟,边弹奏,边讲解如何才能达到应有的音色,怎样才能解决困难的……这一切的一切令我如此留恋怀念。

假如我可以回到五十年前,再次走进教室,聆听先生的教导,该有多好啊!

敬爱的李先生,您永远活在我们心中,我们永远怀念您!

2006 年 4 月于美国加州

陈泽溶:1956 年上音钢琴系毕业后到武汉音乐学院教钢琴,1959 年在上海歌剧院任钢琴伴奏,1986 年移居香港继续任教,2003 年定居美国。

毕生献给祖国钢琴音乐事业

——忆恩师李嘉禄教授

顾仪方

那是 1952 年的初春,温暖的阳光照映着浦江两岸,略寒的微风,轻拂在中央音乐学院华东分院(不久后改称上海音乐学院)校园。冷静了两个多月的上音突然欢腾了起来。这是参加皖北土改工作的全院新老师生胜利回到了上海的情景。一时,同学间欢乐的谈笑声,师生间热切的问候声……上音校园又回复那生气盎然、亲切温暖的大家庭气氛之中。

对于那些 1951 年秋季入学的新生来说,除了那种回到"家"的愉悦之外,或许更为急切想着的是:何时开始接受全面的、正规的音乐教育? 谁是我的主课老师? 什么时候开始上主课呢? ……这些新入学的学子们,那种求学的热情与亲切的期盼交织着的心情,真是很复杂的。

啊! 这一天终于盼到了,教务处公布了新生的主课老师。我分配在李嘉禄教授班上。对于李先生我知之甚少,只是和同学们交谈中知道他是留学美国的教授,是前金陵女子文理学院(1951 年合并于金陵大学)音乐系系主任,也听说他治学严谨、认真负责、待人真诚、亲切和蔼。这些都在日后的学习生涯中得到印证。

当我第一次走进教学大楼,面对李先生的教室时,我怀着既兴奋又有些不安的心情,轻敲着教室的门。门开了,站在面前的是一位面带亲切笑容的中年老师。他就是日后数年引领我一步一步走向我日夜向往、努力攀登的钢琴殿堂的恩师——李嘉禄教授。

几年的主课学习,在李先生谆谆教导下,也是我对钢琴的认知,从一个天真的、充满幻想的钢琴小学生,逐步成长为成熟的、努力去实现理想的钢琴老师。

回忆这个历程,难忘的事真不少。其中最难忘的是,学习我毕业考试曲目之一的肖邦《b小调第三奏鸣曲》作品第 58 号。

记得 1956 年春天,我从北京留苏预备班返回学校(事后才知道由于中苏关系的突变,那届留苏学音乐的各专业名额纷纷被缩减或被撤消)。在一次上完课之后,李先生以商讨的口吻,讲到我的毕业考试曲目的安排。当李先生告诉我曲目之一是肖邦《第三奏鸣曲》时,我很高兴、很兴奋。我觉得这是老师的信任和鼓励,立即表示乐意接受这个安排。临离开教室时,李先生表情严肃但语重心长地说:“这是考试曲目中的重点乐曲,这首奏鸣曲有相当的难度,不要掉以轻心,要认真地一小节、一小节地练,下次上课先把第一乐章弹出来。”当我将第一乐章初步弹奏之后,才体会到李先生所说的“有相当难度”这句话的份量。我确是认真地按老师的要求在练,可是几次回课都不好,虽然李先生一再启发、并作示范弹奏,还是不理想,像有什么障碍难以突破似的,因而在回课时不免流露出一些“难色”。这时李先生就会以和善然而却坚定的语气说:“要有信心”,“要相信自己的能力”,“你一定能弹好”……记得有一次李先生用鼓励的口气对我说:“肖邦的作品你弹过不少。其中不乏技巧难的。你也弹过不少贝多芬的奏鸣曲,我认为你对肖邦的风格、对传统多乐章奏鸣曲都有相当的了解,所以才让你弹这首作品,我相信你一定能弹好它。”

听了李先生的鼓励与启发,解除我思想顾虑,心情舒畅了许多。最重要的是增强了我的自信心。的确,有了信心,困难也就容易克服,在这以后我对肖邦《第三奏鸣曲》以及其他乐曲的学习再次得到体现。回想起来,在上音数年学习中,信心始终是我克服困难、勇于前进的力量之一。

人们常说,肖邦《第三奏鸣曲》是一部歌唱性的作品。在我对他认真学习之后,我觉得它不仅是一部具有明朗歌唱性的作品,它还是一部具有深刻的思想内容和鲜明形象对比发展的作品,要将它演奏得完整、流畅,确实得下一番功夫。

例如,在我将《第三奏鸣曲》的第一乐章弹奏得逐渐熟练、在技巧上更得心应手的时候,却对自己的演奏越来越不满意了。首先,是对它的核心部分——呈示部,而主要又是在主部过渡到副部的连接部分。这个连接部分篇幅较大,写法多样,情绪起伏跌宕。处理不好,容易松散,不连贯,从而削弱了副部主题出现的必然性。我向老师提出了我的困扰,李先生说他认为这不是个认知的问题,要求我认真分析与体会这首奏鸣曲所表现的思想内容与写作手法。接着他详尽地讲解了对这首奏鸣曲的主部、连接部、副部应注意的要点,如乐曲一开始即呈示两个性格各异的动机:一个是以单音出现的下行十六分音符动机,它象征着激昂、慷慨的呐喊声。接着是以和弦起伏进行的动机,它表现了刚毅、果断的步伐声。两个动机相辅相承,在以下的音乐发展中起到极重要的作用。接着李先生又以一个"桥"字道出了连接部分的真涵。

在我以后的练琴中,除了练好两个动机——即本曲的灵魂之外,最主要的是把过"桥"的最佳效果弹出来。应该说,作品58号第一乐章中的"桥"较作品35号第一乐章中的"桥"要长、大、复杂,内容也更为丰富。在这里,主部两个动机以分散、分裂、结合、演变的形态不断出现,造成音乐上一次又一次的起伏。值得一提的是,在"桥"的中部,左手在低音部向上三次移位的半音阶上行,结合右手的下行旋律。紧接着,起伏的分解和弦,带出了建立在D大调属长音为背景的,在中音区的十六分音符低回、环绕进行,将音乐引向平稳。在整个连接部中,令人体会到它的压抑、苦痛、愤懑与抗争,也令人感到它的思绪万千而有所期待。由于整个过渡在织体写法上的多样化,因而它似乎又有太多的不确定性,然而不确定终将走向确定。最后,建立在D大调属九和弦上的右手下行走句引出了明媚、歌唱性的副部。此时,乌云已逝,曙光初露,呈现在人们面前的是一座美丽的花坛,在百花盛开的上空,飘荡着一首明朗而甜美的晨歌,它表达了肖邦对祖国无比的思念与热爱。

我很感激李先生,在他不断的启发、耐心引导、时而以语言解说、时而以轻唱领引、时而以片段示范后,我终于顺利地弹奏好了这首奏鸣曲及其他的乐曲。在毕业考试中,我弹奏这首奏鸣曲得到老师们的好评。随后,在兰心艺术剧场举行的上音应届毕业生音乐会上,我也出色地演奏了肖邦的《第三奏鸣曲》。

值此母校八十周年之际,我以崇敬的心情热烈祝贺母校八十周年大庆。并以此短文纪念毕生献给祖国的钢琴事业、为母校辛勤耕耘数十年的尊敬的恩师——李嘉禄教授。

2007 年 1 月于美国北卡罗来纳州

顾仪方:1957 年上海音乐学院毕业前一年即在指挥系弹伴奏,毕业后在上音附中任教半年,后到西安音乐学院执教钢琴长达三十年之久,现定居美国。

我心目中的李嘉禄先生

秦有斐

我学习钢琴、考进上音纯属偶然,按我在中学的学习成绩是准备长大了学医的。1946 年在我升入初二的时候,前国立音专主修键盘的章雅老师从重庆回到无锡,担任我们的音乐课。她教我们乐理常识,教大家唱了不少优秀的世界艺术歌曲。不知怎的,班上本来不喜欢唱歌的同学也都纷纷喜欢起了音乐课。巧得很,章老师是我母亲的好朋友,情同姐妹。就在我乐理考试得了一百分后,她便向我母亲建议让我课后跟她学习钢琴. 高中毕业前又是她给我准备了两首曲子报考上音。说是:"你去试试,能不能考上没有把握。"没想到一试竟中了,录取名单还登在当时上海两大报纸上。

入校后我才知道自己的程度是那么浅,学习钢琴的条件是那样差,许多乐曲不要说没有弹过,连听也没有听过。我一下子失去了往常在普通中学时的学习优势,加上生性羞涩,我越来越怕在别人面前弹琴,怕上台,怕考试,甚至觉得考进上音就是个错误。我就是在这种状态下换到李先生班上的。尽管早就听说李先生对同学特别耐心,教学态度特别好,可是在第一次去上课时我的心里还是七上八下。我对李先生说:"我学琴晚,基础差,弹过的东西很少……"李先生微笑着说:"不要紧,不要紧。有的人也从十四、五岁开始学琴的,我会帮助你的。"他的目光中充满了鼓励。

其实,这是他的一贯作风。学生的基础再差,李先生也不会全盘否定,而是先发掘学生身上的优点,鼓起学生的自信心。对其缺点或不足,也是通过教学来引导,在教学方法和教学计划上做调整。对于手指训练,李先生不强调手指孤立的动作,不是把手指练习变成机械乏味的重复练习,而是从一开始就让学生体会手指力量的集中,而力量的来源是肩部、肘部、腕部和手掌的放松。为保证弹出来的声音在时间、音色、强弱上的统一,他告诉我必须掌握好手指间力量的转移。为了弹好清澈透亮的快速片段,他要求下键和离键动作的迅速。就是在练习音阶、琶音,分解和弦时也要求在力度、速度和节奏上作各种变化。有一次他为了教我如何弹出和弦的不同音量和音质,他脱下了棉袄,先用几乎是贴键的很小的动作弹很轻很柔的和弦 *ppp*,我似听到了从远处云雾缭绕的山间传来的钟声,然后为了音量的逐渐增加,他先后加上腕部、臂部甚至肩部和背部的力量(每一种音量重复四次),最后使和弦的音量达到 *fff*。那架小三角钢琴在他的手下发出了洪亮浑厚的声音,被震动的琴弦所产生的共鸣使整个教室形成了一个声音的气场,给我留下了难忘的印象。李先生对触键和音色的要求尤其高,在训练连音、歌唱性方面更有其独到之处。在学习莫扎特《a 小调回旋曲》时,为了让我体会旋律的歌唱,乐句的呼吸,仅仅主部就化了整整一节课的时间。他不厌其烦地示范,我反反复复地在琴上试,直到他认为我已明白并掌握了为止。

50 年代曾有苏联专家来院里讲学,也就是现在的大师班,但很少。列宁格勒音乐学院钢琴教授克拉芙琴科来院讲学时按不同的作家安排,第一天是巴赫的作品,第二天是莫扎特的作品,第三天是贝多芬的……我没想到李先生竟然给我报了名。他对我说:"明天专家上贝多芬的作品,你不是正在弹贝多芬第一协奏曲吗?明天你就弹这首曲子给专家听。"我说:"不行,不行,我上台会紧张的。"李先生说:"没有关系嘛,就像平时上课一样,我给你协奏,三个乐章。"李先生全然不考虑学生弹得好坏可能对他产生的影响。在李先生的鼓励下我努力摆脱长期背在身上的思想包袱。说也奇怪,思想解放了,第二天顺利地弹好了。在李先生班上不乏程度深、能力强、基础好的同学,对于他们,李先生放手让他们接触各种不同时期、不同风格的高深作品,使他们的专业水平飞快地提高。而对于基础差、程度浅的学生从不挑剔和嫌弃,从来不厚此薄彼,因为他把教好每一个学生作为他的天职。至今我们老同学聚在一起谈起自己的成长与工作时无不感激李先生所给予我们的一切,李先生永远是我们学习的楷模。

　　1958 年我毕业留校工作后,李先生仍定期给我上课,每两周一次,持续有两三年。不仅是我,每个从他班上毕业留校的同学都享受着这种待遇。这段时间的学习对我非常重要,让我弥补了在本科学习时的不足,还有机会向李先生讨教在教学中遇到的问题。那时是到李先生家上课,时钟早已过了十二点,我不断闻到从他家厨房飘出来的饭菜香和听到锅碗瓢盆的碰击声,可李先生还兴致勃勃地毫不察觉。李先生的母亲和吴誌顺先生早就适应了李先生的工作习惯,往往要到近一点钟时,吴先生才会在走廊里用轻轻的闽南话提示:"galog,galog(嘉禄,嘉禄)。"这时李先生才会意地说:"哦,又到了吃饭的时候了,那我们下次再上吧。"然后再关照几句并合上了琴谱。在我们今天深切缅怀李先生的同时也要感谢吴誌顺先生,她最理解李先生,因此能最大限度地支持李先生对学生的关爱和培养,让李先生把所有的时间用于教学和工作。我曾想过,李先生视音乐为生命,那么在他的生活中除了上课外难道就没有其他的娱乐和爱好吗?近来我才得知,李先生年轻时兴趣非常广泛,他曾经是一个很好的足球中锋,足球场上经常有他的身影;在协和大学学习生物时对鸟鸣产生了浓厚的兴趣,曾花了好几个月的时间在每天大清早到树林里去聆听和辨别各种鸟类的不同鸣叫声,最后写出了一篇题为《福建邵武常见候鸟的鸣叫声》的论文;他还会编织毛衣,他钟爱鲜红色的球衣,就是他在大学时自己编织起来;他还会摸索着修补藤椅;他还会吹小号,还会抄出非常工整的乐谱……只是后来李先生太忙了,大量的教学任务和繁忙的行政工作压得他喘不过气来,才使他渐渐放弃了他自己的爱好和娱乐,甚至和家人在一起的休闲活动也没有。

　　在这次准备纪念文集出版的过程中我有机会先行看到李先生部分授课笔记,我感动不已。李先生年轻时经常开音乐会,积累了大量的曲目,又有扎实的理论基础,不仅具有一般的理论修养,他在金陵女大任教时除教钢琴外还兼教和声及曲式课。他备课总是精益求精,不管教了多少遍,已经演出过多少回的曲子他仍然要结合每个学生的具体情况再备课。他上课时总是从作品的创作背景、作品风格、曲式结构、和声等方面让学生对作品有一个全面的了解,并从更深的层次去启发学生,不仅告诉学生要做什么,而且告诉学生怎样做。李先生对贝多芬《黎明奏鸣曲》曲式、和声和音乐风格等方面所做的详尽分析和提出的演奏要求是他备课充分、治学严谨的一个缩影,是留给我们后人的财富。

李先生离开我们已经二十五年了,至今我仍清晰地记得李先生在校园里走进教室的身影。冬天,他穿一件黑色的呢子短大衣,脖子上围一条紫红色的羊毛围巾,头上戴着一顶罗宋帽。五、六十年代时他的步子是强健的,有力的。可在 80 年代初有一天我突然发现李先生变得苍老了,从教室里走出来的他步履蹒跚了,眼神也失去了以往的光彩。我和他招呼,他只是勉强地牵动了一下嘴角,无奈和无力。可我怎么也没有想到那时李先生已重病缠身到了无法逆转的地步!我们做学生的都还来不及回报他,他就走了!

李先生走得太早了,从个人年龄来说,他才六十三岁;从我们国家来说,改革开放的春风还刚刚吹起。如果他能亲眼看到我国钢琴教育事业的蓬勃发展,如果他能继续为学生上课,培养出更多更优秀的钢琴人才,如果他能活到今天,能亲眼看到他的学生们都遵循他的教导,在各自的岗位上硕果累累,看到他的儿孙们个个争气,能和吴先生一起享受天伦之乐,他会多高兴呀!

2007 年 6 月 4 日于上海

秦有斐:上海音乐学院钢琴系副教授。1958 年毕业于上海音乐学院钢琴系并留校工作。1962 年调附中任初中钢琴专业教学,后兼任钢琴科副主任、附中党支部副书记。"文革"后回钢琴系担任钢琴基础课教学,曾任钢琴基础课教研室主任。现已退休。

师 恩 永 镌

——纪念李嘉禄教授逝世二十五周年

邵智贤

我们最敬爱的老师李嘉禄教授离开我们已经二十五年了,他是我在上海音乐学院就读时的主科老师。在我的记忆里,李先生自 1950 年回国以来,三十多年如一日地潜心于中国的钢琴教育事业上,为中国培养一代又一代的钢琴人才。在日常的教学工作中,李先生总是无私地向学生们传授着知识与技能。他无意于为了增添自己的光彩只注重培养几个"冒尖"的钢琴家,而是将大量的精力及志趣投放在培养能够胜任各种不同工作需要的钢琴人才上,为大力推广中国的钢琴艺术事业作出杰出的贡献。

　　李先生的教学理念不在于仅仅教授技能,而在于主动调动不同学生的能力,培养他们自觉形成爱国敬业的事业心,及对中国钢琴艺术奉献生命的人生理想。如今,在他的学生中不仅有国际比赛获奖的钢琴演奏家、独奏演员,高等院校的教授、大专院校的领导骨干、优秀的艺术指导、出色的钢琴伴奏者、也有活跃于音乐艺术战线上培养新苗的园丁。他们中有走出国门去拓展天地的,有留在北京、上海等大城市的,也有分赴祖国大江南北支援边区的,真可谓桃李满天下。这么多年来,大家时常谨记李先生的告诫,毕业后无论工作条件怎样,都坚守自己的岗位,竭尽全力的挑起重担,把所学的知识和所有的能力充分贡献出来,为中国的钢琴艺术事业的发展积极努力。这些学生没有辜负李先生的培养和教导。记得在 1980 年我回上海观摩全国首届钢琴比赛时,李先生曾对我感叹道:"有时当我遇到什么不愉快的事情时,一想着自己有这么多的学生,在全国各地发挥着作用,就由衷地感到欣慰。"

　　1955 年我转到李先生的班上,当时我在主科学习上遇到了一些困难,学习情绪不好,积极性不高。面对学习有困难的同学,李先生不是采取冷漠的、另眼看待的态度,而是满腔热忱地对我原来的老师说:"她愿意来我班上是件好事。她是一个很有激情的学生,只是现在还没有发挥她的潜能和热情。我相信经过点拨后,她会有一定的进展的。"当我听到这一席话时,一股暖流沁入我心脾。在老师的信任与鼓励声中,我顿时充满了学习的信心与激情。李先生针对我所存在的问题,作了专门的教学计划。他教我运用重量的弹奏方法,他强调有控制地用重量弹奏的规律,让每只手指明确、准确又能独立地弹奏,锻炼我的手指、手腕和臂部有机地配合协调,从而使我弹奏时紧张状态得到明显的改善,促使我能全身心投入音乐的表现上。先生采用这种有针对性的教学方法,使我的学习水平得到快速的提高,在第一学期我的考试就得了 5 分的好成绩。

　　1958 年我毕业后,自愿申请到崇山峻岭的贵州省,被分配到贵州省歌舞团担任钢琴演奏。告别了师长,离开了母校,一个人单枪匹马独自踏上工作岗位,遇到问题找不到人商量,遇到疑惑没有老师请教,遇到困难只能自己面对。于是在学校里所学的知识和技能在实际工作中变得十分宝贵和有效。但长期的工作实践也检验出了我自身知识积淀的欠缺及局限。为了更好地满足实际工作的需要,我常常不由自主地想念起师从李先生的日日夜夜,迫切地希望能够有机会回到老师的身边,聆听他的教海,接受他的教导和点拨。

1963年上半年,贵州省歌舞团的领导终于同意我回沪进修的申请,满足我再次回母校学习的愿望。然而,满怀欣喜的我一到上海得知李先生健康情况欠佳,但仍然坚持为学生们上课,这一下可难住我了,不学习就回去吧,这种机会恐怕以后也很难再有。当我处在进退两难、心情矛盾的时候,李先生知道后,就主动和他所带的两个青年助教朱昌平、姚世真商量,得到她们答应分别为两周上一次课,让我得以每周上一次。就这样,从1963年3月9日到4月20日,我得到向李先生请教的好机会。在这一段短暂的时间里,我如饥似渴地像海绵吸水一样竭力吸收李先生所传授的专业知识,抓紧时间及时请教,即使一时消化不了的知识点,也充分作好笔记,等到以后回去慢慢咀嚼和回味,让它为我今后的工作提供养分和能量。1963年4月20日这一天,我上了本次进修的最后一次课。三小时中,李先生讲的每一句话和每一个要求,我全记在脑子里。由于我马上要办理离沪前的琐碎杂事,我只好把这节课的内容暂时"封存"和"凝固"在大脑中,直到踏上了西行的列车,在车厢里才把它们逐字、逐句毫无遗漏地整理下来。时至今日,我还保存着这十分宝贵的笔记本,时常还翻阅它,因为上面所纪录的李先生教学的内容,与当今的钢琴演奏法和教学理念十分吻合,适用至今。在这次进修期间,李先生耐心地教了我许多首大、中、小型乐曲。有大型的奏鸣曲、练习曲,也有为广大群众喜闻乐见的小品。在音乐表现方面,各种技术类型大致都有所接触。他的讲解明确、简练、透彻,立足于培养我独立工作、独立学习、独挡一面的实际能力,所学内容易于举一反三且非常实用有效。这次进修,我一共上了七次课,每次都从上午9点到午后1点。在上课的过程中,李先生总是非常兴奋,忘掉了教学以外的一切,似乎教学已成为他最大的乐趣。精神也因浓茶、卷烟的刺激而显得异常充沛。然而每次上完课,我都会看见他精疲力尽地躺在沙发上,真是让人心疼不已。每当这时,我总在想,他这是为了什么? 如果是为自己,他完全用不着对我这样的学生花如此大的精力。后来我明白了，几十年来他对教学工作就是这样严谨认真、呕心沥血、忘我地奉献。这是他对祖国钢琴教育事业所表现出的高度的责任感。他要让他的每一位学生拥有真才实学，在祖国需要的每一个地方发挥出自己的光和热。

"文革"时期，上海音乐学院钢琴系也遭到了浩劫。"左"的错误路线压得人喘不过气来。外国乐曲、练习曲均视为黑货，不许弹、不许教。这时候，我再一次有机会到了上海，我迫切地请求李先生的夫人吴誌顺老师约请李先生为我上几次课，她答应了。但在那白色恐怖笼罩的气氛下，吴老师怕我不了解"行情"，犯了"大忌"，上课的头一天赶来悄悄地告诉我："上课时，一首外国曲子都不要弹啊！否则会遭灾难的。"我会意了，但从1963年进修至今已有九个年头了，当时所学到的东西回去练了这么多年正确与否，这一次不问清楚实不甘心。于是我只好采取了"化整为零"的办法。虽不敢把练习曲从头到尾弹一遍，却将多种技术分成小段、分成乐句向李先生求教。他也冒着政治风险耐心给我讲授技术要领。九年过去了，我深深地感到李先生的教学方法比九年前更精练、更透彻了。先生不但在钢琴艺术上有很高的成就，在作曲理论方面也有很深的修养和较高的造诣。这时，我紧紧抓住机会，把我自己为贵州民歌配的二十多首声乐的钢琴伴奏弹给他听，请他指教。他高兴地给我提出宝贵的建议，同时也高度地肯定并鼓励我在这方面继续钻研，坚持不懈地继续搞好这项有意义的工作。

1980年，我带我的女儿陈斌到上海音乐学院附中参加考试时，前去拜访李先生。记得那是一个星期日的晚上，当我走上楼梯时，听见从他的客厅传来了莫扎特协奏曲的音乐，我停住了脚步，泪水溢满眼眶。啊！60多岁的老教授，这首曲子已不知教过多少遍了，在这假日的夜里，还如此兢兢业业地在备课，这是一种什么精神在支撑着他？我想如果李先生没有一颗对我国钢琴教育事业鞠躬尽瘁、死而后已的精神，是不可能做到的。

师从李先生二十多年里，他不但教育我们这一代，还孜孜不倦地关心我们下一代的成长。他不但给我上课，也给我的孩子上课。他的目的就是希望我国钢琴事业人才辈出，枝繁叶茂。在他的辛勤培养下，我的女儿陈斌1980年顺利考入了上海音乐学院附中。1990年在上海音乐学院毕业后留校任教。

多年来,李先生从来没有劝说我离开边远的贵州调到条件好的地方工作,而是一直支持我、鼓励我扎根于这块贫穷却多彩的土地。当他知道我长年尝试为贵州民歌配置钢琴伴奏时十分兴奋,他希望我把这些曲谱、录音资料寄给他,作为他赴美讲学时的一个重要内容,他要向美国同仁介绍中国钢琴音乐的发展情况。李先生的肯定至今还激励着我、鼓舞着我,我也没有辜负先生的期望。五十年来扎扎实实地从事钢琴教育工作和民族、民间音乐的整理工作,用自己丰硕的工作实绩来回报恩师对我的培养和关怀。

2006 年 8 月寄于贵州师范大学音乐系

邵智贤:教授,1953 年考入上海音乐学院,先后师从吴乐懿、李嘉禄二位教授。毕业后曾在贵州省歌舞团担任独奏、伴奏及艺术指导,期间演奏钢琴协奏曲《黄河》、钢琴伴唱《红灯记》等。曾获首届贵州省苗岭音乐节钢琴伴奏及艺术指导优秀奖,演出了五百多场次,为省、市电视台、电台录制二百多首歌曲。1985 年调至贵州师范大学艺术系任教研室主任,多次获教学优秀奖、园丁及育才奖。所教学生遍及各大音乐学院及附中或到国外深造。

绵绵的思念

黄登辉

2004 年黄登辉摄于厦门鼓浪屿钢琴博物馆

　　我国著名钢琴演奏家、教育家李嘉禄教授离开我们已经有二十四个年头了。他虽然没有塑像，但他为中国钢琴事业呕心沥血、无私奉献的精神让人刻骨铭心。他虽然没有纪念碑，但他热爱祖国、积极向上、追求进步的高尚品格成为我们心中永远的丰碑。

　　记得刚到李先生班上时，我才开始接触浪漫派作家的作品。由于演奏浪漫派作品的方法和以往弹奏巴洛克古典时期的作品有所不同，更强调运用腕部和臂部的协调动作来演奏,要让力量从肩、臂贯通到指端,并像声乐那样运用气息,才能使钢琴发出圆润、通透而富有歌唱性的声音。为了让我对肩、臂用力的情况有明确的认识,先生提醒我要善于观察周围的事物。他举例说,老琴师站着调律的一手用扳手校音,一手弹琴,这声音就是从肩、臂贯通下来。为了让我们有更直观的感受,隆冬腊月先生脱下棉袄,示范李斯特《匈牙利狂想曲》第六号最后的那段八度和弦,那震撼人心的音流以排山倒海之势扑面而来,我们也清晰地看到他的肩、臂用力的状态,印象极为深刻难忘。

李先生上课要求我们既要统揽乐曲全局,又要重视细部的表达;把握作品风格,注意作家特点;揣摩各种触键,品味不同音色;梳理音乐线条,分清多种层次。对每节课要达到什么教学目的,通过什么方法去获得,先生总是胸有成竹。对程度不同的学生,先生因材施教,就像一个高明的医生。他有许多独到的办法帮助学生克服技术上的困难,如:增强弱指的力度训练,把位的训练,利用前一个音的弹性摆好第二个音的位置等。即使是音阶、琶音等基本练习,李先生也要求我们用不同的触键方法弹奏:用高指的非连音,用贴键连音,用两手断奏,用一手连奏、一手断奏及弹出各种不同音量等方法。同时,为了适应浪漫派作品中的复节奏,李先生要求我们练习三对二、三对四的音阶,自此我们不再受困于复节奏了。

上课时李先生总是坐在一架很破很旧的琴旁,却能弹出非常美妙动听的声音来。时而温馨抒情似微风拂面,时而激越振奋如雷霆万钧,他的示范演奏真是出神入化,魅力无穷。记得上个世纪 50 年代,李先生为声乐系的谢绍曾教授伴奏廖青主的《大江东去》,他的弹奏气势磅礴而又色彩斑斓,效果宛如一支交响乐队,歌声、琴声相得益彰。还有一次,他为一个学生协奏阿连斯基的《协奏曲》,那鲜明的节奏,清新歌唱的旋律,抑、扬、顿、挫的语调,浩然大器的线条气息,把独奏烘托得淋漓尽致。当时一位苏联专家阿尔扎玛诺娃称赞他的演奏:精彩绝伦!

李先生最难能可贵的是对钢琴教育事业的无比热爱。这种深沉的爱表现在对工作、对教学上的无私忘我,鞠躬尽瘁。先生学识丰富,造诣高深,对学生一视同仁,对教学极端负责,他的每堂课对学生而言,犹如一次知识的盛宴,既开阔了眼界,又增长了知识。他带着学生在音乐的海洋遨游,为此忘了休息,忘了吃饭,经常是上午的课到中午一时半才下课,他的敬业精神是我们的楷模。记得1958年全系师生都积极投身到中国钢琴作品的创作热潮中,先生作为钢琴系副主任带头创作了《音乐会练习曲》和歌颂农村新面貌的《山区公路通了车》,改编了《清江河》和《游击队歌》。我们几位同学也写了几首钢琴小曲,想弹给李先生听,请他帮助修改。那天,我们到他家,师母告诉我们,李先生从学校回来,中饭也没吃,鞋也未脱,就躺下了。是的,先生实在太累了。我们也不忍心影响先生的休息,正打算离开时,李先生却马上从床上坐了起来,热情招呼我们,聆听我们的演奏,并在乐曲结束处提出几种不同的修改方案,使我们受益匪浅。

先生事事为学生着想,对学生总是有求必应。上个世纪60年代初我刚走上工作岗位,想学习《洪湖赤卫队幻想曲》,却苦于没有谱子,李先生知道后,马上亲自手抄了一份寄来给我。要知道钢琴谱的繁杂程度是仅次于总谱的,而且当时复印机尚未问世,为了抄写这样一份钢琴谱,要耗费先生多少宝贵的时间。当我手捧这份工整的乐谱,深深感受到谱上每个音符所饱含的恩师浓浓的情意,它寄托着先生对我的希望、鼓励和鞭策。

几十年来李先生总是孜孜不倦地为中国钢琴事业的发展而忘我地工作。他严于律己,宽于待人。只要是工作需要,先生总是身先士卒,即使是那些费力不讨好的事,他也义无返顾。他培养出了许多国内外知名的优秀演奏家,如顾圣婴、李民铎,盲人钢琴师王叔培等。他还培养了一批符合国家要求并在各地发挥骨干作用的教学人才。先生就是这样一位高尚的人、纯粹的人。

上天把李嘉禄先生赐给了上海音乐学院,当他为发展中国钢琴事业竭尽全力之时,又过早地把他召回,却留给活着的人无尽的思念。可以告慰先生的是,他的精神和品格、学识和事迹都已化为一种鲜活的精神,注入到他的学生的心灵里,这种精神将生生不息,代代相传。

2006年4月于福建福州

黄登辉:福建师范大学音乐学院教授、钢琴教育方向硕士生导师,福建省钢琴学会会长。曾多次受聘担任全国钢琴比赛评委。

忆 我 的 导 师

朱昌平

案上放着李嘉禄先生的遗照，自李先生逝世廿五年来，它从来没有离开我的书桌。这是他生前最后一张照片，也是李先生为人和风范的最好写照，照片上的他和往常一样神情专注地坐在钢琴前研究乐谱，当时他已经是病魔缠身，第二天他住进了华东医院，就再也没能回家。在住院期间直到生命垂危的时刻，他的病榻旁仍放着乐谱，口中喃喃地唸叨着："来不及了！来不及了！"他指的是计划中要完成的《钢琴教学问答 100 例》，希望能把教学的经验和体会留给后人。他只完成了二十例就与世长辞了，但他那"生命不止，奋斗不息"的精神却长久地留在我辈的记忆中。写到这里，当时的情景又一幕幕重现在我脑海中，令我对李先生怀念不已。

那是半个多世纪前的事，1956 年的夏天我收到了上海音乐学院的录取通知。我的老师杨嘉仁先生得知后对我说："我的同事李嘉禄教授不久前留学归来，我已经把你推荐给他，他将有些新的内容教你。我相信你会学到很多东西，会有很大的进步。"我怀着兴奋和期待的心情走进了李先生的课室,我意识到从那天开始,我才真正踏上了学习音乐的旅程。

我从五岁开始学钢琴,老师们都是非常杰出的音乐家,但我却完全是出于爱好,只是弹弹玩玩,光想弹好听的曲子,从来没有想过以后要专攻音乐。学琴的过程也是断断续续,因此很难有系统的训练,在弹奏中也还存在着不少问题。中学毕业后我进了同济大学,在建筑系念了两年。考取钢琴系时我已很久没有好好练琴了,要把我这个业余爱好者纳入专业化的轨道,不管哪位老师都会感到头痛。在西方有些行内人称之为"dirty job",意思是谁也不愿干的活。但是李先生接纳了我这半路出家的学生,还为我倾注了加倍的心血。就说选材吧,第一学期他给我的教材经过深思熟虑,结合我当时的状态选了巴赫的《六首合唱序曲》,莫扎特的《a 小调奏鸣曲》,肖邦的几首慢速的练习曲及弗兰克的《交响变奏曲》等,以便让我在音乐和技术上都有一个调整的过程。在课堂上,李先生详尽地讲解、分析、示范,有时是手把手地直到教会为止,原则的问题他绝不放过。他从不避重就轻,也不就事论事。他的课使我大开眼界,深受启发。因为李先生曾经患病,我在本科跟李先生学习仅有短短的三年半。在这段时间里,我对音乐的理解和演奏技能有了根本的改观,以往一知半解的,现在开始知其然而又知其所以然了;以前觉得困难的,现在变得容易了。李先生教给我的概念、知识和技能使我具备了独立进修的能力,使我终生受益。

1961 年我从钢琴系毕业后就作为李先生的助教留院任职。先在附中任教,同时继续跟李先生学习琴艺,又经常旁听李先生的课,还帮助他做一些辅导工作。这些活动一直延续到 1966 年"文革"开始,一切学术活动都陷于停顿状态。在这五年的时间里,我从李先生那里又得到许多教学方面的启示。

李先生的敬业精神和师德是有口皆碑的。记得有一次他对我说:"作为一个教师,如果没有备好课,就不能踏进课堂。"听起来这是多么简单的道理!可是李先生不但这么说,同时也身体力行。对每个学生的每一次上课的前后,他都做了笔记,即使是他很熟悉的教材,他也重新备课,结合学生的特点,找出问题,这样上课才有针对性。我想,李先生教过那么多的学生,这些笔记积累起来,少说也有几十本了,如果把它整理出来,会使我们对李先生的教学思想和艺术观有更深入和全面的认识。这次要出李先生的纪念文集时，我才发现这些记录和一些研究文章在"文革"中都遗失了，多么遗憾！

李先生的教学是具有远见卓识和胸有成竹的。他对每位学生的长处和需要改进的地方都了如指掌，对他们各自的发展都心中有数。我曾听到他说某某同学将来可以成为一个很好的教师，某某同学会成为一个很好的伴奏等，因此他对每个学生培养的侧重点也略有不同。不过，对每一位学生，李先生都会从他们不同的起点帮助他们提高，发挥他们的潜力。他还注意保持每个学生的个性，尊重学生的意见，所以他的学生各有特点，不是从一个模子里刻出来的。

李先生治学严谨。据说年轻时代的李嘉禄有着多方面的兴趣，除了在研读生物时对鸟类有兴趣外，他还喜欢吹小号，他还是一个不错的足球中锋。可是从他找到了钢琴后，他便着了迷，他练琴，看书，写心得，达到了废寝忘食的地步，后来专致教学。他执著的钻研精神更是远近闻名，他的琴上总是放着没有阅完的乐谱，他的案上总是放着有待继续的备课笔记。我曾经听他说过："我从没把教琴作为我的职业，而是将它作为培育人才的事业。"

李先生治学有方。他喜欢用铅笔在乐谱上记下自己的心得、体会、提示、问题、相关的资料或资料的来源，当然也包括指法、踏板、分句、强弱、速度等记号，所以他用过的乐谱上总是写得密密麻麻。我觉得他这个方法非常有用，因为是写在乐谱上，一目了然，以后复习或是要找有关的资料，都很方便。

有几篇李先生的遗文是"文革"期间写的。他特别注明由于手头没有资料，基本上是凭记忆写的，难免有错。然而我在整理他这些遗稿时发现文中所写关于乐曲结构的分析，和声的进行，分句和段落的划分等等竟然惊人地准确。可见李先生钻研之深，记忆力之强。

1971年"复课闹革命"的时候，我被调回钢琴系任教，在李先生领导的教研组工作。教研组由不同年龄、不同经验、不同背景的老师们组成。当时所有的学衔职称都已取消，所有的教研组成员都是相同的普通教师身份。

李先生忘记了在那风风雨雨的"文革"年代被当作"反动资产阶级学术权威"打入牛棚,被推倒在地,后来又受到许多不公正待遇的那些往事,他又满腔热情地重新投入到他所热爱的钢琴教育事业中去。

1973年教育部指示各大专院校招收工农子弟,艺术院校亦不例外。为此,上音党委要求在四年本科学习期间,打破传统,用中国教材把没有学过钢琴的工农子弟培养出来。李先生作为教研组长亲挑重担,从杨浦区招收了在学的十五岁的工人子弟施梦卿。李先生认为他虽未学过钢琴,但他人灵活,手的条件很好,对音乐也感兴趣,是可造就之材。由于当时不能教传统的西方音乐,李先生就亲自编写包括手指练习和乐曲等一系列的教材,为此他投入了巨大的精力,夜以继日地工作,使施梦卿得以很快的进步。然而李先生为施梦卿所付出的和取得的成绩,却受到怀疑甚至否定,在一次关于施梦卿教学的小结发言后,各种风言风语一齐向李先生涌来,李先生受到各方面巨大的压力。然而李先生却丝毫没有动摇!他淡淡地对我说:"不要紧,我心里有数!"他的话解除了我的忧虑。几年后施梦卿终于以优异的成绩毕业。从这件事可以看出李先生坚韧不拔的个性,锲而不舍的精神,也可以看出他任劳任怨的作风和宽广博大的胸怀。

我们的教研组在每学期开始时总要为每个学生制订教学计划,李先生十分重视这个环节,他认为教材选得好可以收到事半功倍的效果。李先生每次都聚精会神地聆听每位教师谈计划,然后提出中肯的建设性意见。他努力在教研组内创造一种没有门户之见、畅所欲言、一切为了学生进步的良好气氛。李先生给学生选的教材都经过认真思考,他非常注意发掘学生的潜能,用李先生的话来说,就是要让学生能施展他们的聪明才智。他心中有一个谱,什么曲子可以为另外一个曲子作准备,什么曲子可以突出某个学生的特长,什么曲子可以帮助另一位学生克服缺点。他还会同时选不同风格、不同速度、不同技术类型的教材,他认为这样才能使学生很快地成熟。李先生的教材内容广泛,包括了各时期、各种风格的经典作品以及大量的中国作品。他勇于探索,从不固步自封,总是兴致勃勃地作新的尝试。他曾经介绍一些我不熟悉的作曲家如英国的斯高特、罗马尼亚的埃涅斯库、保加利亚的弗拉吉格罗夫、美国的巴布尔等等。

李先生事事都从积极方面着想。他对学生总是正面引导，从不生气、指责、训斥或不耐烦，他最多说："这个得改一改。"当他的教学取得成绩而受到称赞时，他却把成绩归功于学生的才能和努力，自己从不居功。他对别的老师也是看优点，从没有非议。

他对青年教师爱护备至。他鼓励青年教师要兼容并蓄，取各家之长，结合自己的经验有所创造。他是这样想的，自己也是这样做的。李先生在福建音专时曾经由于买不到乐谱而为学生亲自手抄乐谱。1980年他从华沙回国，途经莫斯科，用他的零用钱为我买了一本拉威尔的《夜间幽灵》，当时我计划学这部作品，而当时国内又买不到。使我特别感动的是后来我才知道那次李先生出国访问拿到的零用钱只有少得可怜的几十美元。

我在李嘉禄先生的教研组任教直到1982年他去世，屈指算来，我和李先生相处的日子竟有四分之一个世纪之久。这次吴誌顺老师向我约稿，我重温了这段历史。回忆李先生当年说过的话，做过的事，经过了这么多年记忆犹新。他执著追求，兢兢业业，任劳任怨，无私奉献，在传承发展钢琴教育事业的道路上留下了不可磨灭的足迹。他的品德和精神至今仍深深影响着后人。

现在李先生为之奋斗了一生的钢琴表演艺术和钢琴教育事业都呈现出繁荣兴旺的局面，钢琴艺术水平大大提高，人才辈出。桅木叶落万木生，李先生天上有知，定会欣慰地微笑。

2007年6月完稿

朱昌平：1961年毕业于上海音乐学院，随后留院任教；1984年移居加拿大，同年受聘于加拿大皇家音乐学院，历任加拿大音乐比赛委员会委员，多伦多华人钢琴弦乐教师协会顾问，郑州大学音乐系兼职教授。

怀念李嘉禄老师

姚世真

1983 年 2 月 19 日姚世真陪师母吴諟顺到龙华去扫墓

敬爱的李先生离开我们已经二十五年了,但他的音容笑貌以及给我们上课时的神态和情景仍然时常在脑海中闪现,恍如昨日。

李先生祖籍福建,1947 年他远渡重洋赴美留学并取得音乐学士及硕士的学位。1950 年怀着对祖国钢琴事业的赤诚之心,李先生毅然回国参加新中国的音乐教育事业。1952 年全国高等院校调整李先生由南京金陵大学调至上音,先后担任钢琴系教研组长及副系主任,直到 1982 年先生谢世,三十年间他为上音钢琴系鞠躬尽瘁贡献出他毕生的精力。

1956 年我有幸跟随李先生学琴,虽然时间不长,但李先生对音乐艺术充满热忱,他的执著追求,他严谨的治学态度和耐心敬业的教学方式,在我毕业后几十年的教学生涯中始终激励着我。李先生上课从不计时间、不计报酬、任劳任怨、忘记疲劳,超过下课时间或忘却午饭是经常的,而每天晚上他又抓紧时间备课,研究课堂上学生的演奏录音,进一步发现学生的问题,数十年如一日,因此说他废寝忘食的教学是毫不夸张的。

在钢琴教学中时常会遇到基础不同或才能各异的学生,教师难免会对学生有所偏爱,但李先生在这方面永远是我们的楷模,不管学生来自何方,他们的基础差别多大,本科生、进修生或是有生理缺陷的学生,李先生都是一视同仁地关心,耐心对待每一个学生。每次演奏会或考试之后,尽管学生们的演奏各有不同,有出色的、有平淡的、甚而有出现差错的怀着惶恐的心情等待着老师批评的,但我们见到的总是先生的宽容的微笑,从不见他发怒或指责学生,事后他又及时帮助学生总结演奏的成功与进步,指出不足之处,使学生建立自信心并明确进一步的努力方向。

在学习每一首曲目的过程中,李先生总是极其认真细致,从作品的大结构到各个段落以及长短分句等都一一讲解。对作曲家的风格特点和作品的思想感情也总是给予详尽地分析,特别对于一些细节的处理他也严格把关,譬如 rubato 的掌握,学生有时领会不到细微的变化或者在分寸上掌握不恰当,弹奏不自然,此时李先生总是不厌其烦地给学生示范或者让学生在琴上反复试验,直到学生把微妙的呼吸、转弯、张弛、变化、衔接都做到自然而满意为止。李先生总是特别强调声音的音质,他要求我们要有实质性的通透的音质,他不喜欢虚弱而无感染力的声音,即便是 p 的音量他也要求明亮的、具有穿透力的。李先生还特别强调声部与声部之间的音响空间,在演奏每个段落或每首作品时对声音和音响都有特定而明确的想象力,与所表现的音乐形象是紧密相关的,这一点,在我数十年的教学中起着至关重要的指导作用。

李先生还强调一个主观与客观的问题,学生在练琴时往往会投入过多的感情以至于不能清晰或敏锐地发现自己存在的问题,从而使练琴带有一定的盲目性或练琴效率不高。为什么我们在听别的同学弹奏时能清楚地发现问题,而对待自己存在的问题就变得迟钝呢? 原因就是缺乏主观与客观的综合交替,在学习的过程中时常需要客观的超脱,需要高瞻远瞩式的冷静思考,或许以平静的客观的心态来听自己演奏会发现一些原来没有意识到的问题,从而可以更有针对性地练琴,不断取得进步。因此李先生很喜欢用课堂录音的方式记录下来上课的资料,目的也是为了让学生课后能更加客观地反复多听,觉察问题,或者一个月以后再回过头来听一个月前的演奏,从而总结其中的进步与变化,此法将会促进学生加快成长。

这些年来,我在教学中每当遇到困难或取得成绩时都会想到李先生在我们身上所付出的心血。敬爱的李先生,您虽离我们而去,但是您的播种已在学生一辈或者您的徒孙一代中开花结果;您对音乐的热诚与献身精神将永远存留在学生心中,时刻鼓舞与鞭策着我们不懈地去承接和继续您的事业。

2006 年 8 月于上海音乐学院

姚世真:上海音乐学院钢琴系教授、钢琴教育家。

1961 年毕业于上海音乐学院钢琴系,并留校工作。1972～1982 年曾先后在浙江省歌舞团、北京海军政治部歌舞团任演奏员,1983 年回上音工作。1985～1987 年曾在苏联列宁格勒音乐学院访问进修。

从事教育工作四十余年,为国家培养众多钢琴人才,分别在各音乐学院任教及国内外各项比赛中获奖,为表彰她的教学成果,国务院为她颁发特殊津贴和证书,文化部授予第二届区永熙教育奖。近年来在教学之余又致力于钢琴教材的编注及译注工作。

李先生永远活在我心中

李民铎

2006 年 10 月李民铎在上音举办的"第三届莫扎特钢琴大师班"上讲课

李先生离开我们已经二十五年了,但他的音容笑貌还就在我眼前。今天,我们在怀念李先生时,要特别学习他的高尚的师德和对教学的满腔热忱。

当 50 年代我进入李先生班时,那时他从美国回来没几年,但他的为人是那么朴实、那么诚恳。他的学识渊博,但从不显示自己,从不张扬。他对学生不论是基础好的还是基础差的,不论是才能高的还是较低的,他总是耐心细致地面对每一个学生。从来没有因为哪个学生领会得慢而训斥和指责，也没有因为哪个学生才能底而嫌弃。

面对教学，李先生付出全部的心血和激情。他一上起课来，就不在乎时间了，不到把问题弄清楚，他是不会让学生走的。当时我才十几岁，"劣"性未改，一到中午，常有饥饿感，真盼着快些下课；但李先生认为如果学生在课上还不明白的话，课后肯定就更糊涂，所以还得一遍遍地来。为了让学生的水平能很快提高，他牺牲了多少个人的时间，牺牲了多少个人和家庭生活的空间！这一切是多么动人，多么使人难忘啊！

现在已是 2007 年，半个世纪已经过去了，我自己也已成了老教师，也去了美国多年，更了解美国。越是经历的事多，越是走过的路长，就越是感到李先生当时所付出的忘我热情是多么的可贵！走遍美国，也难找到几个老师不是"到点下课"的。不论在哪个国家，在音乐院的圈内挑好学生、抢冒尖的（学生）；对差的学生责难、训斥也都是常事。而李先生，我记得他班上有一些基础差的学生，都学得特别地愉快，因为李先生非但没有摆出"瞧不起"的架势，相反地，他总是竭尽全力耐心地帮助，甚至自己动手为程度浅的学生编写教材，使他们进步更快。

在目前物欲横流的世界潮流面前，多少人疲于奔命地忙碌，为的是争名誉、争地位、追求大房子、好车子……这一切也都是司空见惯了的事。但李先生在我的记忆里，他的口中从未提过"钱"字。他是一个真没有铜臭气的人，他好像是从另一个世界来的。他的衣着，他的用具都是简单得不能再简单了。他爱喝茶，我还常常看到他喝的是一种当时市场上最便宜的茶叶末子泡的茶。一个从美国回来的教授对物质、对金钱、对名、对利是那么淡薄，而对事业倾注了全部热血。李先生是一个真正具有"赤子之心"的艺术家啊！

李先生对艺术十分敏感，具有灵气。我觉得他的见解、造诣都是很深的。李先生在教学中着重引导学生把握作品风格。他总是先引导我们了解作家和作品的创作风格、创作背景，这样，在学习这部作品的整个过程中，心中就有个谱，不会走得太偏。李先生对音色的要求是很细腻的，对任何作品，他都要我们在音色和层次的安排上深下功夫。他对乐曲的乐句、乐段、呼吸和结构都要求得很明确，对每个细节、每种层次的细微变化，对不同风格作品的踏板用法都讲得很深入。在触键方面,李先生是有许多独到之处的。他对声音的穿透力,漂亮的、真珠般的颗粒性,对全身用力的通顺和弹性都对学生要求得很细腻。他为了让我们掌握有弹性的和弦弹法就"像飞机起飞时的状态",一遍遍地示范,甚至在教最基本的音阶练习时,他也不用枯燥而生硬的办法,而是要求学生以不同的力度、不同的速度、不同的节奏、不同的音色来练最基本的基础练习。回想起来,李先生能在20世纪五、六十年代就对音乐这么入微的理解,有这么宽广的视野和深层面的感悟,使我至今感到惊奇!

1960年我被派往莫斯科音乐学院,经过严格的面试,进入雅各夫·扎克教授(Prof. Jakov Zak)班上学习,他是世界著名的钢琴家,是涅高兹的大弟子之一,1937年肖邦国际钢琴比赛第一名获奖者、苏联人民演员、莫斯科音乐学院钢琴系主任。第二年,当我弹肖邦的《幻想波罗涅兹》给他听后,他说:"你弹得好极了。"并问"你的老师是中国人吗?"我说:"是,他是上海音乐学院李嘉禄教授。"他又说:"他教得好啊!"不久后,由于"反修运动"深入,我们几个留学生都回国来了。那时扎克教授还亲自写信给文化部,力荐我去参加1965年的肖邦国际比赛,并说他相信:"李民铎在肖邦国际钢琴比赛上会名列前茅。"后来因为"文革"没能成行,事实上,这也证明了李先生的教学水平!

2006年10月在上音举办的"第三届莫扎特钢琴大师班"上,我在讲课时,有一个学生弹了肖邦《第四叙事曲》,我对在座的听众说:"这首曲子是我在二十多岁时扎克教授教我的,但没有学完,回国后是李嘉禄先生继续教完的。"那次听众很多,聚光灯很亮,我的内心有一种激情。我说:此时此刻,我感到雅各夫·扎克教授、李先生都在天上注视着我!"是啊!还有我那历尽艰辛给了我音乐启蒙并培育我成长的母亲谭素兰、深深爱着我们的阿尔扎玛诺娃、马思荪教授等有恩于我的老师们也都在注视着我,让我每天的教学、每天的言行都对得起他们,并使他们在天之灵得到安慰吧!

2007年3月22日于上海音乐学院

　　李民铎：上海音乐学院钢琴系教授、同济大学音乐系名誉系主任。

　　自幼随母亲谭素兰学习钢琴，后就读于行知艺术学校、上海音乐学院附中及钢琴系。先后师从马思荪、阿尔扎玛诺娃及李嘉禄教授。1960年被派往莫斯科音乐学院进修，师从雅各夫·扎克教授。回国后执教于上音钢琴系，多次被评为优秀教师。同时经常在国外举行音乐会，在国际国内比赛上当评委。移居美国后在韦恩州立大学任教，兼任"华美文化基金会"艺术总监。

　　仅近四年来他的学生中有十个人次在国际比赛得奖。他个人连续六次获得"贺绿汀基金奖"及其他奖项。

纪念李嘉禄教授逝世二十五周年

康却非

记得 1947 年的秋天，李嘉禄先生正准备去美国留学。由于他和我母亲是同乡，所以他从福建路过上海时到我家来作客。当时我还是个孩子，刚开始学琴，家里有一架立式钢琴。李先生一见到钢琴就很高兴地问我们喜欢听他弹琴吗？我们早就听说李先生钢琴弹得很好，我大哥马上拍手说要听。李先生打开琴盖立刻弹了起来，随即我们全家都被李先生的琴声所吸引了。他弹得那么铿锵有力，手指上上下下跑得飞快，钢琴上的花儿在花瓶里舞动起来了，花瓣随着李先生的弹奏开始往下掉。当时李先生弹得那么投入，乐曲的音色变化又是那么的丰富，我们都听得入神。后来大哥告诉我那是有名的柴可科斯基的《第一钢琴协奏曲》。这是我第一次听到这样感人的音乐，现在回忆起来仍然记忆犹新。

1953 年的夏天，李先生已回国在江湾的上海音专任教。有一天我母亲带我去拜访李先生，正巧碰到李先生教顾圣婴把演出过的莫扎特《d 小调钢琴协奏曲》k.466 如何修饰得更完美更富有感染力。当时我真羡慕顾圣婴，她没比我大几岁就已经弹得这么好听，我暗下决心要用功弹琴，争取以后也可以成为李先生的学生。1954 年我大哥鼓励我去考附中，考上了，我多么地高兴啊！我在马思苏先生班上学了三年后即直升大学部钢琴系，正好李先生班上可以接纳新的学生，我就荣幸地成为他班上的学生了。

在李先生班上，我接触到大量的各个不同时期、不同风格的音乐作品。现在回想起来，我觉得李先生在教我的过程中，有一个很大的特点，那就是他选择用反差、对比很大的曲目，让我能较容易地领会和感受到不同音乐的内涵和变化，从而来启发和培养我对音乐的理解能力，促进和提高我的演奏水平。在此我随笔把印象最深的几组曲目举例说明如下：

记得有一次李先生给我三首李斯特的练习曲：其一是《高级练习曲》第一首 C 大调，这是一首一共只有二页、短小精悍、气势磅礴、充满激情、需要一气呵成的短曲。其二是《高级练习曲》第三首 F 大调（风景画），因此一弹完第一首马上得转换情绪变成极其平静的心情，奏出温柔歌唱性很强的、声音变化很丰富的乐曲，要求是色彩鲜艳、优美动听。其三是李斯特改编的帕格尼尼《练习曲》第二首降 E 大调，其中有用指尖小动作，极快速地触键，奏出像珍珠般有光彩的音线，又要手腕和掌心架稳，用手指反弹的动作，奏出像弦乐器拨弦的跳音效果，同时又有八度技术难度较大、幅度较长的练习曲。一开始要练习这样的三首反差很大的练习曲，的确觉得难度很大，但在学习过程中，李先生针对我的弱点，耐心地示范、启发和鼓励，使我最后很好地掌握了这三首练习曲。同时也提高了我的学习能力。在一次招待外宾的音乐会上得到了好评。

再有一次李先生给我二首钢琴小品：其一是巴西作曲家 Villa Lobos 写的《小丑》。其二是芬兰作曲家 Palmgren 写的《五月之夜》。它们都是短小精湛的曲子，对我学习和掌握钢琴的发声和不同的触键变化起了很大的作用，印象也是极深的。第一首要求把手掌架得很牢，手指要控制得强劲有力，触键要快而集中，要奏出非常生动活泼、变化多端的小丑形象。第二首却是手掌松软，轻轻抚摸着音键，犹如抹掉键上的灰尘那么地轻微，但指尖却仍然要很有控制地发出柔软的音响来，才能很好地描述大自然的优美景色和人们悠闲的生活情趣。这样的反差和对比，确实加深了我对音乐的理解，也启发了我对音乐应有的丰富想像力。

在三年级时,李先生又给我二首反差、对比很大的钢琴协奏曲:其一是莫扎特《加冕协奏曲》K. 537 D 大调。其二是柴科夫斯基的《第一钢琴协奏曲》降 B 大调,李先生要求我把这两首协奏曲同时在一次演奏会上演奏,作为我的学年考试,这又是一次很大的锻炼。为了要练好这两首不同时期、不同演奏风格的大型乐曲,我必须学习和参考大量的音乐资料来提高自己的演奏水平和技能。就这样经过李先生多年耐心的教导和培养,我在上音钢琴系这样一个优越的学习环境下,慢慢地成长成为上音师资队伍中的一员,在上音工作了二十多年。我出国到美国、加拿大后,仍然坚持教学,没有辜负李先生的期望。我尽心尽力地把我向先生所学到的,动脑筋来启发、教导我的学生,他们在钢琴表演方面也都有很明显的进展,得到社区钢琴比赛的各种奖状和奖学金。这的确堪以告慰李先生在天之灵。

李先生离开我们虽然已经二十五年了,至今他的音容、笑貌、为人师表的品德,仍然铭刻在我心中。为了纪念和继承李先生的教学成果,我有幸从李师母处得到了李先生过去写的部分函授手稿,现将其中有关李斯特的二首帕格尼尼练习曲和一份有关《黄河》钢琴协奏曲的手稿,以及他自己创作的、上音教材科油印过的两首中国风味的钢琴练习曲整理出来,提供大家参考学习和借鉴。

2006 年 8 月于加拿大多伦多

康却非:1962 年毕业,因工作需要于 1960 年提前留校工作,前后任教长达二十五年,1962 年参加在芬兰举行的第八届世界青年联欢节演出,1972 年后任上音附中钢琴科副主任,1983 年应钢琴家尤金·李斯特(Eugene List)邀请赴纽约大学音乐系作访问学者,1986 年又应杨伯翰大学(Brigham Young University)教授保罗·波莱(Paul Pollei)邀请在该大学暑期学校任教,之后又在康乃尔(Cornell)大学音乐系作访问学者,曾多次任钢琴比赛评委,现定居加拿大。

怀念李嘉禄老师

董景敏

　　翻开封面残破、纸张已经发黄的琴谱时,老师用粗铅笔写的提示语还是那样的醒目。而谱里行间密密的蝇头小字便是我的"笔记"了。

　　到李老师班上学琴,那是四十多年前的事,我刚进大一。由于我学琴起步晚,基础不怎么扎实,手也比较小,所以学习上困难不少,一些别人看来微不足道的问题,到我这里却会构成麻烦,老师教我格外劳神。记得学习李斯特的《侏儒舞曲》其中第二主题 un poco piu animato 的乐段,位置伸张比较大,速度快,我开始练习时,感到手伸张得很累,不多一会儿,前臂会发紧,手指就不灵活了。上课时,老师指导我要善于用臂力、手臂、手腕、手指配合好,腕部要起好调节作用;手的架子重心可稍偏向小指,以便使高音明亮;在一些位置别扭的地方,为了使腕部转动自如,可适当抬高腕部,这样更有利于大指的频繁换位……总之,讲得非常具体、仔细。经过由慢到快的练习,果然得到了很好的效果。这首曲子的开头第一主题是一段表现侏儒生动形象的音乐,要求 staccato e leggirissimo。但是我弹来弹去总显得呆板、笨重。上课时,老师搬出老式的 601 录音机,让我听自己的录音,自己去找问题的症结:那些笨拙的带倚音的跳音,没有处理得恰如其分的小重音,以及平淡无味的音乐线条……问题一一突现出来。由于客观、现实地听到了自己十分难堪的演奏,所以,改正起来特别快。这首曲子在参加教研组期中考试后,老师们都认为我进步很快。这都是李老师手把手一点一点教出来的。在我的学习过程中,许多曲子都是通过李老师这样仔细、耐心、具体、有效的教学才得以完成。我记得,当时学校规定上主课,每个学生每周为 2 节课,可是我的上课时间经常是无限制的延长。有时上课到中午十二点以后还在他家里吃了饭才回校。老师就是这样,为了学生学得更多一些,更好一些,不辞辛劳忘我工作。

在李老师班上,我学了德彪西的作品,最大的收益是对音色的理解和学会掌握控制音色,用音色描绘音乐形象和意景。通过音色来表达音乐内容和情感。同时在学习巴赫的四首赋格中也感受到用不同的音色弹奏各个声部,使音乐层次清晰。这些对我以后的工作有很大帮助。

在跟李先生学琴的这些年中,我深深体会到他对学生的爱护,以及在教学上尽心、尽力、尽责的精神。他一生不计名利,为教育事业倾注了自己全部心血。李先生是我永远尊敬、爱戴、怀念的好老师。

2006 年 7 月于上海

董景敏:1965 年上海音乐学院钢琴系毕业,即任职于上海歌剧院,为国家级二级演奏家,1996 年退休。

忆嘉禄老师

姚 彬

记得高四毕业考试（上海音乐学院附中曾实行七年学制），当我弹完贝多芬钢琴协奏曲作品 58 号第四首之后，李嘉禄先生过来和我握手，心里大有受宠若惊之感。站在一旁的同学都说："上大学后，你一定是李先生教的了。"果不然，我真的成了李先生的学生。

大学五年，我一直在李先生班上学习。是他，带我走进了更广阔的音乐世界。他的教学十分全面，所用教材从巴洛克——古典——浪漫——近代——现代各个时期，以及中国作品，全有涉及。针对学生不同需要，有目的地选材。每学一首新作品，老师会先作总体示范演奏，这在当时钢琴系是少见的。亦因如此，作为一名大教授，他用功练琴是很出名的。只要从湖南路一转进弄堂，即未见人影，先闻琴声。那些乐曲，哪怕演奏、练习和教过多少遍，但每教一次，他总是像新教新弹的乐曲一般用功练习，针对不同学生不同情况专注备课。这让我很受感动，同时也成了我以后的楷模。

对于如何学好一首新作品，李先生在自己所著的《钢琴表演艺术》一书中指出：先浏览、背谱，然后进入乐曲处理阶段，其关键在于"深入研究乐曲

的内容、形式特点",而"学好乐曲的关键之关键,则要攻克技术难关"。老师又把困难片段和可能出现问题的部分抽出局部示范,结合示范,清楚说明用哪些方法弹奏才能正确表达乐曲的要求。例如我学过的贝多芬《热情奏鸣曲》作品 57 号第三乐章最后部分,力度要求达到 *fff*,紧接的"Presto"手指应离键略高,再加上腕部有弹性的动作,可弹出乐曲胜利凯旋的高潮。又如学肖邦《f 小调练习曲》作品 10 号第九首左手大伸张腕要高些,弹完的音要立即放松按着,使指与指之间的肌肉得到锻炼,从而变得比较放松和灵活。肖邦《C 大调练习曲》作品 10 号第一首也可作相似的训练。再说八度的不同奏法,老师要求我弹李斯特的《弄臣》(Rigoletto Paraphrase)的四个重复八度时,要先架好八度架子用腕抖动;帕格尼尼——李斯特的《钟》(La Campanella)主题最后一次出现,用下臂肘部成为发出动作的中枢,手各部分成一个整体,有弹性的弹奏。而再现前的连接部分,则用锤击式将指、腕、肘、臂连成一个整体,有弹性的冲到键底……这样,使我练习乐曲时,要求明确、清晰,可以达到有的放矢、事半功倍的效果。

　　除此之外,李先生亦很重视基本训练,他所编着的《钢琴基本技术练习》一书,是先生几十年丰富教学经验的结晶。这样全面而又有难度的技术练习在国内是少见的。如果钢琴专业人士能认真坚持练习,肯定受益匪浅。书中许多练习,都是当年我每天打开琴盖后的第一项工作。通过有系统的训练,使由指尖、手掌、手腕、上下臂到肩背部一直连到整个身躯的各部分能作不同连接、伸张,触键能随意和自如。再加上李先生大胆选择教材和教给我科学的弹奏方法,使我这个手臂和手指被同学戏称为"螳臂"和"蟹脚"的瘦小个子,居然冲破局限,能弹不少具有相当技巧的大型作品,这是以前的我所不敢奢望的。

　　李先生对声音的色彩有很严格的要求,他令我明白和掌握了用不同的触键和不同的指关节动作弹奏(每只手指有三个关节),才能奏出不同的层次、不同的色彩。使我印象最深的是在学舒曼——李斯特的《奉献》(Liebeslied)时,E 大调的中段,先生要求在安静中着力修饰,要力求弹出优美的音色。开始,他示范,我试着去弹去体会。接着他站在我身后,一次一次提出要求,我一次一次试了再试,但仍与要求有距离。后来没听见先生的声音了,回头一看,他正低头沉思,仿佛在责备自己和继续想方设法让我能达到要求……这堂课,给我很大震动!使我以后不断在声音上下功夫。时至今日,同行或朋友都认为我弹的音色给予他们深刻的印象。我想:"我没有辜负李先生的教导了!"另外,在音乐的表现上李先生是花很多精力和时间教我的。他使我懂得了自己乐感好是不够全面的,还要把旋律线条、句法呼吸、强弱对比、高潮迭起及华彩乐段,甚至时值长的音符或休止符和延长号都加以理性分析,考虑尺度,细致处理。这些都是音乐表现的一些原则,和以前只凭音乐感弹奏,截然不同了。记得学肖邦《升 F 大调夜曲》作品 15第 2 号,这首纤细、精致的乐曲,除了旋律线条可作多种音色变化外,第一、三段亦有多处可以作 Rubato。老师要求要掌握好尺度,不能太过随便自由。在一个大的节拍上,前面渐慢了,后面要推回来;反之,亦是一样。要做到前与后以及后与前相辅相承。李先生讲究在表现上要做到美学观(审美观)与技术、技巧的统一,做到感性和理性的水乳交融,这样的演奏才能非同一般,让人耳目一新。事实上,他的示范中常常有这样的火花,让人印象极深。所以时至今日,当听到一些浪漫派大师演奏时,我会感到有李先生的音乐和身影在其中跳动!

60 年代直升大学本科到如今,已过了四十多年。但李先生亲切形象仍栩栩如生,上课情景亦历历在目。他对教学极端负责,要求严格、细心、耐心。有时一个片段可以弹几次、十几次甚至更多,不厌其烦,直到做到要求为止。他给我们上课,完全没有时间观念。上午开始上的课,常常要到下午上课铃声响了,我们才下课结束。因此,事先请同学代留饭菜是必不可少的了。老师对我们学生非常热情关心,嘘寒问暖。特别对我这样家不在上海的学生,更是关怀备至。当时正值经济困难时期,他还带我们去改善伙食,要我们多吃东西多锻炼。他说:"没有好的身体,怎能弹好琴?"真让我感到似慈父般的温暖!老师为人非常谦虚,在我当学生时,对老师的过去不甚了解,只知道他留学美国,回国后任南京金陵大学音乐系主任和教授。直到他逝世后,从各种书籍及文章中才知道,李先生曾获全美金钥匙奖章和奖状,在美已举行过五十多场独奏会了。对顾圣婴当年是在他指导下参加比利时伊丽莎白皇太后国际钢琴比赛而获奖,则从未听老师自己提起过。对比起今天社会上的一些风气,更显老师的高风亮节!

　　李先生像是一枝蜡烛,默默地点燃自己,照亮学生。到了生命的最后时刻,身患绝症,躺卧在床,忍受着病魔的折磨,他仍然坚持工作。对所著的《钢琴表演艺术》一书第二稿进行修改。要把自己几十年教学的宝贵经验留给后人。他心里想着的是"来不及了,来不及了!"他还拟出《钢琴教学问答 100 例》提纲,可惜刚完成二十例时,他就离开了人世,……。写到这里,心里实实在在地感到了生离死别的痛切!然而,老师用生命点燃的这枝蜡烛并没熄灭,也不会熄灭,它永远在我们心中燃烧,发热发光!

2006 年 6 月于香港

　　姚彬:1966 年钢琴系毕业,后任上海电影乐团独奏演员十余年,为近百部电影、电视及舞台音乐演奏录音。此外,她还编写钢琴独奏曲及各种器乐曲及声乐的钢琴伴奏,部分已由北京人民音乐出版社和上海音乐出版社出版。

　　1980 年移居香港,举行过独奏会,又以重奏、伴奏身份活跃于音乐舞台,亦曾多次担任在港举行的钢琴比赛评委。数年来与多位中外著名音乐家合作,并应邀前往澳洲悉尼歌剧院音乐厅、堪培拉歌剧院音乐厅、北京中山音乐堂及上海音乐厅献艺。2006 年 12 月再次前往上海音乐厅和杭州音乐厅演出,被誉为是一位"非常音乐化的钢琴家"。

默默地奉献

——纪念李嘉禄先生逝世二十五周年

司徒璧春

说起来已是四十多年前的事了，但是记忆犹新。当年上音附中有几届是高中四年制的，我正好就在其中。高四学年结束前夕，我们班里几个被免试保送上本科的同学因为不必参加高考，在轻松悠闲地聚会、游玩。这时学校通知我去李嘉禄先生家，虽然听说要分配老师，但是究竟怎么回事我们都不太清楚，心中有点忐忑不安。去了之后，李先生仔细了解我的学习情况，并说要试教一段时间。李先生和蔼亲切、平易近人，使我悬着的心放了下来，随后李先生布置了一些作业让我练，大约上过两三次课。而后，我就正式成了李先生班上的学生。

其实，在附中读书的时候我就听说本科钢琴系李嘉禄先生是在美国留学，得了全美荣誉奖和一把金钥匙回国执教的教授，曾经是我国著名钢琴家顾圣婴的老师，系里有些大学毕业留校的老师也是李先生的学生，想象中一定是个严厉有加、让人望而生畏的老师，没想到第一次见面就彻底改变了我心中的想象。

随李先生学琴的这些年，令我印象最深刻的是他的敬业精神和对学生的满腔热忱。当时李先生因为身体不好，我们是到他家里上课的，有好几次在我上楼梯时都听到先生在练琴，或是备课，弹我练的曲目。对于钢琴演奏的音色层次变化是李先生最讲究、要求最仔细最严格的,每每讲到触键的声音时,李先生总是不厌其烦反复示范,这是最最直观的教学,从中我得到许多感性的认识。直到现在,特别是当我自己教学生时,脑海中经常浮现这样的情景:李先生一只手夹香烟,一只手弹琴,一遍遍进行对比、讲解,然后让我做,直到我理解为止。李先生上课从来都"没有时间概念",一上就是半天,八点半开始上,总要上到十二点以后,甚至一点多。每逢我上主课,都必须事先托同学中午帮我到食堂买好饭,因为我知道肯定赶不上开饭时间。

在学习过程中,先生还针对一些技术难点,给我们编写手指练习作为辅助训练,如我弹李斯特——帕格尼尼练习曲第二首(降 E 大调)时,先生让我用双手交替的方法练习,即左手用 54321 的指法、右手用 12345 的指法交替弹奏降 E 大调音阶,经过一段时间训练,非常有效地解决了这首曲子的技术问题。以后在我自己的基本练习以及我给学生的手指练习中,都加入了这一效果显著的练习内容。前些年当我拿到刚刚出版的李先生编著的《钢琴基本技术练习》时感到特别亲切,因为有好些都是以前课上学过的。

当年文艺界提出走三化之路,即"革命化"、"民族化"、"大众化",李先生积极响应,身体力行。我清楚地记得在我的钢琴主课学习曲目中,除了传统的教学模式和教学内容之外,还增加了视奏以及视谱移调训练,上课时先生会拿一些生谱让我即兴视奏,布置一些曲子给我课后自己作移调练习,课堂上则用黎英海《钢琴民歌小曲五十首》作教材,当堂进行移调。这样的教学思路和教学内容即使在今天都有非常积极的意义。这是四十年前的事,可见李先生已经注意到既要教学生学音乐、学技术,还必须加强实际能力的培养。这样的训练让我终身受益。

在我大二时,系里成立了"三化实验小组",师生自己动手搞创作,广泛选择各种群众歌曲、民歌、戏曲、少数民族音乐等等为主题,改编成钢琴曲,充实中国钢琴音乐文库,充实我们的教材,为"三化"出力。李先生和我都是小组成员,小组中师生关系融洽,大家都没有因为自己不是学作曲而退却,只有一个心愿,大胆尝试,尽快拿出作品来。在这段时间里,李先生完全没有考虑自己的身体,没有一点架子,夜以继日与我们一起搞创作。当时我选了一首少数民族风格的歌曲《姑娘生来爱唱歌》想进行改编,征求了李先生的意见，李先生非常赞成，鼓励我放开来搞。初稿出来后先生反复修改，还亲自写了好几段，并且最后把曲名定为《越唱越快活》。

在跟随李先生学习的几年中，先生兢兢业业的工作、循循善诱的教学都是我难以忘怀的。而当我自己也成了钢琴教师，并在高校从教几十年后再来回顾这一切时，我深深感到在先生心里始终有一个非常明确的目标——为发展中国钢琴音乐事业、为建立中国钢琴学派添砖加瓦、铺垫基石，所以，他孜孜不倦、默默奉献。他教给我们的不仅是专业技能，更以他的一言一行让我们感受到一种精神。中国钢琴要在世界音乐舞台上占有一席之地，就必须努力创建中国自己的钢琴学派，那就是要培养一批有世界水平的中国钢琴家；要创作一批有世界影响的中国钢琴作品；要建立一套有中国特色的、被世界认可的钢琴教学体系。这一切都付诸在李先生六十三年的人生中。

2006 年 6 月于南京

司徒璧春：1955 年考入上海音乐学院附中学钢琴，1963 年保送直升本科，师从李嘉禄教授。毕业后任南京体育学院江苏体操队钢琴伴奏，1987 年调入南京师范大学音乐系，任硕士研究生导师、教授、表演系主任。20 世纪 80 年代为电台录播了《"乐器之王"钢琴与中国钢琴音乐》，《钢琴启蒙讲座》三十讲。编著《中外钢琴曲选》、《钢琴教学法》、《钢琴 4、5 指强化练习》、《名家教钢琴》等。

忆恩师李嘉禄教授

裘寿平

1997 年著名美籍钢琴家、钢琴教育家康丝坦斯·金与裘寿平在上海开双钢琴协奏曲音乐会,由上海交响乐团伴奏

　　1960 ~ 1964 年我在上海音乐学院附属中学马思荪先生的班上学习,那时正是上音教学贯彻大、中、小一条龙的时期,校内学习空气浓郁。我和挚友许斐平、范大雷聚在一起弹琴,比较名家演奏的唱片,听校内外各种音乐会。在当时众多的音乐会中,顾圣婴、李民铎和洪腾的演奏深深地打动了我。这三位钢琴家中,顾圣婴和李民铎都是李嘉禄教授的学生。顾圣婴的气魄和诗意,而李民铎由衷倾诉中的独特音色和变化都使我对他们的老师

肃然起敬。

1964 年我升到大学部，那时候李先生正忙于为顾圣婴准备参加在比利时举行的比利时皇太后伊丽莎白国际钢琴比赛和为李民铎准备在波兰举行的国际肖邦钢琴比赛的曲目，我没有料到我也被安排在李先生的班上。记得我第一次去上课是由李先生的"大弟子"王叔培（王先生当时是钢琴系的老师和系里领导班子的成员）带我去的。李先生的朴实近人把我的胆怯一扫而光。当我知道我被挑选为钢琴系招待外宾演出的学生时，我的心里既高兴又紧张。当时经常代表上音钢琴系为外宾演出的是孙以强、我和附中的许斐平。我深知在我面前的学习道路是漫长而艰难的。

李先生的教学是严格而又充满艺术情趣的，总是讲解和示范并用，我立即被吸引到了一个新的艺术天地之中。李先生要求弹奏时对乐曲的结构要严谨，强调演奏要"一气呵成"。他要我对乐曲的起、承、转、合，乐段的发展以及全曲的高潮要心中有数。他喜欢找乐曲中多声部的因素，使乐曲听起来更有纵深感。记得他给我不少和弦进行的练习，教我如何轮流突出不同声部，使之勾出不同的旋律。李先生注重推敲音乐的性格和风格，并和学生本人的气质结合起来，达到一个生动的演奏。他对美声的钻研更是孜孜不倦的，他喜欢明亮的唱音，具有穿透力使之把音传得远。为此他往往要我在琴上反复试奏来找到具有穿透力的发音点。他强调好听的音色，由通顺的手臂，有控制的手腕和手掌以及敏感的指尖，互相配合而产生。他仔细分析运用不同的触键和不同深浅的踏板法，使音色丰富多彩来引导我，使我体会到音色的万变之源在于心灵的感动和敏锐的耳朵，才是声音最好的检验者。

李先生的示范是精彩和令人信服的。那么多年了，他的漂亮的唱音和生动的节奏，至今我仍记忆犹新。回忆我跟李先生学习的过程中的配合是较顺利的。这也是受到李民铎和王叔培的直接影响分不开的。他们俩都是系里的老师，艺术的趣味使我与他们很接近。李民铎当时由苏联留学归国后，正跟李先生准备参加肖邦比赛。他经常弹给我听他准备比赛的曲目，遗憾的是当时正值"反修"运动步步深入，文化部下达指示取消出国参加比赛。他弹得感人，我也听得感动。他也经常听我弹琴，谈论音乐的意境和格调，启发我如何站在一个更高的层面上来理解李先生上课时的要求。我也经常在王叔培的房间里练琴。王先生敏锐的耳朵,高格调的音乐品味,总是那么有效地帮助我在跟李先生的学习过程中充满自信。

1969 年毕业后,我被上海交响乐团挑选为钢琴独奏演员,因此我有很好机会在实践中提高。在此期间,我仍然不断地得李先生的指导和帮助。

1980 年出国,我有幸能先后到英、美跟随世界一流的钢琴家朗诺·史蒂文生(Ronald Steveson)[①]和康丝坦丝·金(Constance Keene)[②]学习多年,并成为了一生的知交。回想起李先生的教学原则,正如康斯坦斯·金在纽约一次欢迎朗诺的聚会上所说的"不论是约瑟·霍夫曼(Josef Hofmann)或帕特列夫斯基(Ignacy Paderewski),他们的演奏原则都大致相似……"李先生的教学原则何尝不是和这些大钢琴家们一脉相承呢?李先生作为上海音乐学院钢琴系四大教授(指李翠贞、李嘉禄、范继森、吴乐懿)之一的影响是很大的。我们都会永远感激他一生在钢琴艺术领域中的重要贡献。

2006 年 8 月 1 日写于纽约布鲁克林音乐学院

裘寿平:1969 上音钢琴系毕业后至 1980 年任上海交响乐团钢琴独奏演员。电台、电视台经常转播他演奏的协奏曲和独奏音乐会曲目。1978 年他荣获上海青年声乐、器乐比赛的钢琴独奏奖。1980 年赴澳洲墨尔本维多利亚艺术学院深造两年后获研究院文凭。1990 年至今在纽约布鲁克林音乐学院任教,教钢琴本科生和研究生。他经常在纽约和新泽西州担任钢琴比赛评委。

---

① 朗诺·史蒂文生(1928~)著名英国钢琴家和作曲家,帕特列夫斯基和布索尼的忠实追随者。英国 BBC 广播电台及世界各地的名音乐学校经常有他的讲座或独奏会。1970~1980 年间 BBC 电台和电视台在纪念布索尼 100 周年的活动中,共制作了布索尼的 26 个音乐曲目即由他和著名钢琴家奥格登(John Ogden)演奏,并获得海列特·科恩的国际音乐奖(Harriet Cohn International Music Award)表彰他们的贡献。BBC 还特地在他 60 岁生日时,在爱丁堡为他举办音乐会。作为作曲家,他的作品有钢琴协奏曲,小提

琴协奏曲,大提琴协奏曲,四重奏,钢琴曲及歌曲集,其中尤以长达80分钟的大变奏曲《Passacaglia》最为著名,此曲在1962年爱丁堡艺术节时献给肖斯塔科维奇。1996年英国史多灵大学授予他荣誉博士学位,表彰他在音乐艺术上的杰出成就。伊丽莎白女王也曾授于他OBE封号,但他出于个人原因并未接受。2005年,《朗诺·史蒂文生的音乐》一书的出版即由梅纽因作序,此乃音乐界的盛事。

② 美国钢琴家康丝坦丝·金的钢琴表演艺术受到评论界超常的赞誉和听众的热情反应。自荣获拿翁堡比赛奖之后,她即驰名美国,又因曾代替钢琴大师霍洛维茨上台演奏而名闻国外。纽约时报音乐评论家哈·勋伯格称她"不仅是卓越的钢琴家,而且是非凡的,光芒毕露的艺术家"。作为独奏家她几乎和所有主要乐团都合作演奏过。在她与芝加哥交响乐团合演圣-桑《g小调协奏曲》之后,钢琴大师霍夫曼从广播中听到她的演出,给她写了这样的信:"我亲爱的康丝坦丝·金,我很高兴地知道,去年7月在芝加哥演奏得如此精彩的果真是你。"钢琴大师阿瑟·鲁宾斯坦听她录制的拉赫玛尼诺夫24首前奏曲后写道:"我很难想象任何人,包括拉赫玛尼诺夫本人,能把这些前奏曲弹得如此美妙……音色和音质乃至难以置信的技巧,使我震惊。"

作为大师级的音乐教育家,她是曼哈顿音乐学院教师兼钢琴系主任,她不仅在世界各地开设大师班讲课,还担任许多著名国际钢琴比赛的评委。曼哈顿音乐学院在2004年授予她荣誉博士学位以表彰她杰出的贡献。

遵照李嘉禄先生的嘱咐

林恩蓓

李嘉禄先生离开我们已经快二十五年了,但是他那和蔼的面容、亲切的教诲仍是历历在目。

为纪念尊敬的李先生,我想在此摘录 1982 年我应邀在芬兰 Jyvaskyla 音乐学院任教时,写给吴誌顺先生的信的部分段落:

"这几年来,李先生对我十分关心、爱护,是他对我室内乐课给予热情的支持,是他点名为我提升讲师职称,又是他以极大的热忱地为我写出国留学的推荐信……

这次临分手时,李先生嘱咐我如何在专业上作出成绩,如何扩大影响。

他还特地为我仔细分析中国作品的几种类型……

　　李先生对我是那样真诚、爱护，他就像是一位慈爱的父亲，又是一位诚恳的导师……3月份(1982年)我将和秦庆余合作一场音乐会，按李先生的嘱咐有意识地向国外多介绍一些中国作品。

　　我到芬兰后一直按李先生的嘱咐在做。我已经开了多场音乐会，有的是与芬兰的音乐家合作的。这里对我的反映很好，他们说我的触键干净、准确，音乐感觉好、出自内心、有线条……

　　我想李先生听到这些，他会很高兴的。这么多年来，他为我国钢琴教育事业付出多大的心血呀！"

2006年9月于澳大利亚

　　林恩蓓：1979年毕业于上海音乐学院钢琴系。上音院女子重奏组成员，1981年应芬兰伐斯届拉音乐学院邀请任教并演出一年，1985年作为访问学者赴澳大利亚前曾晋升为上音钢琴系讲师，在澳大利亚塔斯马尼亚音乐学院获得硕士学位，多年来在澳大利亚举行无数场音乐会。现在墨尔本大学音乐学院任教。

纪念李嘉禄老师

张国美

李嘉禄先生离开我们已二十五年了。如今他的为人、他的声音、他的笑貌依然在我的脑海里。它是那么新鲜、那么逼真、历历在目。

我从小学起学钢琴，进少年宫钢琴组学习后，考入上海音乐学院附中学习了七年，再升入上海音乐学院钢琴系。其间经历过许多钢琴教师的指导，但是对我影响最深刻的就是我心目中最敬重的李嘉禄老师。

1965 年，我念大学二年级时转到李先生班上。那时他除了教学外，还是钢琴系副系主任，身负许多行政工作。外国钢琴家来院参观访问，进行校际交流时，李先生总要接待、示范教学，或由他的学生演奏接待外宾。我跟着李先生学习一直到大学五年级毕业，后因"文化大革命"搞运动，继续留校学习，直到 1973 年被分配到上海师范大学当钢琴教师为止。多年的接触，李先生的人品、才能和一丝不苟的教态度、教学方法都成为我几十年来作为钢琴教师的楷模和榜样，也成为我作为一个大学教师和来美国后，作为加州音乐教师协会的一个专业钢琴教师的教学准则。

　　回顾跟李先生学琴的最大收获是他每教一首作品,总是首先分析作品的曲式结构,让学生清楚地知道怎么样理解作品各部分的比例、发展和高潮。同样书上标记的强音ƒ记号,在不同的乐段应当弹出怎么样的音色来表达不同的情绪,使我更深入理解音乐,而不是仅弹一大堆技巧而已。这样,由于对音乐本身的理解更明确、更深入,也就有助于我通过控制声音的技巧,更细腻地表现音乐的内涵。为了从音乐内容出发,李先生对学生的触键要求就特别高,他在上课前总是充分地认真备课。上课时,他常常示范,使我知道应当用什么力度、弹出什么音色。他教我用手的什么部位的力量和如何触键。他要求很严格,可以说是精益求精地帮助学生透彻地理解作品、演奏作品。记得在严寒的冬天我们在教室里上课(当时在上海的冬天,教室里没有取暖的设备),一次上两节课,不到一个半小时,我们都会浑身是汗,热得连上衣也脱了,因为我们教与学双方上课时总是特别地兴奋。

　　记得我跟他学习肖邦第二首《奏鸣曲》,作品第5号,降b小调,全曲很长,共有四乐章,技巧也很难,他示范演奏,让我知道该如何掌握好作品内容的情绪起伏变化,怎么弹出激动不安的乐句。该曲的第三乐章是个慢板的葬礼进行曲,他对我解释肖邦如何运用音乐节奏呈示送葬队伍的行进步伐,而中段又如何表现深沉的出自肺腑的优美旋律。该曲的第四乐章是个快板,从头到尾用轻的触键,毫无休止地用双手连续弹奏长达四页篇幅、复杂的、上下起伏的三连音句子。他对我形容那是像从墓地上吹来的风,在轻中应带有不同色彩的、细微的高低趋向,又应该怎样控制技巧和音色来演奏。这些指导给我留下极深刻的印象。虽然至今已有四十年之久,但四十年后的今天,我依然清晰地记得当时上课的情景以及他对我演奏此曲的要求。

　　1982年2月我接到通知:李先生因肺癌不幸去世。我回想起上课时他因为兴奋常常会吸烟,大概是吸烟导致他的疾病。我深为他的去世感到悲痛。我们一群他的学生们去上海龙华干部骨灰室举行骨灰安葬仪式,在队伍行进的过程中,播放的音乐正是李先生教我的那首肖邦《奏鸣曲》第三乐章的葬礼音乐。这时我心里感慨万分。

　　李嘉禄先生,您的一生献给祖国的音乐教育事业。今天您的学生们遍布世界许多地方,您播下的种子到我们这一代已长成大树。我们这一代虽已退休,但大多仍在国内外从事钢琴教育工作。我们在国内外培养了无数的音乐学生,在培养他们学习技巧与音乐的同时,我们也培养他们对生活的热爱,对学习的责任心与克服困难的坚忍性和持久的耐力,使我们的下一代成为国际社会的各个领域的优秀栋梁。老师,我们不会辜负您的期望的!

2006 年 11 月 8 日于美国洛杉矶

张国美:1950.9～1957.8　上海南京西路第一小学;1957.9～1964.8上海音乐学院附中,主修钢琴;1964.9～1973.上海音乐学院,钢琴系本科毕业;1973～1987.4　上海师范大学艺术系,钢琴教师(讲师);1987.4～2007至今　美国加利福尼亚州　音乐教师协会　钢琴教师(洛杉矶)。

追忆恩师李嘉禄教授

李 健

师从李嘉禄先生是难得的机会，亦是我人生的重要转折点。今天自己的学生都已成为教师之时，再来追忆自己的恩师确实另有一番含义。

世上的名人举不胜数，他们的风采传奇及功名通过旁人的追思流传于世，影响深远，为后人带来永久的价值。其中有的轰轰烈烈，光彩夺目；有的则在平凡中体现出崇高和伟大，逆流中体现出意志和坚强。李先生属于后者，一个有深情、有内涵、令人尊敬的好老师，好前辈。

众所周知，音乐学院的特点一贯是出众的尖子学生才是教授们所重视的对象，因为学生的成功无疑将进一步提升老师的声誉。而在 1979 年的上音研究生严格的考试中，李先生在多名条件优秀的考生中挑选了我这个十二岁才开始学琴的"白丁"作为他班上的唯一学生，使我深为感动。他不但培养出众多我们熟悉的著名钢琴家，但他看得更重的是忠诚奉行教学的基本原则，竭尽全力地教导每一个学生，把他们培养成真正的专业人才。李先生注重的是学习音乐的动机、过程和态度。他明白我的先天条件不足，极力激励我身上自发的奋斗精神，用更大的付出，孜孜不倦地培养我。李先生的榜样成为今天在商业性社会拼命鼓吹功利主义的情况下,更为值得推崇的教学态度和美德。李先生的精神至今仍然影响着我的人生观,和作为一个教师所应奉行的准则。

记得李先生在 1979 年的第一个学期为我精心设计了一台独奏会节目,其中包括巴——布索尼的《d 小调托卡他与赋格》、贝多芬的《奏鸣曲》作品 110、肖邦的《幻想波兰舞曲》、拉威尔的《戏水》以及普罗科菲耶夫的《C 大调序曲》、《魔鬼的诱惑》。这是在浩如烟海的钢琴文献中李先生针对我的特点和需要而定的曲目。他要我在对音乐的理解和演奏实践中掌握不同时期的风格,也要求我对德、法、苏的不同艺术学派有较深的认识。李先生的"因材施教"既抓住了学生的特点又抓住了教材的特点,正似他常常比喻的"病人"及"药方"的关系。

李先生认真、忘我的教学精神是众人所知、无不为之感动的。在我当研究生的两个学期中,几乎每堂课长达三小时。我的课应该从早上十点到十一点,但是每次要到下午一点后才下课,以至食堂关门吃不到午饭。记得李先生干脆要我每次带好午饭去上课。每次上完课望着他那蹒跚步行返家的背影,我总不免一阵阵地感动。李先生的身教奠定了师生间的感情基础,我们总是愿意和他交流思想,而他总是能够听到学生的第一手资料,以便"对症下药"。

李先生虽然健康情况欠佳,但始终坚持练琴,广览曲目。记得在准备独奏会期间,我去过几次他的家上课。在我敲门前,从他家里传出的钢琴声正是我要上课的曲子。李先生总是这样认真地备课,上课一贯有针对性,有解决问题的实质性步骤。他为了使我克服技术基础差的弱点,在准备独奏会的同时反复和我研讨肖邦三度练习曲的各种方法,终于在慢练、加强手指基本功及结合手放松、上臂带动的方法而攻下了这条练习曲。

触键的感觉是钢琴家关键之关键。李先生一贯重视这个根本问题,不但深有研究而且解释得十分透彻。他根据钢琴的发音原理,一再强调无论音量、音色如何变化,但必须用"到底"的触键法。在上课时,李先生不断要求我在《托卡他与赋格》中摸索管风琴浑厚丰满的效果。在贝多芬作品 110 中保持古典派的严谨。在拉威尔的《戏水》中则要力图表现出印象派的色彩性。他要我在普科菲耶夫的小品中发挥打击性的现代演奏技术。我记得在第一次上贝多芬的作品 110 时,开始的几个小节就足足花了一个多小时的时间,为的是要我掌握贝多芬后期作品的那种精练、简洁而又平易的风格。李先生给我很多触键的练习,反复要我体会连而深刻的唱音和旋律线条。对我当时十分陌生的拉威尔,李先生极力从丰富我对光、色、明、暗、水、天、情、景的想像力,让我去寻求那种轻盈、伶俐、变化细腻的音色。那段时间的学习对我来说是一个极大的突破。我无论在对音乐的理解方面,还是在演奏技巧方面的提高都为后来的学习打下了扎实的基础。

使我难忘的另一件事是:李先生常常要求我们对演奏曲目的曲式结构进行认真分析,从而在演奏中可以宏观大局,抓住整体。现在回想当时李先生对贝多芬作品 110 的分析,使我对后期的贝多芬在钢琴奏鸣曲式的创作性发展,对赋格、变奏曲的重视,以及对钢琴曲织体的创新都有了极大的启发。记得李先生自己的乐谱上就留有仔细的笔记。

作为李先生的学生,希望在追忆中加深对他的怀念,表示对他的崇敬之情;更重要的是希望他的精神后继有人。

在此也向我尊敬的师母吴誌顺致崇高的敬意!

2006 年 12 月 2 日于香港

李健:教授。12 岁考入上海音乐学院附中,师从谭露茜、马思荪、林蕄玲、姚世真、李民铎及朱昌平老师。1987 年获上海青年音乐家会演第二名,1979 年以优秀成绩考入上海音乐学院研究生,师从李嘉禄教授。1980 年获奖学金赴旧金山音乐学院深造,师从保罗·赫什(Paul Hersh)学习钢琴,获硕士学位。后入读克里夫兰音乐学院,师从保罗·舍恩利(Paul Schenly)学钢琴。1986 年与前克利夫兰交响乐团副指挥路易斯·兰因合作演出贝多芬《第四钢琴协奏曲》。曾两度获阿瑟·莱瑟(Arthur Loesser Prize)纪念奖。1990 年取得该院和凯斯大学音乐艺术博士荣衔。现任香港中文大学专业进修学院音乐课程统筹,并任香港教师协会副主席。

怀念跟李嘉禄先生上课的日子

朱贤杰

跟李嘉禄先生上钢琴课的那些日子，一晃已经是三十多年前的往事了，可是回想起来，依然历历在目。

1971 年，我与上海音乐学院附中老三届的同学从"五七"干校回到上海，安排在巨鹿路作家协会里，等待分配工作。大楼里有十多台钢琴，大家就半天学习，半天练琴。1966 年开始的"文革"，使得我们这一批学生被迫中断了正常的学习，终于重新有了练琴的条件，当然非常珍惜。可惜没有老师的指导，常常是在黑暗中摸索，事倍而功半。经裘寿平的介绍，我开始去李老师家里上课。

记得第一次上课，我弹了三首肖邦的作品:《g 小调第一叙事曲》,《升 f 小调波兰舞曲》和《第一钢琴协奏曲》。听我弹完之后，李先生说，虽然这三首都是肖邦的乐曲，但是在体裁与风格上，它们具有不同的特点。因此，就需要运用不同的演奏技巧、触键方法和分句表情，来刻画乐曲的内涵。李先生的讲课，既强调乐曲宏观的结构，在具体的处理手法上，又有细致入微的指导，很快就让我对于作品有了深一层的理解。

这里试以《升 f 小调波兰舞曲》为例，来说明李先生的教学方法。李先生认为，波兰舞曲的主题，反复出现了多次，因此每次再现时，就需要注意它们变化的地方，并且，随着主题音型有更多的"加花"变奏，应该在演奏时在节奏上"往前推",才不至于造成结构上的松散。关于主题本身,李先生非常强调用不同的指触,区分出旋律高音、中间的和弦以及低音线条之间的不同层次。首先,右手的小指与无名指,要把旋律音从浓重的和弦与八度低音中"带"出来,就需要用指关节"扣"到键底,才能让声音"力透纸背"。其次,中间的和弦,既要突出波兰舞曲的节奏,音量又不能压过高音。再有,左手的低音线条要保持踏板的干净。

这首乐曲的中间段落,可以分为两段,由 E 大调的浓厚的、像铜管般的和弦,连接到第一段。这里整整三页,保持了同一种动机,有点近似进行曲的节奏型,在每小节的开头,都倔强地重复同一个八度的 A 音。从最弱一直渐强至高潮,在高点引进了以最强力度奏出的第二主题,接着又回到了固定的节奏,这次是由强而弱。李先生指导我以不同的手法,来处理这一段乐曲:在最弱时,用轻踏板,开始,手指贴键。4 小节之后,慢慢渐强。在第 8 小节之后,放掉轻踏板,但是下键不要太重,这时,力度达到了中强。在第 12 小节以后,依靠手腕的重量,奏出强音。最后,用手臂和肩膀的份量,再运用更多的踏板,使力度达到最强。这样,就完成了从最弱到最强的力度转换,这一节奏再次出现时,则反其道而行。如此,音乐就呈现出队伍由远而近、又逐渐远去的图景,刻画出"战马奔腾"、"刀剑铿锵"的形像。中段的第二部分,是玛祖卡舞曲。这是肖邦唯一的一次把他最喜爱的两种民族舞曲体裁集于一首作品中。李斯特在《肖邦传》中说,这一段充满田园风光的玛祖卡舞曲是"乡村情景",它飘出一阵薄荷的芳香。李先生提醒我,注意用不同的音色层次,来表现该主题四次的反复出现。要有悠长的气息,但又不要拖沓。将旋律一层层引向高潮,直到再现部。10 小节的尾声,在最强奏的地方,不要消失得太早。而在寂静之中出现的、以最强力度奏出的结束音,要有一种出人意表的效果,就像雕塑一般具有立体感。

李先生的讲课,不仅让人大开眼界,而且一下子充满了如此多的新的信息、新的想象、新的方案与手法,让我觉得应接不暇。因此,每次从李先生家里上课回来,我先要在钢琴上将课上弹过的乐曲再复习一遍,并且在谱上作些记号,生怕遗忘。在以后的练习中,再慢慢去领会消化。

有一次去李先生家里上课,听到他正在弹肖邦的《F 大调夜曲》。在那架三角琴上，他的声音是那么深厚，那么通透。上课的时候，他常常在钢琴上作示范，或者在我的手背上演奏，让我体会如何在键盘上发出歌唱性的声音。李先生非常强调以手的各个部位来弹奏乐曲所需要的不同音色。譬如肖邦《降 b 小调奏鸣曲》第一乐章的发展部，高潮段是左右手的八度与双音。李先生教我如何运用手掌、手腕和手臂的力量。而《葬礼进行曲》的中段，右手的旋律弹奏时手腕的动作应该非常平静，几乎只用指尖的份量。有些李斯特的作品，比如《西班牙狂想曲》、《塔兰泰拉舞曲》等，李先生让我掌握用手的"侧面"动作、手腕的抖动等手法，来演奏某些特定的技术段落。

后来我进了上海乐团，李先生仍然给我上课，前后共有三年左右。李先生上课从来不收费，而且，一上就是大半天。当时，音响资料非常少，李先生常常让我在他的录音机上欣赏他收集的录音，包括他以前的学生，著名钢琴家顾圣婴，还有他自己在美国演奏会的实况录音。李先生是一位天生的教育家，他上课时，总是循循善诱，从来没有发过脾气，总是带着微笑，好像为学生上课是他最愉快的时光。他是那样地投入于音乐之中，他手上夹着的烟卷，常常快要烧到手指还浑然不觉。他那细声细语的讲解，为我打开了一片音乐的新天地，令人深受启迪，受益无穷。多年之后，我读到莱昂·弗莱须的一段文字，深有同感，弗莱须在时隔五十年之后，深情地回忆了他跟他的老师上课的感受："我们常常在课程结束时步履蹒跚、跌跌撞撞地走出他的课堂。确实如此，就象醉汉一样。我的头脑和心灵充满了新的信息和灵感，以至我感到我自己已经不再是自己了。"

70 年代初期，是一段暗淡的日子。而跟李先生上课的那些时刻，对于我来说，就好像是穿透灰暗云层的一道阳光。恩师离我们远去已经二十五年了，但是他对我的教导，将永留心中。

2006 年 9 月于加拿大多伦多

朱贤杰：1972 年毕业于上海音乐学院附中后，即任上海乐团演奏员。期间曾师从李嘉禄教授私人学习钢琴三年左右。1978 年，考入上海音乐学院钢琴系研究生班，先后随李名强、瓦尔特·弗莱须曼、谭露茜教授学习，并受到阿什肯纳齐、汉斯·卡恩等许多钢琴家的指导。1981 年获硕士学位，毕业留校在钢琴系任教，1986 年移居北美。

朱贤杰曾经在 1980 年的"上海之春"举行钢琴独奏专场音乐会，并且与上海交响乐团、上海乐团等合作演出。1984 年与其他音乐家合作参加"布拉格之春"音乐节，1985 年在莫斯科等地巡演，受《苏维埃文化报》好评。1986 年移居纽约。1990 年移民加拿大，任多伦多华人钢琴教师协会会长，并在旧金山、纽约林肯中心及多伦多皇家音乐学院等地举行过演出，《旧金山观察家报》称誉"他的演奏激动人心，充满对艺术敏锐的感受。"

近年来，朱贤杰以很大的兴趣关注国内钢琴界的现状与发展，并且通过他与当代国际钢琴大师的近距离接触与采访，向国内钢琴界同行介绍大师们的演奏与艺术追求，他陆续在国内各音乐杂志发表的音乐文章已经近 20 万字。

独特的"转大指"

徐　临

大约是 1976 年(卅年前),我家从湖南路 20 弄 7 号 25 室搬到 23 室,有幸与李嘉禄教授、吴誌顺老师做了同室邻居。

我原来和吴老师比较熟悉,因她曾在附中教过我们"动物学"课。后来又教"英语",同学们称她为(Good) Morning 先生,所以我叫我女儿称她为 Morning 阿婆;而对李先生还不熟悉。但是他待人很和善,从来没有架子。他除了到学院去上课外,回家后常常练琴、备课。工作之余,还打打绒线,我女儿至今还记得 Morning 公公教过她打绒线小围巾。

记得有一阵子听到李先生的女儿李小宁在弹音阶转大指练习,我也跟着练,觉得这种办法的练习对熟悉音阶指法及推快速度非常有效,并且很有趣味。后来从李先生对施梦卿的教学总结油印本和在 1998 年出版的《钢琴基本技术练习》中看到了这种练习方法的内容。

音阶是学习弹钢琴者一项必不可少的基本功练习。如何使学生快速地适应各大、小调并不对称的指法(一个八度内一次转三指、一次转四指),先靠通常的从慢到快匀速进行练习还是不够的;而李先生的音阶转大指练习是先从较少的五个音,按照固定指法上行、下行反复弹四遍,然后逐级提高,直到高一个八度,接着再下行、上行,逐级往下回到起始的音。

以C大调为例:

在练习时,要特别注意转大指时腕部和肘部不可以倾斜,因此在转大拇指前,必须尽早在弹 2、3 或 3、4 指时往里弯来作好准备。每天经过这样练一次后,指法就会被牢牢地记在脑子里,并在弹较快的速度时指法也不会搞错。我至今在钢琴教学中用这种办法给学生练习,效果非常好。学生也觉得只有用这样的练习,音阶才能弹得更好。每当这时,李先生的音容笑貌就会在我眼前展现。

　　李先生在教学中有很多独到之处,我仅从音阶转大指练习中就受益匪浅。

2007 年 2 月 10 日于上海音乐学院

　　徐临:上海音乐学院基本乐课副教授。自 1960 年毕业于上海音乐学院附属中等音乐学校后,一直从事基本乐课的教学工作共四十余年。曾任上海音乐学院作曲系视唱练耳教研组组长及附中基本乐科科主任,现已退休。参与编写的教材已出版的有《单声部视唱教程》上、下册,《二声部视唱教程》,《旋律听写教材》以及《钢琴考级　乐理、视唱、练耳教程》。

一颗随着音乐而跳动的心

——忆李先生

李 诺

二十五年前，先生离我们而去。无情的病魔吞噬了先生那并不算年迈的生命，只留下无尽的回忆和追思在人间。当年，在与先生遗体告别时，看着先生那被病魔折磨的羸弱的身躯，很难想象这是在课堂上讲课时是那样充满激情的他。

落笔于纸，先生教琴时的点点滴滴仿佛就在昨日。

平和、和蔼，操着一口略带闽南口音的普通话，这是我第一次见着先生时的感觉。

记得 1975 年大年初二，天非常的冷，先生约我下午一点上课。我因中午与几个朋友多喝了几杯而延误了上课时间。当我带着几分醉意赶到学校时，先生已在充满寒意的琴房里等了我多时。"现在开始上课……"，我却不胜酒力而无法弹奏。先生没有丝毫的责怪，只是说："明天下午一点接着上。"顿时，身中的酒意与屋中的寒意一拂而去。这就是李先生，一个视学生如己出、对学生百般爱护的长辈。

上课时，先生是那样的忘我、那样的充满激情与想象，而下课后，看着先生那步履蹒跚远去地背影，心中曾多次地暗想：先生老了，他把所有的精力都投入到了教学中。他那一丝不苟的学者态度，那强烈的责任感，让我感动

至今。

音乐，是先生一生的追求，他的心，随着音乐而跳动。巴洛克风格、古典时期、浪漫主义、印象派……严谨的巴赫、孤傲的贝多芬、抒情的肖邦、狂放的李斯特、忧伤的柴科夫斯基……先辈大师们的音乐流淌在先生的血液里。

先生教琴，讲究音色，讲究触键时内心对音乐的感觉。他的口语是：声音要有弹性、有颗粒性。抽象地形容弹奏出的琴音应是"圆"的，而不是"扁"的。这正是音响学对声音要"厚"而不"干"的要求。当然，音色是千变万化的，有些特殊的句子会因音乐而需你弹奏得平淡、干涩些。

我虽早已脱离了钢琴专业，但偶尔也带几个孩童学琴，在辅导他们学琴时，经常会说这样一句话：当年，我的老师李先生是这样教我的。

先生嗜烟，尤其在授课时，手中的烟是一支接一支。我也吸烟，时至今日，我深深地体会到：当你醉心于某件事，忘我地去做某件事时，手中的烟、烟缸中的烟蒂，会在不知不觉地增加。先生吸烟过多，也许这对他的身体造成了一定的伤害。

今天，我作为曾是先生的学生而感到自豪。

今天，我们深深地追思着他，难以忘怀，我愿将世上最美的赞美诗献给天堂中的先生。

2007 年 3 月 5 日

李诺：1974 年 9 月至 1978 年 7 月就读于上海音乐学院钢琴系。在校期间师从李嘉禄先生(三年)及林尔耀先生(一年)。毕业后进上海京剧院工作。

饮水思源

——缅怀我永远的老师李嘉禄先生

白祖怡

白祖怡于 1986 年与柴科夫斯基国际小提琴比赛获奖者、美国小提琴家丹尼·海斐兹
在上海同台演出

　　李嘉禄先生是一个正直、善良、平易近人、热情地关心和帮助他人、把他毕生的精力赤诚地献给他所热爱的钢琴演奏和教育事业而受人尊敬的好人。虽然李先生已经离开我们二十五年了，但他的音容笑貌，他的精神却永远活在我的心里。

记得那是二十九年前,中国恢复了高考招生制度,由于我已超过报考本科生的年龄,只好去报考上音研究生。我在裘寿平老师的指导和鼓励下,顺利地通过了约一小时曲目的初试和在上音大礼堂挤满听众情况下的公开复试,取得名列前茅的好成绩,但因为政治考 59 分,而被破格录取为三年级的插班生。

进校后跟李先生学琴。我以前不认识李先生,心里有点害怕,不知道大教授上课是怎么一回事。但上过第一次课后就打消了我这种紧张心情。李先生人很和气,我就放心、认真地跟他学了。进校后不久,12 月初就参加了国际肖邦钢琴比赛的选拔。先由校内选,然后南、北方自选。我当时被评为南方选区的第一名,再到北京参加全国选拔,被选上参加 1980 年在波兰首都华沙举行的第十届肖邦国际钢琴比赛。我深深地认识到,这是老师的辛勤劳动换来的。进校后在很短的时间里要集中学习一定数量的肖邦作品,其中又有许多曲子对我来说是完全新的作品,从来没有弹过。可想而知,李先生得花多少精力来教我呀！李先生每周帮我上两次课(星期二、星期五)。李先生总是耐心、细致、不厌其烦地反复讲解、亲自示范,有时甚至抱病来校教我。

音乐是声音的艺术。李先生教我怎样触键,示范给我看触键的快、慢、轻、重,手指的部位对音质和音色的不同,教我指尖要有感觉,轻的声音也要弹到底。要有色彩变化,旋律要有往前走的方向。李先生经常教导我:要让钢琴歌唱(这就是我来美国后知道的 the art of bel canto piano playing)。李先生说要用耳朵听自己弹出来的声音够不够美。要多想声音,要很好地控制发音的质量和份量(力度),要能做到正确、准确。心里要有将出现的音的力度和音质,似乎在弹之前已听到了自己要弹的音。踩踏板的深浅程度而产生不同的音乐效果,怎样同时运用轻、响踏板。李先生曾对我说:练琴是看效果,而不是看时间,要用发自内心的音乐来打动听众。要富有想像力,要给听众鲜明的音乐形象,演奏要生动,注入生命。在李先生的精心培养下,我进校后在各方面都有了进步,尤其是在音质和音色上和过去大不相同。在接待外宾和外国同行的过程中,我的演奏经常受到好评,说我的演奏有说服力,有很高的激情,被录音。印象最深的一次是在南大楼 106 教室,外宾听完我练琴,感动得流泪了,说我在这么破旧的钢琴上弹得这么好,弹出了好听的声音,打动人了。李先生尽力地教我,我也拼命地练,有一次我全身从头到脚底发了红色的大片、大片的风疹块,看急诊后被医生命令停止练习,安静休息,现在想起还有一点后怕。

记得要到波兰参加比赛前,在北京集中训练的日子里,北方食堂多数是供应馒头的,仅发给我们少量米饭票。吴乐懿先生的学生王一是上海人,不喜欢吃馒头。李先生就用他自己的米饭票跟王一换馒头票,让王一吃得习惯些,好专心练琴。李先生就是这样关心人的好老师,他不单关心他自己的学生,连别的老师的学生也关心到;但他对自己却很随便。我们到北京后,暂时没有给老师住的房间,李先生和四川来的刘忆凡睡同一间,他也没有半点意见。

尽管在去比赛的那段日子里,一些没有料到的事发生在我的身上,也许由于过分紧张,我的血压最高一次竟到了160/110。在路过东德时,我又因急性胃肠炎,平生第一次住医院。在比赛的前一天又不慎从大理石楼梯上绊了一跤,踝部扭伤了,但李先生告诉我,我在比赛那天演奏的状况是我在国内外演奏中最好的一次。每个评委都把自己桌上的一盏小灯关掉,认真地在听,没有一个评委在写。我尽自己的全力,对得起辛苦教我的老师了。我弹过后,竟然有一位华侨到我们团里来,点我的名,要我辅导她的孩子弹钢琴。那是1980年10月的事。五年以后(1985年)我突然接到一封从外交部转来上音给我去意大利比赛的章程。我当时被分配在上音管弦系弹器乐伴奏,也是因为当时不可能有个别学生单独出国比赛,因此我没去参加。但想到事隔这么久,评委中还有人能记得我,也算当时我的演奏确实给人留下了较深的印象吧!李先生若知道这事一定会高兴的。

1986年我只经过两天的准备就与柴科夫斯基国际小提琴比赛获奖者、美国小提琴家丹尼·海斐兹(Daniel Heifetz)开了一场有莫扎特和弗朗克的《奏鸣曲》及布洛克和巴托克的作品的音乐会,受到听众的热烈鼓掌。丹尼·海斐兹当场在台上向所有的听众述说他怎样地激动(他感动得流泪了)。他告诉听众说我只经过两天的准备就和他开了这场音乐会。他非常地激动,高度赞扬我的演奏和合作能力。记得小提琴老师俞丽拿问我说:"你弹得很好,为什么脸上没有笑容,看上去那么严肃?"我说:"还笑得出吗?这么难的曲目,这么短的时间准备,整场曲目除了弗朗克《奏鸣曲》我以前弹过,但也不在手上;莫扎特这首《奏鸣曲》和其他的曲子我以前根本没有弹过。时间实在太紧了,我只好咬紧牙关每天练十小时琴。拼命弹出来完成管弦系交给我的任务。"我嘴上虽然没说什么,心里倒是蛮高兴的。我再一次得感谢李先生帮我打好的基础,让我有这种能力,能使这位小提琴家这样感动和赞扬,大长中国人的志气。

李先生虽然只教了我两年,也因为我被选去参加肖邦钢琴比赛,跟李先生学习的曲目全部局限在唯一的一个作曲家肖邦的作品上,但是李先生给我的帮助的确是非常大。李先生教我怎样弹连音,怎样弹才能具有歌唱性,李先生教我手指的各种触键,连接手掌,手腕与手臂。李先生很欣赏霍洛维茨的演奏,我来美国深造后,看到了纽约时报的音乐评论家哈罗德·西·熊勇勃格(Harold C. Schonberg)写的《Horowitz,His Life and Music》一书中的第162页写道:"How the pedals——left and right working together——could provide color,"第43页写道:"If you don't have color,you don't have anything. The most important thing on the keyboard is color and singing. Try to imitate the sound of the human voice."

为了弹奏时要产生不同色彩的声音,李先生教我在必要时轻响踏板可以同时并用。音乐来自生活,就要回到生活。我们要观察生活,表现生活。李先生教我的一些基本原则和国外的许多有名的演奏家的演奏原则完全是一致的,使我在国内外公开演出时受到听众热烈的欢迎,让我更进一步地体会到什么是真正的只有发自演奏者的内心才能进入听众的内心的感受。李先生教我的一切,使我一辈子受用不尽!我用实际的行动把李先生的精神传下去,这是我对李先生最好的纪念!

敬爱的李先生我感谢您!

2006 年 4 月于美国宾州费城

白祖怡:1980 年在上海音乐学院毕业后,留校任管弦系钢琴伴奏,同时经常被安排与来访的外国演奏家合作开音乐会,受到很好的评论。1987

年到美国学习,获得钢琴演奏与室内乐、钢琴伴奏双专业硕士学位。她曾与地方乐队合作演出钢琴协奏曲《黄河》,受到热烈欢迎。白祖怡和她的妹妹白怡樟(著名小提琴家、教育家 Jascha Brodsky 的助教)先后与费城交响乐乐团的首席中提琴、首席小号合作开室内乐音乐会。她们姐妹俩与美籍意大利大提琴演奏家组成美声三重奏(bel canto trio)组,他们的演奏被拍过纪录片,又被费城古典音乐电台录音播放。白祖怡至今还每年与其妹合开两场不同时期、不同风格的奏鸣曲、协奏曲演奏会。

恩缘——忆恩师李嘉禄伯伯

于 今

一天，父亲刚挨过批斗回家，抱着我说："你要好好练琴，等你长大了，爸爸把你送到李伯伯那儿去学琴。"我只知道这位李伯伯是父母亲极为尊重的老朋友，一位德高望重的钢琴老师。爸爸总将这句话放在嘴边，即使我中学毕业不得不到农场啃地皮时，他也没有罢休，直到有一天我真的成为李伯伯的学生，而且是他最后的一个学生①。

1978 年，我终于考上了上海音乐学院钢琴系。一天中午，我第一次去钢琴系，当时学校还未开学，校园里静悄悄的，我心里像揣着个兔子战战兢兢地，因不知我是否被分到李伯伯班上，又不知李伯伯是否愿意收我，再加上我没见过他，心里没底，正边走边瞎琢磨，迎面走来一位老先生，带副眼镜、额头宽阔、脖子微微倾斜，慈祥的脸庞加上闪着智慧的目光，白的确凉衬衣和蓝色裤子，一身正气。那气质很像父亲，他微笑着向我打着招呼与我擦肩而过，我转身望着他的背影，心想，这老先生挺面善，不知是干什么的，他都不知道我是谁就主动和我打招呼，那个李伯伯要是这样的话，可真是我的造化了。后来才知道，这位老先生就是我的恩师李伯伯，我在琴房里高兴得直蹦高。

我当时就像个野小子，没见过世面，没什么基础，不知天高地厚，仗着年轻力壮，反应快，什么曲子都想弹也敢弹，李伯伯慧眼一下就盯住我的短处，因材施教，对症下药。他说我这个"工人师傅"的"工具"不全。他第一课就数了我所有的欠缺，不但给我设了一个超过四年的长远目标，还给我定了如何在这四年之内尽快达标的计划。

恩师要求规格之高、之严可谓一丝不苟。一个音一个音地教，有时候一个音要试无数次，连着几个星期都是那个音，不达标准决不罢休。虽然教室里有两台琴，可恩师作示范向来是弹学生用的琴，这样最有说服力。同样的琴在他手里就是活的，声音出来就是不一样，变化万千，可在我手里就是死的，我没有可以钻空子的借口，只能照着他的去练。他不仅仅定个高标准，还给我解释为什么，引导我如何能达到目标。恩师教课生动活泼、活龙活现。他常常引发我模仿各种不同的乐器和人声，激发我的想象力，他常说："这是双簧管的声音"、"这是男高音"、"这个大管在发火了！"有时他还扯起嗓子唱给我听，把我逗得哈哈大笑。我后来"玩"起了指挥就是因为他当年教我"弹琴要像指挥乐队一样"。

恩师爱学生的心是出名的。无论是他的学生或是其他老师的学生都知道他的脾气好，从不向学生发火。我有好几次回课回得一塌糊涂，偷眼看恩师，只见他满脸愁容，强忍着我给他的煎熬，仍用好话鼓励我，安慰我。我当时真想找个地缝钻进去。他每天都要练琴，为学生备课，我学的曲子他都会背。我那时在准备比赛，手上的曲子都长而且很多，背不下来，他就一声不吭站在我边上为我翻谱子，一站就是很长时间，我心里不是滋味，没办法，只好咬着牙拚命背，他用这种软"刀子"很快就把我的背谱能力给逼出来了。

恩师教课不记时，只认准了为国家培养好学生。为了学生，他可以将两小时课延长到四小时，从无怨言。那时不但没加班费反而还要被人说三道四，还要挨批评，他的身体后来急剧恶化都和他顶着压力积劳成疾有关。

恩师以身作则，身洁心清，培养出来的学生到处都是，但从不以此为资本作威作福，总是本本份份地尽力教学生，每一个学生在他眼里都是他的第一个学生和最后一个学生。恩师平和正直的为人是公认的，记得恩师去世

时,一位殡仪馆的老工人听说是李嘉禄先生去世就很伤心,因他听过恩师的
演奏,是恩师的崇拜者。

可惜恩师只教了我三年就离我而去。虽说只是三年,但这三年的教诲
却使我受用一生、得益一世,至今都在引导着我和我的学生。恩师走了二十
五年,可他的音容却深深地印在我的心里,随时陪伴着我,我在梦中常常看
见他微笑着向我走来,醒来我唯一要说的是"我的恩师,我好想您……!"

2006 年 5 月 22 日于美国休士顿

于今:1978 年考入上海音乐学院钢琴系,师从李嘉禄先生,直至先生
辞世。毕业后在沈阳音乐学院任教并在中央音乐学院钢琴系潘一鸣先生班
上继续研习,1985 年移居美国。作为一个独奏和室内乐演奏家,于今多次
在全美公众广播电台和有线电视演奏,并和许多交响乐团合作。他曾任爱
克伦交响乐团、太阳谷夏日乐团的首席键盘手,是全美音乐家协会、美国钢
琴家协会和美国联邦音乐家俱乐部会员,并担任常任钢琴及弦乐评委。于
今现任教于爱克伦大学和恰普艺术学校,并担任圣保罗教堂的音乐指导和
联合教会乐队指挥。

---

① 在 1982 年 3 月 7 日李嘉禄追悼会上及骨灰安葬时自始至终播放的肖邦《葬礼
进行曲》即李先生前的学生们推选我弹录的。

永 恒 的 记 忆

水　蓝

1971年,由于志趣相投,我和李恒成为最好的朋友。在总政歌舞团时,李恒常常对我谈到他亲爱的父亲——著名钢琴演奏家、音乐教育家李嘉禄先生,以及李先生独特的钢琴教育法。在无限神往之余,我也曾无数次让李恒在我头顶上作"触键"模拟,以体验"手要松、手要通"——学钢琴的"六字诀"。

真正幸运地领略李先生深厚的艺术造诣和高超的音乐才华是在1977年。那时,我在上海随桑桐老师进修作曲理论,因而有机会常到李先生家作客。有一次,在晚饭后暮色苍茫中,李先生忽然琴兴大发,他走到钢琴边,就即兴地演奏起肖邦的《夜曲》,我竟幸运地成为他唯一的听众。

我从来没有欣赏过如此美妙的音符,他的呼吸、他的手指、他的全部身心和感情,仿佛都和钢琴融为一体,通过内心的起伏,把乐曲演绎成永不间断的河流。啊!在钢琴上能作出这么美妙的Legato,甚至比弦乐和声乐更加美!在整曲中,很难觉察到Rubato,他的Rubato深藏在音乐的深处。

三十年过去了,李先生短短的一曲,似乎永远萦回在我的脑海中。"手要松、手要通"不仅仅是钢琴之诀,任何器乐演奏、指挥又何尝不是如此。

2007年6月15日于丹麦

水蓝：1977～1978 年在上海随桑桐教授进修作曲理论，1985 年毕业于中央音乐学院指挥系，1986 年赴美留学，1987 年获法国贝桑松国际青年指挥比赛最高奖，1990 年于波士顿大学毕业，获硕士学位。之后，曾任美国巴尔底摩交响乐团、纽约爱乐乐团助理指挥，底特律交响乐团副指挥等。1997 年至今担任新加坡交响乐团艺术总监，曾带团访美、德、法、西班牙、中国和日本等国家。2002 年起兼任丹麦艾尔堡交响乐团首席客席指挥，2007 年起又兼任丹麦哥本哈根爱乐乐团首席指挥。

多次获奖（从略）。2007 年 3 月 4 日美国《录音指南》刊登"水蓝指挥晋身世界级乐团大师"。

怀念李嘉禄先生

蔡怡敏

在今天的西方,人们对中国钢琴界似乎抱有一种既好奇而又不解的态度。我的美国同行朋友常问:"你们中国人是怎么训练出这么多出色的钢琴家来的?"的确,来自中国的钢琴家在世界钢琴演奏艺术的殿堂里,正占据越来越显要的地位。比如,2004 年的范·克莱本(Van Cliburn)比赛中,35 名参赛选手里就有 8 名来自中国。这确实是很了不起的! 作为一个中国人,我为此感到十分自豪。

不过我心里十分明白,中国在钢琴演奏艺术方面之所以取得今天的成就,完全是与老一辈钢琴教育家的杰出教学和无私奉献分不开的。李嘉禄先生就是这样一位把一生毫无保留地奉献给了中国钢琴教育事业的优秀艺术家。为了使西方对中国的钢琴教学有所了解,同时也表达我对李先生的怀念,很多年前我在写博士论文时,就向西方介绍过李先生的教学艺术和他对中国钢琴演奏艺术发展的贡献。

我有幸自幼得到李先生的指导。即使是对一个孩子,李先生也是那么细致,那样一丝不苟。我记得那时我非常爱去李先生的家,因为那里总是充满着音乐的气氛。那是一个热爱音乐、献身于音乐的家庭。我后来虽然离开了上海赴中央音乐学院附中就读，李先生仍然不断地关心着我的艺术成长。

李先生为中国钢琴演奏艺术的发展作出了卓越的贡献。他是新中国第一批从海外留学归来的钢琴家，他继承了西方钢琴表演艺术方面的许多精华，并在此基础上进一步发展出一套他独特而又实用的教学方法。他不仅是一位杰出的钢琴演奏家，还是一位极具洞察力和创造力的教育家。他一生培养出了许多优秀的钢琴家，其中不少成了全国音乐院校的骨干。

如果想比较全面而系统地了解李先生的教学风格，那么一定要读他的《钢琴表演艺术》一书。书中李先生关于技巧、触键、音色、踏板等等课题方面的论述，都十分透彻而易懂。其中让我感触最深的是他在触键及音色方面的精湛解释。他说："音乐是声音的艺术。要把钢琴这种没有文字的声音艺术语言化，让听众觉得生动易懂，就必须在触键上狠下功夫。"我们都知道，世界上最伟大的钢琴家，如霍洛维茨、鲁宾斯坦、里赫特等都能弹奏出非常独特而色彩丰富的音色。音色、触键和踏板的运用是音乐表现中极其重要的一环，也是一个很难用文字解释清楚的教学课题。因此，不少西方的钢琴教科书中多偏重谈论技巧的运用而避开音色这个难以言传的话题。但李先生在他的书中却用丰富的例子、生动的语言，把围绕音色的一系列概念解说得既清晰、透彻而又富有美感。又譬如怎样做到既放松而又不失去对手的控制，这是困惑许多钢琴学生的另一个难题。李先生在"谈谈放松和富于弹性"一章中，用短短的篇幅就对这个问题作出了精辟的阐释，这在中西方钢琴教育文献中都是罕见的。

在阐述技巧方面，李先生不忘从音乐的角度出发，强调手上的硬功夫，并且总是提供非常具体的训练方法。比如，在谈到训练八度技巧时，李先生一针见血地指出，八度技巧的关键在于手腕部的训练。这一观点和19、20世纪的许多钢琴大师的经验是一致的——李斯特就认为学生必须先训练好手腕，在没有训练出有强劲的腕部之前是很难有强劲的手指来触键的。李先生的教学方法和艺术和西方的教学观念是一脉相承的。

我们今天应该庆幸李先生给我们留下了这本宝贵书稿。这是他毕生演奏和教学心得的结晶。在中国这个"钢琴热"时代,年轻一代的钢琴教育者和学生一定仍然会从中获益匪浅的。

2007 年 1 月写于美国北阿拉巴马州州立大学

蔡怡敏：美国北阿拉巴马州州立大学音乐系终生教授,被列入《教师名人录》。十岁时即应邀在人民大会堂公演,1983 年毕业于中央音乐学院附中,师从潘一鸣教授。同年赴美深造,在费城新音乐学院师从依迪司·科莱福特。随后考入纽约曼哈顿音乐学院,得全免奖学金,先后师从所罗门·米考夫斯基和当恩—亚力山大·费德二位教授。1987 年在纽约获亚伯拉翰·费利斯青年音乐家比赛一等奖,1995 年获曼哈顿音乐博士学位。经常在美国、欧洲举行钢琴独奏、钢琴协奏音乐会,多次任美国东南部地区钢琴比赛评委。近两年来应邀回国在北京、沈阳、厦门、泉州、广州等地讲学。

失而复得的琴声

——记李嘉禄心爱三角钢琴的故事

李未明

左起：李小宁、胡友义①、吴誌顺、李未明、马栅、李毅在厦门鼓浪屿钢琴博物馆。

我儿时的记忆中李嘉禄先生家里有两台钢琴，一台立式琴，一台三角琴。说起来这台三角钢琴陪伴李先生二十四年，在音乐事业上作出了许多贡献，很值得我们回忆的。

1958年元月，上海音乐学院从郊区漕河泾迁到市区淮海中路，李先生的家也迁到湖南路福园上音教职工宿舍里,住房面积由原来的 38 平方米扩大到 60 平方米。当时上海音乐学院请来专门维修、调律的顾良毅师傅,他对上海市有多少钢琴了如指掌。就在那个夏天,他带李先生到一位从法国留学回来的画家(该画家已病故)家中去看三台三角钢琴,李先生把三台琴——弹奏、认真比较,他认为还是这一台外表虽旧(已有一百多年历史的德国柏林 R. Gorb&Kallmann 出产的琴),长度仅 5.5 尺的琴声音最好。李先生十分喜爱,即以三千元人民币买下。

在当时的住房条件下,这台五尺钢琴已是庞然大物了,摆在 16 平方米的客厅中,整整占了房间的三分之一面积。成为家里最突出、最显眼、最重要的东西。从那以后,李先生的学生都在这台琴上弹奏过,尤其他们在上台演奏前,总要在这台琴上试试效果。其中使用最多的有:顾圣婴、王叔培、项信恩、朱昌平、康却非、姚世真、李民铎、裘寿平、姚彬、司徒璧春、李健、朱贤杰、秦有斐、邵智贤、于今、杨鸣、许斐平、施梦卿、李恒等许多学生。还有寒暑假远道而来李家请教于李先生的其他教师和学生如陈懿德、姜克强等。李先生的老师福路(Albert Faurot)教授于 1981 年 11 月初到上音讲学,住在李先生家里一星期也弹过此琴。他很喜欢李先生家里的两架琴,对它们的音色、性能评价颇高。

60 年代初,我到上海,住在李嘉禄先生家。在那段时间里,曾经听到顾圣婴、康却非、朱昌平来家里上课,用的就是这台三角钢琴。虽时隔多年,当时的情景仍历历在目。记得顾圣婴弹的是肖邦《练习曲》第三首和李斯特《匈牙利狂想曲》第十二首,那节课整整上了一上午。李先生一直站着上课,甚至连水也没顾上喝一口。他那种对教学极端负责、对艺术执著追求以及对学生无私奉献的精神,深深打动了我那幼小的心灵。李先生博大的爱心和精湛的教学艺术,至今仍无时无刻影响着我。想起往事,怀念先生,真感谢他以其高尚的人格、广博的学识、宽厚的胸怀留给我们无价的精神财富。

1980 年《电影新作》第六期发表了韩小磊、陈晓珊、黄聿杰、周加林等写的电影文学剧本《不沉的琴声》。剧本的作者以电影写作手法描绘已故的钢琴家顾圣婴的一生。拍摄时还特地来李先生家,拍了这架钢琴以及李先生坐在三角钢琴前拿着乐谱备课的镜头和照片。另外,电影镜头需要顾圣婴弹琴的手,还专程请项信恩教授来李先生家,坐在这架三角钢琴前弹奏肖邦作品,将其在键盘上弹奏的手拍摄下来。同时顾圣婴的父亲顾高地特地请画家俞云阶来李先生家创作一幅女儿在这架三角钢琴前弹奏的画像。

这架三角钢琴还见证了其他许多史实:已故著名钢琴家许斐平在 1959 年由李嘉禄先生从厦门招来上海读上音附小时,由他的母亲陪同先在李先生家住三天,在李先生的指导下,用竖式琴练习后又在这台三角琴上练演奏的效果,三天后李先生才领他到学校弹给大、中、小学的老师听,即被正式录取为上音附小学生。

1970 年,李先生小儿子李毅萌发了学习小提琴的念头,就此走上了他的学琴之路。李毅十分勤奋、刻苦,学琴四年进步很快,最后以萨拉萨蒂的《流浪者之歌》考取总政歌舞团(当时这个职位是十分令人羡慕的)。他学习小提琴的四年,从最浅易的乐曲到大型作品,都由父亲在这台三角钢琴上为其伴奏。父子俩合作时总是追求完美,每次练习后还要录音下来再推敲。不论严冬或酷暑,录音时都要把这 16 平方米的客厅门窗关得严严实实的,然后搬出 601 录音机开始录音。李先生对儿子的学习费尽心血,亲手为李毅抄写的小提琴曲就有 65 首之多,且都带钢琴伴奏谱。父子俩在这架琴上默契的合作,加上这台钢琴的作用,是李毅进步神速的重要因素。老二李恒学习钢琴当然也得益于这架三角钢琴的。

这架三角钢琴在李先生家的音乐生活中担任了重要角色,它无形中成为家庭的一员,它确实为培养许多钢琴家发挥了极大的作用。后来,因为李恒 1985 年 12 月底已去美国深造,1991 年底吴諟顺姨母(我们家和李先生家过往甚密,十分亲近,几个兄弟从小称师母为姨母)要去加拿大,当时全家都将离开上海,心爱的钢琴也就无法留下。加拿大韦伯制造的立式琴于 1991 年 1 月由徐祖颐老师介绍给她的学生买去,而这架三角钢琴则经上音乐器制作室戴闯师傅介绍,于 1991 年 10 月卖给上音附小之前,请了上音钢琴制作室唐吉兴师傅用德国进口榔头重新更换,请人油漆,其工艺近似新琴。

2004 年誌顺姨母从加拿大回厦门探亲时参观了钢琴博物馆,当时有人曾问起李先生这台三角琴的事。她说在 1996 年 1 月她去上音录音室的小音乐厅还见到那台三角钢琴,当时琴还保护得不错,据说也曾数次出租给上海电影制片厂拍电影。听了后,我建议最好将这台很有纪念意义的琴赎回运来家乡,姨母赞同这个看法。在她回加拿大前路过上海时,去上音附小了解这台琴,却没人知道其下落。有人说附小和附中已合并,可能在附中。她又转到附中,查阅了乐器登记本,也找不到任何有关记录。最后,又到大学部乐器室了解,依然不见踪影。从 1996 年到 2004 年,学校领导和工作人员变化很大,谁也不知道这台三角钢琴的下落。在困惑之中,有位好心的乐器室值班员回忆道:“录音室台上是一架新的大三角钢琴,而在台下墙角有一架旧琴,一直没人用,是不是那架,我带你去看看。”到现场一看,果真就是家里那台三角钢琴。此时琴上堆满了杂物,琴盖上满是灰尘。听到这些情况,我更觉得必须把它赎回。为便于办理相关手续,姨母出具了一份委托书,由我全权处理购回此琴事宜。经直接与杨立青院长取得联系,在他的支持下,终于在 2005 年 10 月将这台三角钢琴买来并立即运到故乡厦门。为了让这台琴能继续发挥它的作用,于 2006 年 1 月 20 日特请著名钢琴调律师黄三元先生进行修整。经清理、烘干、去锈、喷涂杀虫剂、修补铸件、修复音板开裂处、肋木涂胶、修复桥码开胶处、处理弦轴孔、更换部分琴弦……全面维修调律后,于 2006 年 1 月 24 日运抵福建泉州金帆艺术中心小音乐厅供开音乐会时使用。不久前我国著名钢琴家、教育家朱雅芬教授,美籍华人钢琴家蔡怡敏教授都曾在这台三角钢琴上举办大师班讲课。

我十分珍爱李嘉禄先生的这台琴,失而复得的琴声带给我们美好的回忆和深深的思念。愿琴声与心同在,伴随着时光,流向远方……

2007 年 1 月 14 日寄于福建厦门大学

---

① 胡友义曾师从李嘉禄,他是厦门鼓浪屿钢琴博物馆、管风琴博物馆中所有钢琴和管风琴的捐献者。

　　李未明：教授，1995 年任福建师范大学艺术学院副院长，1999 年 1 月～2003 年 12 月任厦门大学艺术教育学院副院长、音乐系主任，现任厦门大学艺术教育学院教授、厦门大学学术委员会委员、集美大学艺术教育学院名誉院长，中国教育学会音乐教育专业委员会常务理事，手风琴、电子琴学术委员会主任，中国音乐家协会手风琴学会副会长、电子琴学会副会长及其它社会职务。

　　曾在人民音乐出版社等国家权威性出版社出版专著与教材《全国高师手风琴教材》、《钢琴重奏曲集》、《电子琴考级与教学》、《全国电子琴考级作品集》、《电子琴曲集》、《数码钢琴集体课教程》等十多部。数次获优秀成果奖。

　　曾应邀担任俄罗斯、澳大利亚、新西兰国际手风琴比赛评委，香港青少年钢琴比赛评委，新加坡亚洲明日之星音乐大赛钢琴比赛评委。

回忆李嘉禄先生

杨 鸣

60年代初期，李嘉禄先生来厦门招生，那是我们第一次见面，当时我还很小。记得那时是中国经济最困难、三年自然灾害的时候，他当时抱着一只大公鸡来我们家，他听完我弹琴后即表示希望我能够与他回上海音乐学院附小学习钢琴。家人再三考虑李先生的建议，而由于我的年龄太小，最后决定过几年再去学习。

没过几年"文革"就开始了，李先生和我的家庭都受到了很大的冲击。音乐学院停办，李先生和许多教授都被迫进"牛棚"劳动。所有的西方音乐都被列为"封、资、修"不许演奏，钢琴作为西方乐器也不敢弹，音乐学院宿舍里的教授没有人敢碰琴。直到后来"样板戏"中又有些钢琴和交响乐的中国作品出现，钢琴这种西方乐器才开始有所复苏。

这时候，正逢李先生闲赋在家，我在上海第一医学院的舅舅家，李先生就开始每周几次来我家上课，从湖南路到平江路需要多次转车，而在梅雨季节的上海李先生从来都是风雨无阻。李先生的课一上就是四个钟头，晚饭经常是要热过好几次,他还不肯下课。每次他提出的问题都要当场解决,每个问题他都能提出不同的办法、用不同的角度帮助学生彻底解决,从不留到下次。他讲解音乐的语言很有鼓动性,演奏和示范热情洋溢,富有感染力,这四个钟头内每分每秒都处在高度的兴奋状态下,充满了对音乐狂热的献身精神。在李先生的指引下,我开始认识了巴赫、贝多芬、肖邦、李斯特这些作曲家的作品,这些西方音乐中的瑰宝。

很多年过去了,李先生上课的一些片段仍然记忆犹新。当时有关西方音乐的书籍在市面上找不到,也没有卖的。所有的音乐知识包括曲式、和声等等都靠李先生一个人传授。就连最基本的音乐术语也要靠李先生讲解。记得有一次我在弹一个段落的时候,处理成了连的乐句,李先生听后就提问我是否认得乐谱上写的 non legato,我当时还很自信地说:"认识,就是'连'的意思。"李先生急忙说"不对,是'不连'的意思,不能这样弹。"他对乐谱上的每一个意大利术语都仔细讲解。比如巴赫,像 portamento 的意思以及如何来演奏的方法都要一一讲解和示范。而通过演奏贝多芬的《奏鸣曲》,让我学到了奏鸣曲曲式中的呈示部、展开部、再现部。呈示部中主部主题和副部主题的对比,在李老师的生动讲解中,主部的英雄性、悲壮性如何表现,如何结合手掌的支撑力、大臂的力量以及全身的力量,李先生在示范时表情凝重,加上身材魁梧,整个钢琴都在他的震动下发出宏大辉煌的音响;副部主题要求与主部的主题对比,李先生为这种柔情的形象做了各种比喻,嘶哑的声音在模仿温柔的少女时唱得极为动听,"唱音"在钢琴上大面积的触键,他的手掌和指垫都很宽厚,慢慢的触键、慢慢的把音推进去,产生了非常温柔、宽厚的声音,每次示范都非常到位。展开部的主副题因素的交替发展手法,再现部中副部的调性回归李先生也都是一一讲解。

在演奏技巧方面,李先生解决技术难点的办法非常多,也因此为我们打下了扎实的基本功。他对学生的特长以及个人的演奏方法都很了解,很善于发现学生的优点,结合学生的特点来攻克一个个技术难关。他善于运用大臂和全身力量的结合,保持全身力量的通畅。经过他的训练,学生对技术的把握性和音乐的准确性都能明确地掌握,几乎没有什么技术难关是不能攻克的。敦促学生进行各种角度的练习更是从不懈怠,精力充沛,因此学生总能够准确、干净地演奏。为解决学生的问题,他每天都在思考,一生都在工作,从没有休息停顿过,为全面解决学生的问题殚精竭虑。他具有一种勇往直前的精神,一种领导者、鼓动者的能力,从不畏惧,充满了自信。对于学生的各种问题从不放弃,耐心又执著。

李先生敢于选择技术最难的曲目,而他也总有一套办法能够很快地解决其中的问题,使学生能够在很短的时间内快速提高总体演奏水平,譬如快速弹奏三度、六度、八度的技巧,就需要分声部线条练习、分用力部位练习、分不同弹奏方法的练习。当时他为我选的教材中就包括全套的肖邦练习曲,李斯特的匈牙利狂想曲等炫技作品。

1973年邓小平复出,全国恢复高考,上海汇聚了全国近五千人报考钢琴专业,经过五轮的淘汰,最后我在这次考试中获得了第一名。当时中央五七艺术大学的招生组组长李其芳老师特意到李嘉禄先生家里动员我去北京上学,后来因为张铁生的"白卷先生"事件,当年的艺术院校招生全部取消,改成招收工、农、兵的子弟入学,哪怕是白丁来学校上学不会也要教会。全国随之掀起了"反击右倾翻案风"的运动。因为这场运动使我没能去音乐学院上学,但那一年的考试引起了钢琴界的瞩目,奠定了我在北京的一系列演出的开始。在北京演出了两年,拍电视、录唱片,参加了许多重大的庆典活动。当时的电视传播不是很发达,但电影前插播的《新闻剪报》前录有我的钢琴独奏。在北京的这些成功完全靠李先生当时为我打下的基础。

在这期间,每次从北京回到上海,我都会去拜访李先生。有一次,大约是1976年,李老师给我看了一份训练白丁方法的总结。李先生正在研究如何能在四年的学习过程中解决他们的技术问题,而当时确实有这样一位在进校时连钢琴都没见过的白丁学生施梦卿,在李老师的指导下,能够在毕业音乐会上演奏肖邦的《f小调幻想曲》作品49、《幻想波兰舞曲》、李斯特的《匈牙利狂想曲》第十二……他希望我能提出一些意见,我当时有些诚惶诚恐,觉得自己还是个孩子哪里懂得这些问题。但李先生说:你在北京开过这么多场音乐会,现在已经是一位成熟的钢琴家了,对于这样的问题你应该有自己的看法。言语间,我看到了李先生对于做学问那种求真求实的态度。这种精神影响了我许多年,在三十年后我也成为教授,为学生备课、准备比赛时,也时常与学生共同讨论音乐会的曲目问题、演奏技术的感觉问题等等,这样一来经常会发现学生的优点,解决问题就容易得多了,这也是当年李先生对我的影响。

李先生一生都在关注对故乡音乐人才的培养。现在我受中央音乐学院的委托,出任"中央音乐学院鼓浪屿钢琴学校"的校长,为家乡培养音乐人才,也是在传承李先生未尽的事业。离开家乡也三十多年了,同李先生一样作为从厦门走出来的钢琴家,我们也将沿着他培养国际一流钢琴人才的道路继续前进,继承并发扬李先生为音乐事业献身的精神!

2007 年 2 月于福建厦门

杨鸣:中央音乐学院鼓浪屿钢琴学校校长,中央音乐学院学术委员会委员,原中央音乐学院钢琴系系主任,兼任国家文化部考评委钢琴组副主任,中国音乐家协会音乐表演著作权学会理事,《钢琴艺术》杂志编委,北京高等教育研究会理事。

怀念大哥李嘉禄

李嘉惠

大哥李嘉禄逝世至今已经二十五周年了。每当我回忆往事时,大哥的形象总会在我的脑海里出现,我从心底里对他永存感激之情,因为我能有今天的成就,完全是和我亲爱的大哥分不开的。

在 1937 年 7 月 7 日芦沟桥事变后,日寇侵略军侵占福建厦门市,迫使家住近郊区县的平民百姓内迁。家父李永栋不得不带着全家离家逃亡,结果于 1938 年 10 月 16 日病逝他乡。当时刚进入福建邵武协和大学(日本投降后迁回福州)就读近一个月的大哥,即不得不回家帮助母亲杨冰料理后事,他也打算就此停学在家种地。但天无绝人之路,他遇见他高中的英语老师李法德(Rev. de Velder),李老师知道详情后,立即主动表示愿意赞助大哥念书,并要他立即返校继续他的学业。那时不仅哥哥本人连我们全家都既高兴又感激。可不幸的事又发生了,在大哥念二年级时,李法德师母病重不得不回美国去,不可能再给大哥经济上的资助。从那时起,大哥就在学校勤工俭学(抄合唱谱和教大学同学业余的钢琴课,时或到邵武小学任音乐代课老师)直到大学毕业。

一向好学、勤奋的大哥在选修生物的同时,还在课余师从福路教授学钢琴。他无论在生物的课程方面或是在钢琴方面成绩都很突出。哥哥就是有这么一种顽强的意志，无论干什么事，都要干得他认为满意为止，因此都干得很出色。由于他有音乐天赋，再加上他的勤奋，他在福路教授的教导和影响下，在大学二年级到毕业时竟然每学期都开一次独奏音乐会。当时内迁福建永安的国立福建音乐专科学校教务长缪天瑞教授，从大哥的节目单中赏识他的水平，即在他毕业留校当助教的半年后聘请他到音专去任钢琴讲师，就此他真正走上钢琴教学和演奏两不误的道路。那是 1943 年 2 月的事。

1943 年的夏天，大哥专程回福建同安马巷塘仔尾乡来探望母亲和我们五个弟妹。当时二弟嘉德仍可得免费上中学，其他弟妹只好在家帮助母亲种地。但他极力主张我放弃小学教师的职位，投考省立福建医学院，并且提出要尽力资助我路费、学杂费和零花钱。我当时不用说有多么地激动呀！我考入省立福建医学院，即背起简朴的行装到内迁于沙县的省立福建医学院（日本投降后医学院迁回福州）报到入学去。从那天开始他一直给我一切费用，直到 1947 年底大哥得了奖学金到美国深造时，对我的经济资助即由大嫂继续承担。1948 年 10 月大嫂也出国求学去，那时我正好申请到广州中央医学院当实习医生完成医学院第六年课程，在经济上也不成问题了。

我于 1949 年 7 月毕业留在广州中央医学院担任外科医生。在 1953 年到广东省湛江地区人民医院外科担任主任医师工作。1960 年我因连续进行 9 例广纤肝叶切除手术治疗原发性肝癌，于手术后 1 个月内没有因手术而死亡（在外科方面而言即手术成功——手术死亡率 0%。）被邀请参加郑州全国外科学术会议，并在会议上得到表彰。会后，我路过上海，特地到大哥家告诉他这一令人振奋的消息。大哥亲切地鼓励我要全心全意地当个好医生。我始终没有忘记大哥对我的要求。

从 1950 年大哥学成回国服务于音乐事业那天起至"文化大革命"止，他按月分别寄钱帮助在福建农村和当中学教师的弟妹们，逢年过节还另寄。他的兄弟情深，是我们没齿不忘的。

1981 年 12 月我到医院去探望生命危在旦夕的大哥，在他的病榻前，他忍着病痛的折磨，仍不忘记询问我在暨南大学医学院的工作情况和我的教授晋升问题。大哥就是这样一位始终关心着弟妹的好大哥。

　　1982 年 2 月份当我在广州沙河顶参加广东省人民代表大会分组讨论时,突然收到上音寄来大哥辞世的讣告。噩耗的传来使我心情久久未能平静,我当时未能代表全家来向栽培我的大哥遗体告别,只能发电致哀而已,至今我始终觉得一件遗憾的事。现在我可以自豪地告慰大哥在天之灵,我不但提升为暨南大学医学院外科正教授多年,我的事迹也被刊登于《当代中国科技名人成就大典》、《东方之子》、《中国优秀专门人才事略大典》。

　　如今我已退休,住在新西兰奥克兰市大儿子恩欣家过着幸福的晚年。恩欣来新西兰深造后,也已成为注册职业医生了。这一切的一切都应该归功于大哥。当时在抗战期间货币贬值、物质短缺的情况下,要不是大哥刚毕业时就很果断地在他工资不高的情况下,省吃俭用慷慨地供给我学医的费用,就不可能有我的今天。

　　大哥,我代表全家三代人感谢您! 永远地怀念您!

2007 年 2 月 24 日书于新西兰奥克兰

　　李嘉惠:李嘉禄胞弟, 1948 年福建省立医学院毕业,在广州中央医学院实习后留任广州中央医院外科医生。1951 年 7 月–1952 年 7 月任中国人民志愿军一分部中国中南局抗美援朝医疗队第 49 队队长医生,1952 年 8 月~1979 年 10 月先后任中央医学院(后改为广州省人民医院)外科总住院医生、主治医生、湛江地区人民医院外科主任,1979 年 11 月~1989 年任广州济南大学医学院外科教研室副主任、普外科教授。

　　曾为广东省人民代表。现已退休。

思念和蔼可亲的爸爸

李小宁

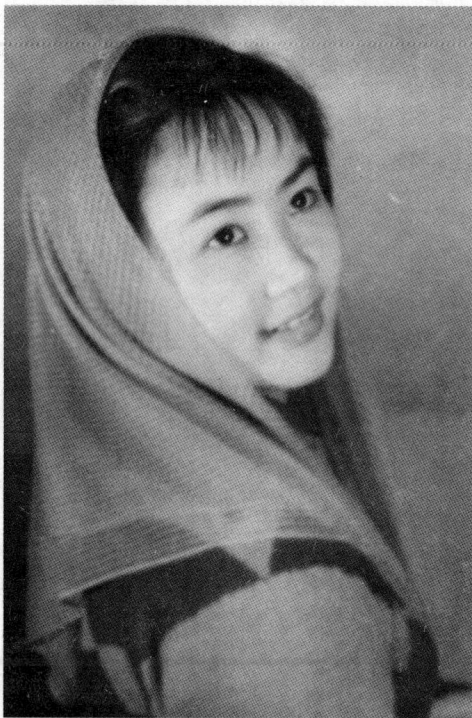

穿上爸爸为我织的毛衣

时间飞逝，转眼间和蔼可亲的爸爸离开我们已经二十五周年了。但他那高大的身材、慈祥和蔼可亲的形象、他那勤奋不懈的学习和工作精神，不但永远呈现在我的脑海里，而且是他留给我们的精神财富。

妈妈告诉过我，自从我两个月到我一岁半时，我们搬了三次家——南京金陵女大的南山——上海江湾的国京路——漕河泾音乐学院校园的生活区教授楼。最后到我五岁半时又搬到上海市区湖南路。就在这些时候我逐渐开始记事了，在我的记忆中爸爸除了睡觉和三餐外，总是忙个不停：他练琴备课、上课、系务忙，接待外宾演出、公开教学忙，开会学习和社会活动忙……而在漕河泾两年多的星期天上午还要为圣婴阿姨上课，要等到星期日下午才得空闲和我们——他的孩子们在一起活动。

即使如此也常有远道不约而来的阿姨、叔叔们利用星期天到我们家来向爸爸请教,他总是有求必应,热情接待。遇到这种情况,爸爸宁愿取消和家人一块活动的计划,也不愿意让他们失望而归。因此他极少得空闲陪我们逛公园、看电影或给我们讲他的童年趣事。而我们也习惯于爸爸的这种助人为乐的好作风,我们并不埋怨他。和爸爸一起生活的三十年中,我认识了我的爸爸就是这样全身心地奉献于他所热爱的音乐事业,勤勤恳恳地为培养音乐人才而工作着。他从不显耀自己,甚至我们小时候都不知道他是美国留学回来的。到了"文化大革命",有人贴了他的大字报,院子里的孩子告诉弟弟,我们才问了爸爸和妈妈。当时妈妈告诉我:"有什么了不起的事! 不过是去读书求学问而已。你们放心吧,我们是问心无愧的。"

爸爸从不计较个人得失。他确实是个朴实无华的人。在某些人的眼里他生活的圈子似乎是太狭窄了,除了音乐还是音乐,甚至有人还说三道四,认为爸爸似乎什么都不懂,其实他懂得的事可多着呢。他的生活过得很充实,也很有意义。主要是事情太多,到后来我们总认为他超负荷地在工作。

除了与音乐和教学有关的事,爸爸的其他一切只有我们的妈妈和作为他的儿女们能够了解得最全面。爸爸不仅是个多才多艺的人,而且是充满了爱心和同情心的人。在我的像册里贴着两张最宝贵的照片,这是谁(包括我的两个弟弟)都没有这种福份和我分享的:有一次,也仅仅是这么一次(妈妈告诉我的),在我两岁半的一个星期日,爸爸给圣婴阿姨上了整整四个多小时课后,那时他既兴奋又疲倦。但吃过午饭静养片刻后,他就兴致勃勃地牵着我的小手到家门口的花园里,我们面对面地坐在小凳上。他讲了"鸡妈妈保护小鸡的故事"。不记得是哪一位好心的叔叔(阿姨)为我们拍了这张照片,我真是得感谢他(她)。这是一张我最宝贵的照片,它拍出我们父女俩的神情——爸爸那慈祥的、和蔼可亲的面孔在入情入味地讲故事,而我那充满稚气的脸蛋、津津有味地在听着。那时大弟弟才一岁,坐不定,也听不懂,就不可能有我这种特殊的享受了。

另一张是我穿着一件绒线衣的照片。这件无价之宝的绒线衫来历不凡——它是爸爸1963年因病半休在家时(所谓半休就是除了在家上课外,学校的任何工作和活动他都不必参加),他那爱劳动的双手始终不肯闲着,就让妈妈买来绒线,亲自设计、亲手为我织成的一件非常漂亮的、深灰色、在胸前织上一排藕荷色菱形图案的细绒线衫。爸爸把他那一片诚挚的父爱一针一线地织进去,穿了它我觉得特别暖和,也有一种甜滋滋的味道。说来爸爸会织绒线的来历也是不平常——在他九岁的时候,不当心把买来的新绒线衫钩破了,给奶奶狠狠地批评了一顿。他觉得很不好受,索性拆掉它,自己向邻居讨教,学着一针针地织起来,他终于把自己的绒线衫织成了。从那时起,弟弟妹妹的绒线衫全由他包干了。奶奶为此经常夸他有志气。

说到这儿,我想起妈妈曾经告诉我,爸爸在协和大学念书的时候,他是闽南同乡足球队不可缺的一名中锋。在冬天或初春学校举行足球赛时,爸爸穿着他那件自己设计、自己手织的、从左右肩到胸前拼织上一寸半宽纯白色 V 字形、以鲜红色为底色的粗绒线运动衫,好不神气地在足球场上来回跑着踢着。

他射门的命中率是相当高的。这是值得我们为他感到自豪的——从爸爸同学陈作述老师的"难忘的记忆"一文提起:爸爸"无论学什么东西都是十分投入",又提到他是如何"不厌其烦"地用他自己设计的"球门"练习"射门技术"的趣事,爸爸在初中时就有这种"不厌其烦"的、"专注投入"的学习态度和精神,实在感人。难怪陈作述老师在他当教师时,常以此为例来教导他的学生要勤奋学习。

在 1960 年夏天爸爸到厦门鼓浪屿去疗养时,在二姨家中看到了外公坐在用枕垫盖上的破藤椅子上。他想这样太危险了,但在那三年自然灾害的日子里,二姨要照顾一家老小六口人是很辛苦的,而当时要买新的椅子也是不容易的事。爸爸从来未曾修补过藤椅,但他出于爱心,总觉得应该想办法解决——他先仔细观察、钻研一番,认为自己能把这只椅子修好。于是他买来些藤条,学着椅子上的花纹慢慢地编着,就这样那只破个大洞的椅子变成好椅子了,外公外婆高兴极了,直夸他是个心灵手巧、没有架子的教授。几天后,爸爸和妈妈又到泉州五姑婆家里作客去,在那儿爸爸居然当起专业的修补藤椅师傅了。妈妈家里的兄弟姐妹和长辈们个个都喜欢这个没有架子的教授,因为他总是那么平易近人、谦逊质朴,连我的表弟妹们都喜欢亲近他。

我们住在市区湖南路时,爸爸偶尔在星期天得空闲时,也会陪我们去看电影、逛西郊公园或带我们学游泳。记得在我九岁，大弟弟才七岁时，爸爸第一次带我们俩到文化俱乐部学游泳去。他示范给我们看怎么样游是蛙泳、自由泳、仰游……看着、看着我问："爸爸，你在哪儿学的？"他说："我有个免费的老师，他（它）的家就在我家附近，他（它）先教我蛙泳。他的名字叫青蛙。""不！不是的！我不相信！""真的，爸爸从来不骗人的。"他就讲他的童年趣事给我们听。他说："我们家就在同安马巷塘尾乡。我才九岁就要帮忙干点力所能及的农活。如锄野草啦、搬柴禾啦、打井水浇菜啦，最好玩的就是爬到龙眼树上去摘龙眼分给弟弟妹妹们吃，这些都是夏天干的活儿。那时我弄得汗流浃背，满身是泥。你们可不知道当时农村生活简陋，没有自来水可以淋浴，只能打井水把身上的污泥洗干净，再大的享受也不过是在洗干净后再把整桶井水从头上往身上浇。后来我觉得还不过瘾，索性跑到池塘去，正好有几只青蛙在池塘里自由自在地游着。我仔细地观察青蛙的四肢如何向前摆动，那时我真是个初生牛犊不怕虎，也就跳到池塘里学了起来。"嘿！我会游泳了"我大喊起来。农村的小朋友跑来一看，太好了，也一个个地跳到水里去，学了起来。从那时起，小朋友们干完农活后就成群结队地游泳去了。我们有时也会想出举行游泳比赛的运动，把家里的熟的花生拿来做奖品。这就是农村小朋友帮忙干农活后的余兴节目，大家玩得好不开心啊！"爸爸在孩童时遇事就会先冷静地观察，认真钻研，大胆尝试的精神，有形无形地影响我们，使我们受益匪浅。

爸爸大学毕后工资并不高，但他主动提出负责培养他的弟弟、我的叔叔李嘉惠学医的一切费用，叔叔后来是广州一名著名的外科医生，在医学界第一次肝移植成功。爸爸回国后又主动按月寄钱给农村的几个弟弟妹妹增添费用，逢年过节另寄。但他自己花钱却有个原则的：凡是教学用具和孩子的学习必需品，如录音机、录音带、钢琴、乐谱……他总是不惜工本地买回来。自己和家人的用具即尽可能节省，他的衣着也很简朴。

我曾在报上读到德国的大哲学家阿瑟·叔本华的一句话："同情就是所有道德的基础。"马上想起我的爸爸是一个富有同情心的人。记得有一次爸爸在外滩和平饭店开会结束后，到 26 路电车站等车时，才发现他口袋里的钱包和里边所有的证件以及七元六角钱都被扒手偷了，只好两手空空地步行回家,弄得精疲力尽;他从此不带钱包,仅随身带了略多于来回上音与湖南路之间乘 26 路电车的车费,免得再让扒手"手痒"。却没想到有一天傍晚爸爸又是拖着疲惫的双脚回家,当时他手里还拿了一束"低头哈腰"的鲜花。问明缘由,才知道他在常熟路 26 路电车站等车时,看到一个小女孩穿得很单薄,在寒冷天气里喊着:"买花儿! 买花儿!"爸爸想:"这十来岁的小女孩如果不是为了生活,何必这么晚还在叫卖呢?!"想了一想。他宁愿自己步行回家,也不忍心看着她在马路边上空着肚子、"喝"西北风。就这样他拿出乘车的钱及剩余的零钱把她的花儿买下来了,好让这个小女孩回家去,免得家里人久等。爸爸这种富有同情心的精神,是很值得人们学习的。

我最喜欢听爸爸练琴备课了。说实在的他是在演奏,就像是在无数的听众面前演奏,而在演奏中找感觉来告诉学生,要如何解决技术问题来再现音乐。我又特别喜欢听爸爸弹贝多芬、肖邦、李斯特、德彪西、穆索尔斯基等名家的乐曲。他弹得唱音特别优美、柔和、动听。他弹到最强烈的、快速系列和弦时是那么丰满有力,又有排山倒海的感觉。我小时候也业余学过钢琴,如果爸爸偶尔有空听到我在练琴,他会立即为我纠正,教我如何触键、如何用力。他最不喜欢的就是敲敲打打的声音。他认为哪怕是业余的,一旦学习某一首曲子都要严格对待,将来才能成为真正懂得欣赏音乐的听众。爸爸对待音乐就是这样一丝不苟的。他还为我录下几首我当时弹的曲子,其中有一首汪立三的《兰花花》我弹得最好也最有感情。我已把它转成光盘作为永久留念。它总是引起我无限的回忆。

我是 1968 届初中毕业生。我有两个弟弟,那时规定老大必须下农村"接受再教育"。作为"反动学术权威"的子女,我宁愿到最远的黑龙江嫩江军垦农场"绣地球"去。顺便一提——我们在"绣地球"时,每天可以看到嫩江对岸苏联的边防队在站岗,我们大家都非留心安全问题不可。我这一去在农村就呆了九年。要不是弟弟都参军去,我恐怕还不能在 1977 年回上海来呢! 那九年当中没能继续认真地学习音乐方面的专长,却在农场被上调到办公室财务部门帮忙做事。后来,我正式调回上海时,就被分配到邮电部上海第一研究所,一面当会计一面努力上会计专业学校学习。爸爸那种自幼就是学一行、爱一行、专一行,非常专注的精神影响了我。我在邮电部办的大学也学得很好、干得很不错——曾升任邮电研究所的会计师,又被邮电部选为审计员,到全国各地邮电有关单位查账。1992年,我移居加拿大,在达特莫城地区大学进修后,仍然干本行工作,而且能独当一面地担任财务主管,每月都能很出色地完成公司的任务。我的女儿(在爸爸住医院时他这个外孙女才三个多月)也在2003年获得荣誉哲学学士学位,现在也在边工作边攻读经济学硕士学位。我的先生马熙宁在加拿大中西部一家钻油井公司当技术员,工作也很出色。爸爸知道这些一定为我感到无比的欣慰。

2007年5月11日于加拿大

李小宁:李嘉禄先生的长女,1977年由农村回上海在邮电部上海第一邮电研究所任会计师,后又升任为审计处处长。

1997年移居加拿大,现任卡维利建筑公司财务主管。

怀念我的父亲李嘉禄

李 恒

李恒在总政演奏储望华的《国际歌颂》协奏曲

　　时光荏苒,不知不觉间父亲离开我们已经二十五年了,他的音容笑貌至今栩栩如生、历历在目,至今仍常在寂静的夜里浮现于我的梦中。现在我自己已是中年的钢琴教师了,他仍然是我工作上遇到难题时最想请教的恩师,生活中有了起伏跌宕时最想倾诉的亲人。父亲是我一生事业的原动力,也是我一生努力要效仿和超越的标尺,能够在他的注视下成长并且作为他的儿子和学生是我一生中最大的幸福,他给予我取之不尽、用之不竭的精神财富。父亲的爱没有边际,这爱在他生前和身后都荫蔽着我向上走的路。他一生为了音乐事业而鞠躬尽瘁,他的恩情如山高水长。

　　我在六岁半时开始跟徐祖颐老师学琴,像所有学龄前的孩子一样,我当时很难坐下来,脑子里想的都是玩儿,常常在放学后和院子里的十几个小朋友玩得满头是汗,天黑了还不想回家。即使是坐在钢琴前面,也经常是为了完成任务而心不在焉。那时,爸爸的教学任务很重,系里的工作也很忙,还经常有接待外宾的任务,很难找出时间听我练琴。但是,只要有一点空,他总会坐下来指导我。有一天,我在练琴,没注意看谱弹错了,爸爸告诉我这样弹是错的。我想都没想就说:"我的老师要我这样弹的,我听我老师的不听你的!"爸爸听后,笑了笑,没有生气,仍然很耐心地、循循善诱地跟我讲解,纠正我的错误,他说:"练琴要按照琴谱上写的去弹,在这里只有听作曲家的。"当时,我无话可说只好按照谱上写的去弹。事隔好几年,有一天,我在一个偶然的机会中得知我的钢琴老师原来是我父亲的学生。回想起那次我对父亲的顶撞,真是无地自容。

　　爸爸不只是在具体的曲目上指导我,还非常注重我的学习方法和基本功的训练,帮我打下了坚实的基础。我以前练琴时没有耐心,经常贪图快,总想一遍就能弹好。遇到技术难点时,经常存有侥幸的心理:"我再弹一遍,肯定能过关。"这样,问题没解决,一遍又一遍地弹,免不了会重复错误——"吃螺丝"。有一天,爸爸听我练琴又在"吃螺丝"时,他什么话也没说,随手打开录音机,把我当时练习的曲子录下来放给我听,他让我自己意识到这是一种低效率的练习方法。当我听到自己从头一遍又一遍地重复相同的错误后,就按照爸爸教我的纠正了自己的练琴方法。爸爸告诉我无论是练基本练习或是练乐曲都要有耐心,先把难的乐句分手、分段、按表情记号慢练,等练熟后,再合手练,最后按速度要求练整体,这样的练习方法既省时,又有效。他的这种调动学生主动认识错误的教学方法和练琴方法,至今我仍然受益匪浅。但那时我"玩性"难改,直到三年级考进上音附小,才开始懂得用功学习。

　　可是,好景不常,1966年"文化大革命"开始了,当时我刚念完五年级,由于上音大、中、小学全部停课"闹革命",我们这批上音附小的学生被转到普通学校去上课。当时,家里的钢琴被"保护性"地贴上封条。在这种无琴可练的情况下,我索性把时间花在自学安装半导体收音机上。1970年夏天,当我装好一台八管半导体收音机,在试听时,从收音机里传来殷承宗演奏的钢琴协奏曲《黄河》。那一瞬间,不知为什么我特别想弹琴,于是就情不自禁地把钢琴上的封条给撕掉,练起琴来了。午饭时,我迫不及待地跑到音乐学院的饭厅,找到正在排队买饭的爸爸,恰巧饭厅里的高音喇叭在播送《黄河》。我毫无顾虑地告诉爸爸:"今天我把钢琴上的封条撕了,开始练琴了,但我有不少问题不知如何解决。"爸妈一时不知如何作答。那时,爸爸虽说是"半解放"的"资产阶级学术权威",每天可以回家,但是,他每星期有六个整天要在学校里参加学习,回到家里已经是晚上十点钟了,这么晚了在福园(上音教师宿舍)是不可以再有琴声的,怎么办? 一向肯动脑筋、刻苦钻研的爸爸对我说:"这么晚了,邻居都在休息,我不能教你弹琴,不过我可以写些东西来指导你学习。"就这样他抓紧利用晚上睡觉前一个半小时,把钢琴协奏曲《黄河》仔细地研究、分析,写成文字让我在家先自学,等星期天他在家时再指导我。《如何弹好钢琴协奏曲〈黄河〉》"一文就是在这种情况下完成的。

由于我的双手没有接触琴键已有四年多了,手指不听话,视谱也不快。当时所有的外国曲子包括练习曲都是被禁忌的,只有《北风吹》、《快乐的女战士》、钢琴伴唱《红灯记》和《黄河》等可以弹,而《黄河》这个作品对我当时来说难度是很大的。在这种情况下,为了使我进步快、不走弯路,爸爸根据我的水平,"急用先学"地先后编写了适合我需要的各种很有效的手指练习,他写的《钢琴基本技术练习》[①],以后逐渐累集成册。同时,他又根据《黄河》及其他乐曲的需要,非常细致地给我讲解了很多技术问题,要我注意臂膀、腕、指关节如何有弹性地配合动作,教我在表达各种不同情绪时,怎样运用不同的力度来弹奏,和如何有效地运用踏板,如何用腰劲来弹出最强有力的和弦,如何与乐队互相配合、互相衬托等等[②]。在他既严格又耐心的指导下,几个月内我在钢琴演奏方面有了很大的进步。

1970 年 12 月 6 日,弟弟听同学说,北京总政治部文工团当晚要在上海歌剧院招生考试。我们自知不是工、农、兵或干部的子弟,不敢有任何奢望。但我们哥儿俩还是连晚饭也顾不上吃,就赶到考场看热闹去了。那天,有一位招考处的同志走过来问我:"小同学,你是来考试的吗?"我摇头说:"我是来听我的同学考钢琴的。"他说："你会不会弹琴?"我说："当然会!"他马上问："你要不要报名?"我点头说："可以,不过没准备。"就在这样的情况下,我报了名,并在当晚10点半左右进考场,弹了《黄河》的第一乐章和第二乐章。考官们听完后,对我很感兴趣,问了不少关于我学琴的情况后说："你回去等候通知吧!"那晚,我们回到家里已近午夜,爸妈看见我们急着问:"发生了什么事?!"当他们知道实情后,妈妈马上在我头上浇了一大盆冷水:"不可能的事,别作梦啦!"可是,谁都没想到一个星期后,我就参加了复试,两星期不到(12月26日),我接到正式录取通知,而且我是那天在上海歌剧院的考生中唯一被录取的幸运儿,我能够在没有准备的情况下,考上全军最高的文艺团体,这是爸爸为我特别指导的结果。有趣的是,那天的考试一下子改变了我们家的社会地位——从"一个资产阶级学术权威的家庭"一夜之间变成受人尊敬的"光荣之家"。

1971年的1月8号,我正式到北京总政治部文工团报到。可是,难题又来了,当时,北京的艺术院校和上海的艺术院校一样全面停课,而我又需要继续提高钢琴演奏水平。那时,在总政我们虽然有学习外国曲子"洋为中用"的特权,但是,有谁敢教我学习外国曲子呢?! 爸爸对摆在面前的难题,从来没有退却过,为了能让我在钢琴学习方面继续提高,同时又能更好地完成总政文工团的工作,爸爸决定用函授的方法来帮助我。就这样,每当我在学习或工作上遇到问题时就写信给爸爸,他通常在收到我的信的当天,利用晚上的休息时间马上写信答复我。记得有一年冬天,妈妈说爸爸在接到我的信时,正患重感冒,但是,为了让我尽快收到回信,在当时天气非常寒冷而且没有暖气的上海,他穿着棉袄、抱着热水袋,一边抽烟提神,一边连夜写回信解答我的问题。为了使我容易理解,他经常花很多的时间去思考如何把复杂的问题用最简单的方法来讲解。我在北京总政工作了八年,爸爸就给我函授了八年。北京和上海相隔千里之遥,爸爸通过信件,结合我当时工作的需要,一封接一封地用文字来帮我解决难题,例如:如何练好4、5指,如何用手指技术来控制声音的轻响,如何弹歌唱性的旋律以及如何弹伴奏,如何弹好协奏曲(注:这是配合我当时在总政文工团演奏储望华创作的《国际歌颂钢琴协奏曲》的作品而写的),……等等。每当我一年一度回家探亲时,在这短短的两个星期中,他几乎每天都腾出时间来指导我。他为我将练习曲由浅入深列出顺序,同时,在著名作曲家的曲集目录上为我分类注明深浅及早、中、晚不同时期写的作品,好让我在北京工作之余,可以有选择性地自学提高。他还为我讲解了几位作曲家创作的时代背景、风格与特点,写了如何演奏贝多芬的《黎明奏鸣曲》,李斯特——帕格尼尼的《钟》、肖邦的《练习曲》、《织体浅说》及《织体短例》……等文章让我学习。在这八年之间,爸爸为我写的这些书信,以及在当时特定的条件下,所采用这种特别的教学方式,使我的钢琴水平和独立思考的能力得到了很大的提高。爸爸因材施教的教学方法是非常灵活有效的,他不因循守旧,敢于创新,使我这样一个原来只有附小五年级水平的学生,在1978年顺利地从北京总政文工团直接考入上海音乐学院钢琴系本科二年级插班生,成为他正式的学生。

在父亲通过函授传授给我的很多东西中,让我印象尤其深刻的是,他一再强调“音乐是声音的艺术”,而技术是为表现音乐服务的。有很好的技术,但没有音乐,这只是一种没有生命力、没有感染力的演奏,它是不可能打动听众,也不可能达到一个完美的很高的艺术境界的。作为一个演奏者,一定要用自己的头脑去思考和分析作曲家的音乐风格、音乐结构和音乐内涵,要用心去演奏,要有分寸地控制触键,注意声音、音色、力度、速度、情绪和踏板的变化……当时我还不能完全按照他所讲的要求去弹琴,也不能真正理解其中的深远涵义,直到我来美国攻读硕士时,才逐渐领悟到,并开始在这一方面努力要求自己。记得有一次我在音乐会上演奏肖邦《g 小调叙事曲》作品23号,演出后,有很多听众到后台来向我祝贺,其中一位听众拉着我的手说:“你这首曲子弹得太好了,使我情不自禁地流了泪。”她的这番话使我更进一步领会到父亲为什么一直强调注意音乐表现的重要性。是的,只有演奏者完全理解了作品的真正内涵,才能根据乐曲的需要,恰到好处地运用所掌握的技术来完整地再现乐曲,感染听众。

1982年1月,我在上海音乐学院钢琴系上大学的最后一个学期,爸爸重病缠身,住在医院里治疗。他虽然已把自己的学生托付给系里安排妥当,但他还是一直惦记着他们的学习。(在此我要特别感谢爸爸的高徒之一、李民铎教授接手教我到毕业,使我能够顺利地出国深造。)在爸爸住院治疗期间,他还时刻惦记着写一本《钢琴教学问答100例》,很可惜,他只写完二十例,就昏迷不醒,一个星期后与世长辞了。爸爸是身患绝症的病人,不顾病痛的折磨,在他生命的最后一刻仍然惦记着如何将自己几十年宝贵的教学经验传给后人,这是父亲一生为音乐事业无私奉献的写照。如今我不仅经常在音乐会后得到各界给予自己的好评,而且更有不少学生在波士顿、华盛顿、加州等地的钢琴比赛中连续获奖,其中有多位学生在全美公开赛上荣获金奖,我希望这可以告慰爸爸在天之灵——他在我身上所花费的心血终于开花结果了。

在父亲逝世二十五周年、九十诞辰将至之时,我愿意把父亲当年消耗了无数的精力和心血写给我的有关学习钢琴的部分函件作为他的遗稿在这本纪念文集里出版以飨读者。

2007年3月7日于加州圣马提奥

李恒:李嘉禄先生的长子,1970年底考入中国人民解放军总政治部文工团,1978年考入上海音乐学院,1983年获全额奖学金赴美攻读钢琴演奏硕士和博士学位。曾获金钥匙奖,学生多次在美国钢琴比赛中获奖。

---

① 《钢琴基本技术练习》遗稿于1998年由人民音乐出版社出版初版。2000年再版。

② 当时父亲即萌发了把他三十多年演奏和教学的经验写成《钢琴表演艺术》的想法,并于1978年写完初稿,1981年11月写完修改稿。不久后父亲即一病不起,不幸于1982年2月19日在上海华东医院辞世,未能实现将书中所举的谱例自己录音加以说明的计划和愿望,这是无法弥补的憾事。该遗稿于1993年由人民音乐出版社出版,2006年再版过。

记 忆 犹 新

李　毅

1981 年 9 月 5 日爸、妈到虹桥机场为我送行

　　谁也没料到 1981 年 9 月 5 日下午 2 时许,当我踏上中国国际航班的舷梯回首向亲友们告别的那一刹那,却是我和爸爸永别的时刻。记得我们在候机室大厅等候出关时,爸爸拉着我的手似乎有许多话要说,但却沉默不语,直到海关门开放,我们拥抱告别,他再也忍不住了,顿时泪如雨下。这是我第一次尝到别离时的痛苦。我知道他是多么地舍不得我离开啊! 也许当时他对自己的健康情况已有预感了。他总是觉得很疲劳,胸口发闷,痰中带

血。我走了两个多月后他就住进了上海华东医院。妈妈怕刚离家不久的我听到消息会受不了,她给我的信中只字不提父亲得的是绝症。我在美国由于很久没有收到家里的信,有一种预感家里出事了。打了电话后才得知这一无法接受的、并且是大家多年来最害怕面对的消息。

我刚到美国在生活上有爸爸的老同学、音乐学教授詹姆斯·巴希安(Dr. James Bastian)的照料,第一年在经济上又有大姨的资助,爸爸是很放心的。他在病重时得知我被伊利诺伊大学音乐学院的著名小提琴独奏家鲁卡教授(Professor Sergiu Luca)收为学生,得全免奖学金,他又听了鲁卡教授的唱片录音,知道我有一个很好的老师,爸爸非常高兴也更为放心了。然而,他仍然非常关心我,在病榻上让妈妈写信告诉我:"在异国他乡,交朋友要特别谨慎,在专业上也要善于向老师学习。"这简单的一句话,包含着爸爸挂念着我的前途和我的成长,也包含着慈父的爱心。

随后,我被世界著名的小提琴教育家迪蕾教授(Professor Dorothy De-Lay)收为多年的全免奖学金学生在波士顿新英格兰音乐学院上学。毕业后,考进加拿大新苏格兰省交响乐团,1986 年与小提琴家高醇彬结婚,现在我们有两个活泼可爱的女儿 Mimisu 和 LaLa。她们正是在学习的年龄,两人都在学钢琴,非常有乐感。2007 年 8 月 1 日应英国女王在新苏格兰省的代表 Her Honor Mayann E. Francis 省长(Lieutenant Governor, The Honorable Mayann E. Francis)特邀在省府演出,受到省长及到会的来宾们热烈的赞赏,并且邀请她们姐妹俩于今年 10 月 3 日在新苏格兰省府颁发最高荣誉奖仪式(The Order of Nova Scotia)时登台演出。可惜的是,她们既没有福运得到爷爷的教导,也没能有机会和爷爷分享她们的成果。她们只能从照片里认识爷爷,思念爷爷。

爸爸为我的学习付出了许许多多。我从小一直熏陶在音乐环境里,听爸爸的钢琴独奏音乐会、爸爸精益求精的练琴、爸爸的学生到家里来上课,加上上海音乐学院宿舍福园里此起彼伏的各种乐器演奏声,音乐气氛非常浓郁,可以说是一个出产音乐家的优越环境。但是,我当时对学习钢琴或其它乐器却毫无兴趣,只喜欢在院子里跟小朋友们玩耍,有时在爸爸给学生上课时,我就躲在钢琴下捣乱。那时的我就像我六、七岁的小女儿 LaLa 现在这么大,经常趴在窗口上挥手,看着来接爸爸去开音乐会的小汽车驶出弄堂口。当时只知道爸爸是个艺术家,一个名人,但不知其含义。

1966年6月"文革"开始我们家也遭受了灾难。家被抄,爸爸被关在学校里,爸爸的工资被扣了95%,房子也被强占了,爸爸被封为"反动学术权威"。要不是妈妈坚强地撑着,我们家就不可能有今天了。福园里再也听不到莫扎特、贝多芬、肖邦、李斯特等世界著名音乐家的音乐了,简直是死沉沉的一片。直至中央电台在"文革"中期广播了钢琴伴唱《红灯记》、钢琴协奏曲《黄河》之后,上海音乐学院的宿舍福园里沉寂的气氛才又被时起时伏的歌声和各种乐器的声音所打破。

在我13岁的那年暑假,我跟哥哥两人第一次去福建厦门拜访外公婆、舅舅和阿姨们。在那种环境清静、优美如画的海边,远处忽然飘来了一曲非常吸引人的小提琴音乐,真是令人着迷,太美了。就在那瞬间,我灵感突发,对小提琴产生了前所未有的兴趣,萌生了学习小提琴的念头。回到上海时,我差几个月就快14岁了,当父亲从哥哥那得知我想学小提琴时,非常高兴他二话没说就带哥哥和我到乐器店去买来一把39元5角钱的学生琴抱回家来了。不用说,我当时有多么地兴奋啊!父亲马上请我们的邻居赵基阳老师为我上第一课。就这样我开始和小提琴结下了缘。当时中学已经复课,我每天抓紧把课外作业完成后,就练起小提琴来了。开始,我每天练四小时,兴趣越来越浓,就逐渐增加到八小时,天天至少八个小时的认真练琴,从不觉得疲劳。我有着爸爸那种刻苦耐劳、勤奋好学的精神。一年半后我已经能演奏门德尔松的《e小调小提琴协奏曲》、萨拉萨蒂的《流浪者之歌》及一些较深的名曲和一些奏鸣曲。

1974年夏天我到北京报考总政歌舞团时,由爸爸为我弹伴奏。当时满场的听众鸦雀无声地聆听着。我考得很好,和爸爸合作得非常默契,我被录取了。那时虽然是我初次登台,但我却毫不怯场。

也许有些人认为这么快的学琴进程是非传统的、不可思议的。但是每个人的天赋和他对音乐的兴趣都不可能是一样的。我之所以能够有今天的音乐生涯要感谢爸爸的精心培养,爸爸一流的音乐修养、音色和力度变化的控制、音乐分析和一生献生于音乐的精神对我的影响。同时也感谢我尊敬的老师郑金銮先生大胆地打破传统的栽培和王人艺、袁培文老师的在上海音乐学院给我的训练。最终由 Luca 教授和 DeLay 教授在技术和音乐上的进一步的雕琢所得来的。

我永远不会忘记，自从我开始学琴后，从最浅的到深的曲子，只要是有伴奏的曲子，爸爸总要为我弹伴奏。先是听我拉琴，提些意见，然后，我们约好时间一起合奏。在他为我伴奏的过程中，他告诉我乐曲的起承转合，帮我对乐曲有更深的理解，表情就更丰富了。爸爸的视奏能力超人，他有高深的音乐修养，力度变化极大，音色变化无穷，对音乐的处理恰到好处，从不做作。爸爸不但是一个非常罕见的优秀的独奏家，他也是一个非常好的钢琴伴奏家。他弹的伴奏就像一个很好的指挥家在指挥一个乐队，永远是衬托着独奏者，但是在乐队主旋律出现的关键时刻又能突出一下，非常的敏感。我们经常是合奏完后即录音听效果。录音时间一旦约定后，无论是严冬或是酷暑，我们为了不让弄堂汽车声、叫卖声和厨房炒菜声干扰，总是把那 16 平方米的客厅门窗关紧，搬出 601 国产录音机，就开始和乐了。一遍又一遍，录到满意为止才罢休。每当我回忆在那寒冬腊月，家里没有任何取暖的设备，我们在录音时总脱下棉袄，有时仅剩下一件单衣，而在炎热的夏天我们不用说是汗流浃背。尽管如此，我们父子俩总是雷打不动地全心投入，直到录完为止。当爸爸站起来时，他那大脑门上的汗水顺着往下流，他的双脚前地上就是湿淋淋的一片。此情此景总让我非常感激。爸爸那时已是五十开外的人了。他在教学备课的百忙中抽空为我弹伴奏，我更应抓紧地学习，将来在事业上有所成就，可以报答爸爸的精心培养。可惜，苍天没有留给我这种报恩的机会。

自从我开始学小提琴，对音乐有了兴趣后，才真正的体会到爸爸超人的音乐感，音色变化，力度变化，声音的控制，对乐句的分析和精益求精的、一生献身于音乐的精神。爸爸历来待人善良、忠厚和诚恳，有求必应，给学生上课时从不苛刻时间，总是在学生完全理解了后才下课。有时一些不是他的学生来求教，他也一视同仁、毫无私心、毫无保留地传授给他们。但他从来都没有把这些学生占为己有的想法，也从来都没有把自己的学生作为私有财产。爸爸认为一个很用功、刻苦学习的学生如果在技术上的问题和音乐处理上的问题一直得不到解决，那老师要负绝大部分的责任。

正因如此，尽管那些各大协奏曲、奏鸣曲爸爸都背得滚瓜烂熟，在音乐会上也都弹过，他仍然还是每天练琴备课好几个小时，从不间断。爸爸的这种认真和钻研精神是无人可比的。他有一种超人的天才，能够在没有钢琴的条件下，看着琴谱背谱。他在音乐会上所弹过的保留曲目超过一百二十多首。

有件事我觉的很遗憾，当我们约好时间要录萨拉萨蒂的《流浪者之歌》时，那时音乐学院开始提出洋曲子一概不可弹，要走自己的路。但是，其他文艺单位没有这个限制。记得上海交响乐团的独奏演员裘寿平到我家来，弹了拉赫玛尼诺夫的曲子请爸爸指点。我们楼下的一位邻居马上上楼来说，你们到现在还弹资产阶极的东西，弄得裘寿平很长一段时间没敢来我家。我们约好录音也因此作罢。这首曲子是我们父子俩合作得非常默契的、难忘的乐曲之一。没敢录音，太可惜了。

福园有个不成文的规定，即在晚上 10 点钟后不可以有琴声。从 10 点起爸爸看书动脑筋写稿子的时间便开始了。他为了我在那几年里买不到乐谱，就挤出时间为我抄一些小提琴乐曲、奏鸣曲和协奏曲等带有钢琴伴奏的乐谱。这 65 本的手抄谱和他为我写的一首小提琴练习曲《无穷动》以及许多录音带我都保留到现在已有三十多年了。由于科技发展飞快，录音器材更新换代，601 录音机被取代了。去年我把所有的录音磁带（包括父亲在 1950～1951 年的独奏音乐会录音磁带）想方设法请朋友帮忙把它们转成光盘留着作纪念。尽管转成光盘后，与实况相比优美的声音失真了，但这些录音和手抄谱是爸爸留给我的唯一宝贵物质和精神财富。透过其中的每一个渗透了汗水的音符和每一首曲子，是他为我个人的前途铺平道路的印记。我永远铭记他那不可斗量的父爱，以及他那一丝不苟的钻研精神和忘我地献身于音乐的一生。

爸爸这么一个才华横溢的钢琴艺术家，把一生奉献给音乐事业，培养了数百位优秀的钢琴演奏家和教育家，对中国的音乐演奏和教育事业作出了不可估量的贡献。他过早地离开了我们，对中国的音乐事业和钢琴演奏艺术是一个巨大的损失。

以下的一首诗体现爸爸奉献给音乐的一生及他的为人。

思　念

音乐终生	才华横溢
妙音传留	夕忆又生
废寝音育	桃李满天
艺术至上	精益求精
创新育才	无畏忌谇
与世不争	终生为例
为人忠恳	助人为乐
受益得者	思念万分

2007 年于加拿大

李毅：李嘉禄先生的次子，加拿大小提琴家。1981 年起在北美期间师从世界著名小提琴教授 Dorothy DeLay，Sergiu Luca、Malcolm Lowe（波士顿交响乐团首席），曾就读于上海音乐学院，伊利诺伊大学音乐学院和波士顿新英格兰音乐学院。

现任加拿大新苏格兰交响乐团第一小提琴及四重奏组的第一小提琴手。经常应邀参加新加坡交响乐团的唱片录制及巡回演出。1997 年应邀参加香港回归演出，2005 年和 2006 年应邀参加海外华人音乐家回国新年音乐会演出。

追忆和缅怀

吴誌顺

1974 年 9 月在天安门前

　　嘉禄去世这么多年来,翻阅二十五年前为他的追悼会所制作的留言簿成为我安静而平淡的退休生活中最有意义的"节目"——院领导的悼词、学生们的志哀、家属的答谢,许多党政、医院、学校领导、学生、学生的家长及亲友送的挽联,来自国内外的唁电和参加追悼会人们的签名。这一切表达了人们对嘉禄人品的敬重、对他教学的肯定以及对他作为一位良师益友的深沉怀念,它们总是能唤醒我无数的回忆,使我觉得心灵依然充实,情感仍旧鲜活。

今天打开这本珍贵的册子，似乎启动了我脑中那积累了半个多世纪的记录光盘，这么多情景、故事，成功、挫折，这么多人世间的酸甜苦辣、冷热厚薄，要把它们都记录下来，我很难做到——笔太钝，精力更有限。好在嘉禄的师德和艺术造诣、教学方法，他生前的学生们已从各自不同的角度来叙述了，比我了解得更透彻、感受也更深。我想我能为这本献给他的文集做的，就是追忆点滴在我们共同度过的一生中对我说来很有意义或很有趣的有关他的往事。

我们在大学念书，正好是抗日战争时期，福建所有大、中学校都内迁山区，公路被破坏，交通极为不便。学生都在校住宿，一旦进了大学不到毕业是不回家的。

1940 年的秋天，我由南平私立福建华南女子文理学院转学到邵武私立福建协和大学念生物系二年级。当新老同学们都忙于注册选学科的那两天里，远处的大礼堂整整一个上午却传来了优美的钢琴声。这一下就引起了我的好奇心，是谁这么超凡脱俗?! 别人都忙于实际事务的时候唯独他却沉醉在音乐中。周日晚间自修时，同学们到图书馆里去借阅参考书，有位男同学手中拿着上课的笔记本、教科书和几本乐谱，他总是坐在长桌子的一边，专注地整理他的笔记，看参考书后抄抄写写完毕就打开琴谱聚精会神地读，不到关门不离开。他这么勤奋，一刻也不停地学习，我猜想他就是在大礼堂练琴的那位同学吧! 后来我得知他是生物系三年级同学李嘉禄。也听说由于节省用电，除了开音乐会或是演话剧时，大礼堂的电源总是关着的，他只好晚上背谱白天练琴了，但偶尔也会摸黑地到大礼堂里的钢琴上去找感觉，自我陶醉在优美的音乐里。

嘉禄的勤奋是全校闻名的——每天一大早起床，匆匆准备就绪，拿了琴谱就到那离男生宿舍大楼不远的大礼堂去，坐在琴凳上，待起床钟声一响，他的琴声也就同时响了起来。不到吃早饭的钟声再响起，他的琴声是不会停的。星期天和寒暑假就更是他"大练特练"的日子了。在四年的大学期间，他天天如此。他那每学期一次的独奏会曲目就是这样累积起来的。当时学校没设音乐系，但大学生业余合唱队已成立多年了，谁都可以报名参加。我在中学时期就一直是教堂唱诗班的成员，因此也报了名。合唱队的指挥是徐克丽教授(Prof. Agnes Scott),伴奏就是李嘉禄了。由于我们都是闽南同乡,方言相同(福建因地理关系,方言就有十几种)、主修专业相同,再加上我是他的课余钢琴学生之一,不用说就有较多的接触机会,也有较多的共同语言。嘉禄为人厚道,待人诚挚,生活简朴,勤奋好学,对事物善于观察、爱钻研,我所喜欢的就是他这样的人品。认识了五年之后,我们终于在1945年7月23日(抗日战争胜利后几天)在永安中山纪念堂结婚。

嘉禄的经历十分坎坷。念大学一年级的第三个星期父亲①就去世了,作为大儿子的他义不容辞地肩负起一家老小七口的生活重担。幸好有三亩地、几棵龙眼树和父母培养他从小就爱劳动的双手,而弟妹们虽小却也会帮忙干点农活。噩耗传来,他立即告别师友回家打算种田去。当他步行路过漳州城时,遇见好心肠的中学英语老师李法德(Rev. de Velder),李法德老师了解情况后非常同情地说:"嘉禄,我为你付学杂费,你赶快回校复学去。"嘉禄感激万分地接受了,因为实在不忍放弃学业。但他还是先赶回家见了母亲②,把家事都安排好,征求了母亲的同意,这才返回学校。母亲虽是裹脚后又"解放"了的,不用说干起农活比较吃力,但她是个坚强的人,为了儿子的前途,鼓励他返校复学。有这么难得的贵人相助和老母的支持,嘉禄更加倍勤奋地学习了。可惜好境不常,李法德老师因师母病重必须回美国去,不可能再给嘉禄经济资助了。前面的路就要嘉禄自己去闯——学校批准他学杂费全免,给他教课余钢琴学生,当邵武小学的音乐代课老师,为学校的合唱队用的乐谱刻钢板、弹合唱伴奏,就这样他解决了念大学的膳宿和零用钱,完成他大学的课程,得了理学士学位,上学期间他年年都是优秀生。

协和大学的教务主任郑作新(解放后任中国科学院院士)是世界著名的鸟类学专家,嘉禄的论文指导老师,同时又颇具音乐修养。在嘉禄念完三年级后,他建议嘉禄结合音乐写毕业论文。这确是个新课题,也是个难题。但在困难面前从不低头的他,为此沉思数日。有一天大清早,他往大礼堂走去时看见几只可爱的小鸟儿在草地上跳跃,发出清丽柔和的声音,似乎在对话,有趣极了。真是"上穷碧落下黄泉,两处茫茫皆不见"的灵感突然就在眼前——嘿!用音符谱写不同鸟类的叫声,不是个绝妙的论题吗?!他的这种想法得到了论文指导老师郑作新教授的赞同。他就此在那个暑假开始，每天破晓和傍晚都是风雨无阻到校舍附近的大树林里去，聆听、观察、跟踪记下邵武不同候鸟在不同生长期的不同习性——它们在草地上、在花丛中、在河边漫步走，或在空中飞行、生气、受惊、欢快或谈爱时都有不同的鸣叫声。这样坚持到翌年的春假，他用五线谱记下 31 种候鸟的不同音高和不同节奏的鸣声——有三连音、颤音、跳音加顿音……然后他把不同的鸟解剖，比较它们声带的长短、气管的结构形状和宽窄程度。它们的叫声有的就在中央 C，有的略低于高音 C 或在比中央 C 高两个八度上……有的音质如弦乐，有的近似人声。辛勤努力的成果是论文《福建邵武常见候鸟的鸣叫声》，郑作新教授大为称赞地说："这是一篇独特的毕业论文呀！嘉禄，你写得好哇！"（注：1982 年 4 月我收到沈阳军区宣传部政治部文艺科胡世宗先生给嘉禄的来信说："……我曾写信给中国科学院鸟类学专家郑作新教授，他告诉我您写的论文内容，让我直接和您联系……我写了一本《鸟儿们的歌声》，请您为我谱曲。"遗憾的是嘉禄当时已离开人世两个月了。）

　　嘉禄就读大学三年级是 1941 年，当时福路教授（美国奥柏林音乐研究院优秀的音乐硕士）在美国教会于福建所办的上述两所大学和格致中学任教，主要教钢琴和声乐。他利用每四年有一年的休假到英国，师从英籍著名钢琴演奏家、钢琴教育家马泰伊（Tobias Matthay）进修。他学到马氏的"旋腕法"（Rotation）。）休假后第一次来到邵武，开了一场节目全新的、极其富有感染力的钢琴独奏音乐会，其中有几首苏联作曲家的作品，更使嘉禄大开眼界。福路教授把穆索尔斯基的《图画展览会》表演得惟妙惟肖。他的触键和音色真是美极了。嘉禄忍不住在音乐会结束时，直奔到福路教授跟前，要求福路收他为徒。福教授试听他弹完贝多芬的《悲怆奏鸣曲》和肖邦的《幻想波兰舞曲》后，马上答应每周给他上一次课，每课学费 20 元。为了学习，再高的学费他咬着牙关也要按时付清。过了一个月后，福路教授告诉他："密司特李，你每次还课都弹得很好，给你上课是我愉快的享受，我再也不收你的学费了。"嘉禄感动得热泪盈眶。从那时起，他更是分秒必争地学习了。福路教授传授给他的"旋腕法"（嘉禄学会这种"旋腕法"，在福建音专时曾结合手指练习写了《钢琴技术练习》一书，在学校里油印使用，解放后音专合并到上海音乐学院,这本油印教材即归入福州当地的档案室),又教他如何根据乐曲的和声结构来背谱。在国民党时期,弹苏联作品可以说是犯忌的。但福路教授认为音乐是世界语言,不应该有国界之分。他先后让嘉禄弹穆索尔斯基、卡巴列夫斯基、巴拉基列夫、拉赫玛尼诺夫、肖斯塔科维奇、普罗科菲耶夫、柴科夫斯基等苏俄作家的作品。以后嘉禄在福建音专任教期间仍然利用寒暑假,到福路教授那儿学习、互相探讨,直到他出国深造为止。通过音乐的语言沟通,他们也就从师生的关系成为朋友的关系了。

　　嘉禄学习任何新的东西,都是认真钻研,手脑并用,非常地投入,不达目的决不罢休。在协大选修生物为专业,必须有很强的记忆力,因为除了弄懂课本和参考书里所阐述的知识,按时交作业,还必须背记英文教科书里的各种学名,尤其是动物和植物分类学——把每一种动、植物分别归纳到界、门、纲、目、科、属、种里——所谓的分门别类都必须一目了然,它们的许许多多拉丁文学名也必须牢牢记住,准备指导老师的随时抽查。郑作新教授自己对所有的拉丁学名都是驾轻就熟,所以学生们一点也不敢怠慢。在钢琴学习方面,由于嘉禄的吸收能量大,福教授对他的授课完全是按钢琴专业学生的培养来要求,并且每首乐曲都必须背弹。嘉禄有超乎常人的记忆力,但如果没有刻苦勤奋的精神和科学的时间安排,也不可能达到他为自己制定的目标——两者兼顾而且都要出好成绩。果然,功夫不负有心人,他的目标达到了。他自己每学期还开一次独奏会,和学声乐的同学合开音乐会,同时也为我们这些大学课余钢琴生准备学习演奏会。1942 年 6 月他毕业时和福路合开了一场拉赫玛尼诺夫《c 小调钢琴协奏曲》及格里格的《a 小调钢琴协奏曲》的音乐会,这是协大有史以来第一场双钢琴音乐会。琴音一消失,全场听众沸腾起来了,雷鸣般的掌声经久不息——嘉禄认为这是激励他、鞭策他今后更加努力的掌声。毕业后他自然就留校任音乐助教了。以嘉禄当时经济拮据的情况而言,毕业后马上有了职业应该会相当满足了。但是不!他喜欢的是一个充满音乐气氛的学习环境,不断地充实自己。他把在协大开过音乐会的节目单寄到永安国立福建音乐专科学校去谋求一职,不多久后,缪天瑞教务主任寄来聘函邀请嘉禄任钢琴讲师。嘉禄接到信不用说有多高兴了,简直是天下掉下来的好机会啊!他立即去向协大合唱指挥徐克丽教授辞职,徐教授很不高兴地说:"密斯特李,你是协大培养的,就应该留在协大工作……。"就在这个关键时刻,福路教授说:"嘉禄有如此的音乐水平,又有如此的好机会,我们应该为他高兴,为他的前途着想,他应该到音乐学校工作去。"徐教授只好勉强答应。从此嘉禄开始走上了以他所热爱的音乐为事业的道路。嘉禄始终铭记和感谢福路教授对他的培养及支持,也铭记和感谢缪天瑞教授在他选择工作的关键时刻给他的好机会,他一直以实际行动来报答他们二位老前辈。(注:已91高龄的徐克丽教授于1982年2月11日从美国洛杉矶老人院给嘉禄的来信说:"收到福路于1981年底应文化部邀请到中国访问后的报导——看到了李嘉禄在上海音乐学院所播种的种子在全国开花结果,认为他的心血没有白费。"又说:"福路的信激发我许多的回忆——你在协大的四年里是学校音乐最为光辉的时期,你的音乐给校园带来欢快的气氛……"遗憾的是此信收到时,正好是2月19日早上嘉禄离开人世一个小时之后。)

　　嘉禄于1943年春到永安国立福建音乐专科学校任讲师。1945年在唐学咏就任校长后即升他为副教授。虽然当时学校内迁到福建临时省会永安山城的郊区上吉山,那时物资匮缺,学校仅有八架竖式钢琴。但学校却有许多良好的风气——师生互爱互让、排琴点开夜车24小时不间断——在那生活极其艰难的情况下同学们非常勤奋地学习,教师也非常认真负责地教,师生关系很融洽。嘉禄在教学的同时仍然做到每学期要开一次独奏音乐会。当时福建音专的教师有来自保加利亚小提琴家尼哥罗夫,罗马尼亚大提琴家曼者克、钢琴家曼夫人,来自上海的缪天瑞、萧而化、黄飞立、章彦、程静子、陈玄、冯昆贤、薛奇逢、汪沛纶等教授,师资队伍很强。嘉禄喜得机会先后与小提琴家尼哥罗夫、黄飞立,章彦等教授,声乐家陈玄、程静子、冯昆贤、薛奇逢等教授开音乐会,又和汪沛纶、刘天浪二位民乐教授到江西新赣南演出,曾多次参加学生组织的巡回演出队到福建的许多城市演出。学生每学期的学习汇报音乐会也是不断的,校园的学习气氛特别浓厚。虽然在山区里交通不便,师生们仍然经常到永安城内的中山纪念堂开音乐会,尽管要来回步行各一小时,仍然是兴致勃勃、不辞辛劳、出色地完成任务。教学双方相互促进蔚然成风。在这种音乐氛围里可以得到的收获,是在协大所不可能有的。

1945 年 9 月福路应唐学咏校长的邀请到音专来讲学一星期。福路问嘉禄是否愿意出国深造,能有这种机会嘉禄当然不会放弃的。就此在 1947年夏福路休假回来后,告诉嘉禄有全免奖学金的好消息。唐校长是个喜欢培养人才的人,嘉禄的辞职得到他的赞同,就这样我的几个兄弟姐妹凑足了120 美元给他做路费。他飘洋过海三个星期后踏上了美国国土旧金山,又乘火车三天到达中西部内布拉斯加州克利特城的道安大学(1872 年美国教会汤玛斯·道安创建)音乐系报到注册。1948 年 1 月他又一次开始了大学生生活了。

嘉禄的求知欲很强,在那些日子里,他埋头学习和声、作曲理论、音乐史、配器法和指挥等音乐必修科目,但仍然选修钢琴,跟系主任上课。虽然系里的同学说:"嘉禄,你可以教他,而不是他教你。"他听了即付之一笑,仍然很勤奋地练琴,没有任何骄傲自满的表现,对老师们一直是很尊敬的。他是非常平易近人、和蔼可亲的,没有任何架子。因此同学们特别尊重他、敬爱他。(注:詹姆斯·巴西安教授 Prof. James Bastian——当年嘉禄的同系同学,我的同班。得知嘉禄住院的情况,曾先后来信说:"嘉禄,是你的音乐感染了我,是你的榜样使我认识到不同种族、不同文化、不同的国籍都是一样的——有同样的爱、希望、抱负,也有同样的恐惧和同样的一个上帝。"又说:"是你们使我第一次认识到这些,我将作为李毅的朋友来帮助他,正如你们做为我的朋友那样的帮助我。在这儿同样有许多人记住嘉禄,尊敬他、爱他。我们在此不能为你们做什么……但我们爱你们,为你们的一切每天祈祷着……")第一个暑假,福路介绍嘉禄到著名钢琴家、钢琴教育家富兰克·曼海米尔在敏尼苏达州德鲁城举办的大师班学习。他的学费是每小时20 元美(在当时这个数目也是很可观的——念大学每学期的学杂膳宿费也不过是 500 美元而已)。上第一次课曼教授听了嘉禄弹了几首乐曲后说:"我给你上课就如同在欣赏一场音乐会,我非常地享受。你以后不必交学费了,什么时候你喜欢来都可以,只要我有空,我们可以互相探讨。"就这样他一直师从曼教授。曼教授也曾建议他去纽约参加比赛,但谈何容易——我们考虑过,从中西部到纽约来回火车费、一星期的膳宿、市内交通费、报名参赛费等要高于半年在中西部学习的一切费用,再说回来后还要补交许多指定作业。当时对他这么一个来自中国的穷学生来说只能是做梦。

在上世纪 50 年代初,美国人对中国的音乐一无所知。同学们非常好奇,问了许多有趣的问题。嘉禄有意识地介绍中国五声音阶的音乐,他拿出福建音专二胡教授顾西林送给他的二胡,拉了他出国前向顾教授学到的两首浅易的旋律给同学们听,让他们开开眼界——原来中国有两根弦的“小提琴”。(这把二胡在嘉禄毕业时即作为礼品赠送给内布拉斯加州州立大学音乐研究院。)在美国两年又十个月的时间内,他仍然坚持举行独奏音乐会——利用周末、寒暑假到过内布拉斯加、敏尼苏达、密芝根、米苏里、俄亥俄、堪萨斯州的大中学、夏令营和基督教总部在纽约召开的全国妇女联谊会、全国旅美青年联谊会等,先后开过五十多场音乐会。

1949 年 9 月嘉禄得到内州州立大学音乐研究院的全免奖学金继续深造。1950 年 6 月 5 日获钢琴演奏硕士学位时,他写了一篇论文《中国音乐的旋律与和声的依据》,一首单乐章的《钢琴奏鸣曲》,并且连开了两场节目完全不同的毕业音乐会。由于学习成绩优异,荣获金钥匙一枚(Beta Chapter of The National Honor Pi Kappa Lambda Ⓑ #195)和奖状一张(此奖状在“文革”后没有归还,所幸的是那枚金钥匙和两本被用红墨水打了×的毕业文凭于 1974 年嘉禄正式“解放”后归还给他本人)。

嘉禄虽然在美国吃了两年又十个月的“洋面包”,却丝毫没有“洋味儿”,他的爱国热情从来没有减退。毕业后不久,虽然内州威斯利安大学(Wesleyan University,Nebraska 创建于 1887 年)高薪待遇的聘函已抢先发给他,但为了报效祖国、为了祖国的音乐事业,他决定退回聘函,放弃国外优越的条件而接受金陵女大的聘约,于 10 月 10 日离开旧金山,搭上总统号远洋巨轮,花了四个星期,绕了半个地球才踏上祖国的国土。(注:嘉禄已养成一种习惯,不愿意让时间无所作为地消磨掉。在那四个星期里,他不是读谱,就是看有关的音乐书籍,从中吸收养份。不几天,总统号巨轮上三等舱突然发出紧急集合的演习信号,大家匆忙地跑到甲板上。可巧就在那时他发现大礼堂里有一台斯坦威大钢琴,从那以后这台琴就是他的亲密旅伴了。他天天自我陶醉地弹奏,自由自在地享受,乘客们就是他当然的听众了。当时我可太羡慕他了，当巨轮在那茫无边际的太平洋上行驶，遇上狂风巨浪时，大伙儿晕得连隔夜饭都呕出来，而他不但毫无晕船的反应，却是在利用当时亲临其境地弹奏起贝多芬的《暴风雨奏鸣曲》了。)

　　到南京金陵女大音乐系报到任教兼任音乐系主任时已是11月中旬了。他到校后没几天就和温可铮老师于11月24日合开了一场"为皖北灾民募捐寒衣"的音乐会。最后的一首乐曲就是他自己创作的单乐章《钢琴奏鸣曲》。那是刚解放后一年多，出席音乐会的外国人仍然不少。他们对这场音乐会的两位音乐家的表演非常欣赏，不断报以热烈的掌声。他们对以中国五声音阶为依据写成的钢琴奏鸣曲既好奇又赞赏。在1951年9月1日，嘉禄又和温老师到天津亚洲电影院"为抗美援朝捐献飞机、大炮、坦克"开了一场独唱独奏音乐会。之后，他们又先后为在天津的中央音乐学院、北京燕京大学全校师生们演出，在文化俱乐部为接待中央文化部邀请的各国使节与周小燕、温可铮合开音乐会。还接受北京唱片厂的邀请灌制瞿维的《花鼓》和寄明的《农村舞曲》。嘉禄在教学和系务繁忙的同时也积极地参加到抗美援朝的运动中去——写了《走上光荣的岗位》钢琴曲二重奏，让方仁慧和叶惠芳在学校的广播站弹播，鼓动青年参军。还为学校创作、录制了一套广播操音乐。在南京市第一次以歌颂抗美援朝为主题演唱张文纲的新作《飞虎山大合唱》时，嘉禄也积极参加。他弹奏瞿维的《花鼓》和肖邦的《降b小调谐谑曲》，会场气氛更是空前热烈。

　　过去十几年，嘉禄没有自己的钢琴，在福建永安国立福建音专时，要从上吉山下到半山腰的13号教室里去"开夜车"。到金陵女大任职后，住在南山上，练琴时又要下山到大礼堂去，既不方便，又浪费时间，这样坚持了半年多。就在1951年的春天，外国人要撤离中国时，驻南京的加拿大领事馆登报出让竖式钢琴，我们立即把它买来。这架琴的外观并不理想，但是音质非常美，对学生来家上课很有好处。从那天起，这架琴陪伴了他三十二年整，培养了众多优秀的学生，作出了不可低估的贡献。顺便一提，嘉禄在生活上向来是很简朴的，既不讲究吃，又不讲究穿。但凡是教学和演出需要的——如数以百计的琴谱、自动换片的电唱机、录音器材……他总是不惜一切地买下来。1958年我们住在上海湖南路后，他又买来一台5尺半的三角钢琴,虽然它是二手货,但它的音色甜美,低音部声音浑厚,可以弹出乐队的效果。他非常喜爱它,总是先在竖式钢琴上为学生上课,然后用这台三角琴让学生在开独奏会之前试效果。

1951年秋,南京金陵女子文理学院与金陵男子大学合并为公立南京金陵大学后,高班学生都去参加土改。徐月初、饶余燕、俞抒等七位一年级同学则留校学习,工作量相对的少了。嘉禄就分别应国立中央大学音乐系和南京军区文工团之请去教钢琴。

1952年10月全国院系调整时,我们一家三口随着公立金陵大学音乐系合并到国立音乐学院华东分院(现上海音乐学院)来,家住江湾。1953年8月间,指挥系杨嘉仁教授带团到东欧作为期三个月的访问归来后,嘉禄即把他代课的五个私人学生归还给杨教授。杨教授听了圣婴在三个多月后的弹奏进步得飞快,就两次到江湾对嘉禄说要他继续教圣婴。嘉禄认为自己仅是代课老师,决不能掠人之美,所以坚决不同意。杨最后说:"为了圣婴的前途着想,请你答应我,否则我今天就不走了。"看到杨先生如此的诚恳,嘉禄不能不答应把圣婴收为正式的私人学生。从此不论寒暑假,一年五十二个星期,每星期日圣婴父女俩总是风雨无阻地准8点到我家来上课,每次上课不少于四个小时,学了大量的名家作品。当圣婴对所学的作品在技巧和音乐修养上都已经达到高标准,足以担任独奏演员时,嘉禄认为应该把她介绍给听众,让她取得更多的舞台经验。他和有关单位联系好,音乐会终于1955年2月25、26两天在上海艺术剧场举行,演出非常成功,市领导也很重视,这是圣婴音乐生涯的关键时刻。

嘉禄对他的每一个学生的学习都有整套的学习计划。他也已计划让圣婴在独奏音乐会后更多地接触印象派、近现代派和苏俄一些名作曲家的作品。当时来了一位苏联专家谢洛夫在上海音乐学院教了几个拔尖的钢琴学生,由于顾圣婴并非音乐学院学生,不能进专家班学习。谢洛夫听过她成功的独奏音乐会后亲自向文化部申请,得到同意后即向嘉禄说明要教圣婴的原由,嘉禄为了圣婴的前途着想,欣然同意把圣婴转到专家班继续学习。嘉禄始终有个宗旨——青出于蓝应胜于蓝,老师不应该把学生占为己有,应把培养人才作为唯一的目标,这样音乐事业才能不断地发展。当他看到自己教过的学生,一个个有前途,一个个在进步,他从心底里高兴。至于顾圣婴本人虽然先后跟谢洛夫、克拉芙琴科等几位苏联专家学习,但她不是全脱产的,为了配合乐团演出任务,圣婴仍然常来向嘉禄请教。在苏联专家撤离北京后,1964年圣婴应比利时皇太后的邀请参加举办的国际钢琴比赛再次获奖,全套参赛的曲目就是嘉禄帮她挑选、师生俩研究后决定的,同时嘉禄也给她一些弹奏方面的指导。

1953年底,学校从上海的东北郊迁到西南郊的漕河泾,两幢教授楼、学生宿舍、膳厅、教工俱乐部都在校园的生活区里,教学大楼和大礼堂也近在咫尺,不必像家在上海的同事那么辛苦地天天来回赶上校车,这样就节省了不少时间可以用来练琴备课了。我们住的那排楼正好就在路口,晚饭后,学生到校园去散步,总喜欢抄近路从教授楼前的小路走过。有些钢琴系的住宿生路过我们的家门口时,只要听到了嘉禄的琴声,不论是谁就会不请自来,坐在里边听,甚至会提出一些技术问题来请教。嘉禄向来就没有门户之见,只要学生想知道的,作为老师的他总是无私地、热情地有问必答,因此无意中引来不必要的误会。他知道了此事后虽然觉得很委屈,但也很坦然,因为他压根儿就没有把才能高的学生当作"高跟鞋"这种颇为流行的想法。1956年夏天有个母亲带她的女儿到漕河泾我们家中,要求嘉禄教她。她也是个有才能的学生,但嘉禄为了顾全大局,不愿意再引起误会,最终没有答应。记得反右运动的那一年学校还在漕河泾时,一个很有才华的本科一年级学生,在大礼堂前的草坪上遇见我对我说,他很想换到李先生班上来,要我转告李先生。我对他说:"不好办啊!虽然我们都很熟悉,但我们不愿意引起更多的误会,你最好自己到支部说去。支部分配给李先生的任何学生他从来没有推辞过。"几十年过去了,这两位同乡可能到现在对我们还不理解、不谅解——我感到遗憾!

嘉禄一向是积极地接受院、系领导给他的任务。1958年春天学校迁到淮海路,当时的教改口号是:革命化、民族化、大众化。学校还设了短期培训班,其目的是培养那些初中刚毕业分配进来的职员也能懂得一些音乐——学钢琴及与音乐有关的英语。嘉禄除了仍然教他的本科生并和学生积极地投入民族化的创作中去,还分配到三、四个短训班的学生,他并不认为这会降低自己的身份,就接受下来。

1970 年年底我们的儿子李恒考进北京总政文工团后,由于当时外国曲子不许教、不许练,北京的艺术院校也是如此,要请任何一位老师教都是不可能的。为了让儿子能更好地完成部队交给的任务,他想出一个唯一可行的办法——用书信来解决李恒的学习问题以便提高他的钢琴演奏能力。就这样在李恒参军的八年间,嘉禄给他函授了八年。他利用教学和备课之余——在教工宿舍里晚上 10 点后再不能有琴声时,有问必答地解决儿子的技术和艺术的问题,结合部队的任务来学,真是所谓"急用先学"。除此以外为了使儿子能有扎实的基础,有几十年教学经验的爸爸想方设法通过文字指导,使儿子可以补缺、可以学得更多。在这种特定的环境和条件下,这确实起了不少的作用。本文集的第三部分就是嘉禄写给儿子李恒的部分函授内容。

1973 年"文革"后期复课闹革命。大学招考时发生了张铁生交白卷事件,据说教育部即下达指示——各大专院校必须招收有实践经验的工农兵学员,钢琴、小提琴专业可招收少量在学的工农兵子弟。要打破资产阶级的观念,进来的学生不会的也一定要教会(大意)。钢琴系的工宣队和任课钢琴教师即分头到各区少年宫、文化宫去招生。嘉禄与工宣队吴师傅看到一个 15 岁的考生、从来没有学过钢琴的工人子弟施梦卿。先察看他的手,考他的听力和手的活动能力认为他很有潜能、可以学好,就录取了他。自己招收的成年初学者当然要自己教,在当时的情况是有相当的难度的——首先过去那套锻炼五指的技术练习都不能作为教材,初学用的外国的小曲子也不能弹。这和在协和大学及福建音专时他教成年初学的大不一样。但在困难面前他从来没有低头过。这是党委给钢琴系的"试验田",既然要"打破资产阶级的观念",就要不因循守旧,敢于破框框,大胆去摸索。因此他根据多年教过成年初学的经验自己想方设法动手编教材,让这个学生在学识谱的同时能得到由浅入深的基本技术锻炼。他还编了五声音阶的手指练习让他适应弹革命样板戏。在这样的学习过程中,嘉禄总是把他带到家里来录音,让他自己听效果,再提高,施的进步就快得多了。学习八个月后的学习音乐会上施弹了《北风吹》、《绣金匾》、《红色娘子军》和《陕北民歌》四首,成绩不错。嘉禄对施的教学真是做到呕心沥血,但却承受了不少外来的压力。一年半后党委要嘉禄作初步的总结在全校大会发言,那是 1975 年 4 月的事。嘉禄对施始终是严要求,而施也坚持每天 1 ~ 1 个半小时的基本功练习,5 ~ 6 小时练练习曲和乐曲。由于后来外国曲子可以弹了,又由于他进校时岁数还小,系里决定让他延缓一年毕业。这样他接触外国曲子也就多了些。毕业时他弹肖邦《f 小调幻想曲》作品 49 号、《幻想波兰舞曲》和李斯特《匈牙利狂想曲》第十二首等,考试成绩很不错。他毕业后曾在上海芭蕾舞团弹伴奏,现在仍然在教钢琴。

嘉禄的教学严谨、认真负责——虽然有许许多多的乐曲他自己是多次演出过的,其他的乐曲也都达到"拳不离手"的境界,而学生的个性和特点他也了如指掌。但不同的学生有不同时期的技术难关急待解决,在哪一个乐段或乐句有可能出现某些问题又该用什么方法来帮他(她)解决,嘉禄总是首先自己做到心中有数,这是付出大量时间和心血研究、思考的结果。只要一进弄堂口就会听到嘉禄的琴声,原因就在此。他每次上课带的只是一本为个别的学生所制订的学习计划工作手册而已。上课时总是全神灌注地听学生回课,遇到问题该示范时可以不看谱地、针对学生当时的问题做出示范、解决难点——即所谓"对症下药"因材施教。这就是他所说的教师要做到备课备两头的意思。这样有针对性的教学使他班上的每个学生都在原来的基础上进步很快。

嘉禄自从 1952 年到上海音乐学院钢琴系任教授,相继任教研组组长、副系主任、院学术委员会委员,还有一些社会活动(1954 年嘉禄在北京演出回上海后,不久贺绿汀院长把中央音乐学院要调嘉禄去任教的调函给他看后说:"我们不会让你走的"),直到 1982 年他去世为止在上海音乐学院工作共计三十年。这三十年里是他精力最旺盛、经验积累最丰富的三十年。他也很想有机会在教学之余,能有时间像过去一样每学期至少开一至二次独奏音乐会,把自己对作曲家的作品的领悟再现给听众,和听众们交流。可惜繁杂的系务、接待外宾、对外宾公开教学和那数不清道不明的运动和政治学习使他根本不可能有时间练习新曲目。虽然他时常在接待外宾时演奏,但那仅是在小范围内。如此,解放后他也演出过五十多场次。

　　嘉禄一向有强烈的事业心和工作责任感。从 1962 年他决心完全转入教学的开始就有写钢琴教学方面的文章的心愿,他的这种想法由于"文革"而中断了,直到 1970 年秋天他才开始动笔写《如何弹好钢琴协奏曲〈黄河〉》。1971 年儿子李恒参军后他以书信的方式写一些有关文章,后来整理成册——《钢琴表演艺术》和《钢琴基本技术练习》——前者的修改稿就在他身患重病住院之前两天完成的。

　　1981 年 9 月底,丁善德院长转给嘉禄一封内布拉斯加州州立大学音乐研究院院长雷蒙·哈格(Dr. Raymond Haggh)寄给上音院长的一封信,邀请李嘉禄于 1982 年 9 月到该大学的研究院作为期一年的客席教授。这是多好的机会啊!他不用说有多高兴。可没想到不久后,万恶的癌症剥夺了他生命中的一切权利。这确实是他音乐生涯中最大的遗憾,也是我为他痛惜不已的事。不幸的他在 11 月 26 日住进华东医院,就此一病不起了。

　　在病榻中他还念念不忘他未完成的事——没有能够把书中的谱例亲自录音示范,没有完成他的《钢琴教学问答 100 例》,他手中未毕业的学生(包括儿子李恒)该怎么安排……最后他知道自己体力不支时,请自己的学生李民铎老师把李恒带到毕业(借此文我向李民铎老师表示万分的感谢),其他的只好由系里安排了。自从嘉禄踏进福建音专那天开始直至他生命的终止,音乐就是他生命中的一切,献身于音乐就是他的最大幸福。他四十年(包括解放前在福建音专)如一日地培养了大批优秀的钢琴人才,其中有国际比赛获奖者,有独奏、伴奏演员,教授、副教授,专家,有院校领导,文艺单位的骨干,还有在培养音乐幼苗的园丁。他在国内的学生遍及北京、上海、南京、沈阳、西安,四川,福建、广州、浙江、贵州及香港、台湾,有的出国深造后仍回国担任教学重任,有的虽然移居美、加、澳、意等地,或者已经退休了,但仍然勤勤恳恳地在培养钢琴的下一代。他们也是桃李遍全国各地和国外,甚至荣获国际、国内钢琴比赛奖的也不乏其人。堪以告慰嘉禄这个祖师爷了。

　　追忆至此,缅怀至此。嘉禄那无私奉献的敬业精神,始终让我感到自豪——他的太短的一生没有虚度,他的言传身教——对困难从不低头,干一行,爱一行,专一行,不作出成绩决不罢休的精神深深地影响了自己的三个孩子和孩子的家庭。孩子们在各自的工作岗位上都干得很出色,他们也都建立了美满的家庭。嘉禄,我相信此刻你在天之灵正在俯视这多事的人间,看到你生前播下的种子在成长、开花、结果,看到我们,这些曾受到你的教诲、帮助、鼓舞、启迪、恩爱的人们在为奉献给你的文集而工作,你定能感到些许安慰,诚心所愿。

2007 年 2 月 19 日于加拿大

---

① 父亲李永栋系福建同安唐尾乡村基督教传教士兼务农。

② 母亲杨冰能弹风琴,她发现小嘉禄六岁时就在教堂的风琴上弹起许多首圣歌,她告诉嘉禄要学会看谱就能弹许多自己从未听过的曲子。就此,母亲成为嘉禄识谱的启蒙老师。

遗稿及信函

贝多芬的《黎明奏鸣曲》

　　贝多芬(1770~1827)是德国古典乐派走向浪漫派的作曲家,他写了32首钢琴奏鸣曲,这些奏鸣曲可分为三期,初期是第1首至第13首,其中的第8首c小调《悲怆奏鸣曲》较为著名;中期是第14首至第27首,这是他创作技巧比较成熟、精力充沛旺盛时期,其中比较著名的作品是第14首#c小调《月光奏鸣曲》、第17首d小调《暴风雨奏鸣曲》、第21首C大调《黎明奏鸣曲》和第23首f小调《热情奏鸣曲》;后期是第28首至第32首,贝多芬写这五首奏鸣曲时他的耳朵已经全聋了,他在这个时期写的音乐比较深奥难懂,当他写到第32首奏鸣曲时,正好是奥地利在梅特涅的黑暗统治时期,贝多芬在这一首的第一乐章里表现出有反抗的一面,但是在第二乐章里就表现出幻想、超脱现实的倾向。

　　《黎明奏鸣曲》的第一乐章是奏鸣曲式,主题的速度极快,♩=176,每拍多半有四个十六分音符,音乐朝气蓬勃,光彩夺目,富有生命力。副题在E大调上出现,它好似远处隐约传来的合唱,后面又逐步变为坚强有力、热情的舞曲。

　　第二乐章的原稿篇幅很长,后来贝多芬把它写成一首独立的乐曲,而现在的第二乐章只有28小节,音乐很安静,是歌曲形式的三段体,它没有结束感,直接转入第三乐章,因而使第二乐章具备了引子的性质。

　　第三乐章是回旋曲形式,它由ABACA加上很长的再发展了的尾声所组成。A段主题是德国莱茵河地区的一首民歌,B段是在关系小调a小调上出现的一段很生动活泼的舞曲,回到A段以后又在c小调上出现了比B段更加坚强有力的舞曲,尾声是用A段主题的曲调不断继续发展,速度更快,造成整个乐曲的最大高潮。

下面就根据《黎明奏鸣曲》的一些创作手法和演奏技术的要点结合起来较仔细地谈一谈。

第一乐章的主题不是完整的歌曲,而是短小的音乐动机(即可以用来发展的音乐胚芽)。

主题动机:

谱例①:

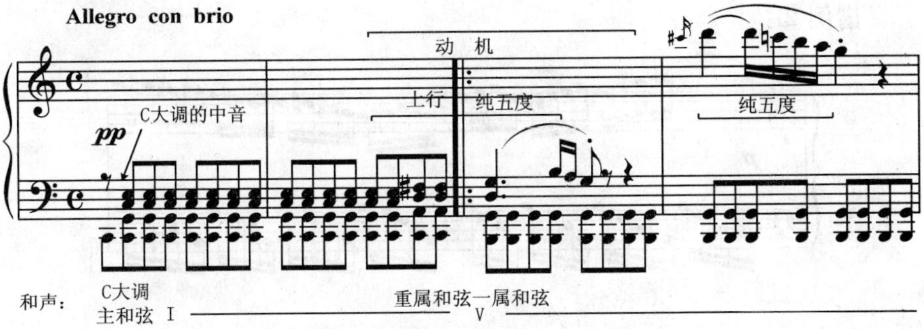

第 4 小节高音部是由主题动机第 2 和第 3 小节的 E 音和 B 音构成的纯五度,然后从高音往下进行五个音重新排列而来的,第二句(第 5—8 小节)把第一句的音型移低一个全音,因此调性和情绪都有很大的对比,在贝多芬以前没有一个作曲家敢于用这样大胆的手法来写。

接着贝多芬在低音部又引进了♭A(第 8 小节),使这个下属和弦变成小三和弦,高音部分又加上♮B,第 9 小节的高音出现了♭E,可见这个下属和弦是从 c 小调借来的,它和属七和弦交替出现(第 8—10 小节),最后解决到属音上形成半终止,到这里只是半个乐段。

后半乐段的前 4 小节(第 14—17 小节)和前半乐段的开始一样只是移高了八度,织体也改为分解和弦,接下去 2 小节(第 18—19 小节)用 d 小三和弦,它是从 a 小调的下属和弦借来然后进入 a 小调的属七和弦解决到 a 小调的 I₆,在第 22 小节又把 I₆ 的 A 升高半音作为导音进入 B,主题的后半段没有完全终止(这是常用的手法),以便和副题出现前的属和弦准备乐段(第 23—34 小节)紧密相接。

现在从演奏方面来谈一谈,演奏主题部分要注意曲调音比和声部分略为突出些,但手指是低的,每个手指动作要保持独立性,声音带有颗粒性,而曲调又是连贯在一起,有明显的句子感觉,其次是第 4 小节高音的音型(见谱例①)从#C 到第二个音 D 的地方,手掌要加上一定的重量,下键速度比较快些,把它处理成略带重音,这个音型才显得更加活跃生动,其余相似的音型用相同的处理。再说一下副题出现前的属七和弦准备段落(第 23—34 小节)它有两种音型,第一种共八小节,见谱例②:

谱例②:

和声:e 小调属和弦——主和弦——属七和弦——主和弦——互相交替进行

$$V ——— I_6 ——— V_7 ——— I_6 ———$$

弹这段时要突出右手很活跃的曲调,情绪要保持紧迫,一往直前,左手伴奏部分用低指贴键的办法,弹出和声效果就行了,当然在 f 的地方左手也要弹出明亮的声音,以便使音乐更加活跃。第二种音型共四小节(第 31—34 小节),左手是卡农的头,右手是高两个八度的卡农,演奏时要突出卡农的第一个音,一呼一应地往前进入副题(第 36 小节),这四小节都在 E 大调副题的属和弦上进行。

下面谈谈主题和副题的关系:

主题的动机有很多可以变化或发展的可能性。这个动机(见谱例①)第一个音是 C 大调的中音,如果把它看成 e 小调,则这第一个音就是主音。再看第 4 小节(见谱例①)高声部下行纯五度的音型在第一乐章中用得很多,例如第 8、21、93 等小节。在第 22 小节这个从主题动机演变出来的音型由纯五度变为减五度。

谱例③：

后来在发展部的第 95、96 小节也都有同样的写法，还有第 97—103 等小节的后半小节 4 个下行的十六分音符都是减五度，它们是从主题动机演变而来的。减五度音程可以在各种属七和弦上转调。

副题用 E 大调写成，也是将主题动机重新安排节奏，先反向进行，后半部又向上进行而产生出来的。

谱例④：

这里正好说明副题合唱的音调是从主题积极、活跃、朝气蓬勃的动机派生出来的。

现在谈一下副题和它的发展乐段。

副题一共 8 小节（第 35—42 小节），构成一个完整的乐段，紧接着的八小节副题的曲调在左手出现，右手部分也是副题曲调音加上一些上下的邻音填充成为一条带有一定动力的三连音的音线（第 43—46 小节）。

谱例⑤：

这里加上括号的音符就是副题的曲调音。第 47—49 小节和第 43—46 小节相似，只是低了八度，副题的曲调可以很容易地找到。

演奏副题除突出合唱部分的主要曲调音之外，和声部分也不要太柔弱或过分轻飘，它带有往前行进、乐句紧凑的特征，特别是后四小节（第 43—

46 小节),左手当然要突出曲调音,但右手那串三连音要弹得比较明亮,这样就为下面副题的发展乐段(第 50—74 小节,共 24 小节)做好了音乐发展逐步推向小高潮的铺垫工作。弹奏这个乐段音质要求明亮,坚强有力,手指可以高一些,第 50 小节左手的切分节奏,B 音是 E 大调主和弦和属和弦的共同音,要弹得很突出,它预示着后面有强烈节奏、力度是 **ff** 的小高潮即将到来(第 62—65 小节)。

谱例⑥:

这个八分音符不用踏板

接下去两小节(第 66—67 小节)也是从主题动机的纯五度发展出来的,情绪十分欢快、明朗,每小节有两个重音,踏板要用得很短,加强 *sf* 的重音效果,保持 **ff**,这一段开始的力度是 *f*,从第 58 小节开始力度只有不断加强,情绪越来越紧张,不能有丝毫松懈的感觉,接下去六小节(第 68—73 小节)力度虽然是 *p*,但音质要很明亮,积极向前推进,紧接小结尾(第 74—82 小节)。

小结尾共 12 小节,它的曲调是从副题前半句借来的,在左手共出现两次,右手部分则是两次一连串的十六分音符,保持活跃的气氛,后面纯粹是结束的音调。到反复记号以前是奏鸣曲式的第一部分——即呈示部。

奏鸣曲式的第二部分是发展部(或称展开部)。第一乐章的发展部共70 小节(第 86—155 小节),由三部分组成。第一部分共 26 小节(第 86—111 小节),第二部分共 30 小节(第 112—141 小节),第三部分共 14 小节(第 142—155 小节)。

一、发展部的第一部分是用主题的材料来发展的:

F 大调(第 86—89 小节)——4 小节

C 大调(第 90—92 小节)——3 小节

g 小调(第 93—95 小节)——3 小节和声是 Ⅳ—Ⅴ—Ⅴ$\frac{6}{5}$

g 小调(第 96—99 小节)——4 小节和声是 Ⅰ—Ⅴ 的反复接到 c 小调的 V_5^6。

c 小调(第 100—103 小节)——4 小节和声是 Ⅰ—Ⅴ 的反复接到 f 小调的 V_5^6。

f 小调(第 104 小节)——1 小节和声是 Ⅰ—IV_4^6

♭G 大调(第 105 小节)——1 小节和声是 Ⅰ$_2$—IV_6

♭b 小调(第 106 小节)——1 小节和声是 V_2—Ⅰ$_6$

♭A 大调(第 107 小节)——1 小节和声是 V_2—IV_6

♭D 大调(第 108 小节)——1 小节和声是 V_2—IV_6

f 小调(第 109—110 小节)——2 小节和声是 V_2—Ⅰ$_6$—V_3^4—Ⅰ

C 大调(第 111 小节)——1 小节和声是 Ⅰ$_6$—Ⅰ$_6$—V_3^4—Ⅱ$_7$—$Ⅶ_6^0$

二、发展部的第二部分是用副题发展部分的材料加以展开的(第 50 小节)。

谱例⑦：

情绪激昂,力度一直保持在 f,甚至 f 以上,演奏时三连音可用较高的手指,很有弹性地触键,左手每逢保留指的分解属七和弦都要用高指快速触键,例如第 114、118 等小节,下面分析这一段:

C 大调(第 112—113 小节) 2 小节

F 大调(第 114—117 小节) 4 小节

♭B 大调(第 118—121 小节)4 小节

♭e 小调(第 122—125 小节) 4 小节

b 小调(第 126—129 小节) 2 小节和声是属七和弦 V_3^4—V_5^6　｝4 小节

2 小节和声是 Ⅰ$_6$—Ⅰ

c 小调（第 130—133 小节）　2 小节和声是属七和弦 $V_{\frac{4}{3}}$— $V_{\frac{6}{5}}$ ⎫

　　　　　　　　　　　　　2 小节和声是主和弦 I_6— I ⎬ 4 小节

c 小调第 134 小节　　　　1 小节尼亚帕里坦六和弦（注①）

c 小调第 135 小节　　　　1 小节由 ♯F 建立起来的减七和弦

c 小调第 136 小节　　　　1 小节 c 小调的属七和弦

c 小调第 137 小节　　　　1 小节 c 小调 V_7— I_4^6— V_5^6/V 即是重属和弦

c 小调（第 138—139 小节）　2 小节是第 136—137 小节移低八度的反复。

c 小调（第 140—141 小节）　2 小节 V— I — V—VI° -|V - VII° - V - VII°|（注②）

三、发展部的第三部分是属和弦的准备段落，即是为回到再现部作准备材料，是从主题动机的后半部发展起来的。

谱例⑧：

左手是用 C 大调属音和主音加上经过音形成一连串的固定低音作为属和弦的伴奏音型，右手音型是左手音型的反向进行，情绪由很轻的十六分音符逐步发展，一气呵成地造成一个光彩夺目、华丽活跃的高潮（第 155 小节），处理得好可有很辉煌的效果。

奏鸣曲的第三部分是重现部，或称再现部，共 92 小节（第 156—248 小节）。重现部的主题还是 C 大调，共 40 小节（第 156—195 小节）。因为色彩性的暂时转调关系多写了 5 小节（第 169—173 小节），中间部分转入 E 大调前又加了 1 小节（第 183 小节），比呈示部共多了 6 小节。

---

①　尼亚帕里坦六和弦—Neapolitan，Sixth，即将音阶的第二音降低半音，在此音上建立起来的大三和弦，通常用其第一转位称为尼亚帕里坦六和弦，它因意大利那不勒斯的音乐家爱用此和弦而得名。

②　第 141 小节的第二个和弦是建立在 ♯F 音上的减七和弦，后半小节是前半节的反复。

重现部的副题在 A 大调出现,共 52 小节(第 196—248 小节),重现部的演奏方法和呈示部一样。

最后一段是尾声再发展,从 $^\flat$D 大三和弦开始到第一乐章结束处共 54 小节(第 249—302 小节),这么长的尾声在贝多芬以前的作曲家很少用这种写法,这个尾声再发展还可以分成三个小段落。

第一段共 35 小节(第 249—284 小节),开始主题的材料在较疏远的 $^\flat$D 大调上发展,三小节后由 $^\flat$b 小调的 V_3^4 解决到 $^\flat$b 小调的 I_6(第 253 小节),接下去是 c 小调的 V_3^4—I_6—II_5^6—f 小调的 V_3^4—I_6,再下去(第 257—260 小节)由 $^\flat$a 建立起来的减七和弦转入第 258 小节的增六和弦(从 $^\flat$A 到 $^\sharp$F 是增六度)但是从和弦的性质来看,它正好是 $^\flat$D 大调的属七和弦($^\sharp$F 即是 $^\flat$D 大调中的 $^\flat$G),任何两个属和弦都可以相互连接,解决到 c 调的属和弦上(第 259 小节)。接着又在 c 调的属音 G 音上建立另一个减七和弦(第 260 小节),然后主题在左手出现两次,第一次用 d 小调,第二次在 a 小调,一共八小节(第 261—268 小节)。第 269—270 小节是主题后半部分的反复,紧接着贝多芬用第 270 小节左手的音型,即是主题最后一小节的音型,从 F 音开始,一级一级地向上推进到高八度的 F 音,但作曲家意犹未尽,又改变了织体,将高音 F 继续推进至 G—$^\sharp$G—A,造成小高潮,连接后面六小节光彩的华彩句。第 282 小节右手的小音符要弹得非常明亮,速度尽可能弹得快,第 283 小节的小音符柔和些速度不宜过快,第 284 小节是尾声再发展的第二部分,共 11 小节,用副题的材料在 C 大调上写成的结束语,它的力度很轻,又柔和,加上三处 $\frown$ 延长记号,第一、第二次的延长记号不要停留过久,第三次可以长一点,使音乐进入结束的阶段。尾声再发展的第三部分(第 295 小节)是用简洁的主题材料,共 8 小节,在明亮、欢乐、极快的速度中结束了第一乐章。

第二乐章是直接连到第三乐章的引子,共 28 小节,分成三个乐段,是简单的歌曲三段体。第一乐段共 9 小节,低音(和声的根音)从 F 音开始,采用半音向下移动的手法,在第 6 小节到了 C 音,继续发展至第 9 小节,形成一条音线,右手第 1 小节最后音 $^\sharp$D 和第 3 小节最后音 $^\sharp$A 都带有导音的性质,引入乐句的终止式,这样,和声的变化丰富多彩,听起来既宁静又神秘而变化莫测,演奏这一段时必须加上弱音踏板,手指很贴键(低指),声音很深沉,略带暗淡的色彩,这种弹法手指的肉垫和键盘的感觉非常密切(好像手指是键盘不可分割的一部分),在触键时手的重量完全集中到指尖上。这就是演奏最柔和又深沉的唱音弹奏法。

第一乐段(A)F 大调,共 9 小节(第 1—9 小节)

第一句(第 1—2 小节)——2 小节 ⎱
第二句(第 3—4 小节)——2 小节 ⎰前半乐段

第三句和第四句联在一起(第 5—9 小节),终止在 F 大调主和弦组成后半乐段

第二乐段(B)F 大调共 7 小节(第 9—16 小节)

第一句(第 9—11 小节)——2 小节 ⎱
第二句(第 11—13 小节)——2 小节 ⎰前半乐段

第三句和第四句合在一起缩减为 $3\frac{1}{2}$ 小节(第 13—16 小节),终止在 F 大调的属七和弦上,这就是后半乐段,下面紧接第三乐段。

这第二段是第一段的变化反复,除个别的曲调音和第一乐段有联系外,曲调加上很多音阶式的填充音,听起来比较流畅,它和第一乐段形成明显的对比。

谱例⑨:

第三句和第四句连在一起,可试和第 6—8 小节作一比较(见谱例⑩)。

谱例⑩:

ⓐ

ⓑ

第三乐段（A）F 大调共 12 小节（第 17—28 小节）

第一句（第 17—18 小节）——2 小节
第二句（第 19—20 小节）——2 小节｝前半乐段和第一乐段相同

第三句（第 21—25 小节）——5 小节——后半乐段,从第 20 小节的最后两个八分音符开始,根据主题的音型加以发展,扩充了 4 小节造个小高潮。接下去 3 小节是用第三乐章主题的动机（第三乐章第 2—3 小节的节奏型）在不同的位置上连续出现好几次,把音乐情绪逐步引入第三乐章,最后这个有延长号的 G 音要弹得很明亮,预示着欢乐的第三乐章即将来。注意第二乐章和第三乐章连续演奏并不间断,另外,第二乐章速度很慢,每句是两小节,而在快速乐章中正规的乐句是四小节。

第三乐章是欢乐的回旋曲,ABACA 加上再发展了的庞大尾声共 543 小节,A 段在 C 大调上,共 70 小节,主题是莱茵河畔的民歌,出现了两遍,主题的伴奏音型和第二乐章开始的两小节在音调和音程上有相似之处,对照其曲调就很清楚。

谱例⑪:

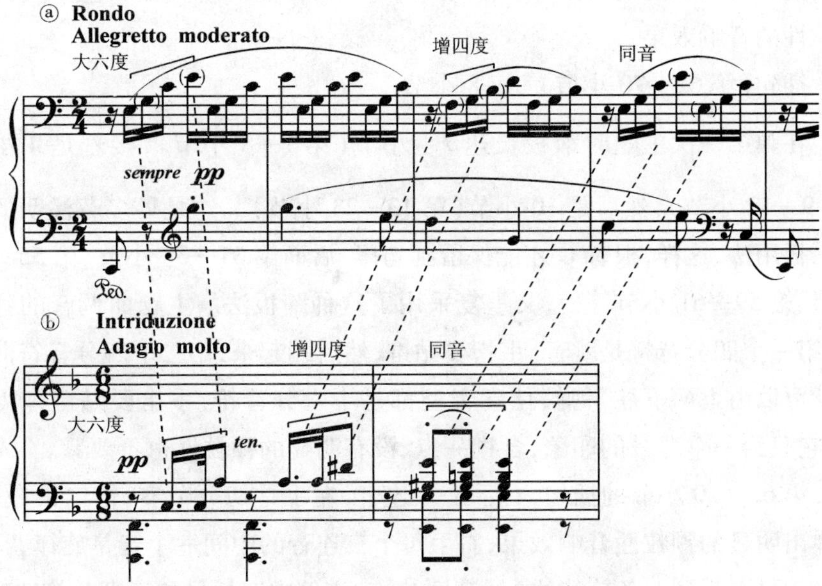

第一段(A)C 大调共 70 小节

是整齐的正规乐段,每句四小节,四句构成一个完整的乐段。

第一句(第 1—4 小节)——4 小节 I—V—I 终止在 I

第二句(第 5—8 小节)——4 小节 I—V—I 终止在 I

第三句(第 9—12 小节)——4 小节终止在 V

第四句(第 13—16 小节)——4 小节进行到 V,但没有完全终止

句尾扩充(第 17—22 小节)——6 小节 I_4^6—V—I_4^6 V—I_4^6—V—I_4^6—V—VI_2

华彩经过句(第 23—30 小节)——8 小节

主题反复

第一句(第 31—34 小节)——4 小节终止在 I_6

第二句(第 35—38 小节)——4 小节终止在 I

第三句(第 39—42 小节)——4 小节终止在 V

第四句(第 43—46 小节)——4 小节终止在 V

句尾扩充(第 47—55 小节)——9 小节全终止在 I

主题音调又出现(第 55—62 小节)——8 小节全终止在 I 左手要弹出颗粒性的音响效果。

插句(第 62—70 小节)——8 小节

在弹第一次主题时踏板长达 $7\frac{1}{2}$ 小节(第 1—8 小节),接着是 4 小节(第 9—12 小节),然后是 10 小节(第 13—23 小节)。这是贝多芬注明的特殊踏板用法,这样,根音 C 才能保留到句尾,后面第 31—38 小节、第 55—57 小节、第 59—61 小节等处,又重复采用了这种踏板法。主题曲调音的弹法是:第一个四分音符是跳音,手指要贴键,然后蹦起来,第二个四分音符曲调音就可以由上而下往下弹,伴奏音型都是十六分音符,手指要贴键弹得很轻,它只给一个背景的印象,含糊一点、没有明显的颗粒性也不要紧。

第 62—70 小节的插句,右手是六连音,左手是切分节奏,情绪很激昂,要弹出明显的颗粒性音响效果,右手每个三连音的中间一个音是旋律音,连起来就可以听到一条旋律线(见谱例⑫)。谱例中有括号的音即是旋律音。

谱例⑫：

第二段（B）a 小调共 43 小节（第 70—113 小节）

第一句（第 70—74 小节）——4 小节 ┐
第二句（第 74—78 小节）——4 小节 ┘ 终止在 a 小调的 V

第三句（第 78—82 小节）——4 小节 ┐
第四句（第 82—86 小节）——4 小节 ┘ 终止在 a 小调的 I

句尾扩充（第 86—98 小节）——13 小节终止在 a 小调的 I

用主题材料转回 C 大调（第 98—113 小节）——15 小节，终止在 C 大调的 V。这一段是热烈的舞曲，要突出具有重音（*sf*）和跳音的活泼的曲调来。

第三段（A）主题在 C 大调上又出现两次共 61 小节（第 114—175 小节），和第一段完全一样。

第四段（c）c 小调共 138 小节（第 175—312 小节），可分为四个小段，先将这四小段简略叙述如下：（1）第一小段（第 175—220 小节）共 46 小节，基本上在 c 小调，有时转入♭A 大调，又回到 c 小调。

（2）第二小段（第 221—250 小节）共 30 小节，用回旋曲 A 段主题在♭A 大调、♭D 大调和 f 小调上发展。

（3）第三小段（第 251—286 小节）共 36 小节用回旋曲 A 段主题的头三个音从 f 小调的 V 开始发展最后又回到 c 小调。

（4）第四小段（第 287—312 小节）共 26 小节，是为回旋曲 A 段主题再次出现前的准备段落（以 C 调的属和弦为主）。

下面把这四小段的内容、创作手法和演奏要点再分别谈一谈：

（1）C 段第一小段和第二小段共计 76 小节，这是回旋曲中感情和调性对比最强烈的段落，力度都保持在 *f* 以上，第一小段 46 小节开始时是用左右手交替出现的卡农（canon）手法写的，这句的节奏很强，要弹出很有弹性、活泼的跳音来,弹八度曲调音时,手掌的动作可以夸大些才能弹出活跃的情绪,踏板要用得很短促,几乎不能超过一个八分音符这样的音乐效果,和 A 段主题采用长踏板形成强烈的对比。这一段的左手和右手的六连音因为速度快要不断用高指和各种变节奏来练才有可能弹清楚。

第一小段又分成:

c 小调〈
第一句(第 175—183 小节)——8 小节用卡农手法写,左手弹响一点
第二句(第 183—191 小节)——8 小节卡农旋律在右手出现

第三句(第 191—199 小节)——8 小节卡农旋律在左手出现 ♭A大
　　调又转回 c 小调

第四句(第 199—207 小节)——8 小节卡农旋律在右手出现

第五句(第 207—211 小节)——4 小节是第四句后四小节(第
　　203—206 小节)的反复,卡农旋律在左手。

句尾扩充(第 211—220 小节)

现在谈谈这里句尾扩充的种种巧妙手法(见谱例⑬)。

手法之一:第五句的后半(第 209—211 小节)2 小节,在左手部分反复两次。

谱例⑬(第 209 小节后半—220 小节低音部分):

手法之二:把此句中左手的最后两音 G 音和 C 音反复两次(第 215—217 小节)。

手法之三:把最后的一个八分音符 C 音左右手一起重复两次(第 217—

218 小节）。

手法之四：经过一个四分休止之后又把这个八分音符 C 音的时值放宽一倍，变成四分音符再加上一个四分休止符，左右手一起重复两次（第 219—220 小节）。

这种句尾扩充的手法，音型与音型之间有规律性，有明显的节奏性，情绪上一气呵成。紧接第二小段。

（2）C 段第二小段：第 221—250 小节。A 段主题在 **ff** 的力度上，用坚强有力的跳越八度的密集和弦写成，像进行曲风格的乐句，共出现了三次，第一次是 ♭A 大调，4 小节（第 221—224 小节），第二次是 f 小调（第 225—228 小节），第三次是 ♭D 大调（第 229—232 小节）。接下去采用另一种句尾扩充的手法，力度逐步减弱，节奏越来越松散。

手法之一：A 段主题在 ♭D 大调上出现之后，将它的最后四个音低八度反复一次（第 232—234 小节），紧接着又往下低八度再反复一次（第 234—236 小节）。

手法之二：第 237 小节的曲调音是 ♭E 和 ♭A，第 238 小节重复一次，这个曲调源自 A 段主题的第三小节 D 音和 G 音。

手法之三：把 A 段主题的开始几个音（G—♭E—D）作重新安排，用切分和弦延长曲调音使情绪逐步安静下来，具体的曲调在 ♭D 大调上，是主题的反向进行，第二句（第 243—247 小节）是第一句（第 239—243 小节）移高一个音的模进，♭D 大调转入 f 小调之后曲调同样是主题的反向进行。

谱例⑭（第 239—243 小节）：

（3）C 段第三小段：共 36 小节（第 251—287 小节），情绪非常安静，声音保持轻而透明，带有积极向上的推动力。这一小段的前半部分共 18 小

节,第251—256 小节,左手低音 C 出现了三次,把 C 当作一个长音。接下去 12 小节,前 6 小节以 F 为长音,后 6 小节以♭B为长音。

谱例⑮(第251—257 小节)(注①、②):

这一小段开始时左手♪╕┋|┋|的音型采用了 A 段主题的前三个音的音调和节奏型(即第1—2 小节)不断发展向上进行,左手高声部括号中的 G 音、♭A音和♭B紧接着的是 C、♭D、♭E、F、♭G等音,一直上升到♭A为止(第267—268 小节),这是一股积极向上的情绪,不能因为力度很轻就弹得虚弱无力。另外第256 和262 小节右手高音可以用从黑键滑入白键五指接五指的特殊指法。

C 段第三小段的后半共 18 小节(第269—286 小节),前面有三次 4 小节的乐句,第一句停留在♭e小调,第二句转入♭D大调,第三句再转入 c 小调,

---

① 有＊的音为倚音,即是在和声的重音上出现本和弦以外的不协和音。

② 和声分析如下:
第251—252 小节——c 小调主和弦,升三级
第253—254 小节——尼亚帕尼坦六和弦
第255—256 小节——F 大调的属七和弦
第257 小节 F 大调主和弦

这样一来和声的根音由 ♭E(第 269 小节)到 ♭D(第 273 小节)再到 C(第 277 小节)是逐步向下移动,接下去 6 小节是第三小段的结束语,和声是 c 小调的属和弦到主和弦反复三次(第 281—286 小节)。

c 小调: V —— | I —— | V —— | I —— | V —— | I —— |
f

(4) C 段第四小段共 26 小节(第 287—312 小节)它是 A 段主题再出现前的属和弦准备段落、所有的和声除开始 8 小节之外,其他 18 小节都是属七和弦,第 287 小节左手出现的几次 A♭可以把它看成是倚音(即和弦外音)解决到属七和弦的根音 G。

谱例⑯:

C 小调 V 和弦把 ♭A 当为倚音   建立在 C 音上的 ♭IV 减七和弦

第五段(A)共 90 小节(第 313—402 小节),可分成三个小段落:

第一小段(第 313—344 小节)主题又在 C 大调出现,加上句尾扩充共 31 小节。

第二小段(第 344—378 小节)用主题后面的 8 小节插句(第 62—70 小节),发展了 34 小节造成 *ff* 的高潮。

第三小段(第 378—402 小节)共 25 小节,是用主题的第二个和第三个曲调音所构成的属七和弦音型,层层推进到 C 大调属九和弦的最大高潮,后来又转入属七和弦上,力度逐步减弱到 *ppp*,加上较长的延音记号,立即转入结束段。

最后结束段(Coda):一般乐曲的结束段比较概括,也比较短,贝多芬在此结束段中采用了主题再发展的手法,把回旋曲(A)段 4 小节的主题压缩在 2 小节内,速度加快一倍,一直发展到乐曲的最大高潮结束全曲。

谱例⑰：

这一段的速度是最急板，建议可用⚬=88。

结束段共 141 小节，可分成四个明显的段落。

结束段第一段：38 小节（第 403—441 小节），回旋曲 A 段主题先完整出现 4 小节，接着 4 小节是主题加邻音填充成八分音符的乐句。

谱例⑱：

（注：括号中的音符是主题音。节奏略有不同）

后面是把第 410 小节右手最后 4 个八分音符的音型（见谱例⑱）下行模进 8 小节、然后又把 A 段主题的第三和第四音向上变化模进 8 小节（见谱例⑲）。这一段的后半段主题先在 F 大调上再出现一次，很快就转入 C 大调的属七和弦，把主题的最后 4 个音向下模进（见谱例⑳），此段结束在 C 大调的属和弦上。

谱例⑲：

谱例⑳：

结束段的第二段共 44 小节,是结束段中对比性比较强烈的乐段,从创作的手法来说又可以分成两个小乐段

前半乐段共 24 小节(第 441—464 小节),发展的材料是从回旋曲 A 段主题的头三个音在较疏远的♭A 大调上出现,每四小节转个调。

第 441—443 小节♭A 大调和声是 Ⅰ − │ Ⅰ − │ Ⅴ₇ − │ Ⅶ° − │

第 444—448 小节 F 小调和声是 Ⅰ − │ Ⅰ − │ Ⅴ₇ − │ Ⅴ₇ − │

第 449—451 小节♭D 大调和声是 Ⅰ − │ Ⅰ − │ Ⅴ₇ − │ Ⅶ° − │

第 452—465 小节♭b 小调从导减七和弦开始后来转到建立在♯F 上的减七和弦第一转位(第 461 小节)

后半乐段 20 小节(第 465—484 小节)开始时用了音阶上下行的写法,而回旋曲 A 段主题混在音阶中间。

谱例㉑:

注:括号中的音符是 A 段主题的曲调音。这小段技术上很难,在速度上几乎等于八度的括奏效果,许多钢琴家都把它分别让左右手来弹,指法如下:

谱例㉒:

12 小节之后是属和弦的准备乐句(第 477—484 小节)共 8 小节。

结束段的第三段(第 485—514 小节)共 30 小节。

第一句 C 大调(第 485—492 小节)——8 小节

第二句 c 小调(第 493—496 小节)——4 小节这是前半句

$\flat$A 大调(第 497—500 小节)——4 小节这是后半句

第三句 f 小调(第 501—508 小节)——4 小节又延长 4 小节,共 8 小节。

C 大调(第 509—514 小节)——6 小节和声为 $IV_6 - {}^{\#}IV_6 - I_4^6 - V$

弹这一段时右手的颤音(trill)可以空一个音,主题比较容易突出。

谱例㉓:

下同

　　结束段的第四段,也就是最后一段共 29 小节(第 515—543 小节),回旋曲 A 段主题在 C 大调上造成一个大高潮,前 8 小节是回旋曲 A 段主题第一句,主题和声是 $|I - |V - I|$,踏板是每 2 小节换一次(第 515—522 小节)。这是贝多芬自己写好的,要注意保留这个踏板的特殊用法。后面 6 小节是回旋曲 A 段主题的句尾四个音变化上行模进(见谱例㉔)解决到 C 大调的主和弦上。

谱例㉔:

　　最后 15 小节都是 C 大调的主和弦,贝多芬把回旋曲 A 段主题中的 G 音和 E 音作上行模进(第 529—533 小节),后来又把节奏型拉宽,力度降到 **pp**。然后力度突然增强到 **ff**,最后斩钉截铁地结束了全曲(第 529—543 小节)。

谱例㉕

结束语：

1. 从作品的思想内容来说：贝多芬在《黎明奏鸣曲》中表达了两个主要的思想内容，第一乐章由生动活泼的动机发展到有合唱音调的副题，又逐步发展成具有强烈节奏的舞蹈，这是第一个内容。简短的第二乐章是和第三乐章连接在一起的，第三乐章欢乐的回旋曲，主题和几段热情奔放、粗犷有力的民间舞蹈，力度和情绪对比很大，忽而很强，忽而很轻，真是千变万化，令人莫测，这是贝多芬在《黎明奏鸣曲》中表达出来的第二个思想内容。

2. 关于调性应用的问题：《黎明奏鸣曲》第一乐章的主题是在 C 大调，副题采用 E 大调，它们之间的调性关系是大三度。再现部主题还是在 C 大调上，而副题则移到 A 大调上，主副题之间的调性关系是小三度，这就说明 C 大调的主题是核心，而合唱音调的副题是围绕主题调性的上面大三度和下面小三度而变动的。

3. 从钢琴演奏技术方面来看：学习《黎明奏鸣曲》对于快速、明亮、有弹性的手指技术可以得到一些锻炼。《黎明奏鸣曲》学完了可以接着学《热情奏鸣曲》。如果手指跑动技术在速度和力度方面都能达到要求，那么就可以集中精力来攻克八度、和弦跳越大伸张等高级技术。

4. 从探索音乐形式来说：贝多芬在《黎明奏鸣曲》中采用了一些新的创作手法，比如说在第一乐章再现部以后加上了一大段的尾声再发展共有 54 小节之多，因此在第三乐章贝多芬也相应地写了四个段落的尾声再发展，计有 140 小节。

贝多芬在写完这部作品第五十三号之后，相隔几部作品之后他又再创作了作品第五十七号《热情奏鸣曲》。它的第一乐章只写了 35 小节的尾声再发展加上 24 小节的 Piu Allegro。第三乐章只用了 54 小节就写出了欢呼凯旋胜利的尾声。当然音乐的形式应当服从音乐的内容，从音乐的气质和整个精神面貌来看，中期是贝多芬创作活动最频繁、创作精力最旺盛的时期，而《黎明奏鸣曲》正是他这个时期的代表作之一。

1973 年 8 月 7 日

朱昌平整理　2007 年 2 月

关于李斯特的两首练习曲

　　1831 年李斯特在巴黎听过帕格尼尼的二十四首小提琴随想曲时,受到了很大的启发,他觉得小提琴表现的技术已进入很高的水平。在 1832 ~ 1833 年李氏就着手把其中的六首改编为钢琴独奏曲,曲目如下:Etudes: No. 1 G minor,No. 2 ♭E major,No. 3 ♯G minor(La campanella),No. 4 E major, No. 5 E major(La Chasse) , No. 6 A minor。以上六首改编曲于 1833 年在维也纳初版,十二年后又大修改,经过多次反复修改后,又正式出版。这本练习曲是李斯特赠献给舒曼的夫人、著名钢琴家克拉拉·舒曼的。这六首李斯特——帕格尼尼钢琴练习曲的写成(1851 年)把近代的钢琴技术带到了新的纪元(当时李氏四十岁)。

　　现在略谈♭和♯G 两首练习曲 。

I. ♭E 大调练习曲(李斯特——帕格尼尼)

　　♭E 大调练习曲除了 5 小节引子和 9 小节尾声外,主要是由大三段(A B A)所构成的。各段都有很明确的音乐意境。概括地说:光彩夺目、威力紧迫、力量无穷。在这里我重点讲引子和 A 段主题的弹法:引子共 5 小节,前 4 小节是强有力的 ƒ,四或五声部合唱的音调,第 3 小节着重要弹男高音(tenor)声部的曲调,紧接一小节半的华彩乐句是很轻快(leggiero)的非连音,要用低指触键法,有点像反弹的动作。掌部要有一种支持,手指构成一种弹和弦时结实的架子感觉,但不宜僵硬,这样弹,乐音很清晰。节奏先是右手和左手的两个和弦弹作为半拍,之后都是 节奏,一跃地冲到顶点延长音⌢的和弦。这儿可以有点气口。再接下行的六连音华彩乐句，这一串音较难弹，除先分手练外，还要注意右手每弹完 3 个十六分音符的第一个双音后，它的 1、2 指要立即伸张到新的位置上，否则弹不快，也容易弹错音。左、右手有两个声部，当然要突出右手，这是基本原则。以节奏而言，可以先弹 3 个音符，而且可以拉慢一点，后面要构成六连音直冲到底。接下去是左手弹♭B 颤音(trill)，不但弹的音符要多，还要弹出有点恐怖的效果。后面的♭B 颤音(用 2、4 指弹)和上面的♭B(用大指弹)要用踏板把音持续着和上面的属七和弦连接起来，随即立刻切断踏板，才能产生小提琴很清脆的拨弦效果。之后当大指弹二分音符的♭B 时再用一次踏板，并适当地延长它作为引子和主题相连接的桥梁。

谱例①：第 4 小节结尾

主题 A 段共 19 小节，前面的 10 小节是主题呈示，后面 9 小节是主题的发展高潮。主题始终是由两种因素组成的：一部分高音区的急速音阶，另一部分是拨弦效果的和弦。弹每句最后两个和弦(或仅有一个和弦)时是模仿在小提琴上拉奏的效果。

主题的速度是 Andantino，比引子的 Andante 要弹快一点儿。弹急速音阶时要用低指，很贴键。左、右手的腕部要自如地连接好，听起来好像是用一只手弹出来的音响效果。从音质来讲，这一连串的音阶是很清脆，又很有弹性、很光彩的。特别是每次弹到最后一个音 ♪(Staccatissimo)要弹得非常短促，多数是用左手第 5 指来弹。弹时要把腕部向左加上很快的侧面动作，才能弹出这种斩钉截铁的效果。

弹每句和弦的前三个拨弦效果和弦时，手指要完全贴在键上，略加上掌部的小小动作,即用被动的办法来弹这些拨弦似的和弦。弹后,手指离键越快(声音不要响)越像拨弦的音响。紧接后面的两个和弦或第二句只有一个和弦( ),在弹奏时要加点重量(即弹第一个和弦时重量向下,弹第二个和弦时手向上提轻轻地反弹。)如箭头 所示。如果只有一个和弦的话,就笔直地用重量向下弹。前面 6 小节的和弦与第二、三、四句的和弦之间在情绪上要连接成为一个完整的小段落。

　　后面 4 小节音阶改为半音阶,音区也较低。为了要和前面对比,半音阶可以全部用高指,让右手弹到底,留一个♭B 给左手弹就行了。力度比前面 6 小节要响得多。第二句上行音阶按照乐谱所示,用左、右、左手连接起来弹,同时要在这句的最后几个音弹出渐强(cresc.)的音响效果。这 4 小节的最后一小节曲调在中声部(也就是右手的大指和左手的大指),要很突出地弹出来。

　　谱例②:第 12 小节曲调　F ♮G ♭E C D │♭B

接下去立即进入左、右手交替弹出快速半音阶的高难度乐段。

　　谱例③:第 13 小节紧接谱例②第一拍,这里是第二、三、四拍,每句数四拍。

A 大段的第 11 小节第二拍起向主题的高潮发展。

谱例④：第 15 小节

这一句要突出左手在高音区的半音阶，而右手的半音阶要弹得略暗些。换句话说，就是左手的手指要高一点地触键，而下键要快些。

下面的谱例⑤第 17 小节，用踏板时一定要把根音的和弦和上面交叉八度连在一起，不能像有的版本把根音的和弦去掉，否则上面的交叉八度半音阶孤零零地弹，听起来就没有劲。注意踏板的记号。

谱例⑤：

谱例⑥：第 19－22 小节，数拍子

非常轻巧
(delicato)

II. #g 小调练习曲（李斯特——帕格尼尼）

李斯特于 1851 年把帕格尼尼写的小提琴曲《钟》(La Campanella) 改编成为钢琴曲，充分运用钢琴各音区的音色变化和各种不同的织体层层推进，表现轻巧、生动、愉快、活跃的音乐情绪。最后在火热般舞曲性质的尾声（高潮）中结束全曲。其效果比小提琴曲好得多。

《钟》是用回旋曲式写成的。

引子——3 小节

A {
 a——17 小节——(8 +9 主题反复一遍)
 b——21 小节
 a——18 小节——(8 +10 小节主题反复时由二连音改为三连音)
}

B——19 小节——(第 18 小节是很长的华彩乐句)

A {
 a——17 小节——(8 +9 主题反复一遍)
 b¹——25 小节
 a——9 小节——(主题出现一次)
}

尾声——11 小节

乐曲是 6/8 拍, $\flat$ =176,每小节两个大拍。除了很少数短的连音小乐句外,几乎所有主题 a 和 b 或 b¹ 和 B 的一部分都要弹出明亮的跳音和非连音(如尾声等也要弹非连音)。

《钟》的标题来历不详。当时外国的大城市都有很高的钟楼,而且有专人敲钟报时。这首乐曲的 $^\sharp$D 就是钟声的高音,它经常出现长音的延续,节奏也有变化。A 的主题就是敲钟的音响效果。

这首乐曲的音型和节奏变化很多。弹时速度要统一,节奏要稳,当然在某些转折点可以略慢些,随后立即回到原速。如果疏忽了这一点,弹起来就会松散,达不到一气呵成的钟声音乐效果。

1. 关于触键:绝大部分手指是要比较贴键地弹(除少数地方可以离键较高外)。而这首乐曲大跳越特多,大指和第 5 指都是放平地横在黑键上触键,才能保持准确度。手指的大跳越动作基本上和手掌连成一片,由侧面甩到键底,音质才能嘹亮、清晰。这种大跳越在两个八度范围里跳越时,肘部是控制手指跳越准确度的关键。也就是说肘部是不大动的,仅由手指和下臂向左右移动来控制跳越的远近。练习时一定要先分手练,用较慢的速度来练极快的移位,而且要让手指建立一种百发百中的感觉。换句话说,就是手指在未弹跳越音时已经有一种十分准确的距离感觉,才不会出差错。练习时更有必要把难点抽出来反复多次地练,建立起两个跳越音之间的距离感觉,才有可能在弹整体时不出错音。

2. 关于技术问题、指法、踏板和处理乐曲的建议:引子左手的三次 #D 八度的反复音可以弹得柔和些,而右手高八度的 #D 八度音可以弹得亮些。最后,右手的两个八度音可以弹得柔和些,略渐慢又渐轻,表明引子的钟声结束。让右手大指开始弹主题时,虽然是弹轻(**P**)的声音,但听起来仍然是明亮的,形成鲜明的段落对比。

A 的 a 段主题反复两遍,曲调音都在右手的大指上。弹时大指不但平些而且要比较贴键地向里弹,这样才能弹得既轻又到底,但又明亮地传得远的钟声曲调音。左手弹的和弦是八分音符,但每次踩踏板时都要踩成四分音符,而且每次长短要一致,才能产生和声节奏的效果。

第九小节是 #G 主和弦的终止,踏板可以略长些。这和第 17 小节用满踏板是一样的道理。

主题第二次反复时,右手加了装饰音,不论是一个或两个音,装饰音的第一个音都要和左手的低音同时出现。手要很放松又活络,轻轻地一带(但要很轻巧又很清晰)就跳到高音的 #D。装饰音也是音线中的曲调,要练得很平均又流畅。

A 的 b 段两个八分音符之后的双音半音阶要略突出高音的音线,但左、右手的手指都要很贴键,左手都要用第 3 指,右手都用 $\frac{4}{2}$ 指,同时右手要竖起来弹,这种音响有点像模仿拨弦的效果。

谱例①:第 26 小节

这类音型因为速度极快,又要弹得干净、轻巧,比较难弹。主要是手指和手掌要非常松弛,一点都不可有紧张的感觉。手型要比音型更早感觉到音型的位置,4 个十六分音符要弹出很明亮的音响。1、5 指要横在黑键上,靠手掌的重量加上、下臂大动作甩到键底,才能弹好,同时四个音的音响要弹得平均而明亮。

谱例②：第 27 小节

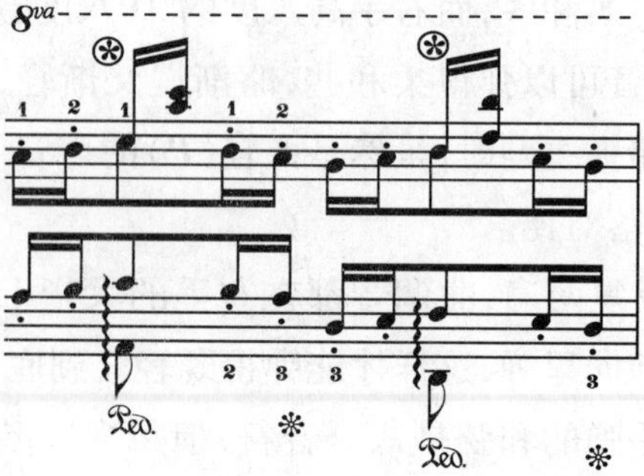

*这两小节的重音移到第二和第五小拍上，用大指弹时是腕部向下，后面的双音是反弹的动作。⌐动作很细微的。

谱例③：第 29—31 小节

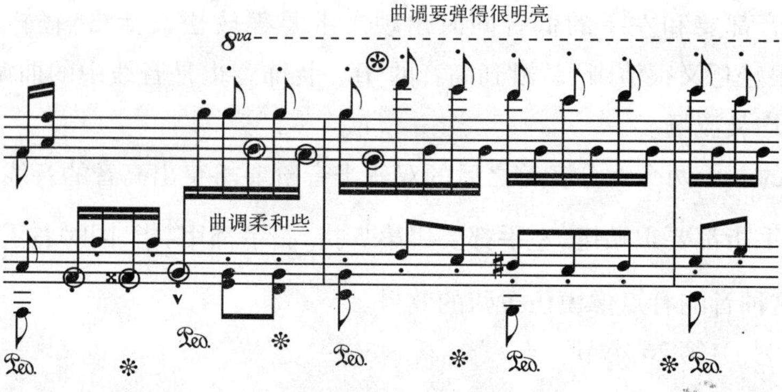

曲调要弹得很明亮

曲调柔和些

这两小节前半曲调音是左手，然后接到右手，可以弹得柔和些。后半即*处，曲调在右手的高音部分，要弹得很明亮。接下去 2 小节弹法相同。

谱例④：第 34 小节第 4 拍——第 35 小节第 2 拍

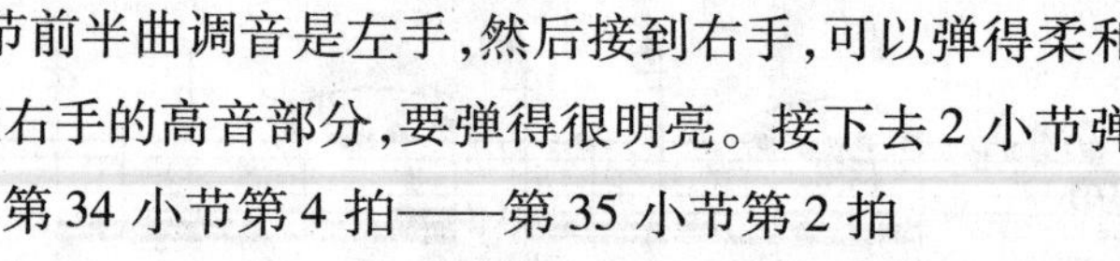

弹这种双音的音型（包括其他类似的音型）腕部必须竖高起来，这样手指由高处往下弹高音的曲调才能突出。当然弹任何双音的手指，如 $\frac{5}{1}$ 必须

架稳,其他的如 $\frac{4}{2}$ 或 $\frac{3}{1}$ 也同样要架稳。

从 37 小节到 40 小节的半音阶行进的速度可以略向前加快一点,但不可过分。之后到 41 小节就要回到原速。

谱例⑤:第 41 – 42 小节

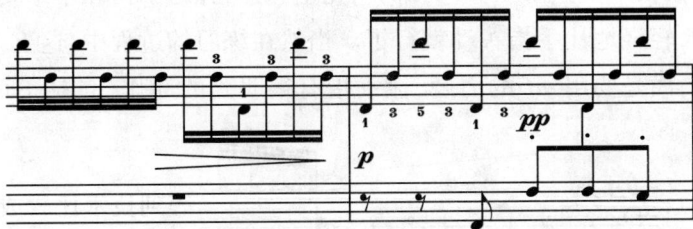

这小节第二拍大伸张的音型,5 3 1 3 5 3 的指法有点难,手指粗又长的比较好办。中指(即 3 指是轴心)腕部要找到略高的位置,让 1 指和 5 指两头来回摆动,而下臂要有一种平衡又很稳的感觉,才不致弹错音。

谱例⑥:第 50 小节第 3 – 6 拍

这些三连音在弹快速时也较难,常常是最高音用 5 指弹就不够亮,或由于手僵而声音出不来。对手小的人,这种跳越的动作就要更大些、更快些,需要多次反复练习,把手的重量偏在 5 指这边,否则就会产生漏掉(5 指所弹的)高音的现象。

谱例⑦:第 61 – 62 小节第 2 拍

　　这里有两个不同的技术问题必须解决好。如上例ⓐ和ⓑ处。学生往往在演奏时会顾此失彼。即如果把ⓐ弹得清楚,ⓑ的反复音就弹不出来或漏一、二个音。如果反复音弹清楚,就常常是ⓐ的音型弹不干净,很含糊。这道理就是因为有两种截然不同的技术ⓐ和ⓑ很快地相连着,手指和手掌必须尽快或极快地变换手型。ⓐ和例①完全一样,弹时手指和手掌要很松,手型要摆好,轻轻地让手指一动就行了。当然在练习的过程中,这五个音不能轻飘飘的,而是要用 **mf** 的力度,让手指有很明确的动作(包括下面的两次

类似音型):

等到技术比较成熟后,就可以用 **P** 来弹。弹时手指和手掌就会是松弛的。手指只要轻轻地一动,这个音型就会很清楚地(不用踏板)弹出来了。至于弹(b)的音型:手指和手掌是连在一起的,不可有一点松弛的感觉,它和ⓐ完全相反,这样才能保证三个反复音弹得清楚。如果是用 4、3、2 指,手掌和腕部还要尽快地向右移动,同时保持略高的位置,让手指很主动地把反复音弹出来。这种反复音在古典时期的作家用得多,多半是采用换指的办法。到了李斯特以后,包括近代的钢琴家多半主张用 5 指同指反复,音质比较平均。由于速度极快,这时要求手指和掌部连成一片,用抖动的动作来弹反复音,近代的钢琴家也都主张用同指反复抖动地弹。

　　谱例⑧:第 68～70 小节第 2 拍

上例所注明的指法较好,也容易弹出效果来。下面的句子同样处理,力度和层次的对比如上面标明的 **p**、**mf**、和 **f** 效果较好。右手的 1、2 指弹颤音,力度很轻,手指很贴键,不用什么重量,但到高音(即右手的 5 指)曲调音时,5 指就要离键略高,腕部有一个向下甩的动作,这样才有可能弹出最尖锐、最明亮的曲调音。同时每次弹到 5 指,用的份量、动作的大小、下键的速度都要相同,这样才能保证很平均地弹出音线来。

谱例⑨:第 74 小节

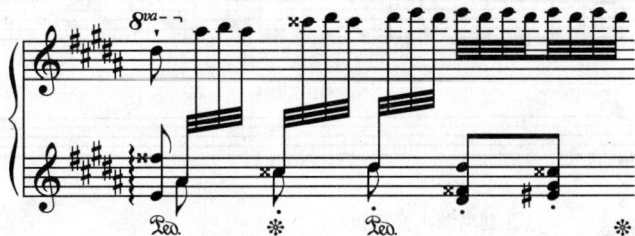

在 #D 前一小节要弹得很明亮。到谱例⑨的第一个音 #D 加上一个 ▼ 最短的跳音,斩钉截铁地把这句突然断开,这样就可以做一点气口再接下面的乐句。这一小节后面,右手有两次完全相同的快速跑动的华彩乐句,可以用弱音踏板,然后再发展到 **f** 的顶点。

谱例⑩:第 77 小节第 4 拍 – 79 小节的前 3 拍

(a)

为了要突出这顶点,节奏就要放宽一些,才可能弹 **f** 的效果来。这一小节是华彩乐句,没有小节线,又都是四个音构成一个节奏单位,速度可以略往前加快些。弹顶点音符时手指要高,到了 dim. 即渐轻下来,手指的动作也就相应地低下来,一直到声音最轻处 ⊛,速度也相对地慢下来,还要等左

(b)

从这儿到高潮不换踏板!

手的 5、1、2、指,把这一和声的踏板换好,弹[×]F 的 5 指必然要按得稍长点,这样右手的[♮]E [×]C E [♯]D(尤其是前面两个音符)必然要放慢一点,然后再很快地回到原速,到达到这段半音阶的左、右手交替行进,冲到 B 段的最高点♪· tr.颤音。弹时腕部要高,好让下臂的重量下去,同时手指有点向下向里,使音色很嘹亮,光彩夺目,有钟声的特殊音响效果。左、右手都用 3 指来弹:

(c)

这是 B 段的最高点,可放宽节奏,但还是要有 6 小拍的感觉。力度可达到 **ff**。

谱例⑪:(a)第 87 小节 (b)第 88 小节 (c)第 93 – 95 小节

(a)

从这一小节(a)例开始右手大指要很有弹性,弹完立即离键很高地向右倾斜,才有可能弹好。下面左手从第二小节起(b)例每小节踩两次踏板,在两次踏板之间要有一小点的空隙,这样节奏感才会更强。

(b)

这整个一段用同样的办法来弹奏,直到(c)例的第二小节起⊛手指要很贴键。下面 2 小节都要用弱音踏板弹出精致而又有颗粒性的音线。表情应该是 Con delicatezza,即很轻巧细致。最后一小节左手的低音(♯G)要保留长一点时间,给听众有一个段落结束的感觉。

(c)

谱例⑫：第 115 – 116 小节

在逐渐加快些（Piu mosso）的开头就不用弱音踏板（见原谱），它标有 Tre Corde 的记号。但是这三行是最难弹的，有右手的大跳越又有左手的大跳越，所以速度不要变动，直到左手弹八度音时才略向前推动。特别在弹注有（Precipitando）时可以推得更紧些，即往前冲击。

谱例⑬：第 120 – 122 小节

到这小节即回原速，引入主题，也是最后一次主题的出现。

⊛处左手在弹八度后又加上三个和弦，每小节同样用两次踏板，但用踏板之间要有空隙，加强节奏感。

谱例⑭：第 129 小节

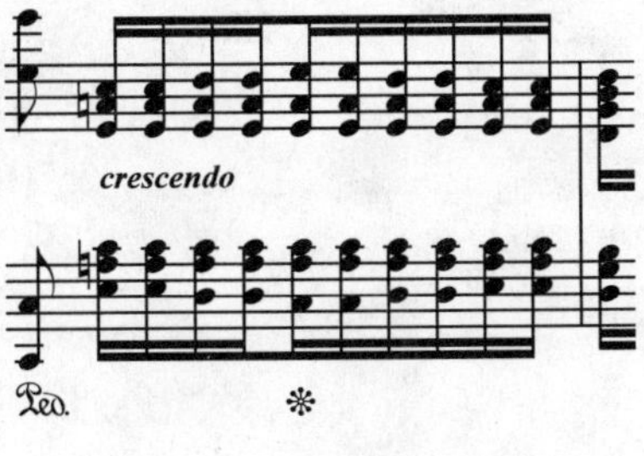

弹这些连续的一连串的反复和弦时,左、右手腕都要高得多,与有关手指形成一个架子。弹奏每一个和弦都要有很明确的由上而下的、有弹性的动作。这样右手4、5指的曲调音才有可能很明亮又很有弹性地突出来。

谱例⑮——谱例⑯:第132－142小节

从 animato 开始是尾声,共11小节,是整首乐曲的高潮。它有匈牙利吉普赛民族独特的正规节奏和不正规节奏凑合在一起的生动音乐效果。这里的重音也是正拍和反拍结合在一起的,要明确地把它们弹出来。

谱例⑮

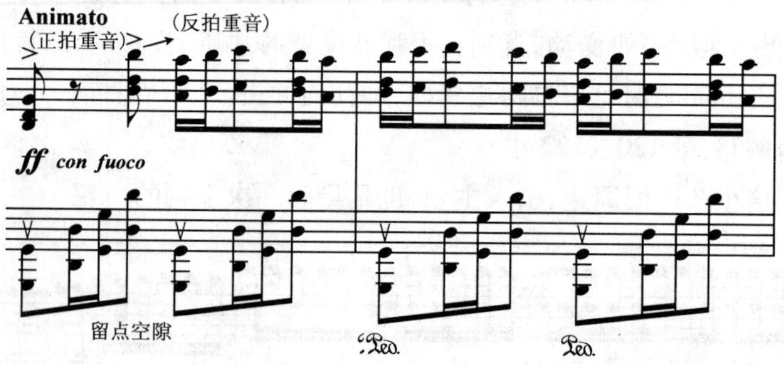

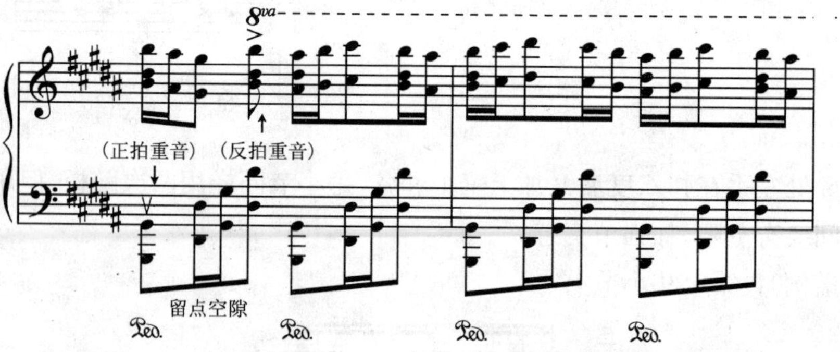

谱例⑯

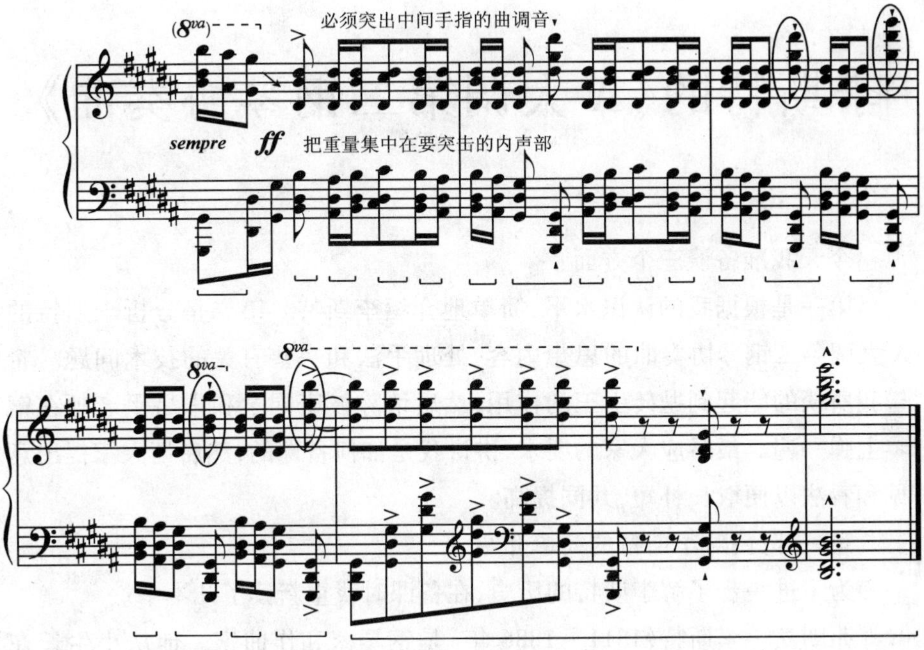

　　重音在第三拍上,这是不正规的节奏。重音在反拍上,要根据乐谱上所标明的踏板来练。从本例开始反拍的重音和弦即构成了 #g 小调主和弦的一条音线,最后三小节回到正规的节奏,在 *sf* 的和弦中造很热烈、很光彩、辉煌的大高潮结束全曲。

1977 年 6 月 20 日

康却非整理　2007 年 1 月

李斯特的《A 大调第二钢琴协奏曲》

今天我准备谈三个方面：

第一是根据我的认识水平，简单地介绍李斯特。第二是分析李斯特的 A 大调第二钢琴协奏曲的思想内容、处理手法和一些有关的技术问题。希望我所谈的能起到抛砖引玉的作用，然后请陈彼诺同学和朱昌平老师在钢琴上弹一遍。最后应大家的要求，讲讲我是如何备课的，然后请大家提出意见和看法以便取长补短，共同提高。

第一部分：对李斯特的简单介绍。

为了进一步了解李斯特的历史，在备课时我重新读了几本书。

弗朗茨·李斯特（1811～1886 年）是钢琴家和作曲家。他从小生长在匈牙利，后来移居维也纳，9 岁时首次开音乐会，10 岁开始在车尔尼（Karl Czerny）门下学钢琴，同时师从贝多芬（Ludwig van Beethoven）学习和声与作曲，后来他报考巴黎音乐学院，由于该院不招收外国学生而未被录取。到了 17 岁时他想进神学院又未能实现，他曾经为学音乐还是学神学，这两种思想矛盾而斗争。1831 年 3 月 9 日在他 20 岁那一年，他听了小提琴家帕格尼尼（Paganini）的独奏会深受感动，即下决心学音乐，在巴黎时，他跟随好几位教师学音乐。1830～1833 年间柏辽兹（Berlioz）带李斯特到肖邦（chopin）家和当时一些文艺界人士相识，其中有诗人海涅（Heine）、密支凯维奇（mickiewice）和乔治·桑（George Saud）等。

李斯特从 28 岁开始在其后的八年中（即 1839 年到 1847 年）在欧洲各地开独奏音乐会，由于他演奏很成功以致于使钢琴演奏成为一门专业的艺术，这是李斯特的一大贡献，只是他晚年时对演出生活感到厌倦，最后完全放弃演出，这是后话。

李斯特在莱比锡认识了门德尔松（Felix mendelssohn）和舒曼（Robert Schumann），1840 年他在巴黎认识了瓦格纳（Richard Wagner），他和瓦格纳结成了好朋友，他们在创作思想上相互影响。李斯特一生写了 700 多首乐曲，其中一半以上是钢琴曲，而且多数是有标题的，他的前期作品中有两册钢琴练习曲，即李斯特——巴格尼尼练习曲和高级练习曲。这些曲子经过李斯特十几年的反复修改一直流传至今。

李斯特于 1848 年迁居魏玛，他在这个时期所写的作品可算为中期作品，包括很多首匈牙利狂想曲及在他去世之后才出版的《西班牙狂想曲》，他还写了《旅行者画册》、《旅行第二年》、《葬礼》、《玛捷帕》、（原为钢琴独奏曲，后改为交响诗）以及两首钢琴协奏曲（$^\flat$E 大调和 A 大调）。

李斯特在 1852~1853 年创作了 b 小调钢琴奏鸣曲，此曲是李斯特人生观的描述。乐曲中有坚强的、斗争的性格，但最后却想超脱现实，如此，我们就不难理解后期的李斯特会到天主教堂去当神父，他最后 15 年的创作基本上是宗教音乐。在音乐的表现形式和手法方面，瓦格纳在歌剧《尼伯龙根指环》中和李斯特的某些作品中都尝试过用音乐的主导动机来代表一定的人物或思想感情，李斯特还把协奏曲、奏鸣曲写成有联系的单乐章作品，既有关联，又有变化，这种有机的联系在音乐创作史上是李斯特的另一大贡献。李斯特的创作有明显的匈牙利民族音乐的特征，例如他的第二钢琴协奏曲第 109 小节的八度半音阶下行时夹着小三度的音程及第 57 小节高音的半音阶下行时夹着增二度，有六次之多，这和许多匈牙利狂想曲中的音阶经常出现增二度音程是一致的。

学习李斯特的某些作品，在弹奏上可以学到辉煌灿烂、华彩式的以及轻巧、柔和、细致的各种不同的触键和技术，李斯特在 19 世纪欧洲浪漫派作家中是一位倡导者。他使音乐更深刻地刻画人们的思想感情，发展了钢琴演奏的技术和艺术，他的一部分作品从一个角度反映了当时的社会思潮。

第二部分：有关李斯特 A 大调第二钢琴协奏曲的思想内容、处理方法和技术问题。

（一）思想内容：先提一下两本书的作者对这首协奏曲的看法：

《李斯特》这本书的作者瓦尔特·贝克特（Walter Beckett）在提及 A 大

调第二协奏曲时说,"……它是单乐章的协奏曲……富有诗意和狂想的特点,第一主题是柔和的,像田园式的牧歌。对比的主题(即第二主题)节奏和力度强,占整个乐曲的主要部分。降 D 大调部分(从第 116 小节至 177 小节)用的是 6/8 拍,是激烈的段落,这首协奏曲的狂想部分富于浪漫色彩,写得最好……"

根据《李斯特的音乐》这本书的作者亨弗莱·赛尔列(Humphney Searle)写的大意是这样:"这首 A 大调第二钢琴协奏曲创作于 1839 年,在魏玛第一次公演是 1857 年,而在 1867 年前后曾作过修改。它的主题很有诗意,很有趣,能够发展。乐曲的第 422 小节是威风凛凛的进行曲,但是写得有点粗俗,好像是第二流的军乐队音乐,和第二钢琴协奏曲不相称,尽管如此,对他的这首协奏曲的评价仍然很高……"我本人并不同意这位作者关于"粗俗"的说法,进行曲这一段的曲调和第一主题完全一样,只是将原来的 3/4 拍改为 4/4 拍而已,当然,艺术见解各人可以有所不同,有时还可以有争论,这是完全正常的。

据我的认识,李斯特一向提倡标题音乐,但是第二钢琴协奏曲却没有明确的标题。第一主题从柔和带有悲伤或压抑的情绪发展成为坚强有力、明亮愉快一直到猛烈而又沉重的音调,紧接着是小军鼓伴奏、节奏性很强、力度很大的第二主题。其后,在独奏部分和乐队都有上下行半音阶,好像风暴来临,接着马上转入进行曲的风格,有欢呼,又有威武、情绪激昂的片段。尾声是将第一主题的因素和第二主题的音型糅和在一起,最后在欢快类似凯旋的音调中结束,可以说这首协奏曲是没有标题的标题音乐。

和第二钢琴协奏曲一样同是李斯特中期作品的还有前面曾提到的《旅行者画册》,作于 1835~1836 年间,其中有一首《里昂》是受 1834 年里昂工人起义所激动而写的,作品的题词是里昂工人的口号——"不能在劳动中生活,则在斗争中死去"。其他的中期作品还包括他的《旅行第二年》,其中的"塔兰泰拉舞曲"("Tarantella")反映了意大利人民生活的一个侧面。他写的匈牙利狂想曲很生动地刻画出匈牙利人民的生活特色。他的《葬礼》(funesallis)是悼念英雄的悲歌,是为匈牙利 1849 年 10 月在革命中殉难的英雄而写的。又如 1839 年初版的《玛捷帕》(mazeppa)是受法国大文豪雨果(Vietor Hugo)的诗所启发而写的,诗的大意是:"他倒下去……又活起来了",纵观以上几首钢琴作品可见李斯特的整个思想活动在他的中期是比较进步的,反映现实的正如列维克著的《外国音乐名作》第三册中所说的:"李斯特在音乐领域内反映了在为谋民族独立而斗争期间,匈牙利人民的思想、愿望和意志。"

(二) 处理方法和技术问题

这首协奏曲是由第一主题和第二主题轮换出现,又不断将这两个主题变形发展起来的,这种写法可以称为根据主导动机轮换发展的形式,它是单乐章一气呵成的协奏曲,全曲可分为四大段:

第一段,"第一乐章" A 第一主题(从第1至72小节):经过四次不同感情的发展直接进入第二主题。

B 第二主题:从第73小节到第115小节,后面这部分是连接部,引入小高潮。

这一部分有点像奏鸣曲的呈示部,紧接着是发展部,用的是第二主题 B 的题材(从第116小节到第212小节),由小高潮逐步转入第二段。

第二段,像慢板第二乐章(从第225小节至第290小节):主要是用第一主题 A 的题材,用华彩乐段紧凑地和第三段相连。

第三段,"第三乐章"(从291小节至第461小节):主要是用第二主题 B 的题材再发展到威武的进行曲(第422小节),然后是欢快有力的段落接到下一段。

第四段和尾声,"第四乐章"(从第462小节至第513小节):像是第一主题 A 的再现部,可以更富于激情,后面加上对话,从第514小节至第590小节两次尾声是第一主题 A 和第二主题 B 片段的总结性的叙述,从而把乐曲引入高潮。

在谈如何处理乐曲之前先把舍尔玛(Schirmer)版本的两个错音改正,第184小节独奏部分左手第三个八分音符是♯B(不是♮B),还有第279小节独奏部分第四个四分音符,右手的拇指应是♮E(不是♭E)。

以上分析了乐曲的思想内容和段落,仅仅是处理乐曲的一部分,要处理好这首协奏曲最关键的还有下列几点:

A. 定好速度和力度,注意节奏重音。

B. 处理好五次华彩乐段的方法。

C. 取消一些休止符。

D. 特殊的指法。

E. 踏板的处理。

以下分别说明:

A. 关于速度、力度和节奏重音问题。

在坚决果断的第三段中,第 312 小节及第 313 小节的第三拍,还有第 314 小节的第一拍和弦,第 315 小节最后一个八分和弦及第 316 小节第一个八分和弦,我建议加特别重音,为的是要很有劲地进入紧接的风暴般的半音阶。

第二次尾声第 567 小节开始,每小节的第三拍都加上重音,共 8 小节,接着(575 小节)每两个小节的第一个和弦都加重音,共 7 小节有四个重音,最后 9 小节(第 582 小节)中的每一个四分音符都加重音共有十二个重音(第 587 小节的三连音只有第一个四分音符是重音)。

速度和力度基本上按照作者编注的符号来演奏,只有几个地方稍加改变:

a)第 116 小节降 D 大调,6/8 拍的一段:速度和前一段完全一样,第 148 小节乐队总奏(Tutti)时不必按谱上所写的 un poco piu mosso(即不必加快)。

b)第 207、208 小节,第一段结束,接着用 *f* 的力度弹两小节情绪更加紧凑,然后经过第 209、210 两小节 *mf* 第 211,212 两小节 *p*,很自然地转入第二乐章(注:这里的小节数目,包括了舍尔玛版本用虚线将华彩分成 6 个小节来计算的)。

c)第 314 小节开始要逐步加快速度,到半音阶出现时速度定好不变。

d)第 396 小节 Sempre Allegro 处要特别注意定好速度,前面的四分音符放宽一点就等于后面一小节的二分音符,从第 452 小节开始全部按 ½拍号进行至第 461 小节。

e）第 527—528 小节紧凑些一直到结束，不能有松气的感觉才能造好高潮。

f）关于力度，尾声倒数 16 小节，即第 575 小节把乐谱的 *ff* 改为 *fff*，结束音算好为五个二分音符。

B．处理好五次华彩乐段的方法。

a）第 64 小节，十六分音符的六四和弦的半音阶可将六四和弦作为一个节奏单位一气呵成弹到底，其最后一拍是八分音符和三连音，不要拉宽就直接进入第一主题。

b）第 223 小节的华彩乐句是把每四个八分音符算作一个节奏单位，可以稍为自由略带幻想，和前面富于激情的乐队做个鲜明的对比，接着是第二段的开始。

c）第 249 小节，除了第一拍有九个音之外，其余部分都是八个音算一个节奏单位，不要慢下来，转入下一段。

d）第 289 小节轻盈的华彩乐句，每八个音符算作一个节奏单位，接下去的华彩乐句左手每两个八分音符算作为一个节奏单位，由轻到响，由慢到快直接进入坚决果断的第三段。

e）第 512 小节，也就是尾声前的两句华彩乐句，可以弹得富于幻想些，由松到紧，再由紧到松，每六个八分音符成为一个节奏单位。

C．取消几个休止符。

彼得斯版本（Peters edition）和舍尔玛版本（Schirmer's edition）在段落之间都有同样的休止符，我建议将它们取消：

a）取消第 223 小节由四个升记号转入五个降记号之间带有延音记号的二分休止符。

b）取消第 249 小节加延音记号的四分休止符。

c）取消第 290 小节进入 Allegro deciso 之前的加延音记号的二分休止符。

d）取消第 461 小节加延音记号的全音休止符，只要留一点空隙，立即接第一主题的再现就行了。

以上所谈的关于处理这首单乐章的协奏曲的一些方法是为了防止把这四段弹得太松散,处理得紧凑些就比较容易营造高潮达,到一气呵成的音乐效果。

D. 指法。

第 410 小节开始所有十六分音符左手的指法改为 52|52|52|……到最后一音左手结束在大指上,和右手的 5 指一起弹,更为有力,接着有三次模进的音型同样处理。

E. 踏板用法。

李斯特在这首钢琴协奏曲中用了八种不同的踏板。

a) 切分踏板:到处都用。

b) 弱音踏板:如第 285 小节 **PP** 乐句。

c) 非切分踏板:如第 98 小节第二主题后面的连接部的跳音加重音的八度等。

d) 颤音踏板:如第 64 小节华彩句。

一连串的六四和弦及半音阶等。

e) 不用踏板:例如:①第 126—129 小节,第二主题发展部,四个十六分音符,不用踏板,以后的三次都不用。

② 第 182 小节,很多三连音音型的八度跳音,踏板只稍微"点一点",踏板之间留有间隙,加强节奏感。

③ 第 514 小节,第一次尾声的第一小节,四个十六分音符,踏板的长度只用两个十六分音符,也是为了加强节奏感。

④ 第 546—548 小节,前两拍可以考虑不用踏板,这样就加强了第三拍重音。

f) 稍长的踏板(不是长踏板):第 109 小节第二主题连接部后半的连续八度,每两小节就用一次略长的踏板。

g) 强收踏板,右脚提离踏板非常快,如第 590 小节最后一个音的踏板用法。

h) 弱收踏板:一般用在柔和安静的乐句和段落结束时,右脚慢慢地提离踏板,使声音渐渐消失。

　　第三部分：最后谈谈我是怎样备课的。

　　针对不同的对象要用不同的方法。我选李斯特的第二钢琴协奏曲给陈彼诺同学弹，鉴于他目前的技术程度与这首协奏曲基本是相适应的，因此我在备课时更多的是考虑如何处理乐曲的问题。首先我对作曲家的一生，及他创作该乐曲的时代背景，在上课时先向学生作简单的介绍，能从该曲学到什么技术也略为介绍一下。

　　在给学生新功课之前，我会先把学生要用的版本拿来对一对，以便找出不同版本之间的差别，然后把带建议性的指法和踏板安排好在上第一课的时候就告诉学生，同时自己反复弹几遍，由于时间有限，仅仅弹到能够向学生说明问题的水平，以后每次再上这首乐曲时我仍要再练几次，找出学生存在的问题，在上课时把自己的感觉加上语言的补充来进一步启发学生。当然，有时为了要培养学生独立处理乐曲的能力也可以先由学生自己处理，然后在他"还"第一课时，看有何不合适之处（例如指法、踏板等等）再加以调整。

　　在每次上完课之后，我总要作简单的记录，记下学生的进展情况和存在的问题，同时尽可能调动学生的主观能动性，比如陈彼诺同学建议将这首协奏曲的伴奏部分第44小节处右手弹的第一个减七和弦移高八度，又把第82小节伴奏部分左手似小军鼓的音型移低八度，这两种建议在演奏时效果很好，我就同意了他的意见，当然，如果学生的建议不符合音乐的逻辑性，就要说明理由来说服学生改过来，从而使学生更加深了对乐曲的理解。

　　就简单地谈这些。现在请陈彼诺同学和朱昌平老师把李斯特的第二首钢琴协奏曲弹一遍。在座的各位老师都有很好的教学经验，请大家无保留地提出宝贵的意见。

此文系1977年10月26日在钢琴系上大课时的讲稿

朱昌平整理　2006年8月

如何弹好钢琴协奏曲《黄河》

《黄河》钢琴协奏曲的核心思想是表现中国人民的民族精神。共分四段,即四个乐章。第四乐章是重点,第一、二、三乐章为第四乐章作铺垫。

第一乐章:概括了中华民族不屈不挠的斗争精神。

第二乐章:歌颂中华民族的勤劳勇敢。

第三乐章:集中写抗日战争时期对日寇的愤恨。

第四乐章:描述抗日军民奔赴战场,英勇杀敌,顽强战斗的精神,最后颂赞中国人民一定得到辉煌的胜利,推向全曲的高潮。

第一乐章 前奏、黄河船夫曲

主题是突出反抗的精神,人民群众在狂风巨浪中奋勇地搏斗,象征中华民族顶天立地的斗争精神。

前奏有三个因素:1. 呼喊:……

　　　　　　　　2. 狂风巨浪的节奏:半音阶进行。

　　　　　　　　3. 劳动节奏:

背景立即呈现了黄河狂风巨浪的场面。第一小节很重要,爆发出船工的呼喊声占首要地位。这儿特别要注意小号和圆号(圆号为主),风浪(半音阶)最高音要弹得重一点。前奏要把人们带到搏斗的环境中去,情绪紧张、激烈,才能突出中国人民百年来艰苦卓绝的斗争。

钢琴的华彩乐段要弹得有内容、有形象——汹涌澎湃、铺天盖地而来的黄河水是千变万化的,有漩涡、有怒涛。高音与低音都非常重要,高音及中间两个半音要很有力地弹出黄河咆哮的声音,要有一浪高一浪的形象。几个高音要有区别,开始底下的八度要有冲出来的感觉。华彩乐段要一气呵成,不能松散,要有内在的连贯力量,要有劲。黄河的惊涛骇浪不是一般地逆流而上,浪特别急,因此特别艰难。我们到过山西稷山县壶口,那里有"水里冒烟"、"旱地行船"之说,从远处就可以看见巨浪掀起的白烟。他们用黄河来象征中华民族的斗争精神。

【1】 **12 12 6 ｜ 5 6 5 ｜** 船工号子。这几个音在船夫曲中很重要,是中华民族不畏强暴的反抗性格,一定要重视这几个音。节奏也很重要,顽强、坚韧,非常稳,但又要使人听起来有向前进的感觉。声音要挺拔,直立的(大指顶在三指上弹 **5 6 5**)、坚定有力的、勇往直前的。弹时不但是体力上使劲,更重要的是内心使劲,要抓住不屈不挠的反抗精神。

我们那时在黄河摆渡时,每一步都要使出很大的劲,非常艰难,不能弹得像在北海划船一样。此处可先踩下踏板然后触键,触键要快。

【2】指法可用1234,1234,要快一些,要把巨浪弹出来,最后冲一下到最高点。

【3】通过急流险滩的第一个回合,渐快,越来越激烈。声音要坚毅、挺拔、顽强。

【4】 ♫ ♫ ♩ ♩ 已通过第一个回合,坚毅、乐观。这儿可弹得适当轻松些,但不能弹成民间小调的轻快,或诙谐。高音要弹得突出点儿,为第二个回合做准备。乐队从【4】后的节奏变了,成为
♪ ♫ 很轻,起了伴奏的作用。这样劳动、斗争的节奏才能不断,要注意与钢琴的衔接。

【5】变成大和弦转调,要更上一层楼,声音仍要坚毅、挺拔。

【6】要轻下来,但斗争的音线不能断,不能软,不能弹成轻浮的声音。

♪ 因为这是蕴藏一个新高潮【7】,高音要出来些,其他声部轻些。弹每一个音符用什么方法,都要围绕着千方百计、满腔热情地塑造工农

兵形象。不论是在弹主奏还是伴奏时,都要弹出民族的性格来,而不能有损于这个性格。

【7】大的渐强,每个二分音符到高点——饱和点,再往下,这里要有力度,紧张度,要有一泻千里冲过去的感觉。这儿弹得越强烈就越能衬托出后面的"曙光"。这是艰辛地、克服万难地往前走,弹时手要非常放松,就像抢大镖子一样,不要紧张,手指要有一定的架子架稳,用上面的力量,但内心要紧张,才能发出敢于斗争、敢于胜利、顽强的战斗形象。不能软,软了就冲不出来,就会被黄河怒涛淹没。练时可先放慢,手臂要松,逐渐加快,要找到用力部位,如手腕一松就会出来噼呖啪啦的声音。大臂不能紧,否则声音出不来,这是由内容性格决定的,如用流水的弹法,就表现不出中华民族不屈不挠的斗争精神,心中要有决一"死战"的形象。手指才能解放出来。这段华彩是"汹涌澎湃"的,是很关键的一段。第八页(新版)和弦冲下来后,要弹出船摇晃的效果来(第二行中到第三行)。第四行音阶上行换碎踏板,要把高音弹得明亮点,手放松靠在键面,胳膊自然,用重量来弹。

【8】迎来了胜利的曙光,心情非常激动,虽然在黑暗的势力下,但是中国人民从来不低头,对胜利充满了信心。

【9】这里不应因胜利而歇一口气,否则曲调下行就会弹成伤感的情绪。乐队应略轻,使钢琴部分突出来。

【10】看到了光明,要有意境。手非常松,不要有死而僵的声音。这乐句的最后一个音,不要弹出有结束的感觉,而应是半终止的感觉,虽然短,但要有很多的潜台词,要有形象,紧接到下面【11】。

【11】 a tempo 第三小节起 ♫ ♫ 第二拍要有推进的感觉 **1 2̇ 1 5 6 5**可强些。乐队在 ₂ 的地方可帮一下忙,钢琴可稍慢些。最后 **1 2 1 0** 是终结,黄河就像人挺立起来,要很有气魄。

记住:每天做基本练习,音阶、哈农、八度。主要是放松,快触键,触键后又立即放松。练八度时要用全身的力量,手的架子要经得住全身的力量。触键特快,要有反弹的力量,要用点腰劲。

第二乐章　黄河颂

这一段是追溯中华民族悠久的历史,热情歌颂我们民族的光荣传统,中华民族挺立在东方。弹这一段曲子要满腔热情,要有民族自豪感,要有对伟大祖国的无限热爱,才能弹得好。演奏要抒情,但不能有伤感、消极的情调。要挺拔、高大、雄伟、柔中有刚。这段要在声音上多下功夫,要很有感情又非常淳朴。

一开始,大提琴声音要厚,要压弓,要有内在的激情。伴奏声部、中提琴和黑管都要轻,才能突出大提琴。

【1】钢琴一进来,要弹得朴素,像是在叙述,声音要雄厚饱满,但又不能是特别使劲的声音,要有高大的形象。左手和右手一样重要,从内心要作渐强的补充,左手也要作补充,要撑起高大形象,弹时左手不能断开。

（1）`1 2 | 3. 5 3 2. 1 | 6 -` 要有高点,树立起形象来。

（2）`3 5 3 5 3 | 1 - - | 3 5 6 5 6 | i - - |` 不要忽视中音,才能把渐强推向高潮,旋律的气息非常强,音色要有变化,要很深情,始终要注意内在渐强的联系。

（3）`1 | 2. 3 5 6 | 3 - - | 5. 6 3 5 6 i | 5 - - |` 手指要立起来弹,上面肘和臂部都要非常放松。

（4）要注意防止两种倾向,一是平板,一是抒情,不能像弹一般的小夜曲,或马祖卡。要有嗡嗡之声,要有雄厚的、立的声音,弹轻的时候性格也不能变。

（5）节奏都差不多,但要注意声音的层次。

【2】声音要有激情,要有变化,不要太强,为的是突出【3】。从音量上、速度上为【3】作准备,速度可稍快些,【2】之后的第四小节

`1 2 | 3. 5 3 2 1 2 1 | 6 -` 要深厚些。

【3】是个高潮,要有满腔热情的声音,歌颂中国人民的革命传统。虽有很多和弦,但旋律的线条不能断。$5 \mid \dot{3} - \mid \dot{1}\dot{2}\ \dot{1}7 \mid 6 - \mid$ 要连起来,连得非常宽广,即有一种从内心里亮出来、非常饱满、宽广、满腔热情的声音,切忌干巴巴的声音。

（1）要有内在连的线条,不能断开。

（2）要慢触键,但要有触键点。

（3）要用腰部使劲。

（4）乐队的配器在这里很丰满,协助钢琴把效果表达得更饱满。

【4】要流畅些。

【5】中华民族屹立在东方,要挺拔,要有民族自豪感,中华民族是不允许外来侵略的。从形象出发,就能找到正确的声音及演奏法。很多战士听了这一段说:"我们觉得对祖国更热爱,决不许外国侵略者的侵犯,谁敢来,我们一定拿起枪杆子和他们拼到底,把他们彻底消灭。"

（1）$\underline{5\ 5} \mid \underline{3\ 5}\ 3 \mid \underline{6\ 5}$……声音不能干,要挺拔、雄伟,要有爆发的、屹立的声音。

（2）手指不能软,但不是敲打的感觉,而是1、5指要扣着,特别小指要扣住。贴着键盘,不要离键太远,声音不散,手臂不能僵。

（3）弹时外形也要挺,不可摇摇晃晃,英雄的气概要出自内心。

第三乐章　黄河愤

前面第一、二乐章是虚的描写,这一乐章是写实的。一开始的引子是用陕北民歌《黄水谣》的曲调表达对祖国山河的热爱,随后即进入新的创作构思,衬托出遭敌人践踏后的悲愤以及强烈的控诉和反抗的精神,汇成一股巨流。这些都是为第四乐章奔赴战场、英勇杀敌作铺垫,要把民族的仇恨充分表现出来。

如前所说,引子是用陕北的音调作背景,点明了陕北的风光,竹笛吹出高亢、嘹亮的风景。要像是在空旷的山谷里吹出来的声音,表达对美好生活的无限热爱。

　　钢琴的引子进来时要弹得明亮、欢快,速度不能太快。这是模仿古筝、扬琴的手法来写的。它描写家乡的生活,阳光灿烂,但不能单纯地模仿民乐,应把 5　35　｜ 1̲2̲3̲　65　｜ 3　53　｜ 2　-　｜旋律弹出来,使人感到黄河水是清的、欢笑的。前两段黄河是咆哮的,这里要弹得歌唱性,声音也应是清晰、明亮的,不能弹成诙谐的。

　　【1】前一小节(即引子的最后一小节,)手非常松,换用碎踏板。第一小节开始手要松,声音明快,速度稍微控制一些,节奏不能太自由,要弹得很朴实。

　　【2】2̲.　3̲　｜ 5̲　6̲5̲　｜ 3　-　｜的曲调弹出来些。

　　【3】乐队要奏出明亮、健康的抒情,防止奏成小夜曲,应注意钢琴的低音,要有它的线条。右手要把波浪弹清楚,尤其是高音。练时要放慢,弹第一小节时用 12142524121 的指法好弹,到【4】前的第四小节弹 5̲.　6̲　｜ 1̇　3̇　｜ 5̲　6̲　3̲2̲　｜ 1　-　要强些,因为乐队已撤下来了。

　　【4】结尾要弹得明亮,要保持在前面明快的情绪里,要有强烈的感情,要让长笛占主要地位。木管要控制些,而黑管在低音不可吹得响,这样层次就不会乱。

　　【5】要有一下子闯入的感觉,强调悲愤。节奏非常强烈,表达的"愤"是有层次的。这儿是蕴藏在内心的激愤,即压在心里的强烈仇恨,是对敌人践踏祖国山河的咬牙切齿的愤,此时怒火在心中燃烧。

　　(1) 第一小节第二拍虽没有音,但内心要有。

　　(2) 第五小节的第二拍 2̇.　1̇　｜ 6̲　1̲6̲　｜ 5　-　｜左手重音要辅助着。

　　(3) 最后一句虽轻下来,但要快,声音要稳。在 sub. P 处即突然地轻,要做得很好。

　　(4) 声音要立起来,用快速触键。

　　(5) 这一小段乐队要很好地衬托出敌人残酷烧杀的情景。用琵琶衬托出悲愤和满腔怒火。

【6】通过人民遭受的苦难来揭发敌人的残酷。看到大好河山被蹂躏得疮痍满目,中国人民再也不能忍受了,自发起来保卫祖国,为【7】做铺垫。手指弹奏声音要很均匀,不可弹得垂头丧气,可用轻踏板。乐队要有内在的份量,弦乐的颤音要轻而密地制造气氛。

【7】乐队的连接地方特别重要。从悲愤到爆发,一层层地上去,起了承上起下的作用。很重要的是中声部的中提琴要渐强、和圆号的三连音一起奏出有燃烧起来的感觉,越来越坚强,越来越果断,它是反向进行,具有很大的张力,大提琴半音下行易软,低音轻要有劲,每个声部都要做到情绪上升,推到"愤"的高点。如果没有乐队的这一段发展,只是钢琴部分的控诉就不足了。

【8】钢琴冲出来显示人民已经不能再忍受,愤怒的火焰已经燃烧起来了,要反抗、要斗争。《黄河怨》的曲调出来了,但它是愤怒而不再是哀怨的情绪。"黄河的水呀!你不要呜咽……"要突出"愤"的性格,要有仇恨,如没有仇恨,弹再响也不行。节奏要明确,符号要准确有力,把"愤"推到最高点——饱和点。

【9】乐队进来的音头很重要,要迸发出来的声音,不能吃掉第一拍,要强调一些,这样才能达到高潮。

控诉部分,钢琴的节奏要很显明、很清楚,但也要有很大的起伏,要突出"恨"字,要弹得有锣鼓点。民间戏曲里表现"愤"是很有特点的,声音要有控制,而不要有甩的声音,不能松掉,第三句是高点。

【10】虽是单音,但"愤"仍然在继续发展,是凝结在心头的仇恨。用的力量要比以前重,声音要实在。用手指较难控制,要有内在的声音。

【11】$\dot{5} \cdot \dot{6}\dot{5}$ $-$ $|$ $\underline{3} \cdot \underline{5}$ 3 $-$ $|$ 半音阶一定要弹出来。

【12】的第七小节钢琴部分较自由,而且根音都先出现,乐队要跟好。此处和弦较多较密,要有立的声音,不要弹出噼呖啪啦的声音来。

【13】是"愤"的高点,汇成一股愤的巨流,像是黄河怒涛滚滚。主旋律在弦乐上,不能像前面前途渺茫的合唱收尾。

　　钢琴要弹得怒涛翻滚,要用两面摆动的劲头来弹出翻滚起伏的音乐情绪。此外左手很重要,节奏要稳,要有十六分音符♩♫♩的感觉。要弹得特别有劲,"愤"才能出得来。到最后旋律 $\underline{2}$ $\underline{2}$ $\underline{3}$ │ $\underline{5}$ $\underline{6}$ $\underline{1}$ $\underline{6}$ │要冲上去。这里是为第四乐章作铺垫,为中国人民奋勇抗战打好基础。

　　第三乐章在演奏方法上有很多新的东西,把原来的"怨"变成"愤",在创作上有革新,演奏技术上也要有所创新。

第四乐章　保卫黄河

　　这是协奏曲《黄河》的重要段落,它歌颂中华民族的奋战精神,表现中国人民必胜的信念。时代背景是抗日战争,战火纷飞的年代,要弹出抗日救国的呼声,要感觉到咬紧牙关、表达愤怒的声音。在演奏上要注意有战斗性,要克服温的声音,要有朝气蓬勃、斗志昂扬、英勇杀敌的斗争线;但并不是从头到底都是强烈的,因此在演奏上一定要有层次感。我把第四乐章分成四个层次,从各个不同的角度来反映人民斗争。其中有机动灵活反映游击战的,也有中华民族同仇敌忾要和敌人血战到底的英勇气概。下面就具体的音乐来谈:

　　第一层次:从【引子】到【8】。

　　【引子】:是用《怒吼吧! 黄河!》和《东方红》的音调相结合,用了三个不同的乐思来构成一个完整的音乐形象。

　　(1) 战斗性:一开始,战鼓就擂起来了。

　　(2) 庄严辽阔:用《东方红》表现了另一气质。

　　(3) 战斗的号召:激烈的斗争气氛。

　　钢琴的华彩乐段要把形象弹出来,要把战鼓擂起来,要弹出京剧高亢的板鼓节奏。1,弹琴时,人要挺起来,不要低着头,要有劲,使上腰部及全身的劲。2,触键要快,要有撞击点,才能有战斗性的、挺立的声音。上臂要松。3,第二句,要弹成愤怒的吼声,汇成一股巨流。要有不断向前推的感觉,左手是主要的。4,不能光弹出音乐的速度,还要弹出能感染听众的力量,使听众受到鼓舞。

从华彩乐段到【2】都要表现奔赴战场的决心和英勇的气概。声音不能软,要用指尖的小动作弹出短而集中的音点,表现斗志昂扬的气概。

【2】第一次出现保卫黄河的主调,声音要挺拔,注意重音,突出战斗性,不一定要百分之百的响,要把力量弹出来,又要弹出节奏的棱角。

【3】轻而不软,更须强调内在的节奏,要有形象。队伍是从远方来,但在这时号角声还是响亮的,不是偷偷摸摸地行进。革命的队伍从远到近,从小到大,这样才有意境。切勿弹成诙谐的、滑稽的。仍然要保持特别坚定的节奏感。

【4】旋律在乐队上。

【5】声音要挺立,轻的也要贯穿战斗性。

【6】要弹得机智、灵活。

【7】是第一个高潮,革命队伍越来越壮大,汇成一股巨流。威武雄壮,要昂首地、威武地、自豪地正步走。

（1）这儿特别需要用腰劲,触键很快。

（2）是满怀信心地去战斗,而不是低头苦干,要挺起腰杆来弹,使观众也抬气头来,发动更多的群众来参加我们的队伍。

（3）乐队特别是弦乐的弓法都要很整齐,拉双音时节奏要很稳,强调内在的劲和力度。乐队出来先是长号,后来是大提琴。要防止软,要保持永往直前的节奏。

【8】是高潮（全部由乐队演奏）,乐队的高点要掀起。此时乐队的碎弓很容易拉得松,一定要强调紧张性,但应是忙而不乱。

第二层次:从【9】到【15】硝烟弥漫、战马驰骋、英勇杀敌。

【9】半音阶,有风的形象,要一拉到底。

【10】钢琴演奏在技术上比较困难,切勿弹成练习曲一样,要把风的效果从乐队接过来。

（1）练习要扎实,弹时节奏要清楚,不必把键弹到底——弹下一半就行,用不着特别实在的音。

（2）上行时踏板多换一点,但也不要完全踩满,下行时可不踩踏板。

【11】—【12】战马奔腾,要感觉把马的缰绳拉得很紧,节奏不能跑掉。这段的弹法还是要用比较贴键的和弦弹法。

【13】—【14】第二个高潮时,琵琶的三连音发挥作用,与钢琴相呼应,有战斗性。

【15】要有急风暴雨之感,踏板踏得轻,踩一下就放。

第三层次:从【16】开始到【19】通过几个有层次的迂回,表达人民战争越战越强,逐渐推向全曲的高潮。出现了时代的最强音《东方红》。

【16】开始节奏不要赶,要有严格挺拔的劲。指挥要有钢琴的三连音节奏。在这儿钢琴的技术比较难(三连音、六连音,又是八度)。

【17】强调第一小节第一个音,第二小节第一个音。钢琴部分较难。这儿的八度有几种练法:1,练架子。2,单练小指,撑起架子。3,用臂力单练大指。

【18】为后面满腔热情的歌颂作酝酿,节奏不能松。

【19】全曲的高潮汇成时代的最强音——《东方红》,要满腔热情地歌颂伟大的中华民族。《东方红》分三段落:一,非常辽阔。二,

5 2 ｜ 1 7̲6̲ ｜ 5̣ 5 ｜ 2 - ｜ 圆号要吹得深信的、音色非常浓厚的。钢琴要弹得轻些,处于伴奏地位。三,辽阔。

第四层次:结尾是从【20】到全曲终止。高举伟大的红旗奋勇前进,将革命进行到底,我们的目的一定要实现。

一个引子,一个结尾,中间经过三个层次:**i ｜ i̲.̲ 3̲ ｜ 5 - ｜** 五次出现一次比一次强,显示我们的队伍越来越壮大,红旗飘扬,踏着坚定不移的前进步伐,永往直前地朝着共产主义的方向前进!前进!(应有《红色娘子军》最后场面的战斗性)要有永往直前的主线条,又要有层次,才能生动活泼地表现人民战争的场面。

【21】—【25】轮奏,风起云涌,各个角落都发动起来了,画面是从《红色娘子军》的最后场面,从远而来,树立起英雄的群众形象。因此要一层一层地挺进,要注意乐队不能与钢琴脱节,要步伐整齐,从开始到弦乐完毕小号进入《东方红》,一直是展开的感觉。

总之,第四乐章,要有满腔的热情,要有层次,有科学性。

1970 年 8 月 24 日

　　注：这是一份李嘉禄教授写给李恒的比较完整的函授手稿。当时"文革"尚未结束,李嘉禄教授正处在"半解放"阶段,仍然一天三班政治学习,在家里洋曲子不能教,他只能把刚出版的钢琴协奏曲《黄河》为李恒写些应注意的内容。根据目前出版的要求,我在时代用语上略作了一些删改,力图保留李嘉禄教授在音乐表达方面的原意,供读者参考。

康却非整理　2007 年 2 月

关于如何加强 4、5 指锻炼的提问

恒儿：

　　接 5 月 18 日来信，知道你近日来练琴很有心得，我很高兴，至于你提出的音阶弹得不平均，左右手 4、5 指不够独立，力度不够等问题，今天我用问答方式来阐明，比较直接了当。你要记得：要克服这些弱点非得有一个相当时间的磨练过程不可。这样，你才不会急躁，也不会因为暂时看不到效果而丧失信心。

　　问：4、5 指能够锻炼到和其他手指一样有力吗？

　　答：我认为不可能，人的 4、5 指生来就是较弱的，这是生理条件所决定的，但是 4、5 指的活动能力，即锻炼它们在快速弹奏时能上下灵活自如地活动，这是完全可以做到的。不过这种技术有个成长的过程，几个月是不够的，一年左右不算长，千万不要操之过急，也不要把 4、5 指的力度弹得过分响亮。不要和大拇指及 2、3 指比力度，更不要整天练 4、5 指，那样很容易出毛病，4、5 指的肌肉过分疲劳，累到一定程度就会使肌腱受损，严重时甚至可以瘫痪，手指不会动了，琴也不能弹了，过去这样的例子是够多的了，这是历史的教训，千万要记住。特别是在练琴时如果发现肌肉酸痛的现象，就要加倍注意，也不能因此就不敢练了。我们要辩证地看问题，既要锻炼 4、5 指，又不要使它们过度疲劳，一般来说，每天分二、三次练，每次练三至五分钟就够了。

　　问：怎样锻炼 4、5 指呢？

　　答：（1）首先锻炼 4、5 指的上下灵活动作，可以在 *mf* 或是 *P* 的力度上先练 3、4 指的颤音，即快速地弹十六分音符，用 3、4 指或 4、5 指弹相邻的任何两个音，这时很可能 4 指抬不高，缺乏弹性起不来，弹出的声音和 3 指或 5 指明显地不同,听起来很不平均,遇到这种情况可以用变节奏练习。例如: $\overset{4\ 3\ 4\ 5}{\text{♫♩♩♫}}$,速度由较慢逐步加快,让 4 指在更短的音符上飞快地离键。同时要注意 4、5 指在弹颤音时,手指触键不完全是垂直的动作,它可以有点"方向性"。譬如说弹 3、4 指颤音时,手掌和手腕既有控制,又很活络,也就是说可以有一些细微的左右转动。弹 3 指时倾向左边,弹 4 指时倾向右边,即是 $\overset{\frown}{3}\ \overset{\frown}{4}\ \overset{\frown}{3}\ \overset{\frown}{4}$,假如练 4、5 指也可用同样的方法。练左手时,其倾斜的方向正好与右手的方向相反。反掌和手腕不可僵硬,这一点非常重要,否则就无法转动。

还应该注意的是:当我们用五个手指放在琴键上的基本姿势时,4 指和 5 指一般不像大拇指和 2 指、3 指那样贴键,也就是说 4、5 指可以稍许离键,其位置比其他手指略高,便于在下键时略为多加些力量,以达到和其他手指一样的力度。

(2) 如何锻炼 4、5 指控制力度的能力?我建议用上面所述的颤音练习加上渐强或渐弱,或用不同的力度来练,有时用 *p*,有时用 *mf*,甚至用 *f*。用较强的力度弹颤音比较难,这力度从哪里来呢?不可否认经过锻炼的 4、5 指比没有锻炼过的 4、5 指更为有力,也会弹得更清楚,但是当力度较大或是渐强的幅度较大时一般来说必须把手掌甚至下臂的重量附加在 4、5 指上,这种附加重量的办法在很多较"老"的钢琴技术书上都说成是一种压力(Pressure)。但是压力这个词用得很不恰当,因为弹琴时手指处于自然又有弹性的状态,每弹一个音都要有集中的触键点,下键以后,手指仍然保持在琴键上,但是手腕、臂、肘则保持自然"放松"的状态,绝对不要僵硬挤压,这是弹钢琴最最基本的原理,否则弹出的声音不会好听,手臂不会舒服,手指也弹不快。综上所述可见用"压力"这个词很容易引起误会,因此必须解释清楚。

(3) 还有一个练习 4、5 指的办法是有时可以不用钢琴而利用空闲时间在桌上、椅上、腿上、手上……随时都可以练几分钟。我过去经常用这种办法练,钢琴系也有不少同学一有空就这样练,效果很好,也可以练出触键点以及渐强、渐弱等效果。

问:有哪些有效的练4、5指的练习可以推荐吗?

答:这方面的材料很多,现举一些例子供参考:

(1) 以前常用的五指练习如

$$\underline{1234}\ \ \underline{5454}\ |\ \underline{5454}\ \ \underline{5432}\ |\ 1\ -\ \|$$

左右手可同时反向进行,还可以将左右手的拇指按住弹二分音符这条练习,要练到4、5指弹得又快、又平均、又清晰。假如练习时手或手腕有酸痛感,就要马上找原因,一般来说是手指弹性不够,腕、臂不够放松,可放慢速度练,切勿硬拼。

(2) 我写的九和弦琶音练习,它以属七和弦为基础加上一个"九"音就成为属九和弦琶音。每组都用上4、5指,而且它们是一种伸张的位置,使4、5指都能得到很大的锻炼,这条练习可以移高半音来练,也就是说把它看成是有两个升记号的D大调。左手可降低八度来练。

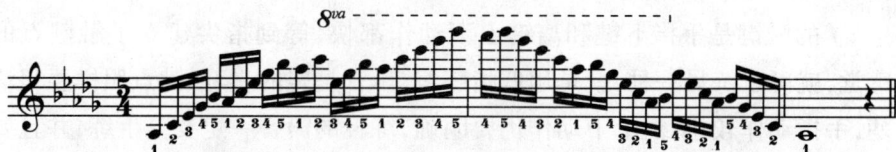

我也写过一些七和弦的琶音或分解和弦的练习,下面举例说明:

这条练习仍是每组都要用4、5指,重音则落在不同的手指上,也可以移高半音来练,把它看成是四个升记号的E大调。左手降低八度来练。

(3) 很多练习曲中都有增强4、5指活动能力的练习,例如克拉莫(J. B. Cramer)练习曲第10、17、19首都是为此目的而写的。

今天就写这些,希望能对你有所帮助。

爸

1971 年 5 月 29 日

关于手指技术控制轻响的问题

恒儿：

今天想谈谈关于运用手指技术控制轻响的问题，有一些问题你在家时已教过了，现在再系统地讲一讲。

手指控制的技术是从基本练习累积下来的，这就是在练习音阶、琶音和其他各种各样的技术，包括双音、八度的技术在内，至少要用两种力度的变化来练，练一遍响的 f。第二遍练轻的 p。

f 的触键是手指下键和离键上下动作都快，等到指尖建立了触键点的感觉，就可以练另一种，就是用低指练习，声音是轻的，但触键点照样要很清楚，手指动作较小，但上下动作仍要明确，练轻的声音一定要分手练，并且要很耐心，用耳朵仔细听，弹出的声音必须明亮清晰。练习 p 的次数一定要比练 f 多，例如练 f 用十次，而要掌握轻的弹法就至少要二十次甚至三十次，f 和 p 的练习要齐头并进，而且要天天练，练得很平均。衡量一个演奏者的技术好坏，音量幅度是很重要的一个方面，幅度大，表现力才会丰富。

例如一个唱歌者唱中等力度一般容易掌握，但唱到高潮时要既明亮又带有金属性的声音就不容易，要在唱高音区时能用轻的假声来唱，声音既有集中点又能传得远，这种技术就更难了。钢琴上要弹得很轻又传得远，就要用指尖，有触键点，弹出颗粒性的声音这也是最难的技术之一。

此外要掌握利用整个臂部弹出非常响亮、丰满又不"炸"开的声音也很难，响的声音弹得不对，声音又尖又"炸"，会把听众吓跑了，但是怕"炸"而把力度降低，听众又会不满足，所以要弹最强烈的和弦一定要利用整个臂部的重量，包括腰部的劲道，通过腕部很有弹性地向下一"震"，这时候手掌要架住，像握个大铅球似的感觉，但是要记得腕部要有"很大"的弹性，这种强烈的技术不是弹一遍两遍会了就算,还得要天天磨练做到拳不离手,可是练习的时间不可过长,最多每次在十分钟左右,否则手或手臂会出现酸痛的现象。还要注意,手指要贴键,要通过腕部有弹性的动作来弹。

在练习一首乐曲时靠手指来控制音色的办法至少有六种:

(1) 很明亮又有弹性的声音,用手指弹 *mf—f*。

(2) *mf* 以下轻巧的声音包括 leggiero 弹奏。

(3) 深厚的唱音:手指下键较慢,臂部的重量用得较多。

(4) 明亮的唱音:手指下键较弹深厚的唱音较快些,用的重量则较少些。

(5) 柔和的唱音:手指是非常贴键的,用的重量很少,下键很慢,当然,弹所有的唱音手指都要放平些。

(6) 强烈的八度、和弦等。

以上这些不同的弹法都要靠手指尖很敏感的控制和耳朵的仔细聆听,我们都知道,曲调中的每个音并不都是平均的,要弹出曲调的起伏、轻响、表情也要依靠手指,以弹前一音的手指作为支点来掌握下一个音的力度。

再来谈谈踏板的运用。踏板是表现音乐不可缺少的工具,例如造高潮时常用长踏板,才能达到所要求的力度。以上写到的六种用手指来控制音色的办法加上踏板的使用就可以创造出极为丰富的不同力度和色彩,踏板可以踩得深浅不同,以使音色有更明显的变化,还可以加用些弱音踏板,多数是用于 *mf* 以下的力度,如 *mp – p – pp – ppp* 的范围,在立式钢琴上踏板的作用要小得多,当然,色彩丰富的程度也少得多。

显而易见的是手指对声音的控制所起的作用是极为重要的,踏板仅是起了辅助的作用。

至于踏板的用法,我准备把大约有十种不同的用法写出来,今天就先写这些。

爸

1974 年 8 月 12 日

朱昌平整理　2007 年 2 月 24 日

如何学习歌唱性曲调的演奏技术

恒儿:

今天应你的请求来谈谈如何学习歌唱性曲调的演奏技术,这个问题既复杂又细致,要完全通过文章来解释清楚确实是一个难题,我希望通过讲基本原理,并举一些谱例,用比较的办法说明它的细致变化和差别,或许能对你有些帮助。你必须在钢琴上反复多次摸索推敲才能找到恰当的触键,奏出应有的效果。

我把钢琴演奏技术概括地分为两大类:一类是器乐性的,指快速的单音、双音音型的跑动技术和各种八度、和弦的明亮、华丽、辉煌的技术,这类技术大约占一般乐曲的70%左右。

另一类是各种歌唱性曲调(以下简称唱音)的演奏技术,这类演奏技术在乐曲中运用的比例虽然不大,但它对刻画各种不同风格的乐曲,各种不同的性格、思想感情的细致变化起了很关键的作用。其实从广义来说,各种钢琴的演奏技术都应带有各种不同性质的唱音,也就是说包括器乐性的技术片段也要弹出明显的音线(即声部)来,而且这些音线绝不能因为要和歌唱性演奏技术相区别而弹出敲敲打打的效果。当然,在音乐上偶尔遇到表现很强烈的、残暴的、凶相十足的形象时,就要弹得刺激些,泼辣些。但这毕竟是一种特别的效果,是比较"例外"的效果。

一般来说,器乐性的演奏技术手指下键速度比较快,力度的变化幅度可以由 *ppp* 到 *fff*,弹出来的音响效果是明亮、活泼、有弹性、挺拔、华丽、辉煌、坚强、刚毅有力的,而歌唱性曲调的演奏技术手指下键的速度比较慢些,力度变化的幅度比较小些。比如说从 *pp* 到 *f*,弹出来的音乐效果是歌唱性的,但是变化很多,可以在钢琴上弹出由黯淡到明亮,由柔弱到坚强,也可以模仿声乐的假声到真声或是由深厚到稀薄、由结实到飘逸等音乐效果。

总之，必须和乐曲的风格、内容、思想感情结合起来谈不同的演奏技术。不同的唱音也要求不同的演奏技术。

从演奏技术的角度来说弹唱音和弹器乐性片段的手型和臂部的感觉是有差别的，根据不同的力度和不同的控制技术大致可分为四类：

A. 中等力度明亮的唱音：这种歌唱性曲调是用指端肉垫较多的部位来触键并和腕部动作配合来弹的，特别是2、3、4指的指关节，和键盘形成大约接近45度角。有时遇到很大的伸张音型，手指几乎放平，用这种指型来触键比起把手指与键盘形成垂直的指型来弹器乐性的单音快速片段下键的动作会缓慢一些。正因为如此，这样弹出来的声音（即基音）琴弦震动的时间会延续得比较长，而且，由基音派生出来的微弱音（即泛音）也会更多一些，这样听起来声音就较圆润、丰满、深厚。

怎样用手指来弹歌唱性曲调？

手指是弹奏动作的第一线，弹每一个音符时必然要有一个明确的动作，这种动作由于下键的快慢，手指的高低，用力的大小，还有更重要的一点是通过腕关节的一些细微的动作来促使手指弹唱音时产生各种色彩性的变化，这种手指动作可以分为三种：

（1）弹明亮的唱音：手指上下的动作很明确主动。

例如：肖邦《摇篮曲》作品第五十七号。

（2）弹加重音的唱音：凡是遇到时值长的音符要加一些腕部的动作，有时候甚至加上整个臂部重量的动作，把这种音符作为重音来弹，声音才会"深"一些，才有可能延长到应有的时值，并和它后面的曲调音连起来。

例如：肖邦《夜曲》作品第二十七号之二的第 46、48、49 小节右手第一音。

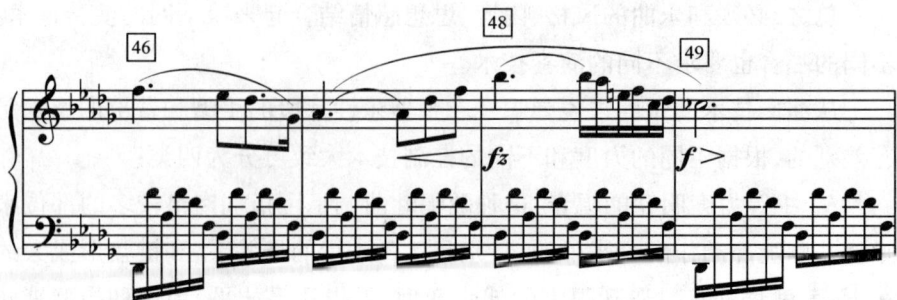

（3）弹拖腔或句尾收束时浅薄的唱音：弹的时候手指略为带动一下，或者说是手指贴在键盘上轻轻地往下一"摸"。

例如肖邦的降 D 大调《夜曲》作品第 27 号之二第 9 小节右手第一个曲调音是加重音的唱音，奏出此音之后，接着声音会自行渐渐减弱，在和三十二分音符衔接时须注意不要在$^\flat$A 音上给重音，那样会将此句"切"成两段，整个小节可以用 diminueudo 轻柔完美地收尾。

用手指弹唱音时这种乐句必然是以连音为主，音与音之间要相连，还要有渐强、渐弱和各种抑扬顿挫，所以要求指与指之间要有联系，有控制，这样才能保证弹出来的音线能够表达具体明确的思想内容。

那么指与指之间如何联系，又如何控制呢？比如我们慢步走路时两腿的交替动作，身体的重量很自然又平稳地从左腿移到右腿，又从右腿移到左腿，弹唱音连音时两个手指之间重量转移的感觉确实就像走路的动作那样，明确地说：当第一个手指触键以后指关节只要有一点儿重量留在键上，然后由这个指关节和即将要弹下面一个音的手指联系起来构成一个有"架子"、有控制的触键准备动作，而后面这只手指将要用的力度以及所要弹的音质、浓淡等等都是由前面已经弹过的那只手指来控制的，这样，每发一个音都有所"依据"，有所"依靠"，这就是所谓的控制吧！

再来谈谈肩部和肘部在弹唱音时的状态，例如在 **mf** 力度，靠手指或腕部很细微、但又很明确的动作来弹唱音时,整个上下臂,包括肘部是很自然地挂在肩膀上。这时候,肩膀和肘部的关节随着连音的句子如例

由 F 音上升到二分音符♭B 必然有一个很明显向上扬的活络动作。

又如例 右手弹琶音和弦时肩膀也有很明显的活络动作,肩部和肘部的这种活络而带有弹性的动作说明了一个问题:由于肩膀有了这种柔顺、细致的动作,就可保证弹出来的唱音是有弹性的、好听的,特别是保证了每句唱音的开头或结束时有个柔和而又流畅的歌唱性的起音,或在句尾有个明确的收音,这样的弹法有很明确的句头、句中、句尾,句子就会显得条理清楚富于说服力。肩膀和肘部的这种细致的活络动作,在自己弹奏的时候稍加留意就会察觉出来,仔细观察别人弹奏唱音的片段的动作,也可以有同样的体会,反之,如果肩膀关节是紧的,肘部又没有相应的灵活动作,单靠手指来弹唱音,弹出来的声音必然是僵硬的,更谈不上有什么感染力。

B. 力度在 *mp* 以下弱音的唱音弹法。

由于音乐是有起伏的,在同一个力度范围里还有各种抑扬顿挫,所以在弹弱音 *p* 曲调时用力的部位一般只限于指关节,声音较轻、较柔、较淡。这时除了语气上需要着重的音之外,不一定要求每个曲调音都有明显的触键点(也即所谓的音头)。如果要弹出稍强的力度,用力略多些,指关节下键快些。更响的唱音需要加上手掌的一部分力量,让重量落在弹唱音的那只手指上,这时,每个音的触键点很明显,声音会很结实,很深,有显著的音头,用这种方法来弹,那么力度的层次和声音的浓淡都会和伴奏有显著的差别。以上所说的是弹弱音唱音最常用的一种方法,乐谱上的力度记号如果是 *p*,就可以用 *mp* 的力度来弹曲调音。

如何弹最弱音唱音?最弱音唱音的曲调在琴谱上标写为 *pp* 或 *ppp*(较少见到),实际上弹出来的效果,只比 *P* 稍许轻一点,弹奏的方法并不难:先

把手指贴在琴键上并把琴键往下"送"三分之一，余下的三分之二用以上讲过的弱音唱音弹法来弹。

现在来谈谈有关钢琴弹最弱音的机械配备：第一是弱音踏板。在使用三角钢琴的弱音踏板时，整个键盘就向右边移动（移动的程度还有几种不同的差别，等以后谈到踏板问题时再仔细讲），结果榔头打在钢琴高音部某个音的两条弦上，低音部某个音的一条弦上，比原来不踩弱音踏板时少了一根弦，当然少一根弦振动，声音就减弱了。

在使用竖式钢琴的弱音踏板时，榔头向琴弦靠近，榔头和琴弦之间的距离大约缩短了三分之一。弹出来的声音就比较弱了，因此遇到要弹最弱音唱音时（如 *p*、*pp* 或 *ppp*）都可以用弱音踏板，总的原则是弹的声音越轻，踏板就要踩得越到底，这样就可以根据需要做出更多的层次变化。

第二是一种特别的双层的机械动作。根据榔头离琴弦远近的道理再进一步研究钢琴的键盘和它内部的机械动作，一般在质量较好的钢琴上弹奏时就不难发现，弹弱音唱音时钢琴的机械部分有一种双层的机械动作。在弹弱音唱音时，可先把手指贴在琴键上，毫不费力地按着键盘使琴键沉下约三分之一的深度，这时就遇到弹最弱音唱音的发音点，要记住，如果不连续地加些力，继续按下去钢琴就不能发出声音来，这就是发音点，此时键盘的阻力是大了些，因此弹到这个发音点就要用一个很明确的手指动作将琴键按到底，把所要求的声音弹出来，有时甚至可用些手腕动作帮助发音。上海钢琴厂的工人同志把这种双层的机械配备称为"两层楼"。正因为有了它，就可以把最弱音唱音弹得很透明、很结实，力度很轻但能传得很远的声音，下面举几个弹奏最弱音唱音的例子。

（1）门德尔松《庄严变奏曲》，作品第 54 号，第十四变奏中第 5~8 小节几个和弦的最弱音曲调。

（2）肖邦《摇篮曲》作品第 57 号中左手固定低音的伴奏音型和最后乐曲结束时的两个和弦的高音曲调。固定低音反复 68 小节,其中两小节换成下属和弦,但弹法不变。

（3）肖邦《练习曲》第二十三首,作品第 25 号第十一首,开头 4 小节都要用最弱音唱音弹法。

C. 如何用 *mf* 和 *f* 力度弹出深厚的唱音?

这种唱音的弹法主要是靠臂部重量,从技术角度来说有两点特殊的要求:

（1）对手指和手型的要求;由于这类唱音要求有很深很厚的声音,因此手型比较平,手指的各个关节要和手掌连成一块,每弹一个唱音时手指可以稍许离键,也可以离键较高（约一厘米左右）,指关节感到很沉,很重,下键的速度是较慢的,而越接近触键点时就要加快,这样才会感觉到整个臂部的力量一直往下沉到键底。例如贝多芬的"悲怆"奏鸣曲作品第 13 号第二乐章柔板,右手弹缓慢的曲调,音色应是深沉、浓厚而温暖的。

又如德沃夏克的"小提琴和钢琴小奏鸣曲"作品 100 号第一乐章的结尾，最后 3 小节的和弦必须加用弱音踏板，用最弱音唱音的弹法来弹。

（2）对整个臂部的要求：

用重量来弹奏又深又厚的唱音时整个上下臂要很自然地挂在肩膀上，肘部和腕部要和肩膀连成一个整体，在每弹一个唱音时臂部总有个很细微但又很明确的动作。而当手指往下弹（或下沉）时，肩膀关节就有个往上扬，很有弹性、但又很细微的活络动作，这时腕和肘有相互联系的感觉，这些关节就好像是用一根藤条串联起来的，整个手臂不管哪一个关节都不能僵硬，否则弹出来的声音必然是硬的、扁的、压出来的，反之，如果过于放松，那么弹出来的声音会比较浮、散、稀薄、不集中等。这两个关节的这种特殊感觉随着音乐的起伏也会有很多的变化，例如在弹某一渐强或渐弱的乐句时手臂给予手指的重量不同，则弹出的声音在力度和深度方面都会有更加显著的变化。假如把手臂比喻成一根水管，那么肩、肘、腕就都是"水龙头"。

我们可以根据音乐的需要把"水龙头"开大或关小，例如拉赫玛尼诺夫的第二钢琴协奏曲第一乐章第 126—133 小节。

D. 从 *mf* 到 *fff* 的力度弹出夹有和弦的深厚的或宏亮的八度唱音。

在弹这一类型的八度唱音曲调时，力度比较强烈，情绪比较激昂，由 *mf* 进入 *f*、*ff* 甚至 *fff*，逐步推进到乐曲的高潮，这样，曲调的力度和声音的浓度变化的幅度很大，具体的弹法很难用几句话讲清楚，现在仅能谈谈一些基本的要求。

（1）力度在 *mf* 到 *f* 范围以内的八度唱音弹法：因为弹的是八度，首先拇指和小指就有一个架稳的任务（但不能僵硬），所用的重量要集中到拇指和小指的指关节上（以下简称 1、5 指）。其余弹和声部分的声音要弹得比曲调音淡些，手指的感觉也和弹曲调音的感觉不同，和声音和曲调音同时奏出但仅起到衬托的作用，在触键时 1、5 指的指关节都有一个很明确的向下和略为向里弹的动作，这一点非常重要，可以说是一个关键问题，这种弹法和前面"B"段关于弱音、唱音的弹法是一致的，不过在弹八度唱音时，所用的份量是会多些。一般的原则是弹较轻的力度时，1、5 指可以贴键些，动作可以小些，假如力度和声音的浓度逐渐增加，那么 1、5 指可以略为离键，整个臂部的动作也可以加大些。另外，弹这种八度唱音时，腕关节是稍为拱起来的，然后有很活络的向下小动作，这个动作能够促使腕部或臂部的重量通过 1、5 指而落在键盘上，同时把一连串的八度弹成歌唱性的连音。例如钢琴协奏曲《黄河》第二乐章钢琴独奏主题：

右手开始的四个八度唱音，1、5 指比较贴键，而后面的四个八度唱音因为音乐情绪比较激昂，1、5 指相应地就要离键，臂部的动作必然也要大些，

这样才能弹出应有的效果。根据音乐的要求,八度唱音会有种种细微的力度和浓度的变化,只要稍加留意自己的1、5指,腕部、肘部和臂部在弹奏时的各种动作,就不难理解前面所说的道理。

力度在 *mf* 和 *f* 时,触键时下键的速度多半是不快不慢的,没有用太多的臂部重量,臂部动作也不太大,这样弹出来的八度唱音其音色基本上是清晰而明亮,也可以有一定的浓度。但音乐是千变万化的,要使音乐具有表现力就要用千变万化的音色,有时八度唱音甚至可以模仿声乐中的假声,触键时1、5指是"浮"的,臂部有点吊起来,像失重的状态,也就是说用不着弹到键底,这些变化必须根据具体情况来处理。

(2)在高潮中力度在 *ff* 或 *fff*,非常宏亮的夹有和弦的八度唱音。乐曲进入高潮,八度唱音经常是夹在和弦之中,这时候弹出来的唱音是属于器乐性的还是声乐性的已经很难区别开来。从技术上来说,1、5指要比其他弹和声的手指略为离键高些,同时将要弹这个和弦的各个手指之间要"架"稳,触键时有点像在抓东西的感觉,这样才有可能在强烈的和弦中弹出宏亮的八度曲调音来。

在弹奏这种宏亮、深厚的八度唱音时,上身要向前倾,左脚要往后退的姿势,整个臂部的动作是比较大的,每弹一个八度音,肩膀都有一次很明确、很有弹性的大动作,肘部必须预先向身体的左右侧伸开,随即配合肩膀的动作一齐向下弹,这样才能够使整个臂部及上半身的重量通过腕关节和1、5指落在键盘的深处,弹出最宏亮又深厚的乐音。此外,下键的速度也是发音的重要环节之一,下键的速度快些声音就更明亮些,下键的速度略缓和些,使臂部的重量沉到键底发出来的声音就更深更厚,要理解这条原理是容易的,但是在钢琴上要弹出自己所想像的音乐效果,还必须经过一段时间的反复练习才能够掌握它。

关于弹好歌唱性曲调的问题,可以概括成三个最关键的主要点:

(1)手指是弹奏动作的第一线,指关节有沉重的感觉,随着力度的变化,这种重量的感觉也有所不同。

(2)整个手臂很自如地挂在肩膀上,弹奏时腕、肘和肩膀都有一些必要的动作,在弹力度强的唱音时这些动作仍应保持自如,力度加到 *ff* 以上时肩膀和肘部有很明显的大动作,这时腕部的动作相对肩膀和肘部来说还是较小的,至于手指离键最多也大约只是一厘米。

（3）控制弹奏各种不同力度的唱音主要是腕关节,腕部的动作也是千变万化,有时很有弹性,有时很柔顺,有时有往下沉的感觉,弹弱音唱音时甚至有一种漂浮的感觉。

以下归纳弹唱音的几个原则:

1）首先要对乐曲的思想内容理解得深透,明确处理办法才有可能在钢琴上找到相应的音乐效果。

2）唱音一定要和连音（Legato）的弹奏方法结合起来才能弹出能表达明确思想内容的音线。

3）控制唱音的力度和音质的变化与下列有关:

a）与手指的高低和手型有关。

b）与手指下键的速度快慢有关。

c）与用的重量大小有关。

d）与用重量的不同部位有关（如手指、掌、腕……等）。

希望你通过在钢琴上反复磨练,结合以上所述,对于如何学习歌唱性曲调的演奏技术能有很大的收获。

爸

1972 年 3 月 20 日

关于弹好钢琴伴奏问题之一

恒儿：

关于如何才能弹好钢琴伴奏，我想谈一些看法。首先是钢琴伴奏（以下简略为伴奏）的性质和任务：

器乐独奏曲或声乐独唱曲常常用钢琴来伴奏作为衬托，因此伴奏实际上是独奏曲、独唱曲中不可分割的一部分，由于伴奏部分写作手法的复杂程度不同，大致可以分成下列三种：

简单的伴奏——指一般的歌曲伴奏和简单的器乐伴奏（包括管乐和一些较为浅易的弦乐器的伴奏）。

有一定独立性的伴奏——指伴奏的织体（音型）较为复杂；或有一种节奏型贯穿整个乐曲；或是有比较完整、明显的曲调（有可能和独奏、独唱曲的旋律相同，也有可能在这些旋律的高八度或低八度的位置上出现），还可以在伴奏部分穿插一些支声部的曲调，例如贝多芬的小提琴《F 大调浪漫曲》中的某些段落就是这样写的。这时伴奏与独唱、独奏的地位几乎是同样重要，伴奏部分的个性可以突出些。

比上述两种音乐内容更加丰富，技术更加难的伴奏——例如挪威作曲家格里格（E. Grieg）的《g 小调钢琴和小提琴奏鸣曲》，法国作曲家弗朗克（C. Franck）的《A 大调钢琴和小提琴奏鸣曲》等等，弹这类乐曲时，有些部分独奏、独唱反而起依附或衬托钢琴的作用，这时钢琴部分成了主体，个性很突出。

正是由于以上所述各种性质不同的乐曲，因此伴奏的任务也各不相同，下面我想着重说明简单的伴奏和具有一定独立性的伴奏的基本任务。

关于如何弹好伴奏人们往往有个错误的看法，以为伴奏很容易，只要有乐谱,拿起来就立刻可以伴奏并且达到预期的音乐效果。我认为如果作为一种视奏锻炼,凑合个大概那是另一回事,但随便凑合即使十遍、八遍也不可能弹好。

我的建议是:

拿到伴奏谱之后,先浏览几遍,对乐曲有个总的概念,然后熟悉独奏或独唱部分,可以弹一下它们的曲调,如果是器乐曲,例如提琴,独奏部分的音乐在快速"跑动"时,伴奏者要能听到这条音线的起伏和走向,还要牢记音乐的转折点,记住速度、节奏、情绪有变化的地方。如果是声乐曲就必须注意分析歌词的意思;哪里是高潮,哪些地方要放宽,哪些地方要加紧,哪些地方该呼吸(换气),哪些地方速度和音色要变化等等。

当然,伴奏者必须将伴奏部分练熟,包括分析句法、段落,掌握速度变化,控制音量层次及踏板的使用(不能全用也不能全不用),技术困难的地方要选择最合理的指法,还可以把指法标明写在乐谱上,练出硬功夫来。

伴奏者还要学会同时看独奏或独唱部分的乐谱,并不是说每个音符都要看到,而是要能抓住独奏或独唱部分的特色和规律,必要时还须和独奏或独唱者用手势、眼神等表情作直接的交流,取得默契,这样的合作才能获得预期的音乐效果,否则即使对伴奏部分已很熟悉,也会因为对音乐的不同处理和感受合作起来仍是格格不入。

有时独奏或独唱者上台演奏会意外地出差错,例如独奏者提早"进来",或是该"进来"又没有"进来",有时演唱者唱到高音时,声音很明亮,气派很足,很过瘾,就有可能即兴地将高音拖长些,一个有经验的伴奏应能随机应变,适应甚至弥补这种临时的变化、偶然的"事故",尽量使听众听不出破绽,得到一个比较完整的印象,这就需要伴奏者专心、细心地聆听,脑筋灵活,眼快手快,才能做到。

我认为弹好伴奏还必须做到以下几点

首先是力度,从音量来说,伴奏的力度要比独奏或独唱者轻一个到两个层次,例如独奏部分是中强 *mf*,那么伴奏部分不能超过中弱 *mp* 甚至可以用"弱"*p*。前面所提到的简单的伴奏和有一定独立性的伴奏都可以用这样的比例。至于器乐奏鸣曲或是协奏曲,伴奏的份量很重,特别是协奏曲,在不用乐队的情况下,乐队部分就由钢琴代替,所以在乐队总奏(Tutti)时或是乐队奏主旋律时钢琴可以弹出超过独奏的力度,真正弹出乐队的气势。

伴奏的气质或个性不能过分强,否则会喧宾夺主,也就是伴奏原为衬托,却因力度或个性过强而成了主体。比如贝多芬的第一和第三钢琴协奏曲,第三乐章开始先由钢琴奏出主题,然后由乐队重复一遍,这时乐队重复部分的抑、扬、顿、挫即是音乐的个性,起伏、分句、重音、呼吸……等等要和钢琴独奏第一次出现时的规格相同,这样,听起来就融洽、否则就会产生不协调的效果,甚至将听众的注意力完全吸引到伴奏部分去,这种情况在音乐会上也屡有发生,这就是我所说的伴奏的气质和个性不能过强。值得提一下的是经常弹独奏的人偶尔弹起伴奏来常常会不知不觉地把自己对音乐的见解在伴奏时过分强调地表现出来,不能不注意。

伴奏者还要锻炼敏锐的节奏感,这种节奏感并不是呆板的拍子,特别是段落的转折点或是抒怀的片段,独奏、独唱部分可以处理得很自由,有些细腻的富于一定韵味的处理往往不是很具体的一拍、半拍,有时甚至是算不出拍子的,这时,伴奏者要善于领会演员的意思,如果衬托得好就会产生一种特殊的风格和韵味,配合得不好就很蹩扭。

还有一种独特的伴奏技术:当独奏部分弹一连串的快速音阶时,伴奏如何和它的最后一个音合在一起? 比如贝多芬第三钢琴协奏曲第一乐章的开始,肖邦第一钢琴协奏曲第三乐章的结尾,实际演奏的时候,演奏者可能会突然加快一些或减慢一些,所以伴奏者脑中要有明确的节奏感,跟着独奏者的节奏感在"跳动",跟着独奏者一起"呼吸",另一方面要仔细地听音乐的进行,还要有一个很肯定的估计,当然也要与独奏部分多合作几次,才会很自然又很准确地合在一起。

努力去探索乐曲的风格和特点是独奏独唱和伴奏演员的首要任务,即对作曲家在一定的时代背景下所写的音乐内容,刻画的思想感情,创造的风格和特点重现于舞台之上,从而感染听众,就是说进行艺术再创造。例如决定乐曲的速度、力度安排、色彩变化、踏板用法、层次对比以及如何处理转折点,如何营造高潮等等都服从于乐曲的风格和特点,所以也只有通过充分理解乐曲的内容、风格、感情和特点才有可能把伴奏弹好。风格是一个复杂的大题目,不是短篇书信所能写清楚的,以后我们可以继续探讨。

下面谈谈引子、过渡、高潮和结尾:

引子的风格是多种多样的,往往由伴奏先弹一段音乐,伴奏者要定好合适的力度和速度,弹出该段引子的特定的意境,帮助独奏或独唱者"进入角色"。

过渡很可能仅是一、两小节,帮助营造气氛,有时和声变化很多,节奏紧凑,起到衬托主旋律或是加强力度的作用,有时主旋律是个长音,伴奏有个支声部,就要把这短短的内声部曲调弹成明显的音线,形成对话的效果。

一般来说高潮是最激动人心的地方,如果是声乐曲那么重要的歌词都会摆在高潮的地方,力度会大些、伴奏可以相应地弹得响些,使高潮更有感染力。

结尾有两种可能,一种是高潮过后并不松劲,要继续弹得紧凑、有力,一直到乐曲结束。这是乐曲采用强结束的一种手法。另一种是过了高潮随后逐渐轻下来,要很自然地使感情逐步安定,形成轻的结尾,这样可以使听众有一种值得回味的效果。

弹伴奏和弹独奏还有一个不同之处,弹独奏时,处理乐曲和整体的音响效果是由独奏者自己控制的。而弹伴奏时除了管好自己的伴奏部分之外,还要"多一只耳朵"、"多一个脑筋"来听独奏或独唱者的音乐处理。

由于演出的场所不同,演员的生理条件不同,演奏时用的乐器也不同,演出时的实际音响可能与排练时不同,为了达到预期的音响效果,伴奏部分临时会有些改动,比如力度或音色方面的调整务求和独奏独唱者融洽成为一体,真正起到有机的衬托作用,这就是说必须随机应变。

今日就写这些,希望能给你一些启发。

我还准备专题写一份关于踏板的用法,目前很忙,得等几天之后才能动笔。

爸

1972 年 12 月 17 日

关于弹好钢琴伴奏问题之二

恒儿:

　　来信讲到你对伴奏的看法和体会,说明你已很有经验了,下面我试图从另一角度对钢琴伴奏这个题目再作一些补充:

　　伴奏大致可分两大类:一是器乐伴奏,一是声乐伴奏,首先谈谈如何弹器乐伴奏。

　　器乐伴奏是指钢琴为弦乐器(如小提琴、大提琴等)或管乐器(铜管或木管)的伴奏,包括这些乐器的独奏或协奏曲,还包括钢琴三重奏、四重奏、五重奏等。因为器乐曲没有歌词,必须根据乐曲的音乐内容处理得非常明确。例如速度渐快、渐慢、拉宽、加紧,或是逐渐松弛,转折点的处理、各种层次的音色变化、严谨又生动的节奏等等都要安排得很具体,否则音乐就不能起到说服听众的作用,一般来说钢琴伴奏部分只能在整个音量的"五分之二"的范围里,尽量衬托和表现音乐的效果,但是遇到前奏(篇幅较长的引子)、过门、间奏、尾声或是衬托独奏部分的长音时,钢琴可以大大地发挥它的作用,不受独奏部分的限制。

　　用钢琴弹协奏曲的伴奏时,钢琴代表着一个完整的乐队,力度变化的幅度极大,它还可以模仿各种乐器的音色,例如木管柔和的旋律,铜管有力的金属性的声音,或是介于木管和铜管之间的圆号音色,还有各种弦乐器发出的不同音响色彩等。在表现乐队总奏(Tutti)时钢琴的力度应当大大地超过独奏者所用的力度,可以有非常强烈的音响效果。主题在乐队部分完整地反复一遍是很常见的,特别是贝多芬的协奏曲,这个特点更为突出。

　　贝多芬以前的作曲家,如巴赫、莫扎特、海顿等人的各种协奏曲,由于当时的创作手法、乐曲形式、使用的乐器等原因,协奏曲的伴奏采用了编制较小的乐队,甚至只有二十多人左右,所以伴奏多半是处于与独奏互相呼应的地位,而不是像浪漫派作曲家及以后的作曲家往往把伴奏作为更充分发展音乐内容的手段,例如贝多芬、李斯特、格里格、柴科夫斯基等等。拉赫玛尼诺夫的做法又有不同,在他的第二钢琴协奏曲中,他把钢琴和乐队处理成为两个主要的实体,有时前呼后应,有时相互交织在一起,而在某些地方又把乐队作为发展大高潮的手段,当我们用钢琴代替乐队伴奏时就要兼顾这些不同的手法。

再来谈谈钢琴在室内乐演奏中的作用:前面提到的钢琴三重奏、四重奏、五重奏以及前封信中讲到的钢琴和其他乐器的奏鸣曲都属于室内乐这一类,海顿、莫扎特和贝多芬等曾写过一些这类作品,柴科可夫斯基也写过钢琴五重奏,在这种合作的形式中钢琴既不完全是伴奏,也不代表一个乐队,它除了弹出主要旋律之外,还要衬托和声,掌握节奏,又由于它的音色和其他合奏的乐器有明显的不同,使它在合奏中处于比较重要的地位,演奏时各种乐器轮流突出,彼此之间又要取得默契,并糅成一个整体,其总的力度远不及正规的乐队,只是中等强度,也许这是它被称为室内乐的缘因之一吧,钢琴在这种合奏中担任了比较重要的角色。

下面谈谈如何弹好声乐伴奏。

钢琴在为声乐伴奏时力度上要比歌唱者轻二成。

在引子、前奏、过门、尾声等处伴奏要起到承前启后的连接作用,这时,力度大些也不要紧,在创作上引子和前奏往往是把歌曲的核心思想内容概括性地呈示一下,然后引出主题,有的歌曲一开始就需要造声势,那么伴奏部分就应该大胆地、充分地发挥出来,有时引子很短,这时伴奏要起到定好速度的作用,也就是说要先把歌曲的速度在脑子里定得很准确,再开始弹引子,这样歌唱者马上就能进入情绪。

过门是多种多样的,一般来说,乐句的最后一音可由过门紧凑地承接下来,如何转入下一句或下一段要看接下去的音乐属于什么性质(例如是节奏性的还是抒情性的)而处理各不相同。

尾声可以是大高潮,也可以是安静的结束,伴奏都要注意用不同的触键和力度,弹出不同的音色变化来烘托唱腔。

声乐还有一个不同于器乐之处是声乐有歌词，这就为表现音乐提供了一个很重要的依据，尽管如此，对乐曲的处理还是会因人而异，许多歌唱者喜欢在某些地方发挥一下自己的特点、音乐可以处理得很灵活，或者很戏剧化，例如有时为要表现出特别幽默或调皮的情趣，歌唱者会夸张地拉慢又突然转快；有时会用某一个音来表达非常强烈的感情，力度从极强转入假声，又再回到真声如 $fff \gg p \ll ff$；又如歌唱者在曲调反复时对力度和速度作了不同的处理；在唱到高潮时歌唱者会将高音唱得特别长，这种唱法也是常见的……弹伴奏者一定要在力度层次、弹性节奏、气口长短、情绪转折等等方面"跟"得好。

还有时伴奏和独唱的曲调一呼一应，那么伴奏的情绪、速度、重音等要和独唱的一模一样，如果是对话，那么两者在语气上又可以稍有不同。

以上所谈的都是伴奏者的基本任务，可见要弹好伴奏还真不容易，伴奏者除了把自己伴奏的部分练得非常熟之外，还要学会独唱或独奏乐器的曲调，至少要会哼唱曲调，这样在合奏时，伴奏才能更好地聆听并衬托独唱、独奏部分，更自如地去表现音乐，以达到水乳交融的境地。

爸

1977.5.7

朱昌平整理　2007.3.4

创作与改编

钢琴奏鸣曲

李嘉禄曲
1950. 5

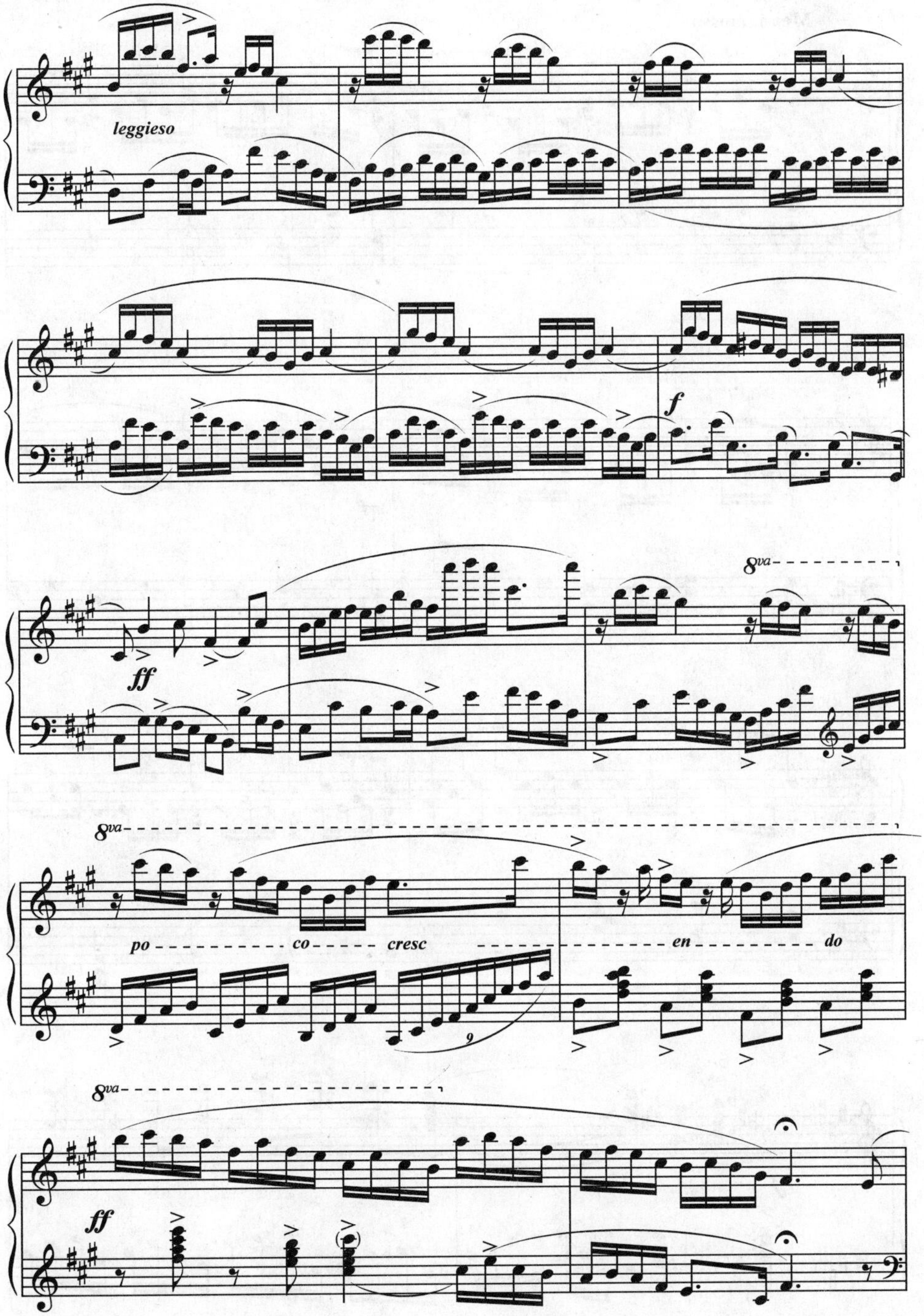
leggieso
f
ff
8va
po
co
cresc
en
do
9
8va
ff
8va

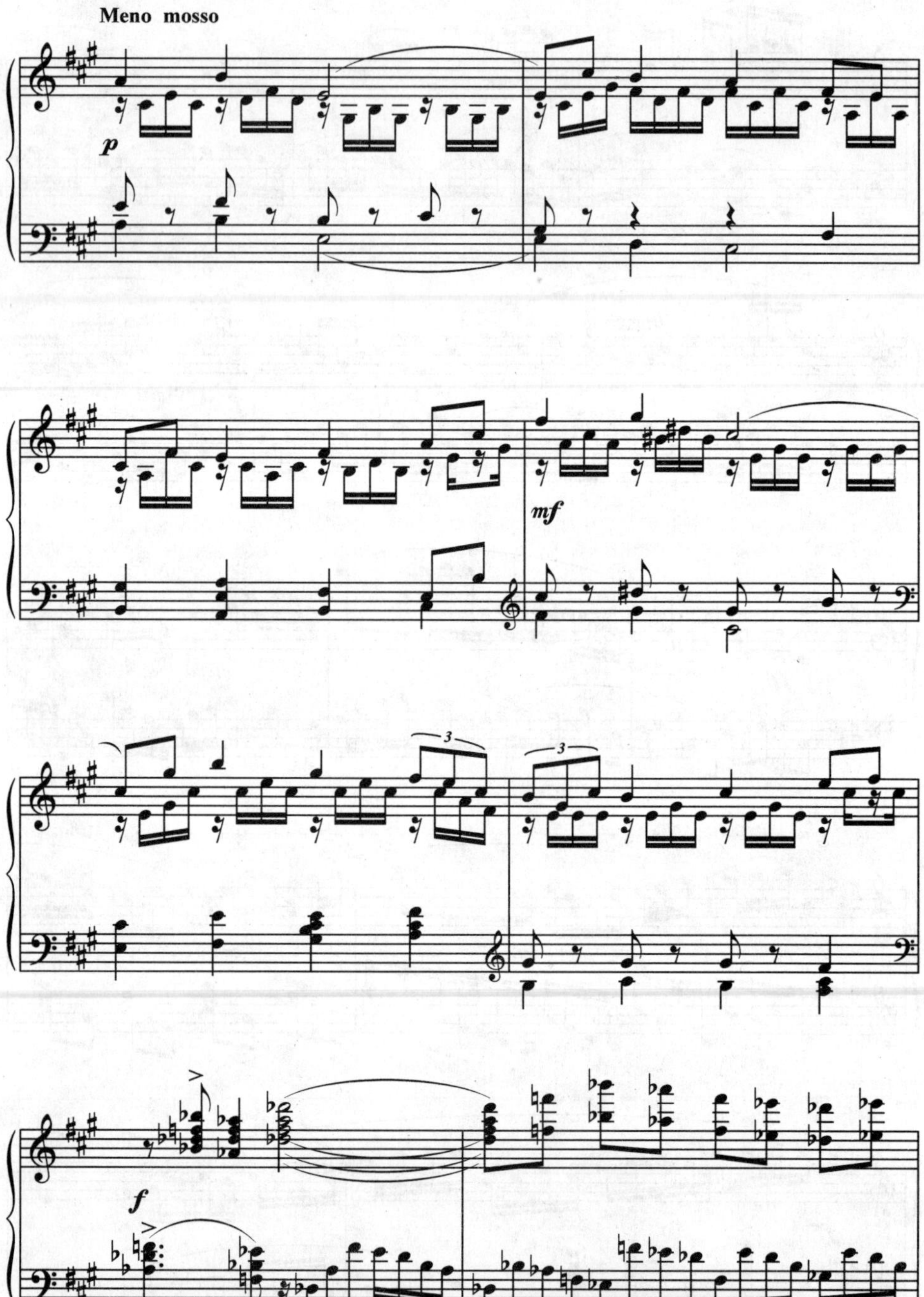
Meno mosso
p
mf
3
3
f

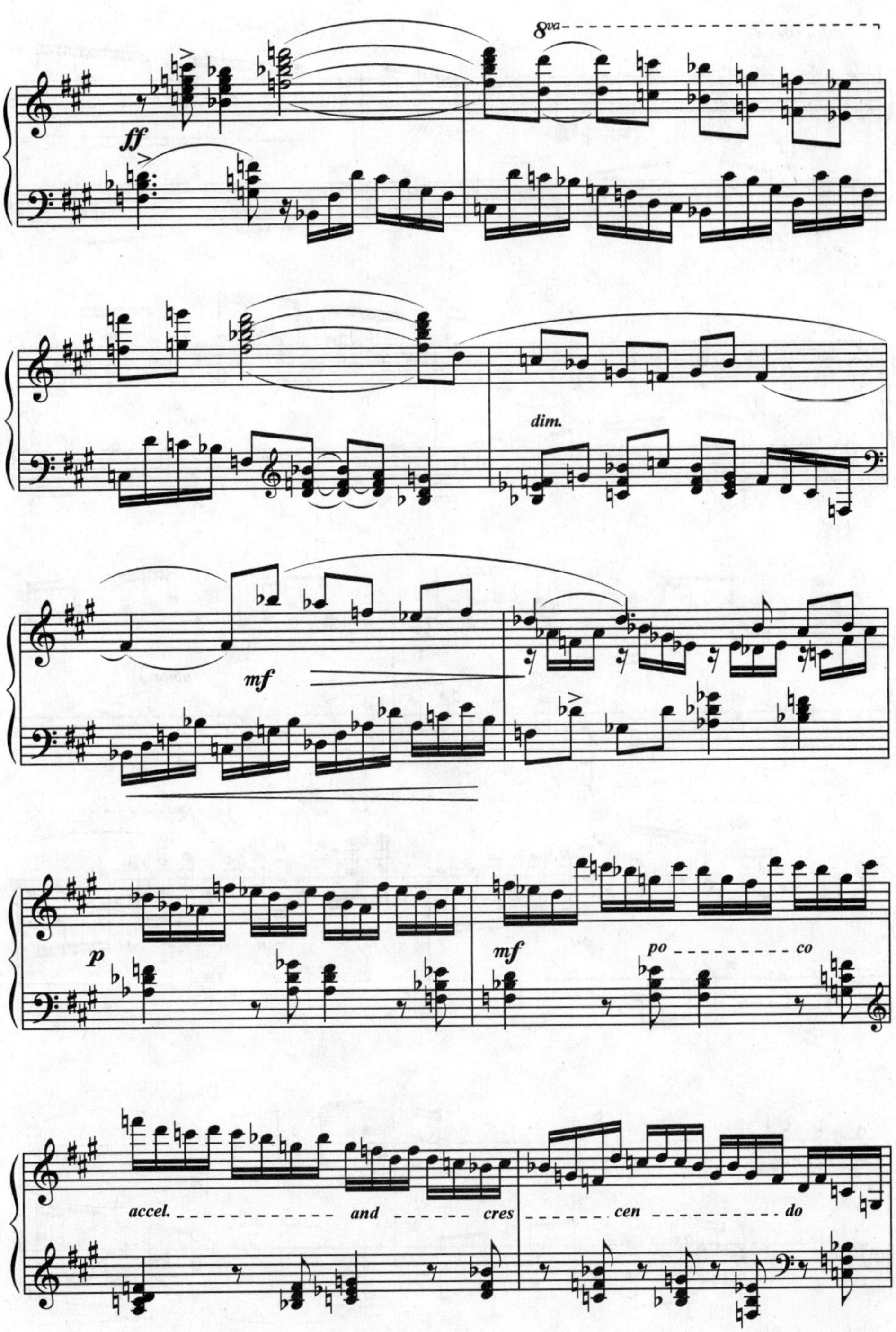
8va
ff
dim.
mf
p
mf
po co
accel. and cres cen do

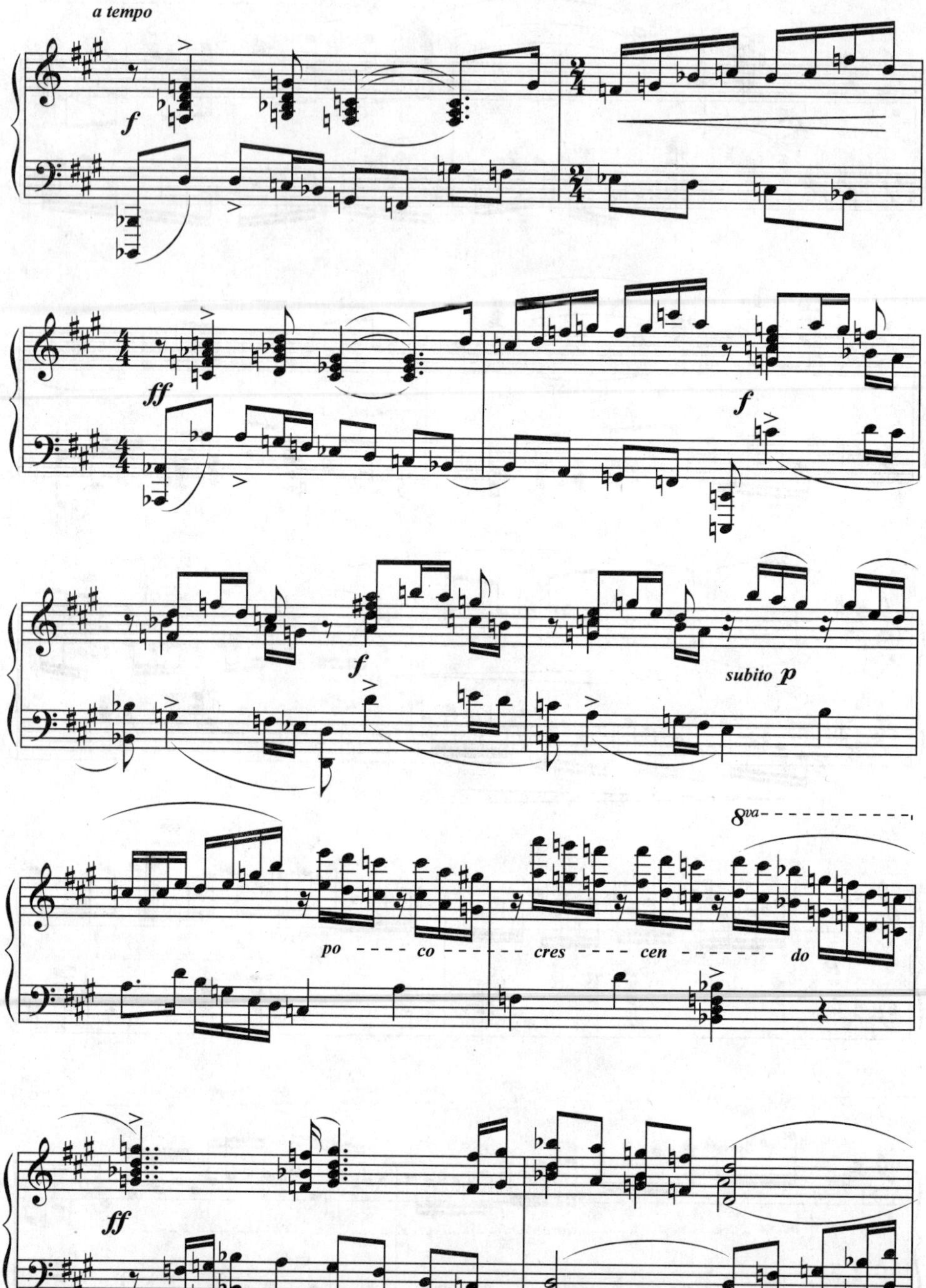
a tempo
f
ff
f
f
subito p
8va
po co cres cen do
ff

marcatissimo and poco ritard.
fff
Meno mosso
mf
p
rall.
ppp
a tempo
f

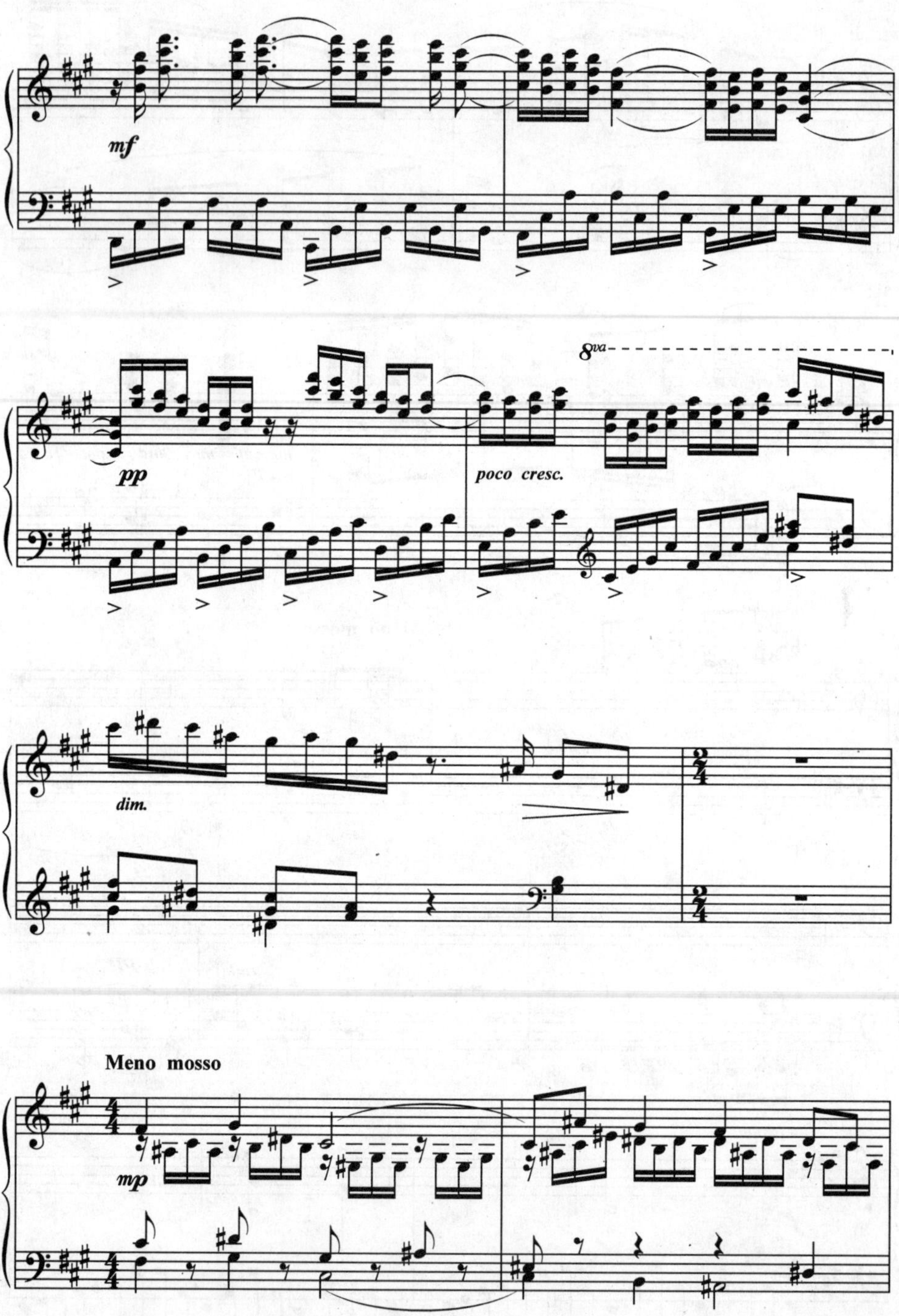
mf
pp
8va
poco cresc.
dim.
Meno mosso
mp

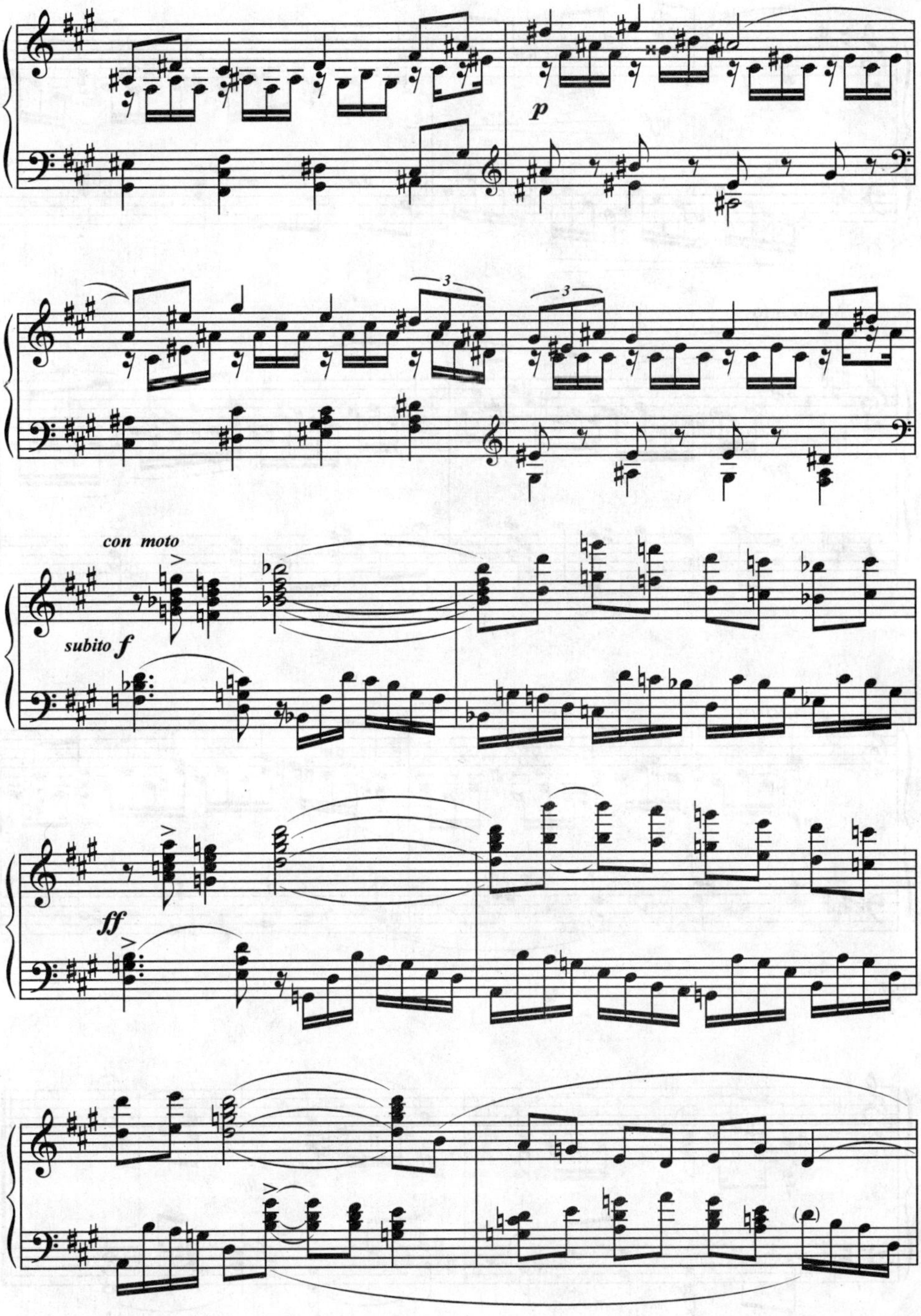
p
con moto
subito f
ff

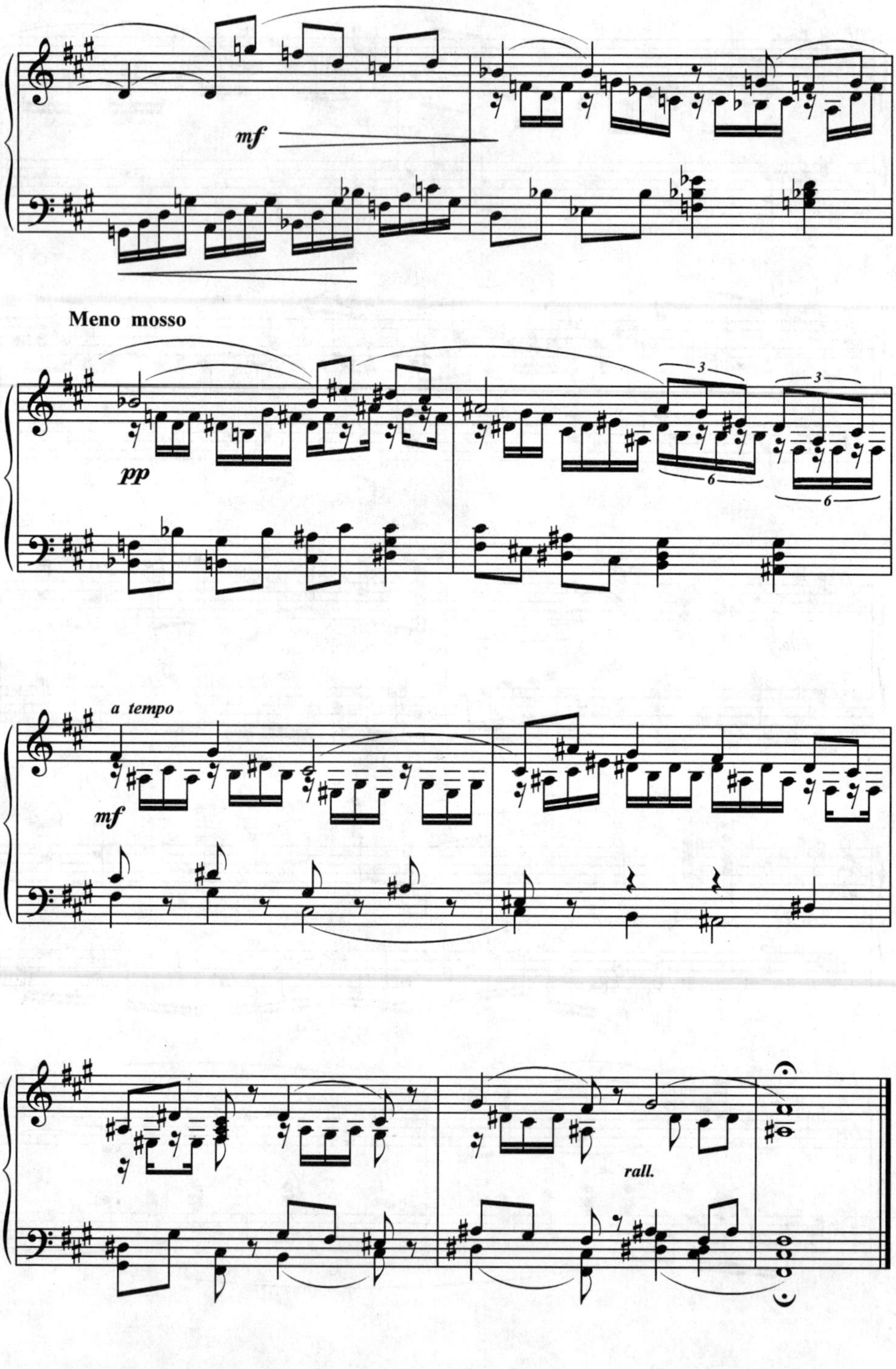
mf
Meno mosso
pp
3
6
a tempo
mf
rall.

钢琴练习曲二首

第一首

李嘉禄曲

快速、活泼、愉快

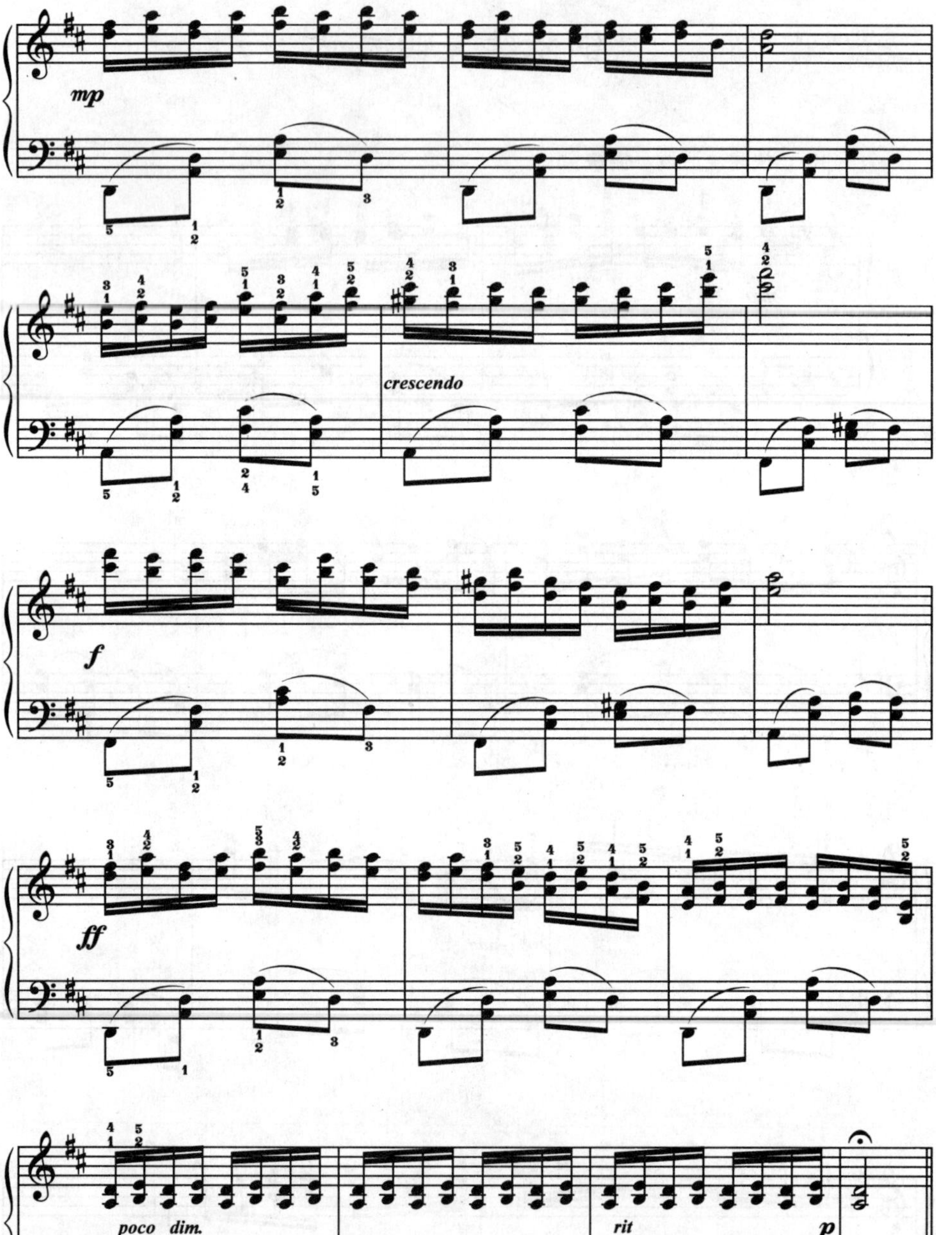
mp
crescendo
f
ff
poco dim.
rit
p

第 二 首

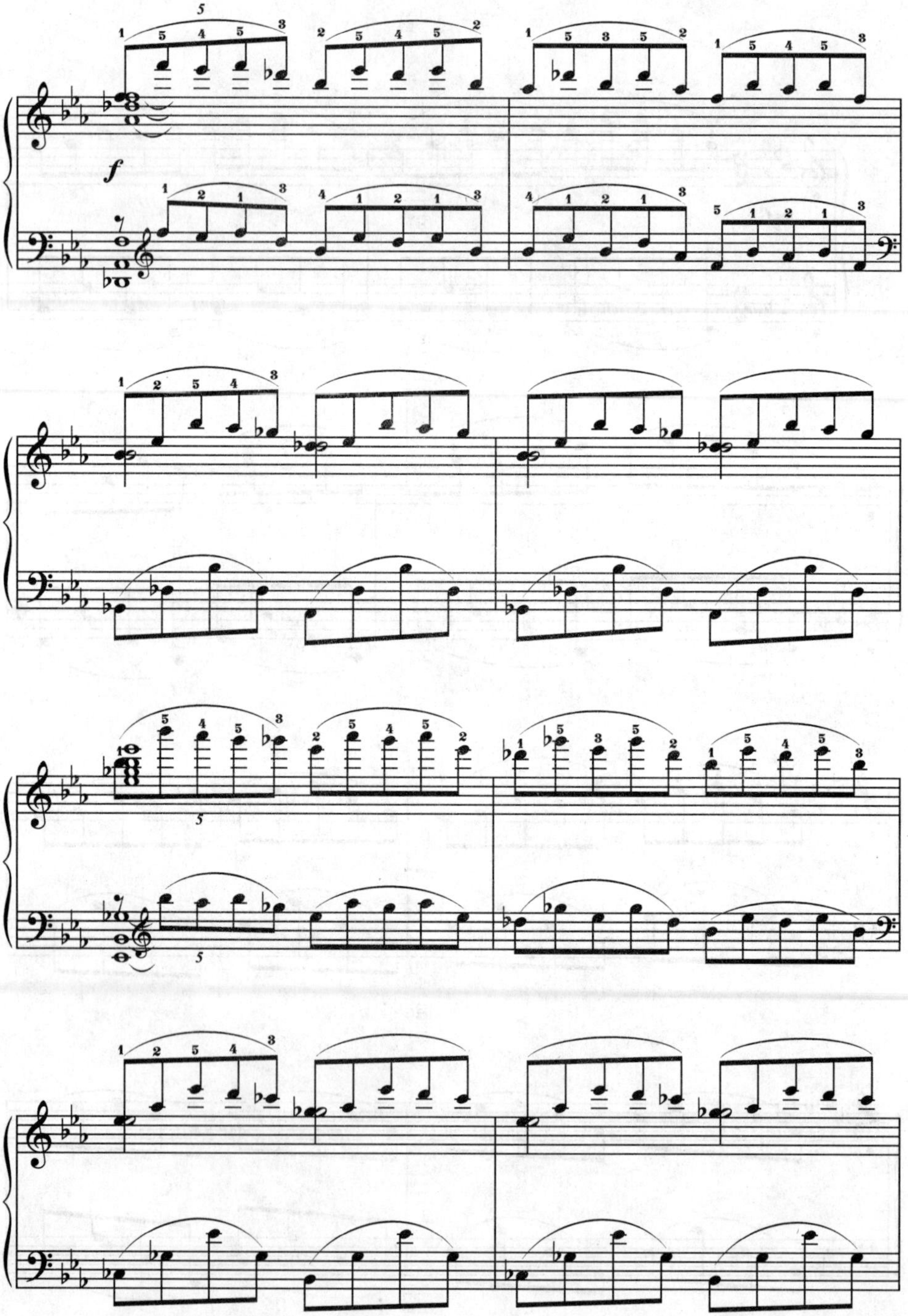

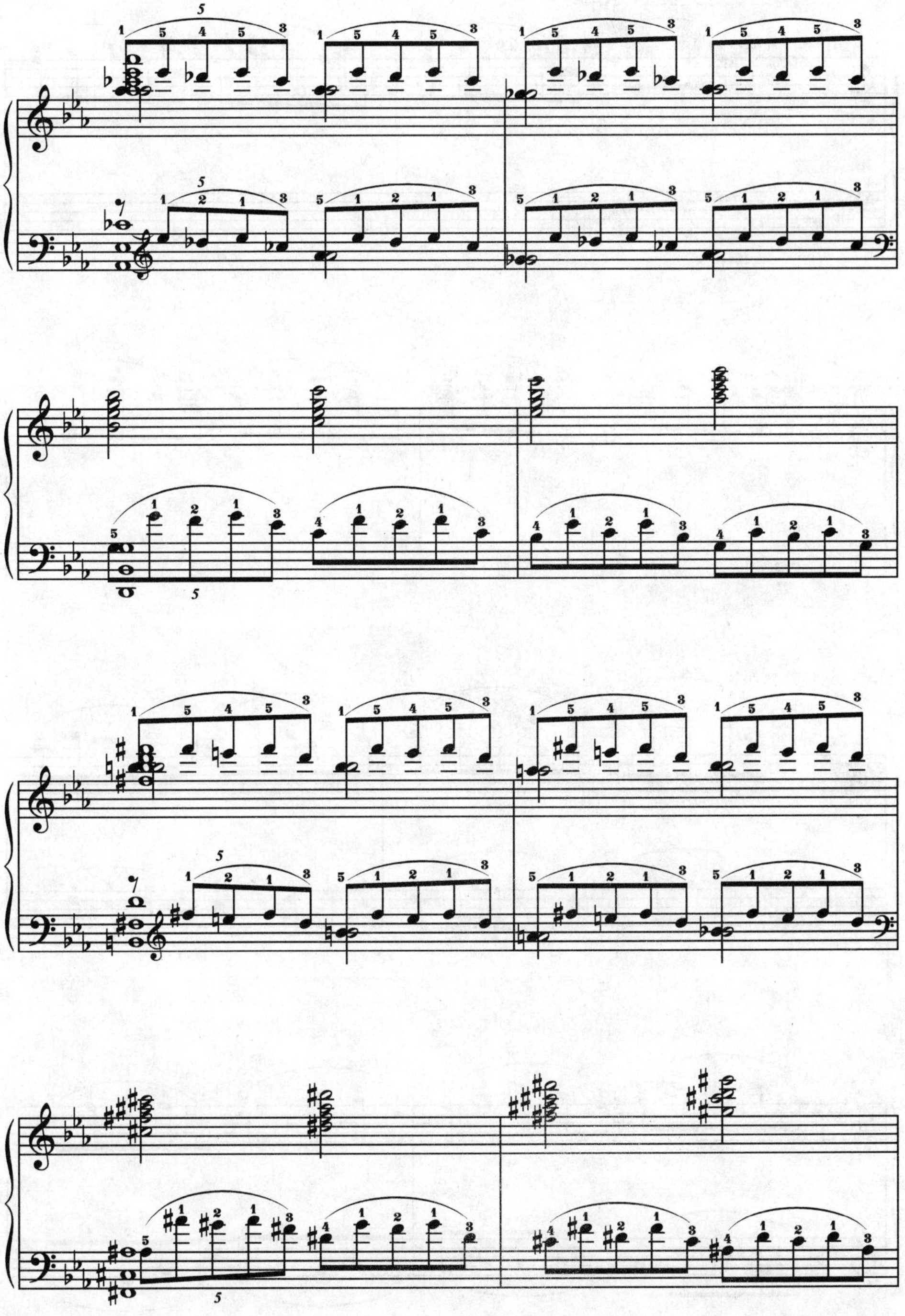

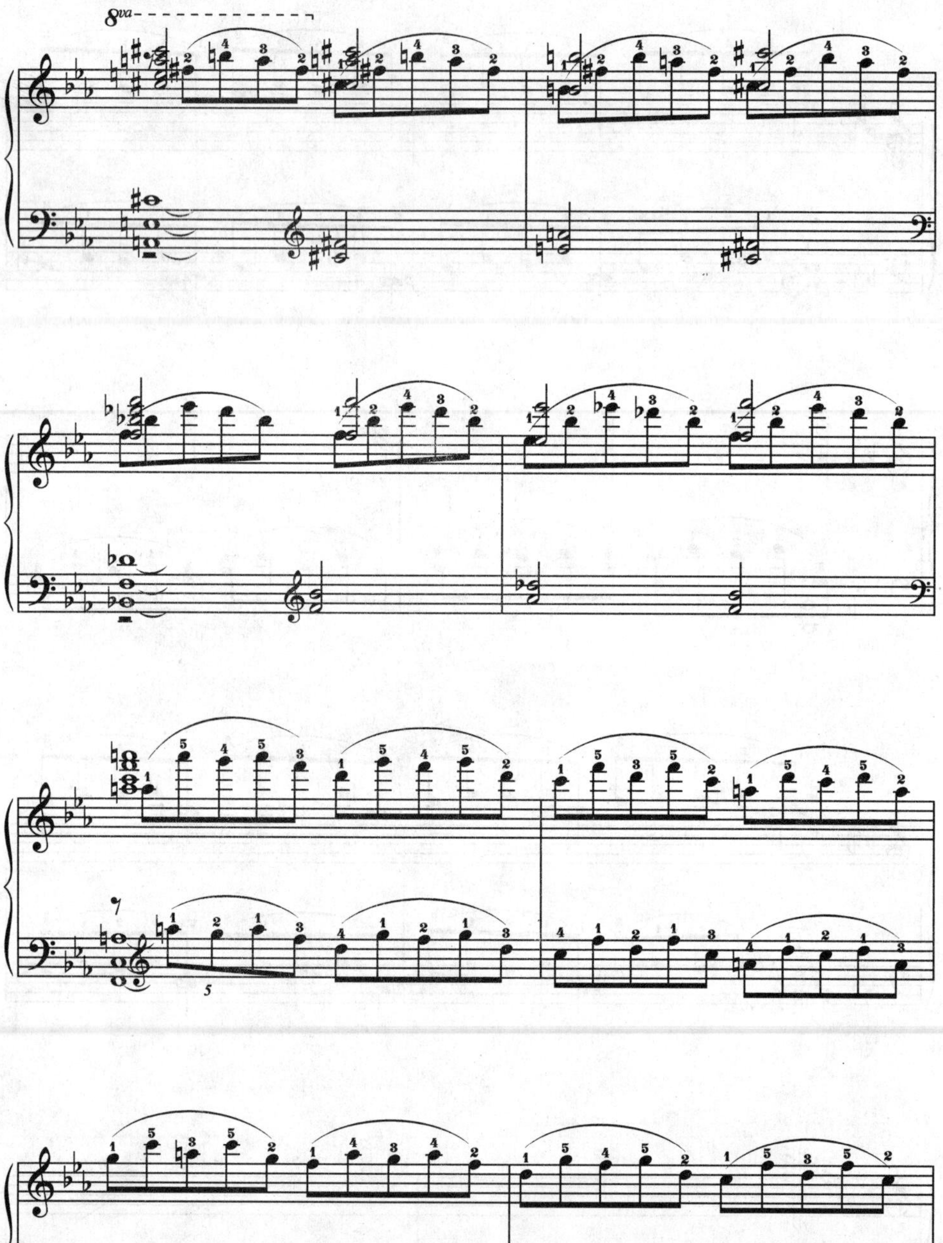
8va

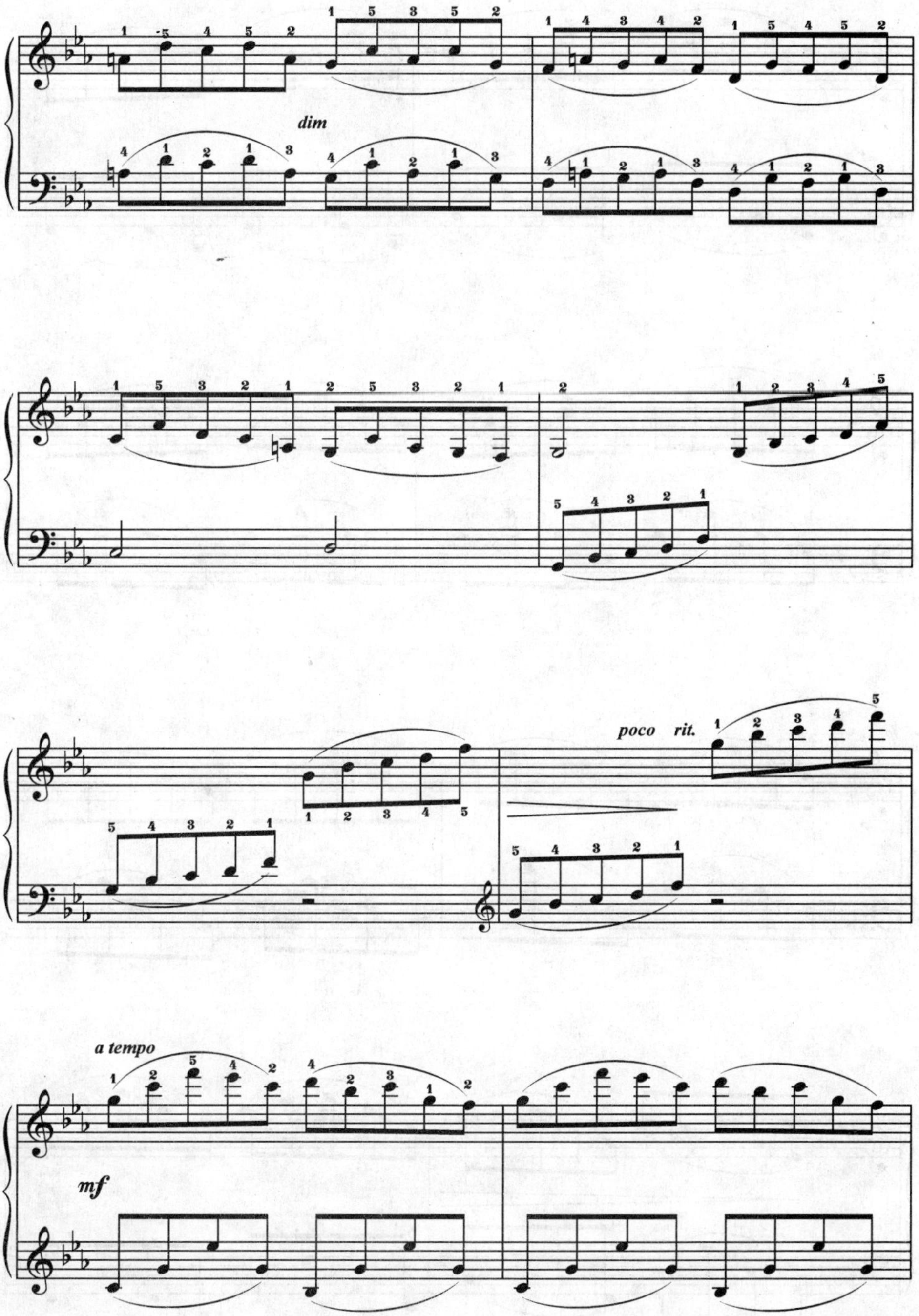
dim
poco rit.
a tempo
mf

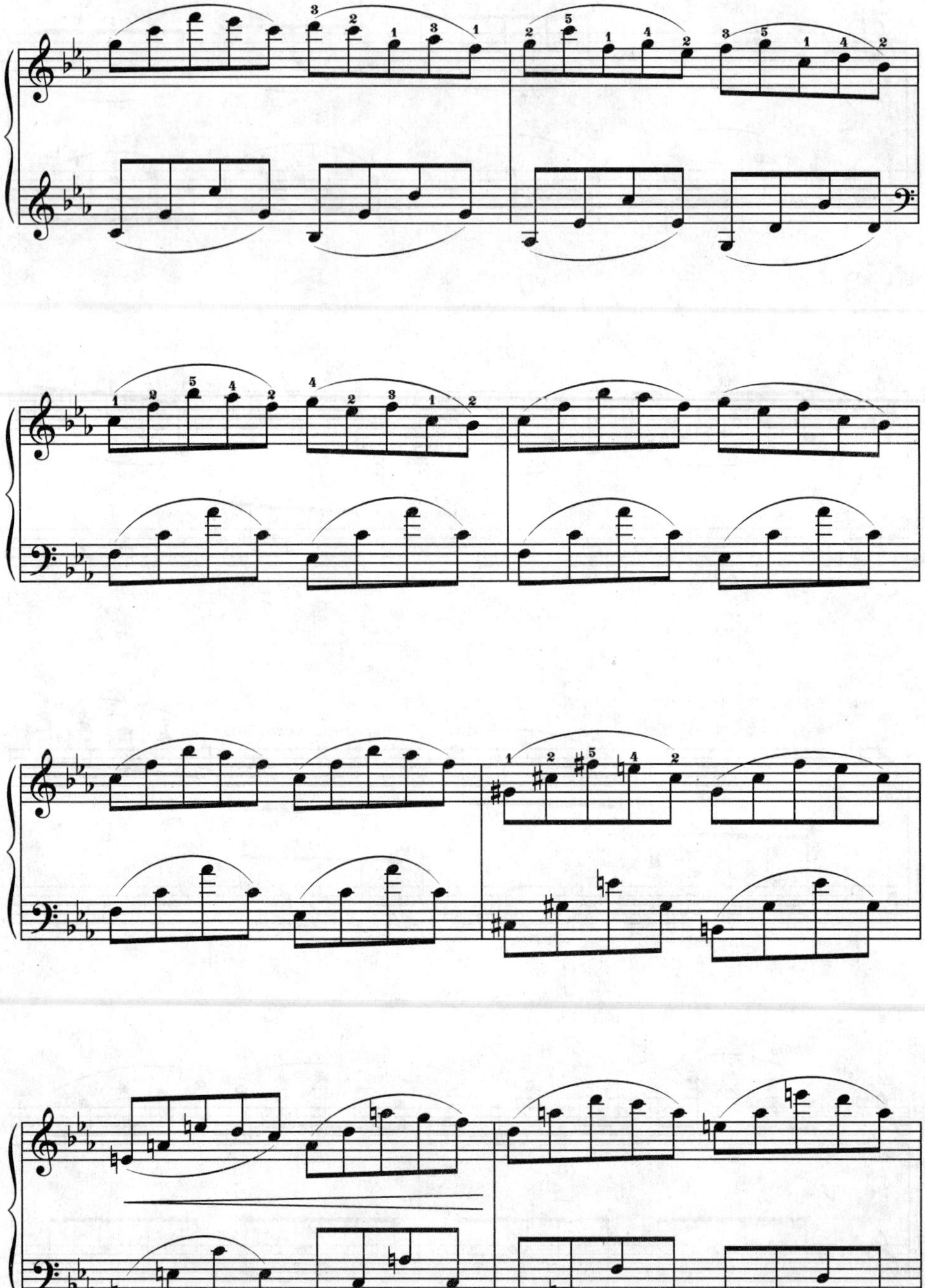
3
2
1
3
1
2
5
1
4
2
3
5
1
4
2
1
2
5
4
2
4
2
3
1
2
1
2
5
4
2

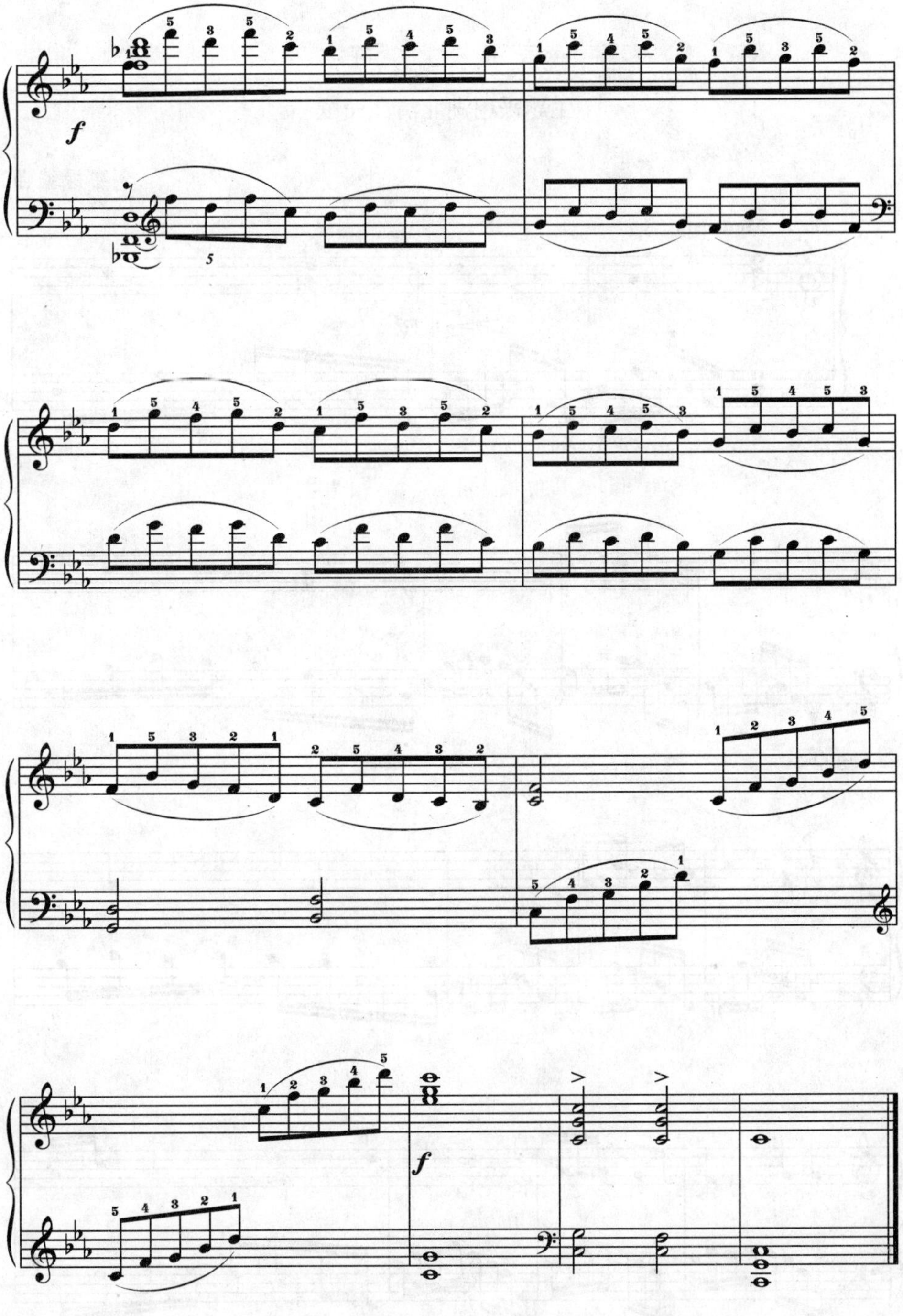

清 江 河

主题采用湖北清江民歌

李嘉禄编曲

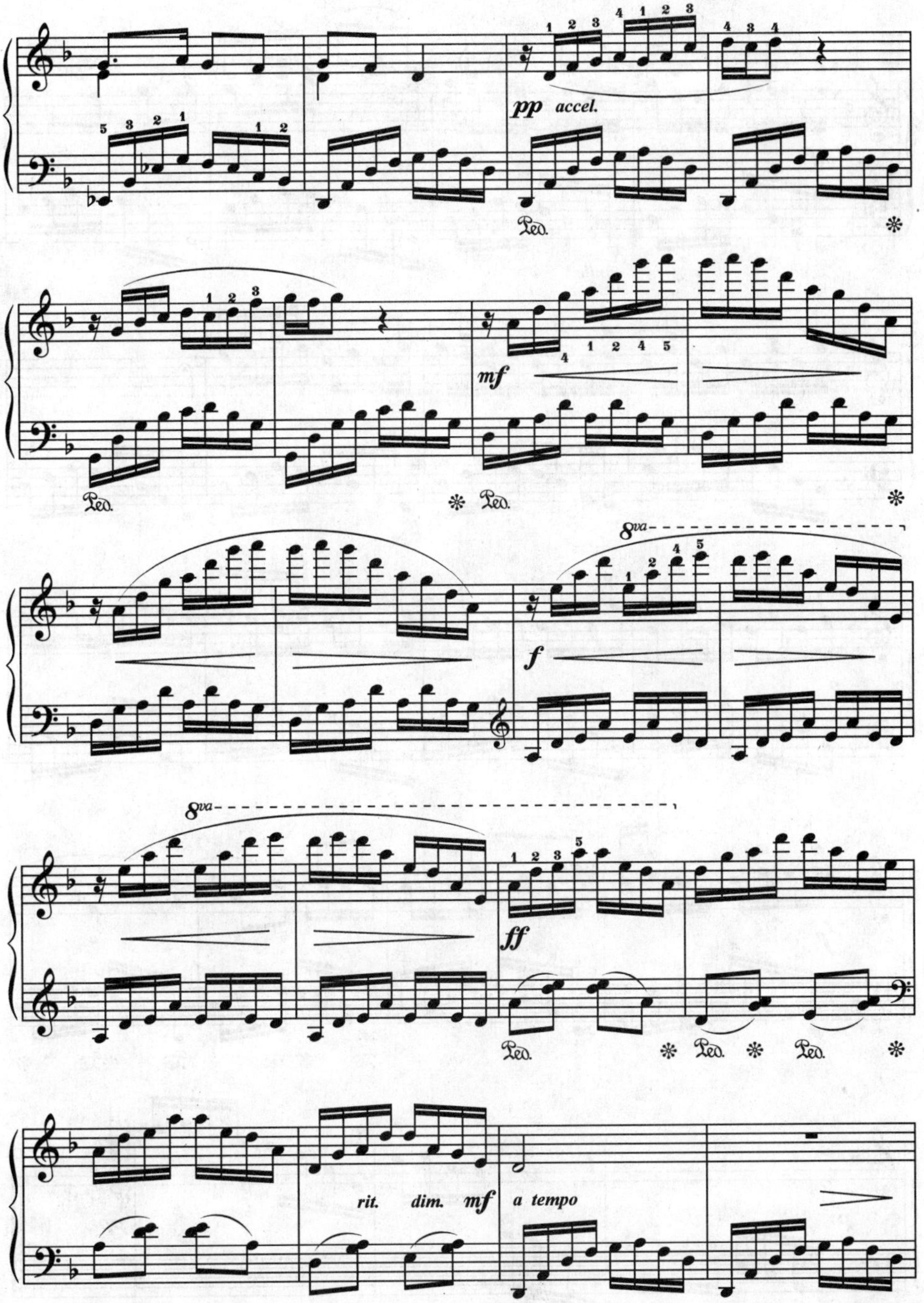
pp accel.
Ped.
mf
8va
f
ff
rit.
dim.
mf
a tempo

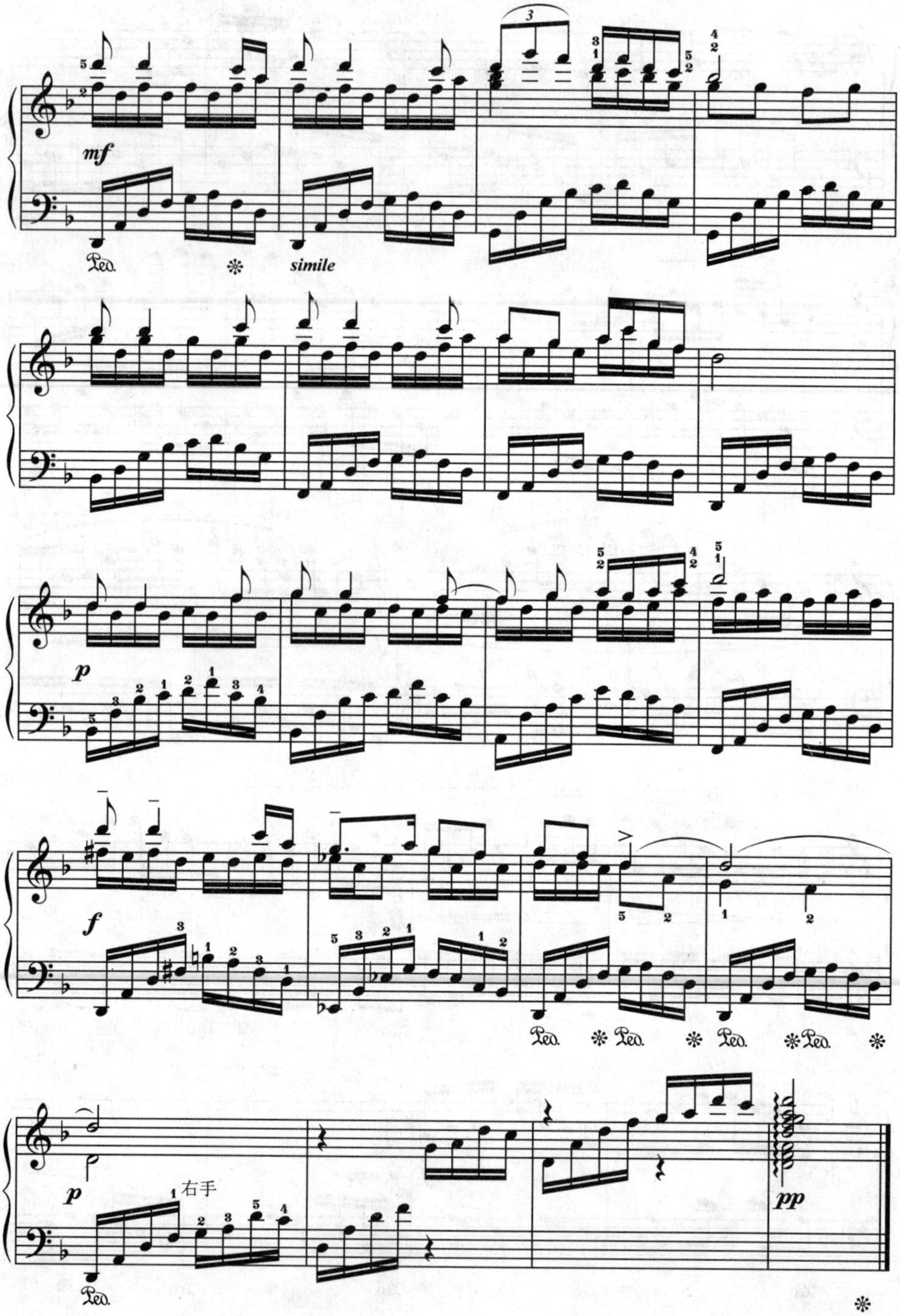
mf
Ped.
simile
p
f
Ped.
Ped.
Ped.
Ped.
p
右手
Ped.
pp

越唱越快活

李嘉禄、司徒璧春曲

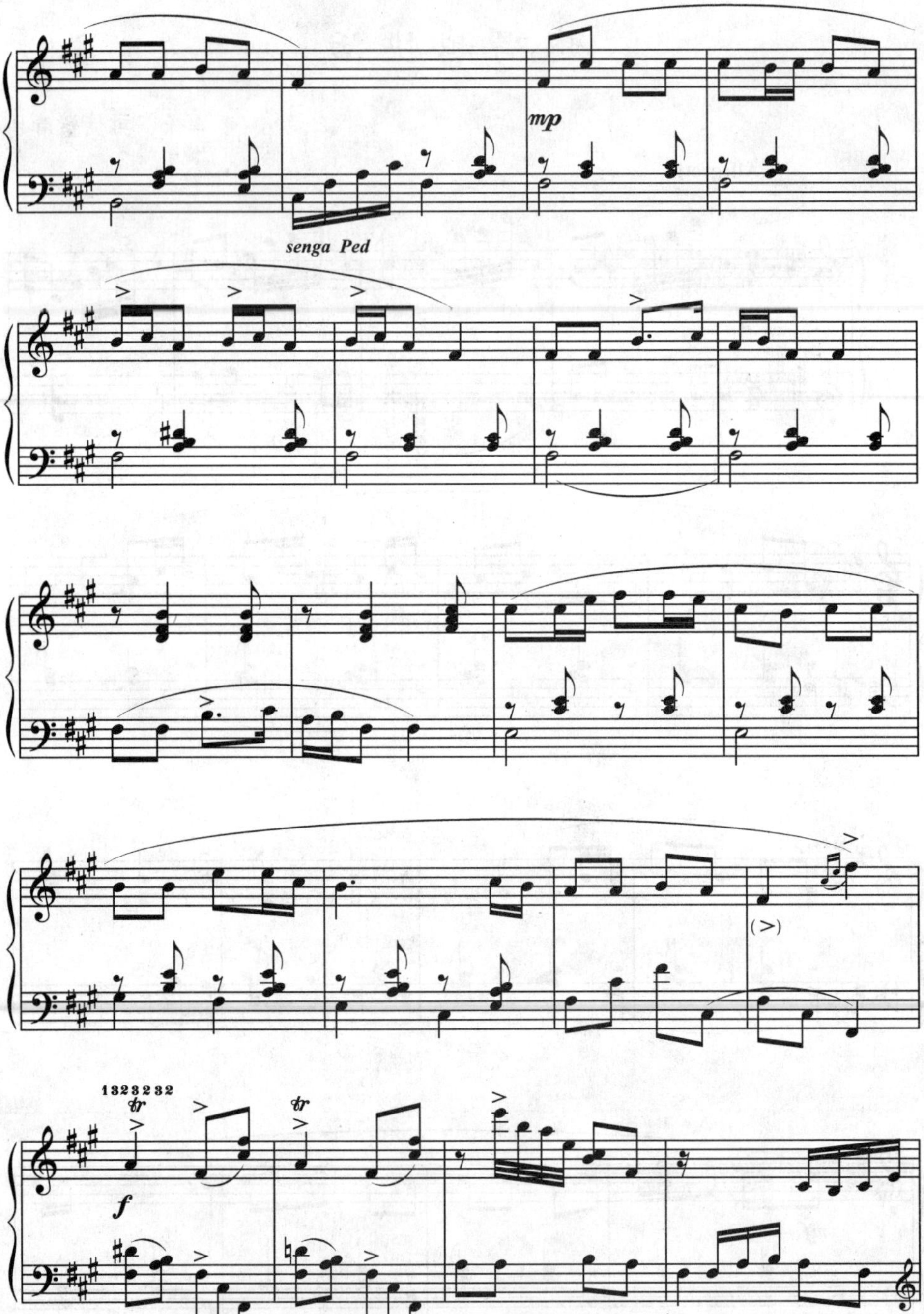
mp
senga Ped
1323232 32
tr
tr
f

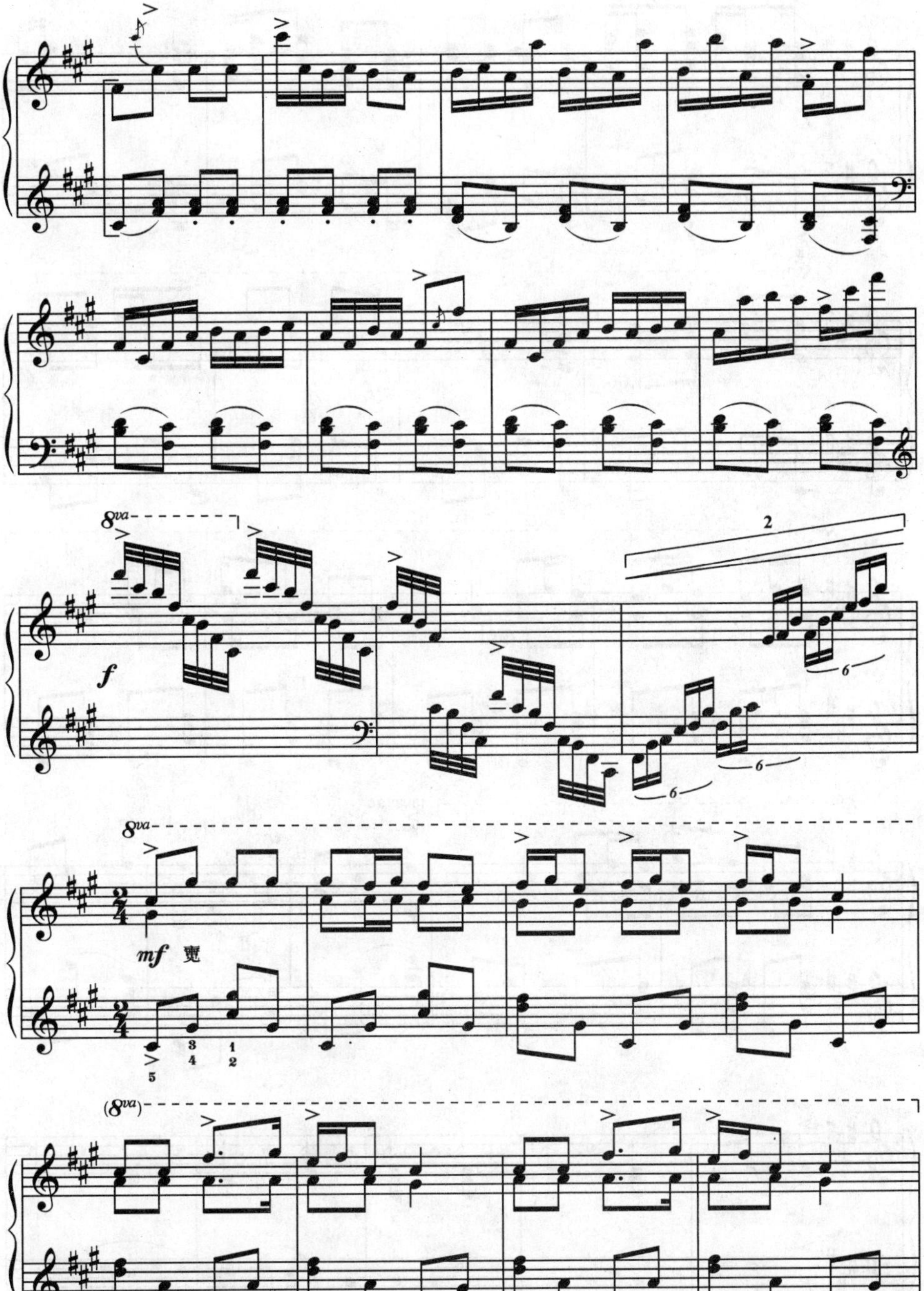
8va
f
2
6
6
6
8va
mf 宽
(8va)

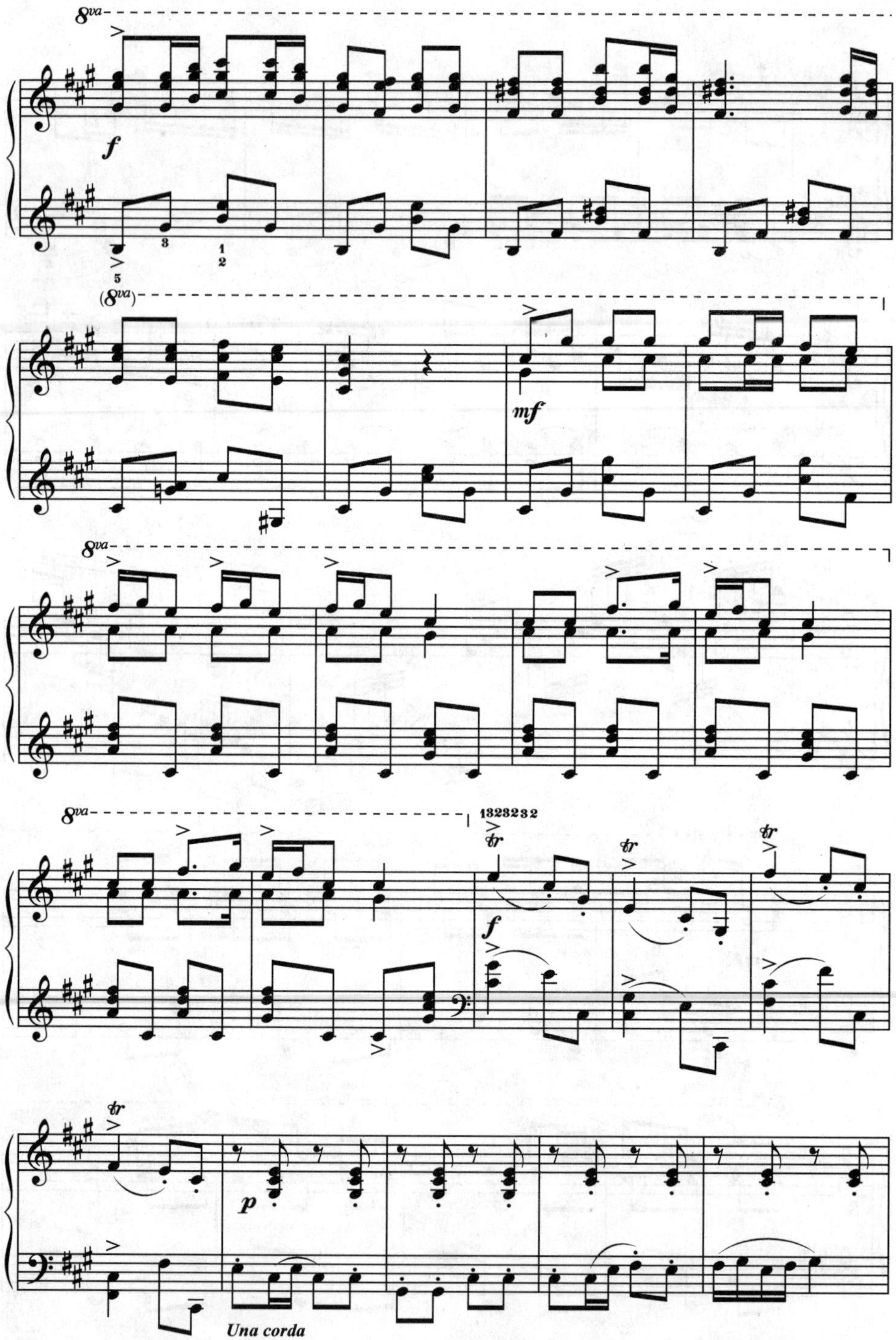
8va
f
5
3
1
2
(8va)
mf
8va
8va
1323232
tr
f
tr
tr
tr
p
Una corda

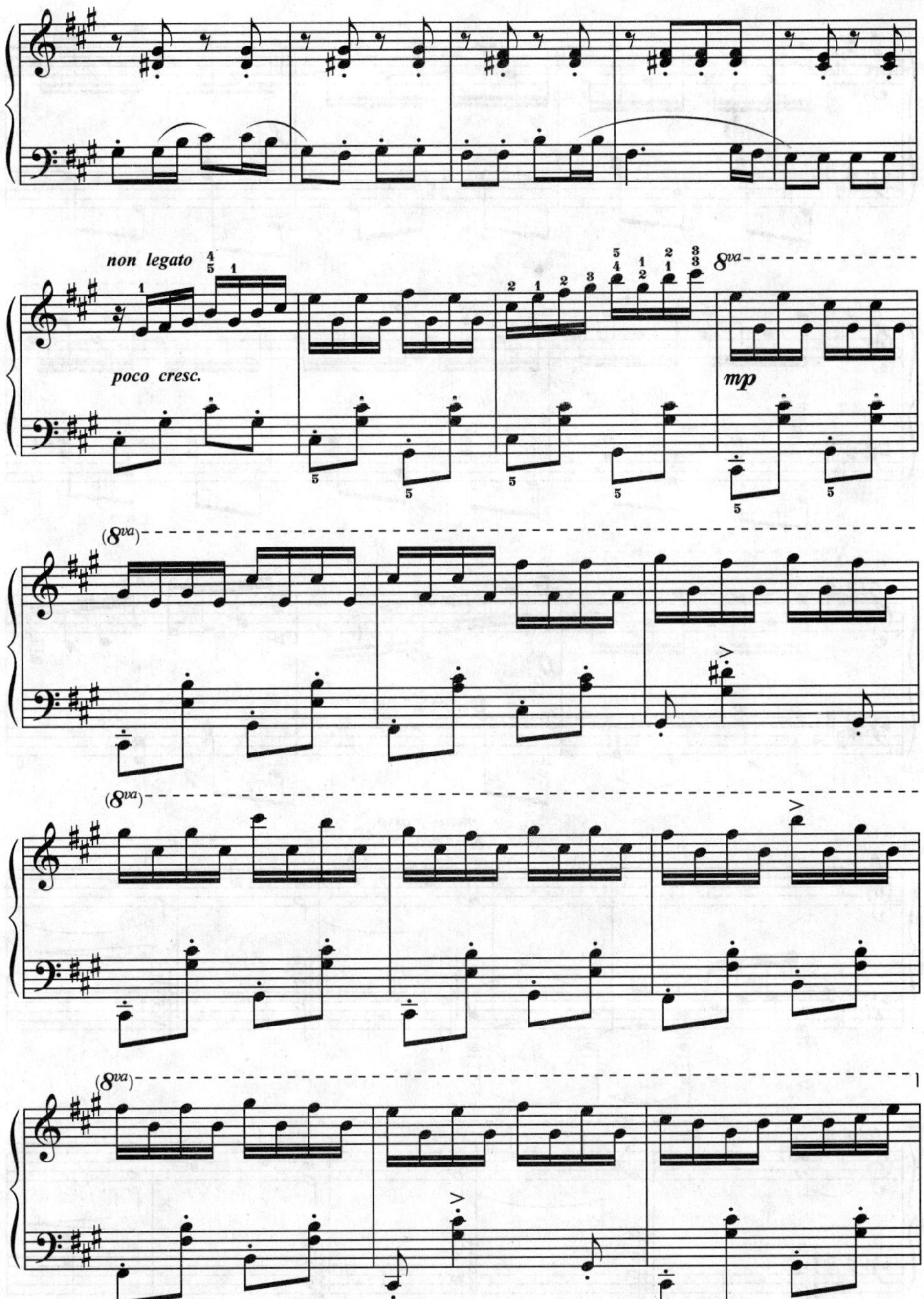
non legato
poco cresc.
8va
mp
(8va)
(8va)
(8va)

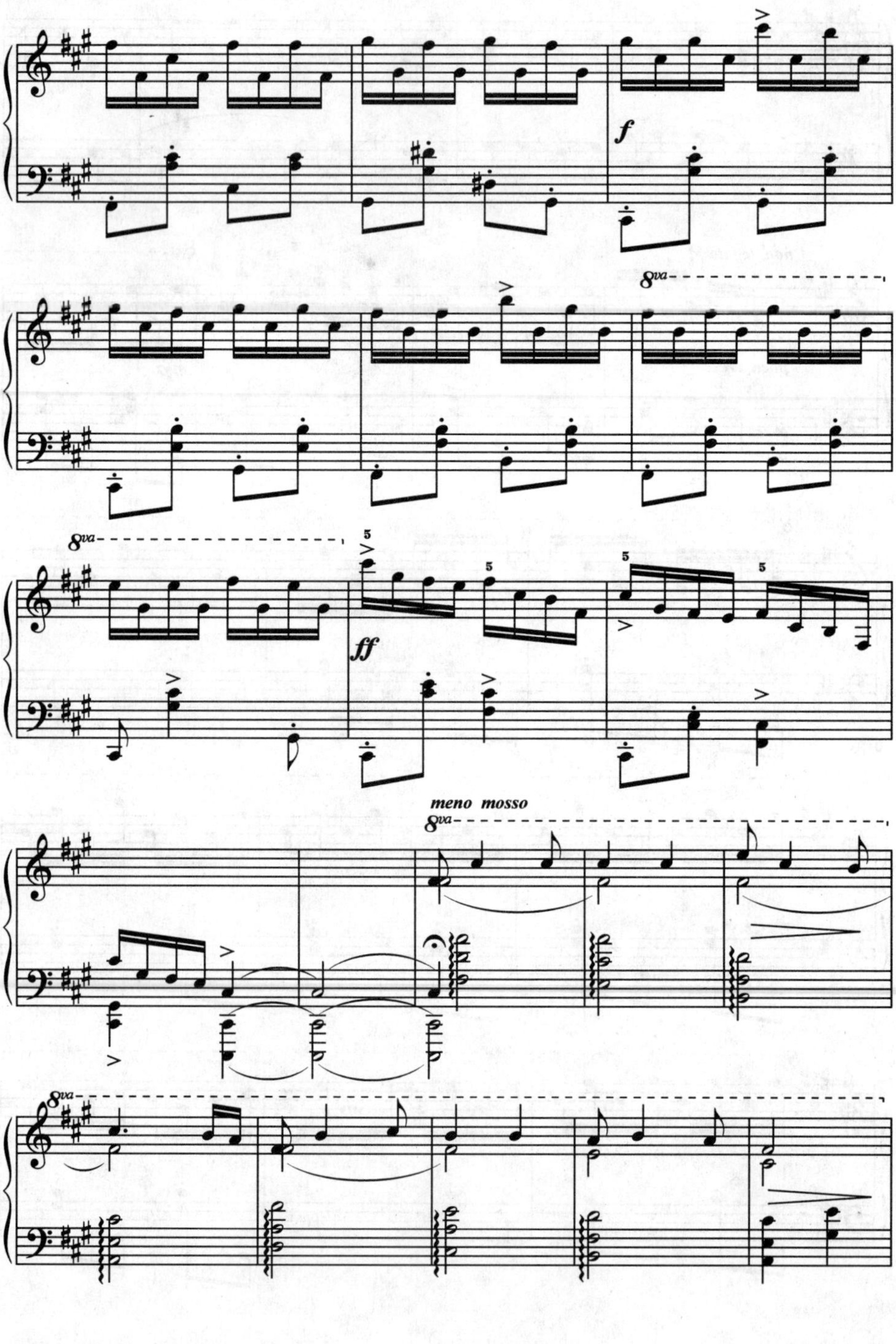
f
8va
ff
5
meno mosso

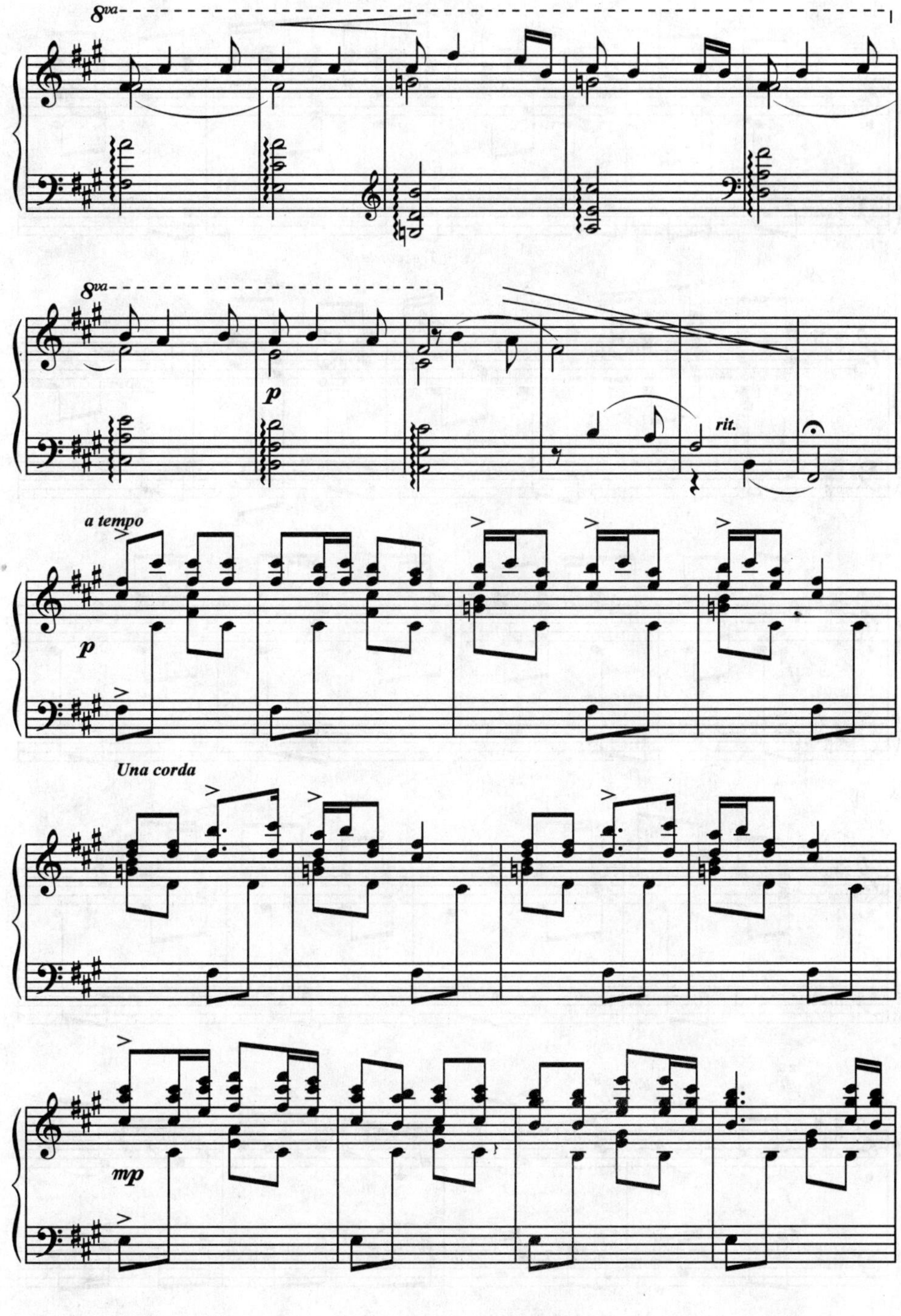
8va
8va
p
rit.
a tempo
p
Una corda
mp

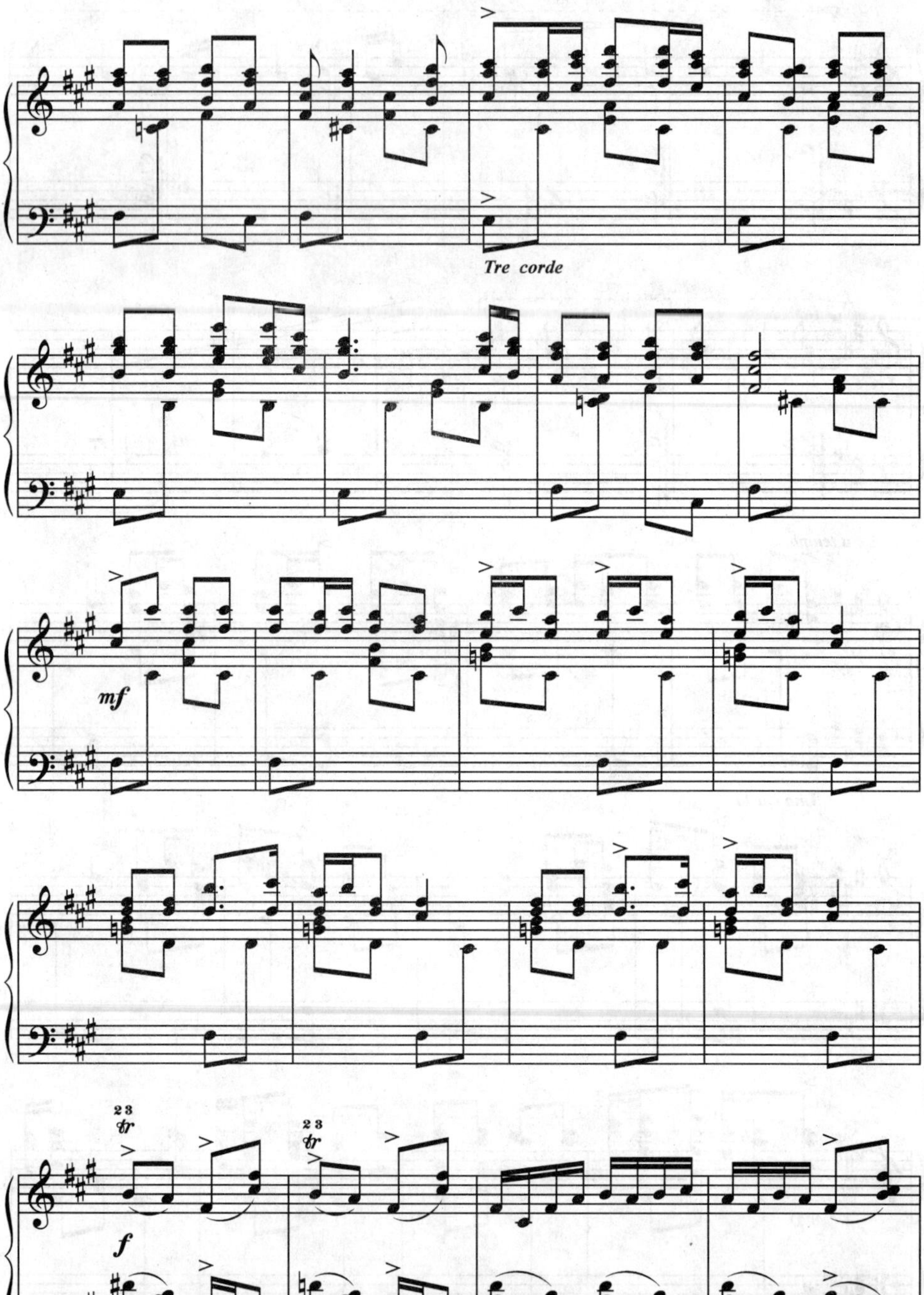
Tre corde
mf
tr
tr
f

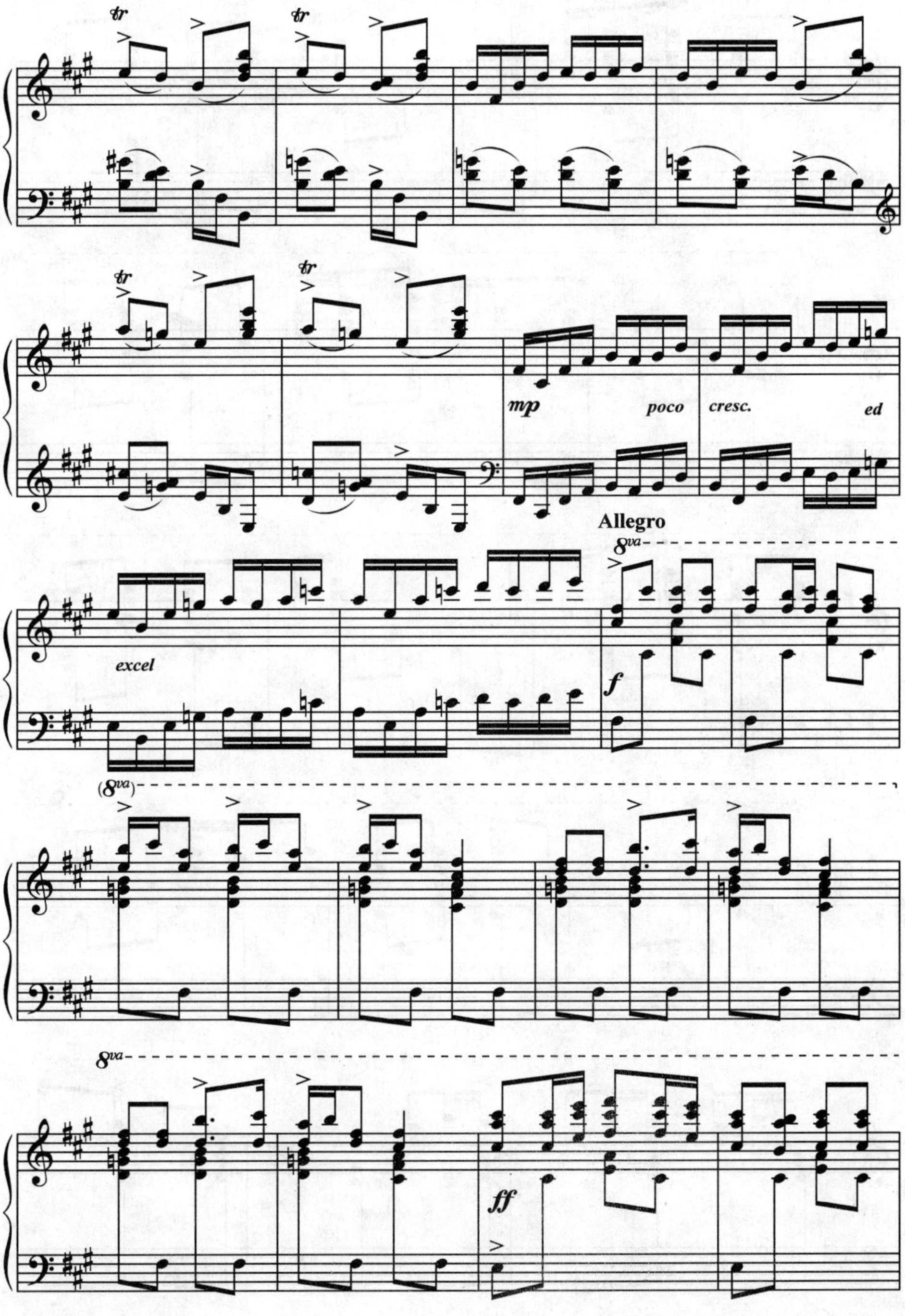
tr
tr
tr
tr
mp
poco
cresc.
ed
Allegro
8va
excel
f
(8va)
8va
ff

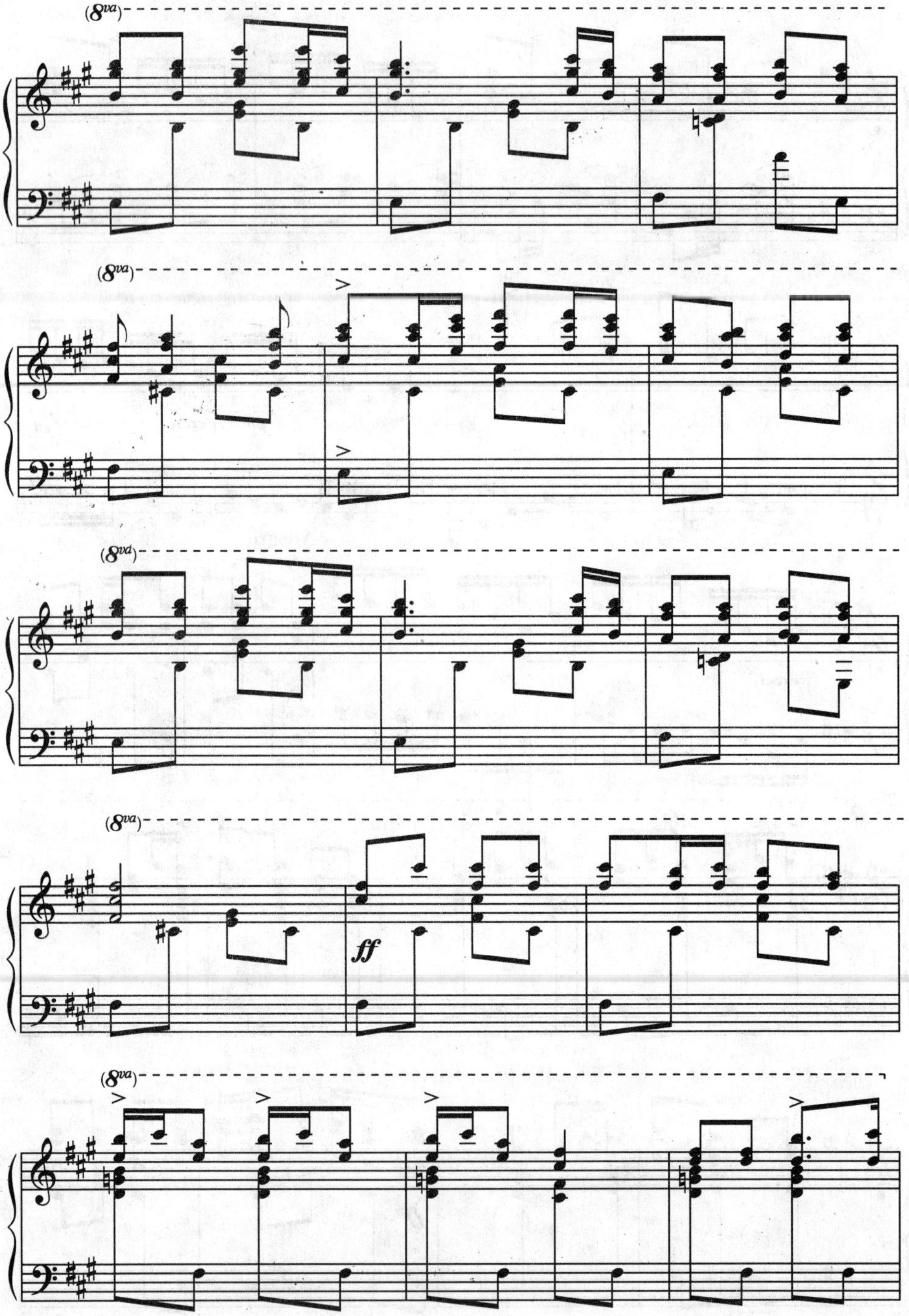
(8va)
(8va)
(8va)
(8va)
ff
(8va)

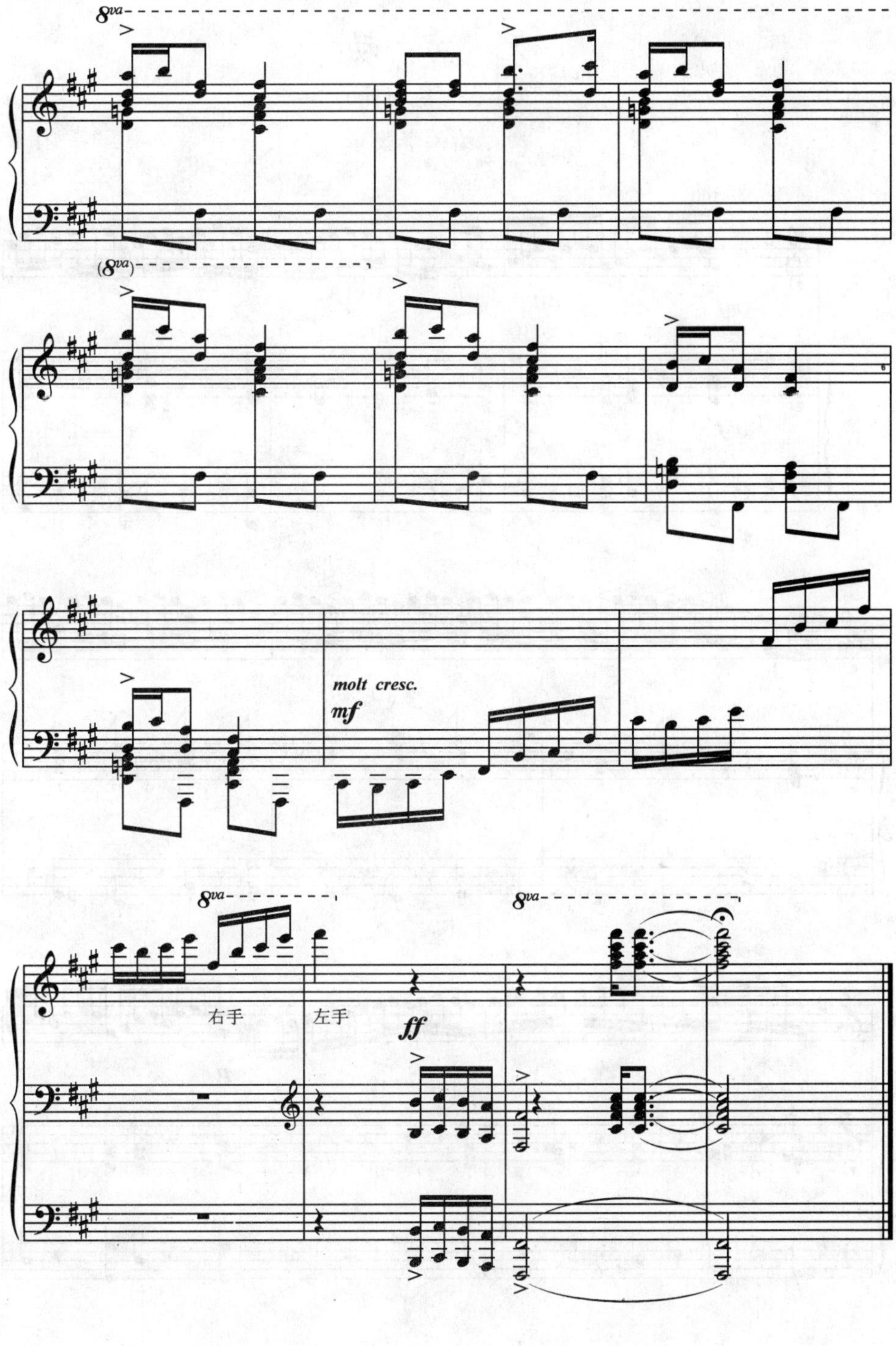
8va
(8va)
molt cresc.
mf
8va
8va
右手
左手
ff

无 穷 动

（小提琴练习曲）

赠给：李毅

李 嘉 禄曲
1974. 2.17

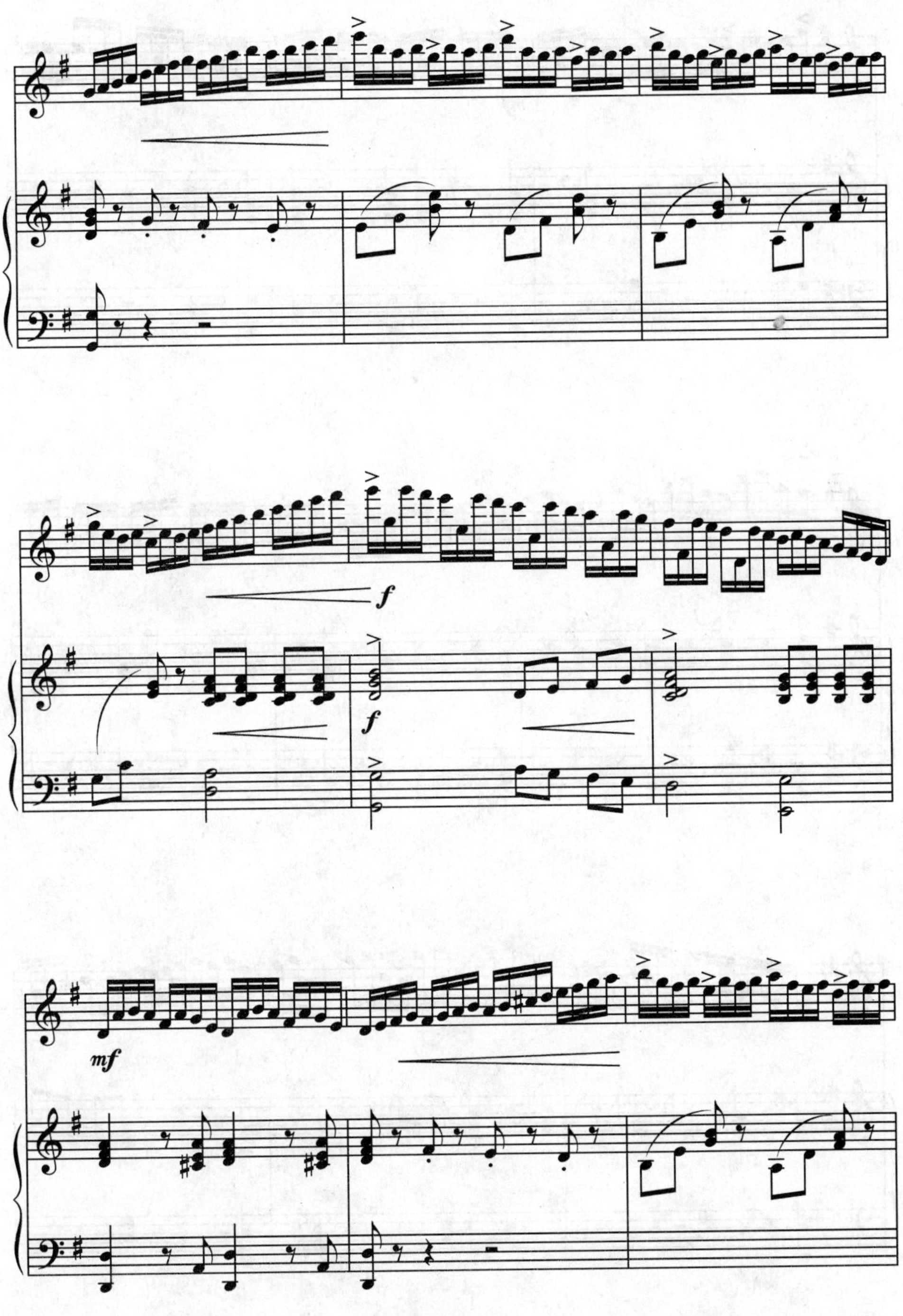
f
f
mf

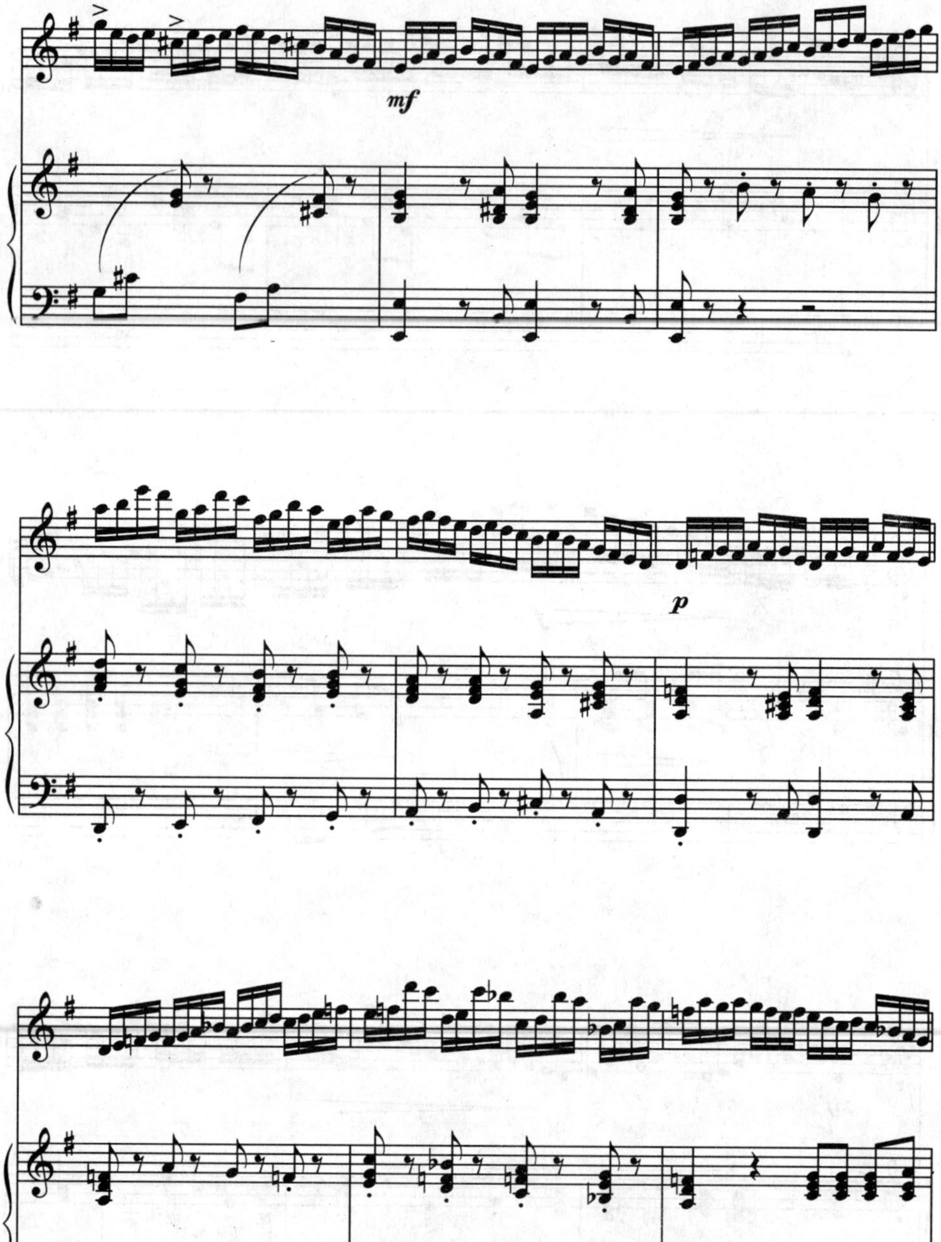
mf
p

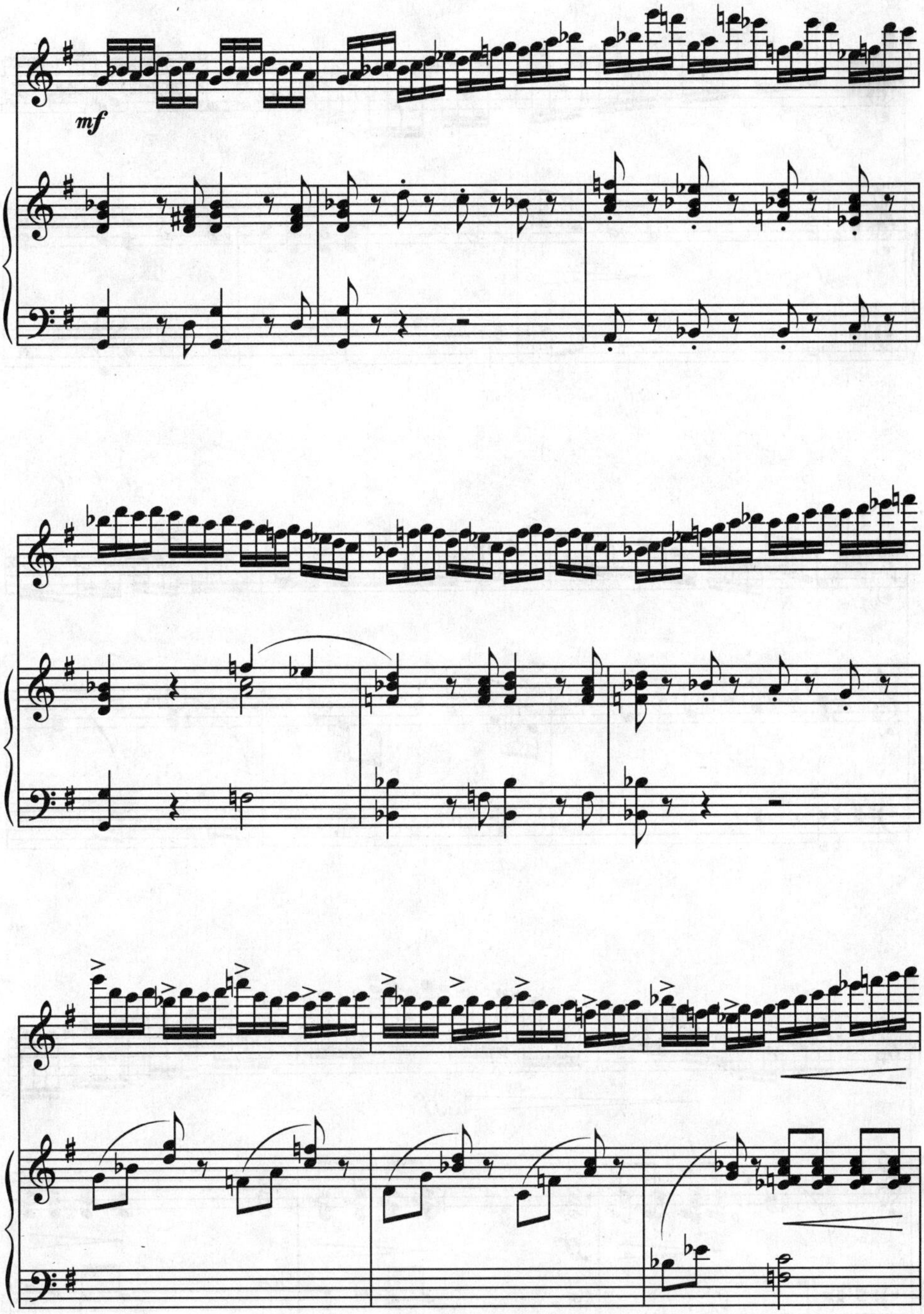
mf

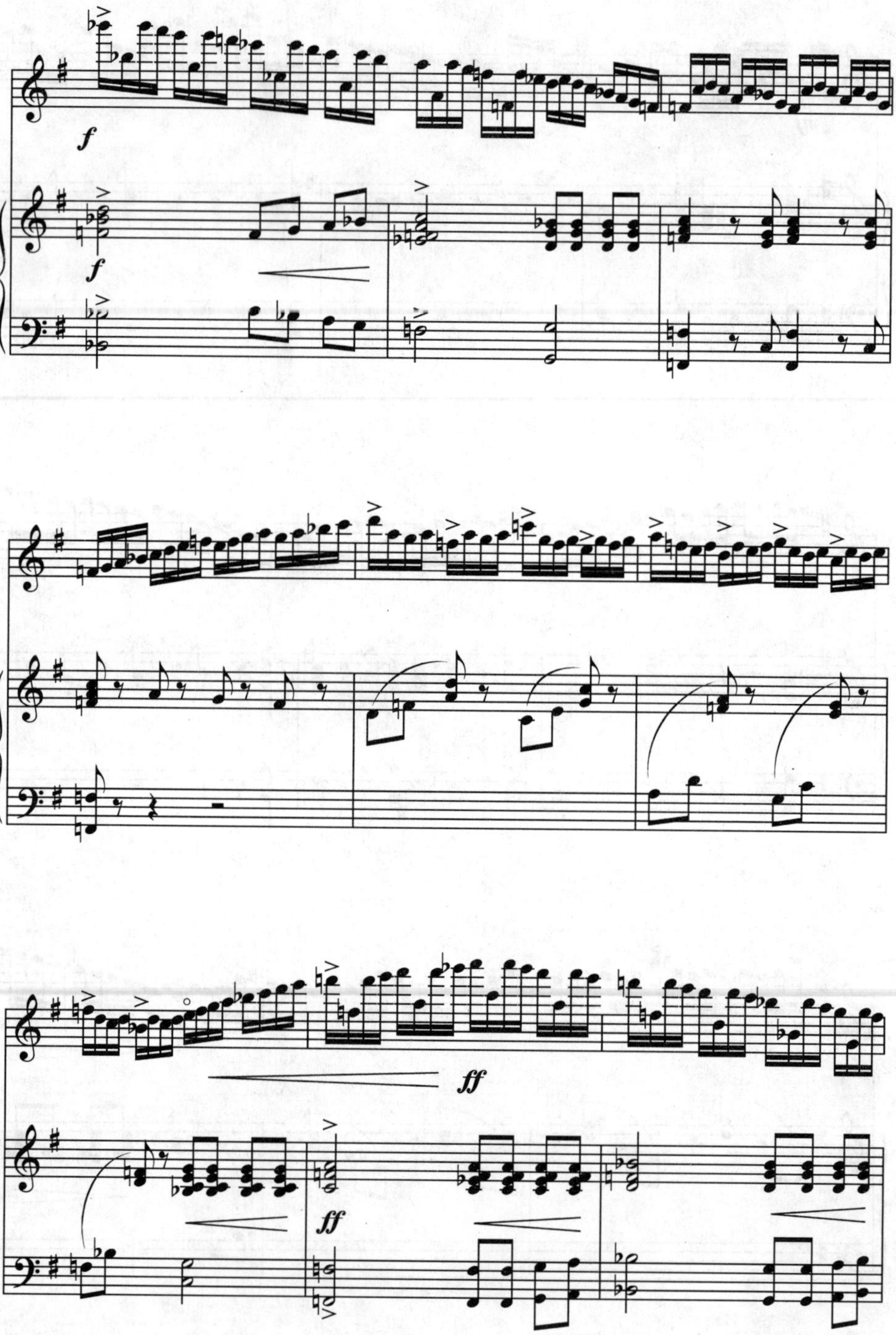
f
f
ff
ff

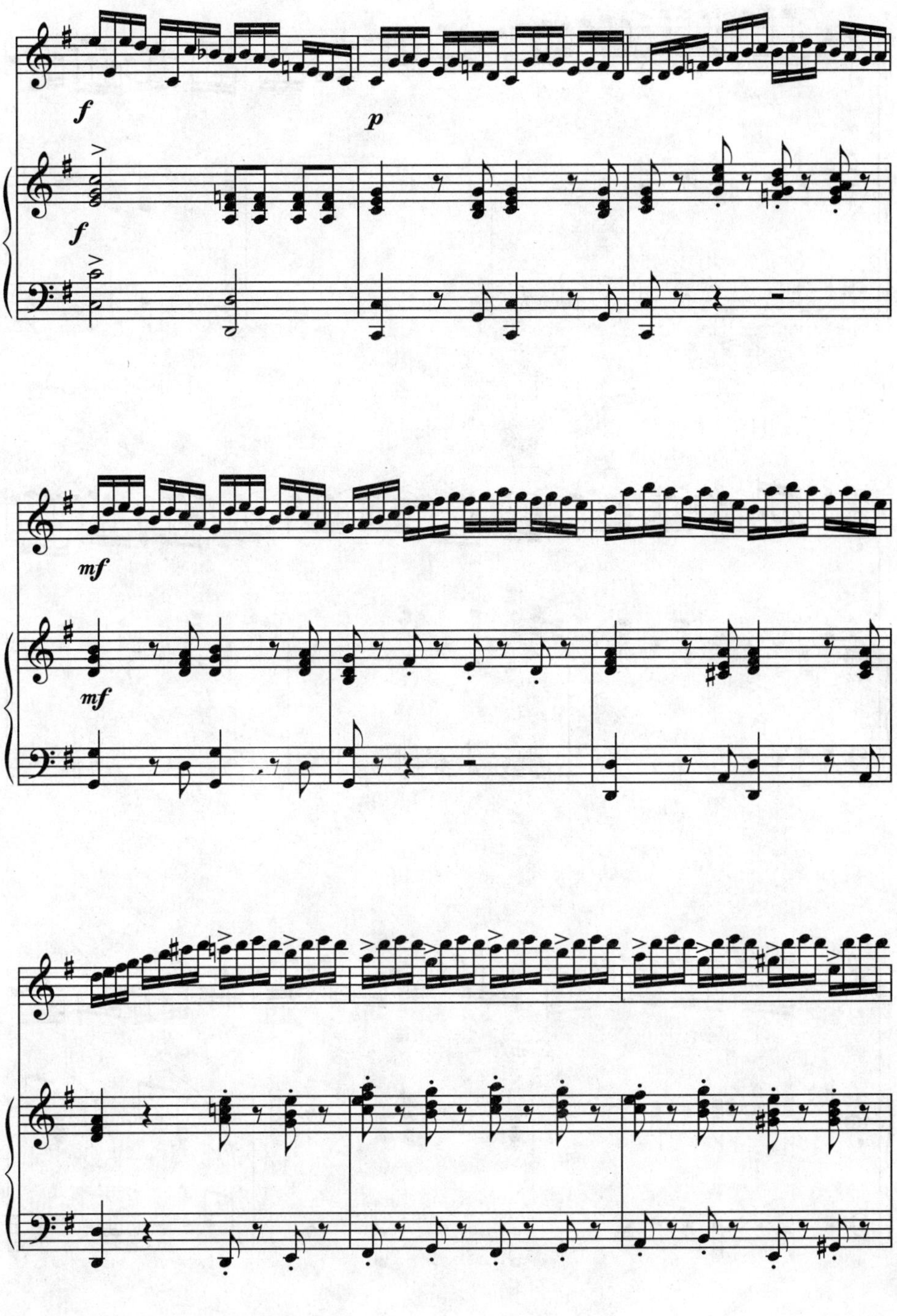
f
p
f
mf
mf

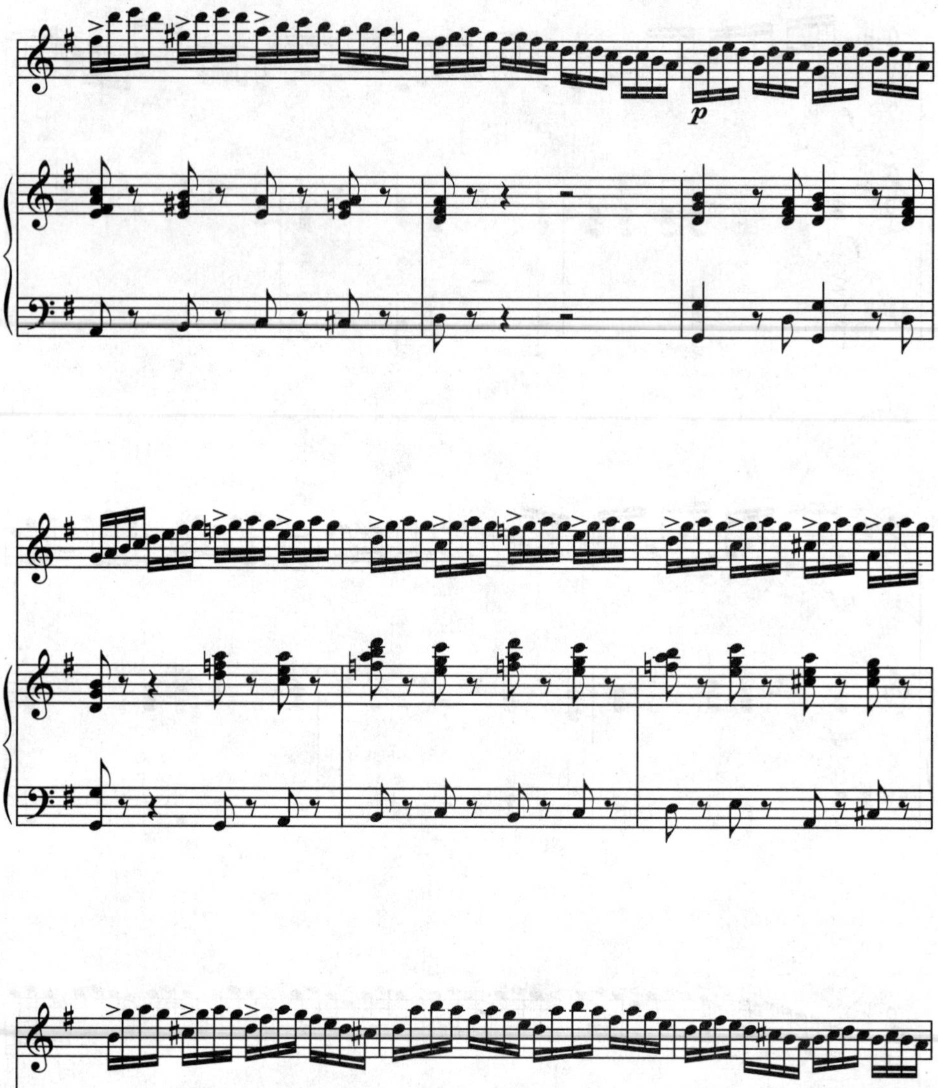
p
mf

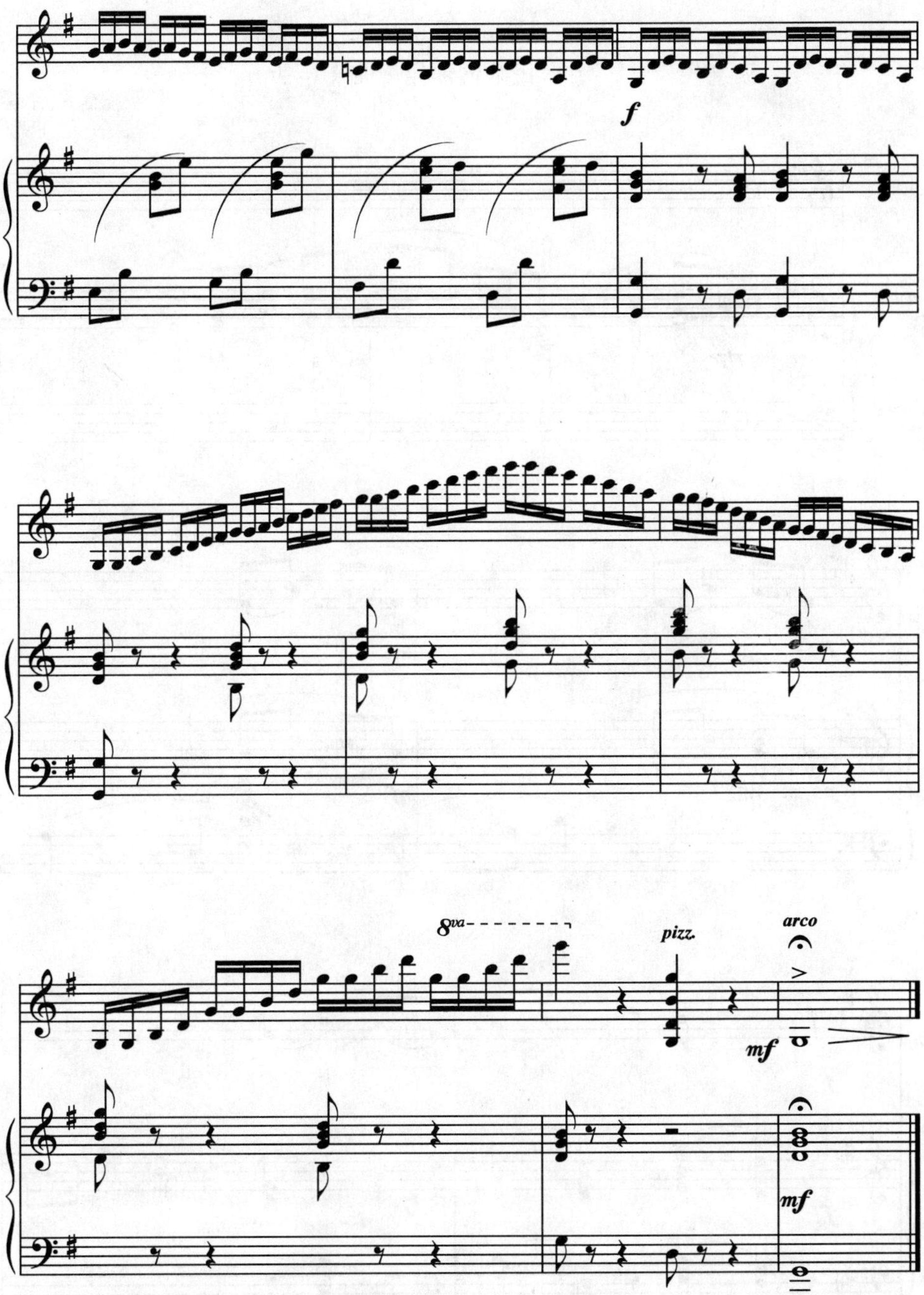
f
8va
pizz.
arco
mf
mf

小 白 菜

民歌钢琴伴奏曲

李嘉禄配伴奏
1950

跟 着 爷 爷 好 好 劲 吧 一 个 呀 儿 么，
dim.
mf 就 怕 爷 爷 娶 后 娘 吧 一 个 呀 儿 么。
mf
rall.
f 跟 起兄 弟 比 我 强， 兄 弟 吃 面 我
f
poco cres - - - - cen

姐姐喝汤, 拿 起筷 子我想我亲 娘,

亲 娘 想 我 不 中 用 吧 一 个 呀 好 么,

我 想 见 娘 日 子 长 吧 一 个 呀 儿 么。

山区公路通车了

王希立、陈燮阳曲
李　　嘉　　禄改编

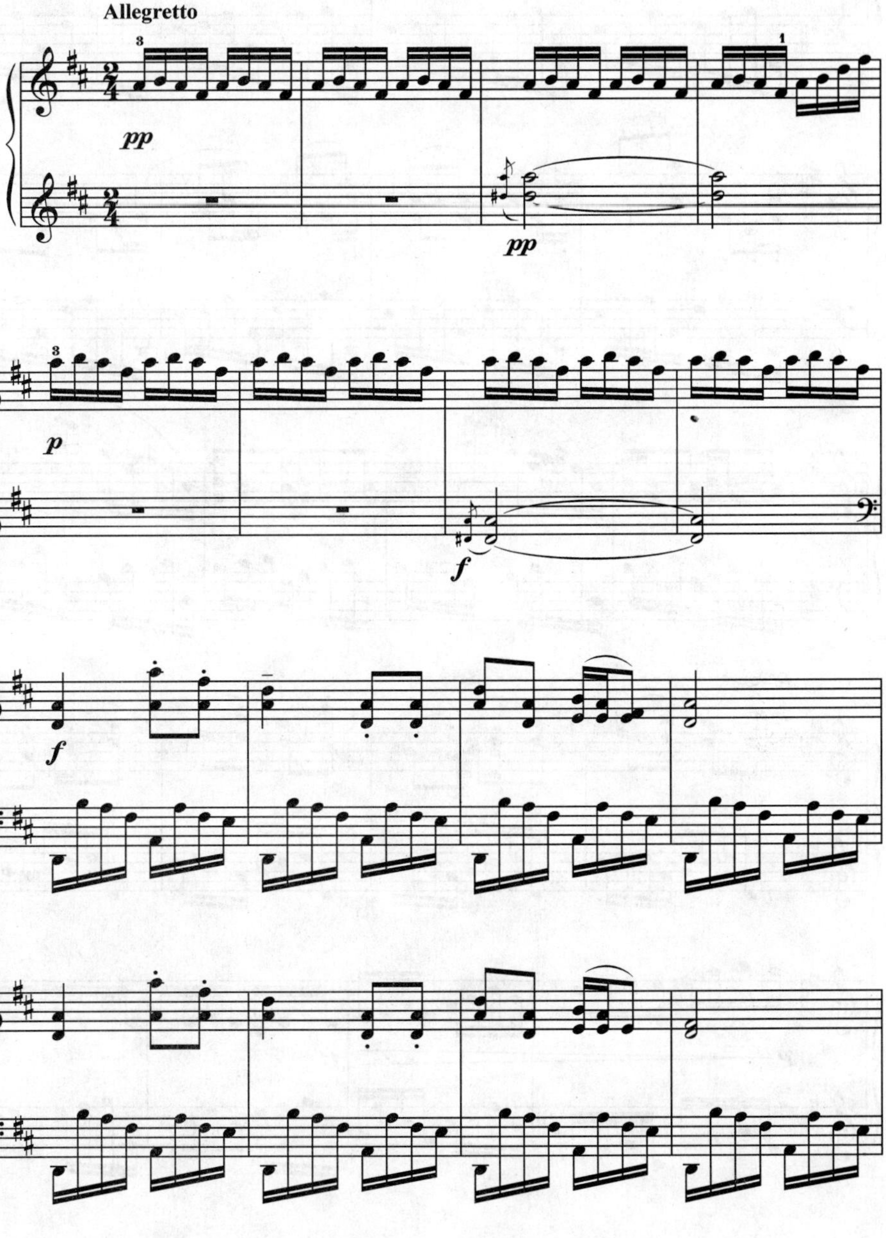

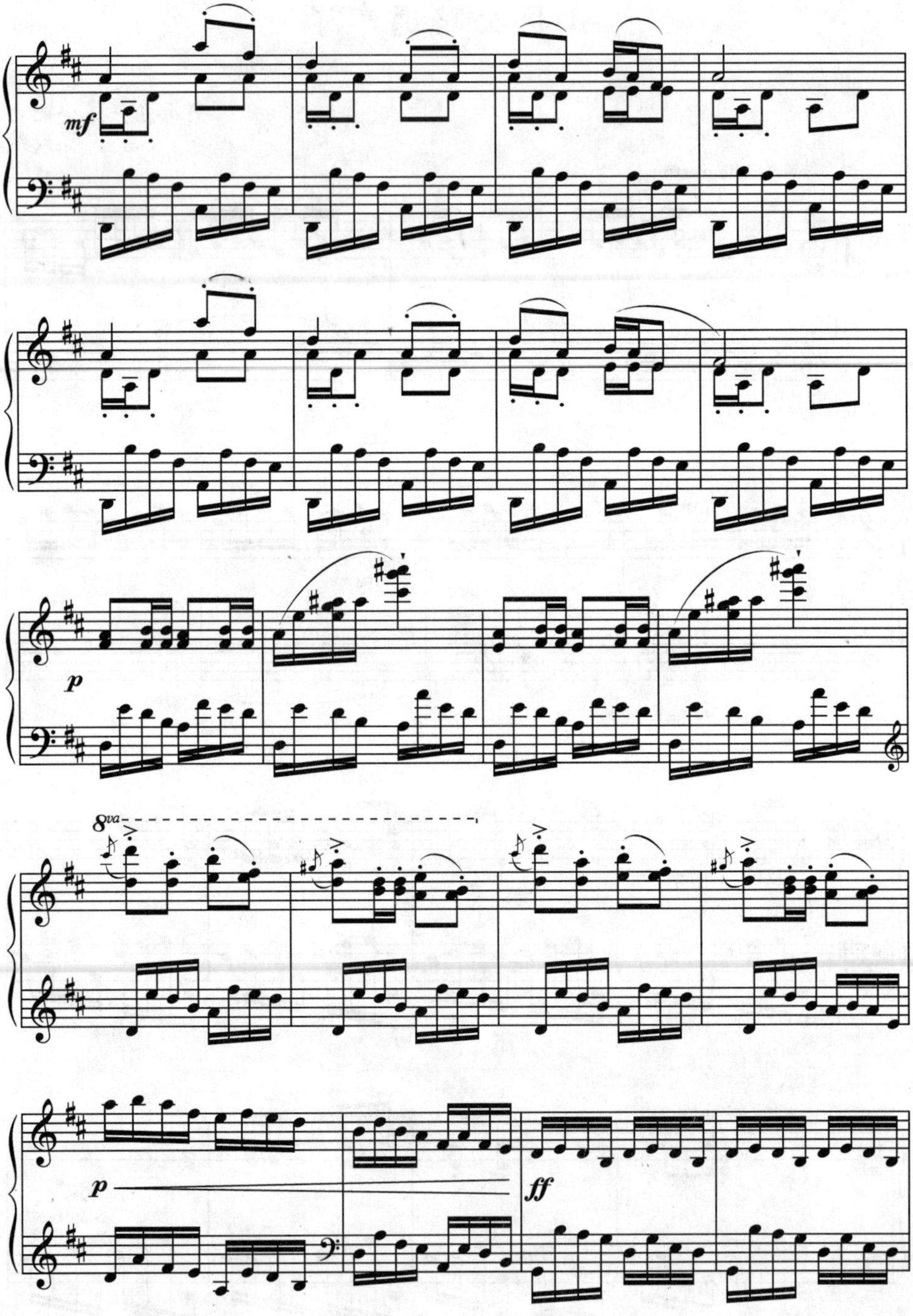
mf
p
8va
p
ff

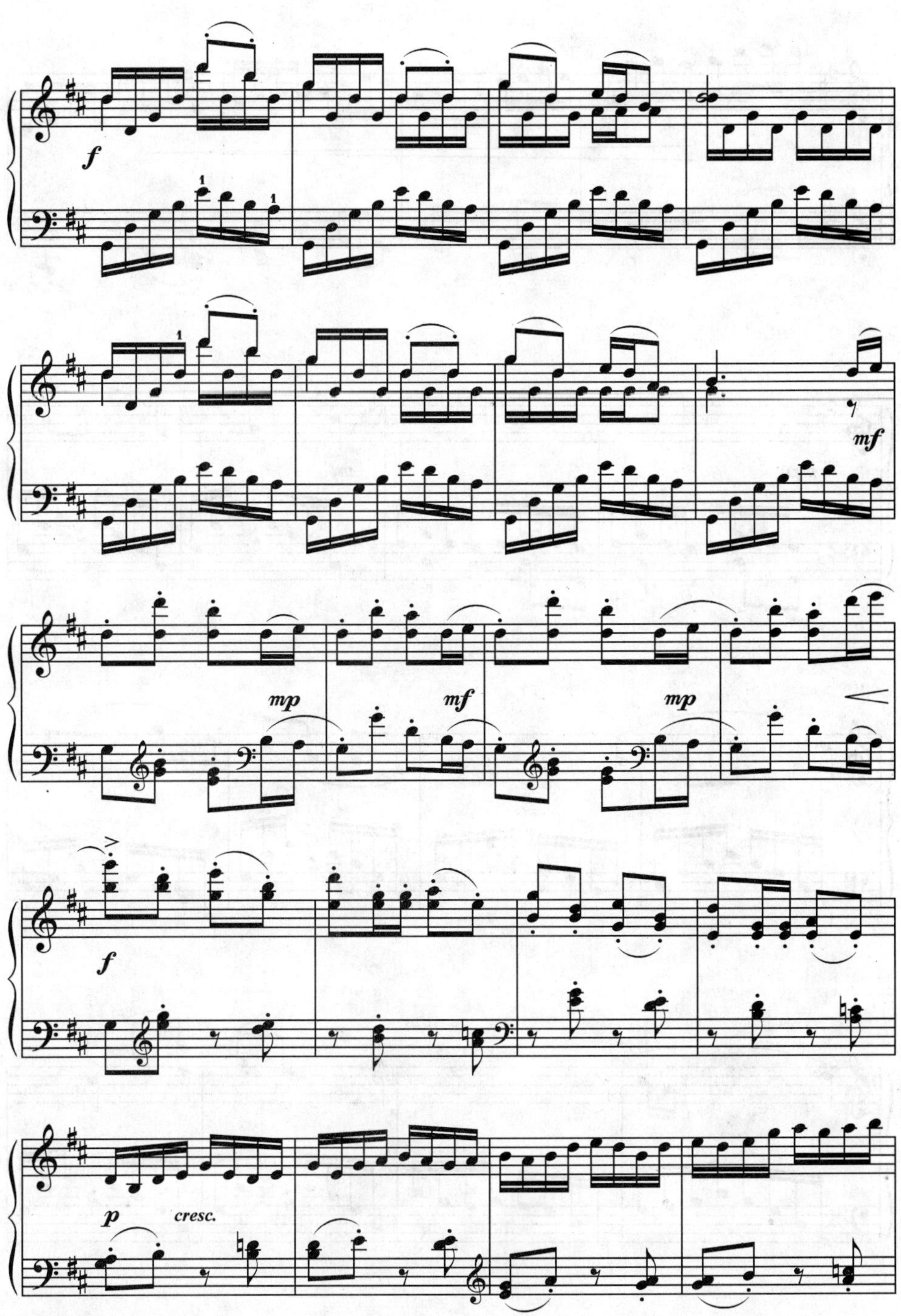
f
1
1
1
mf
mp
mf
mp
f
p
cresc.

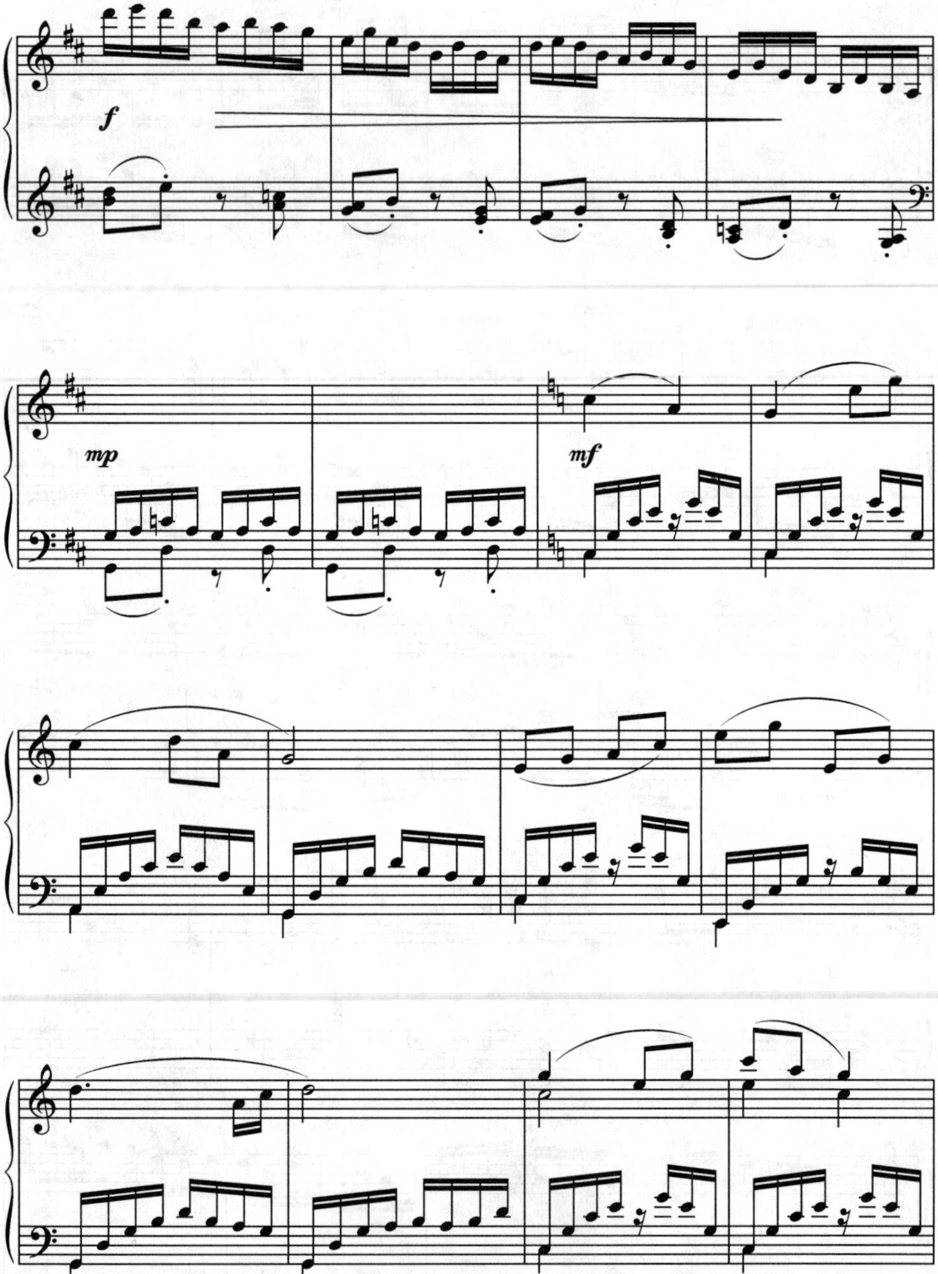
f
mp
mf

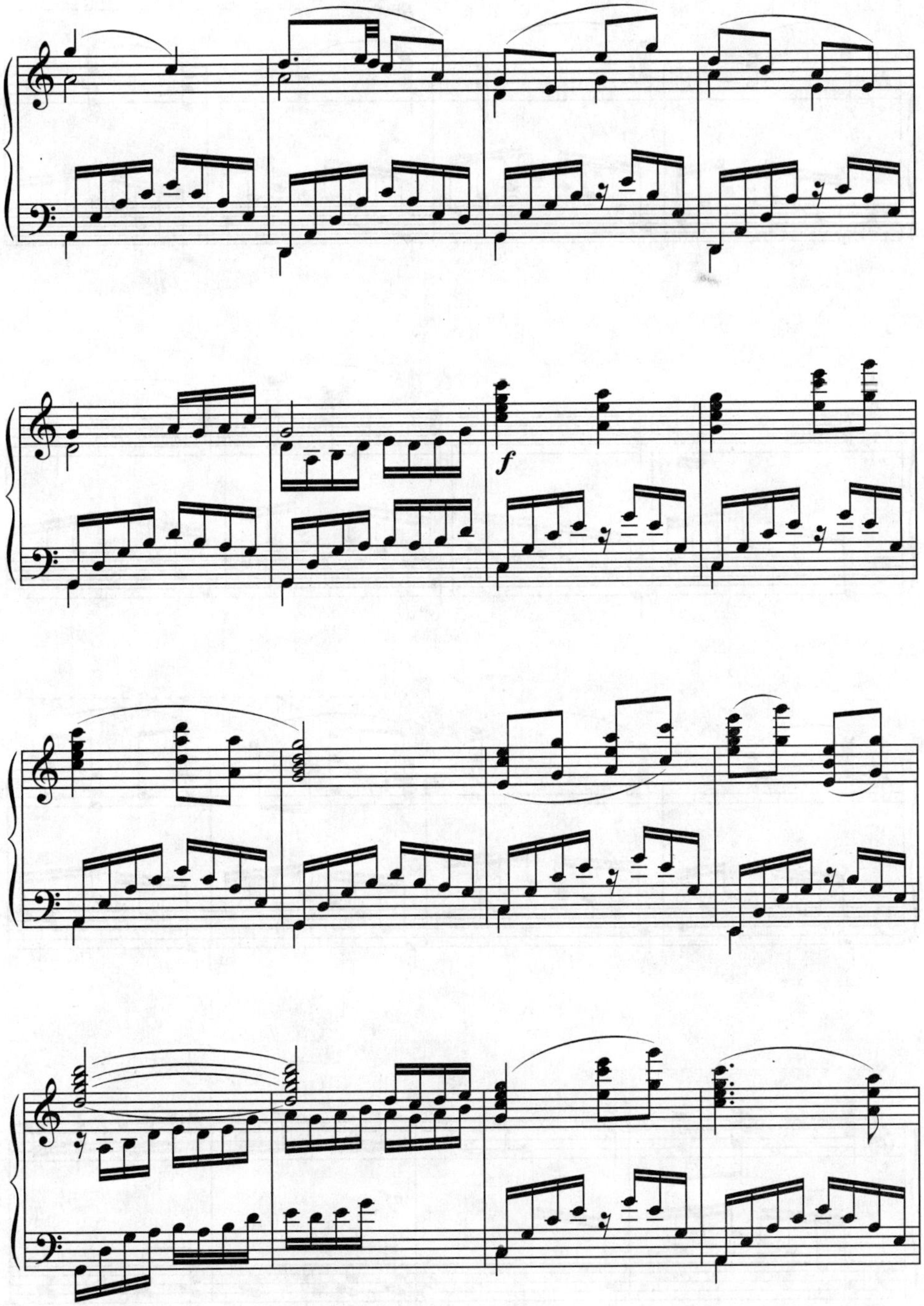
f

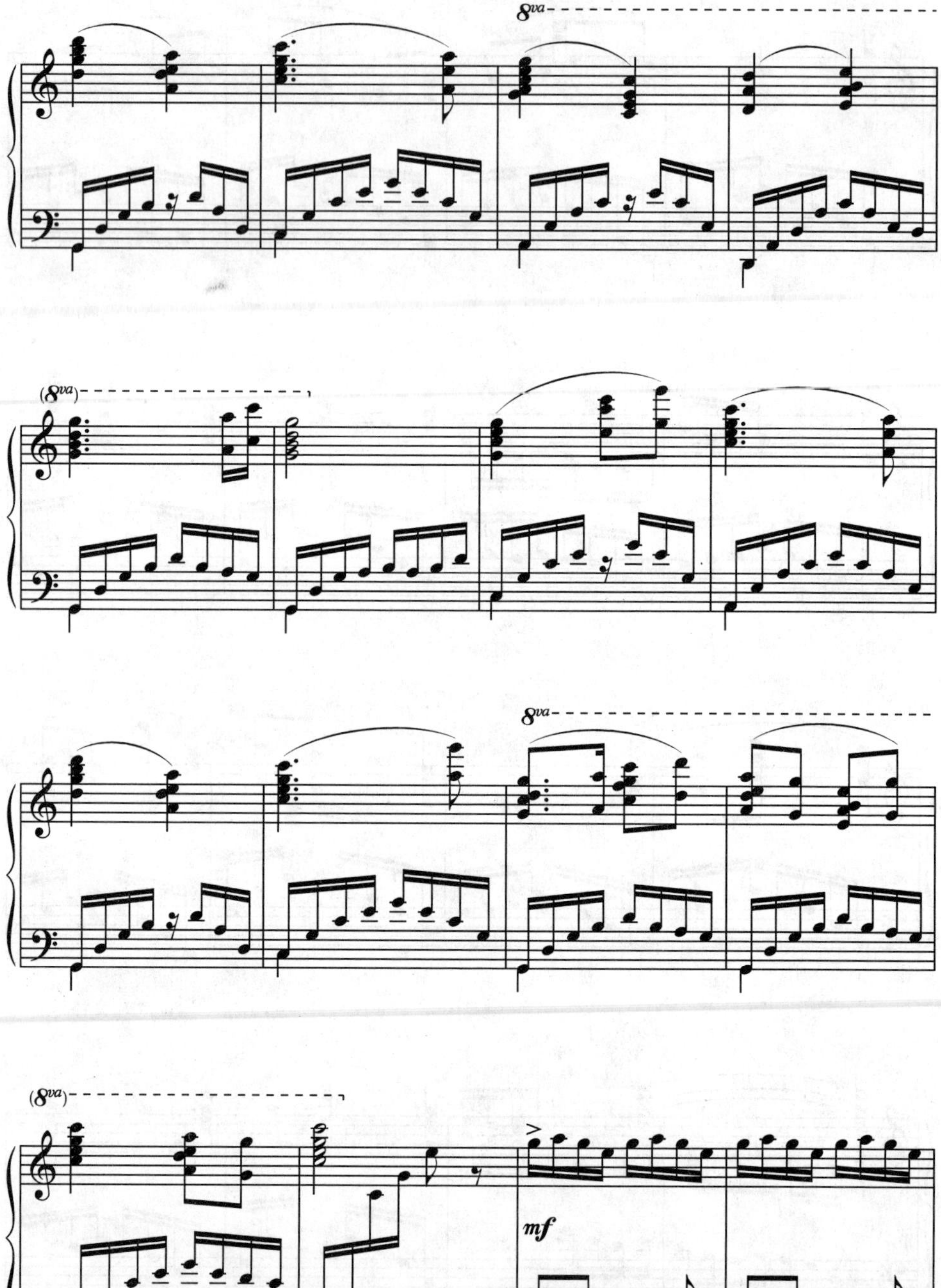
8va
(8va)
8va
(8va)
mf

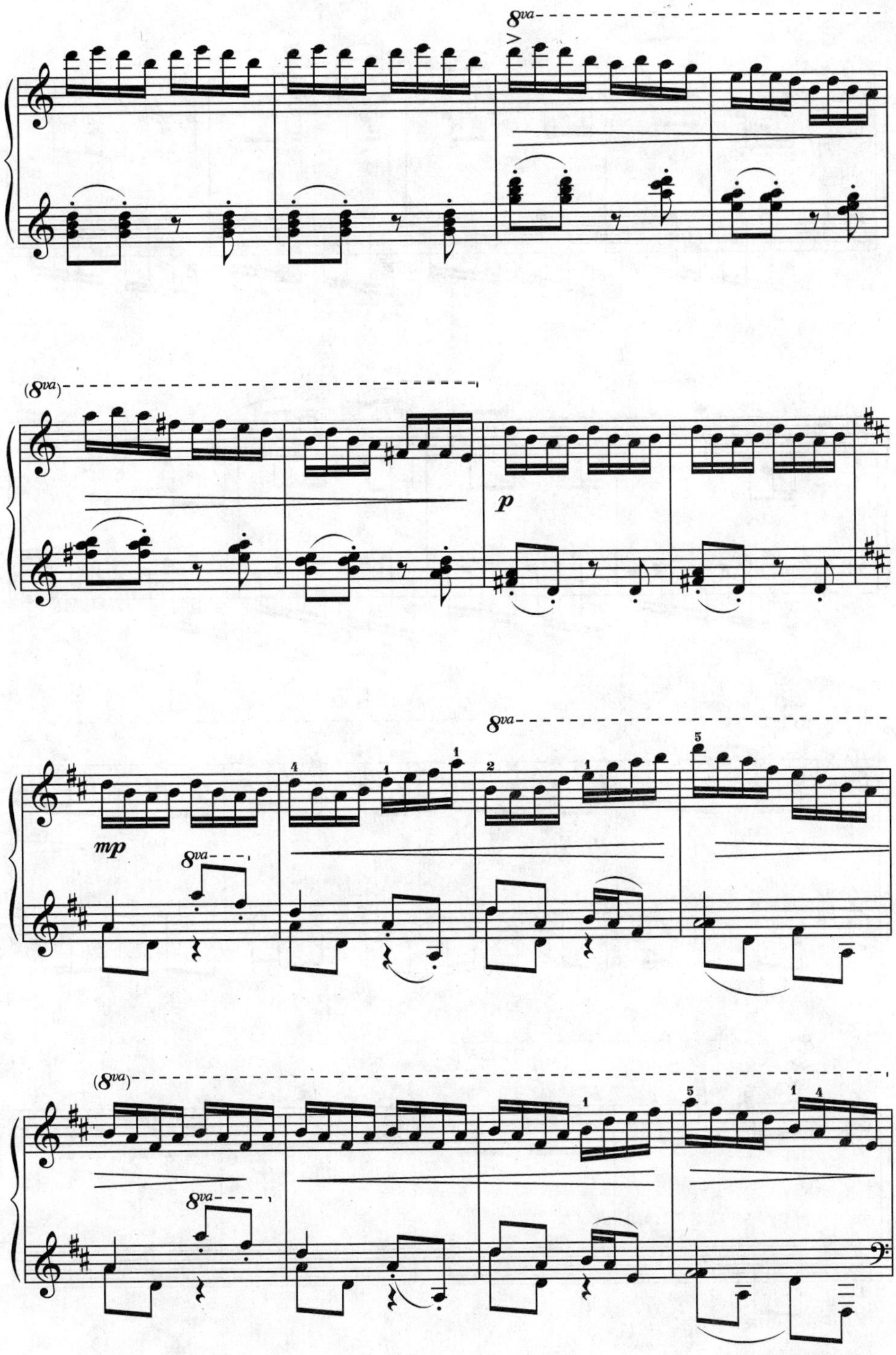
8va
(8va)
p
mp
8va
(8va)
8va

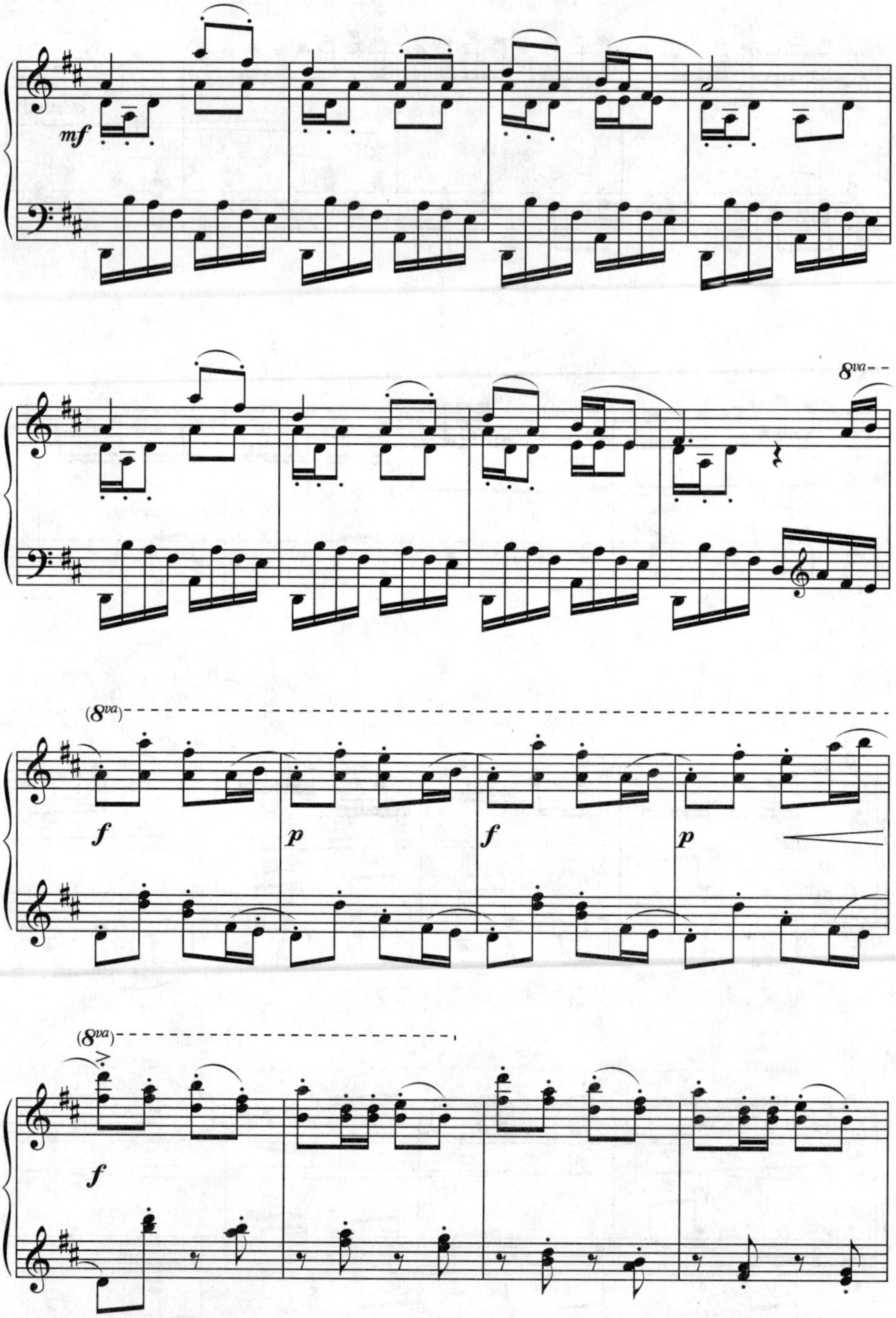
mf
8va
(8va)
f
p
f
p
(8va)
f

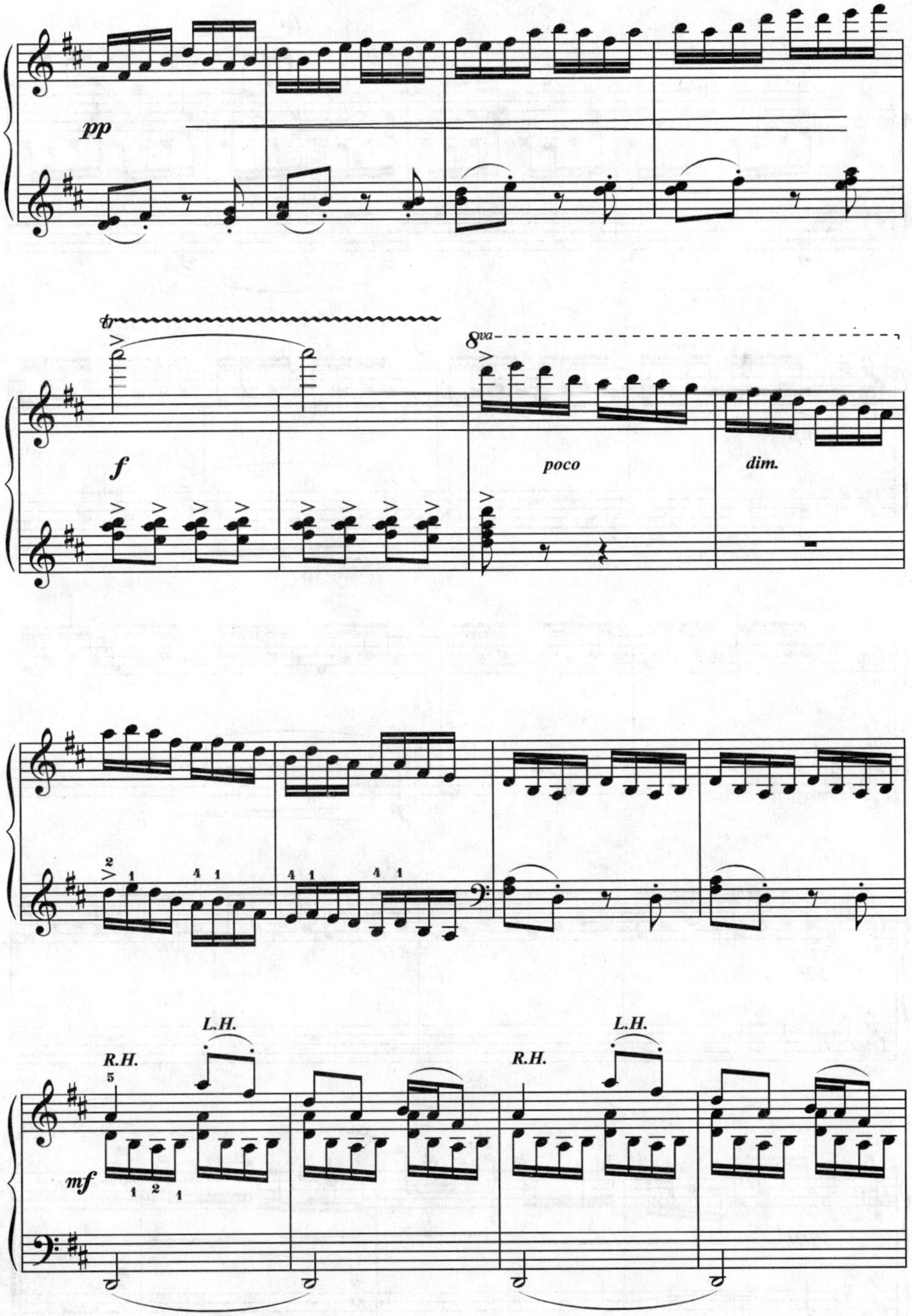
pp
tr
8va
f
poco
dim.
L.H.
R.H.
mf
L.H.
R.H.

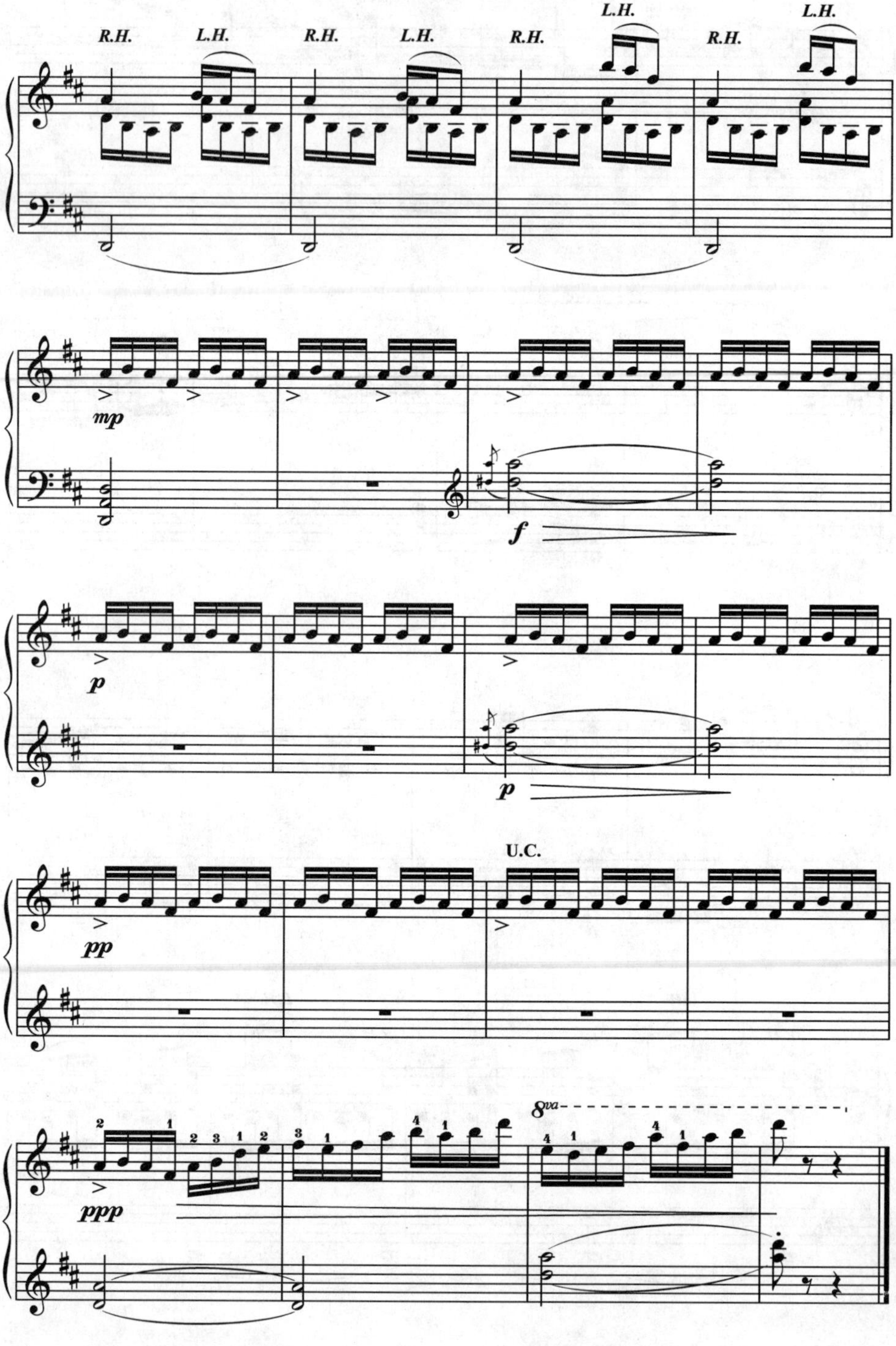
R.H.
L.H.
R.H.
L.H.
R.H.
L.H.
R.H.
L.H.
mp
f
p
p
pp
U.C.
ppp
8va

游 击 队 歌

（钢琴独奏）

贺 绿 汀曲

李 嘉 禄改编

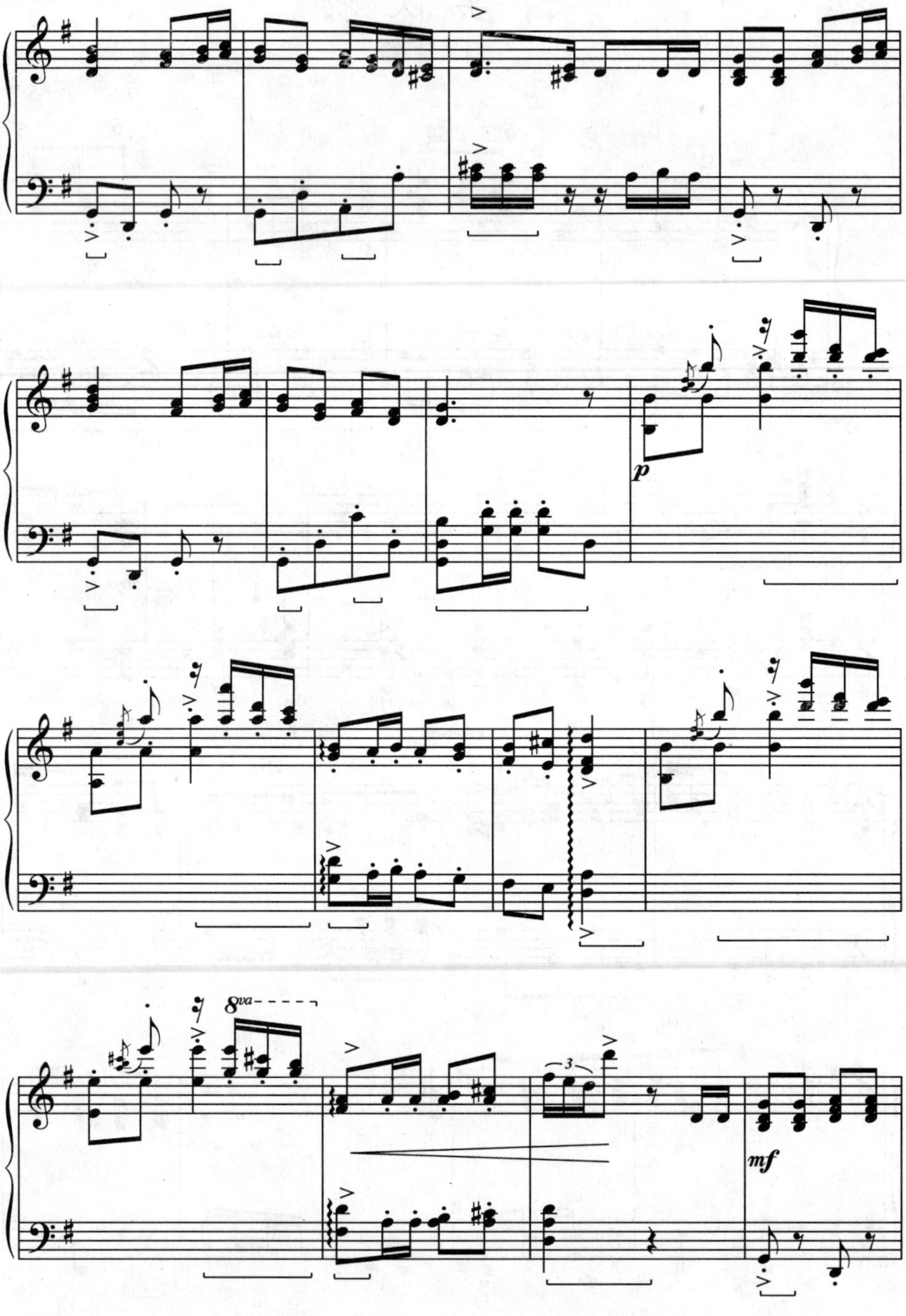
p
8va
3
mf

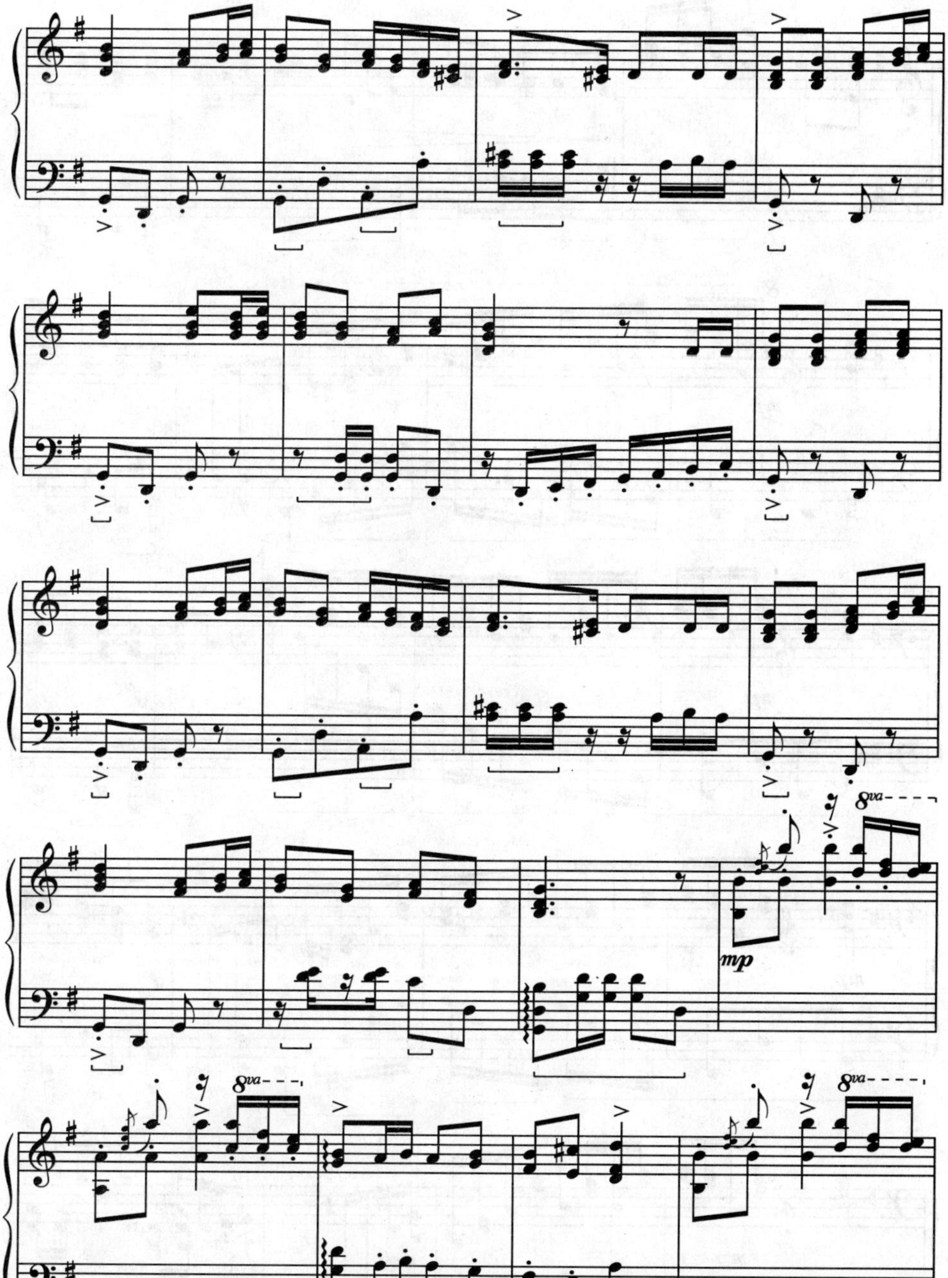
mp
8va

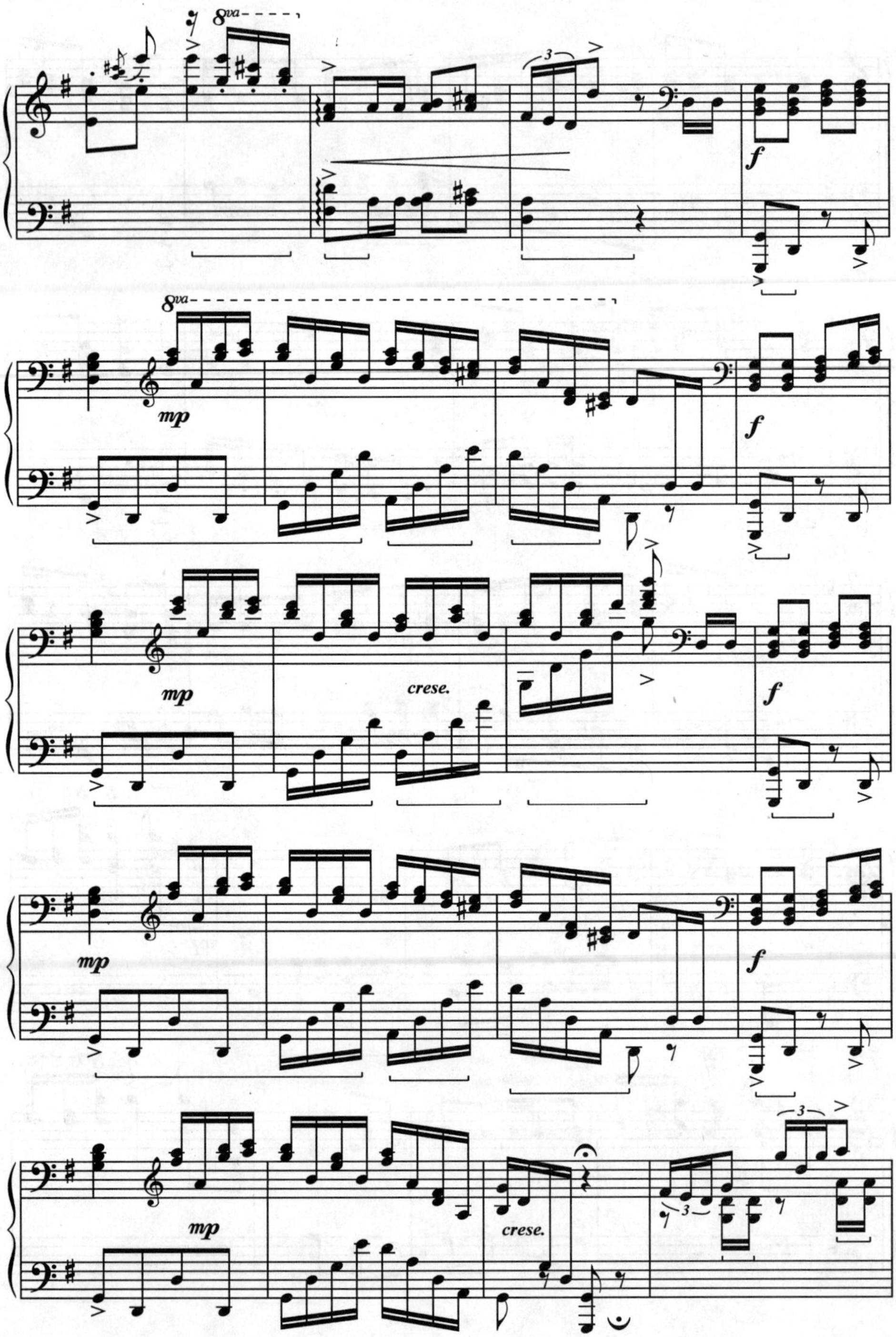

8va
mp
crese.
f

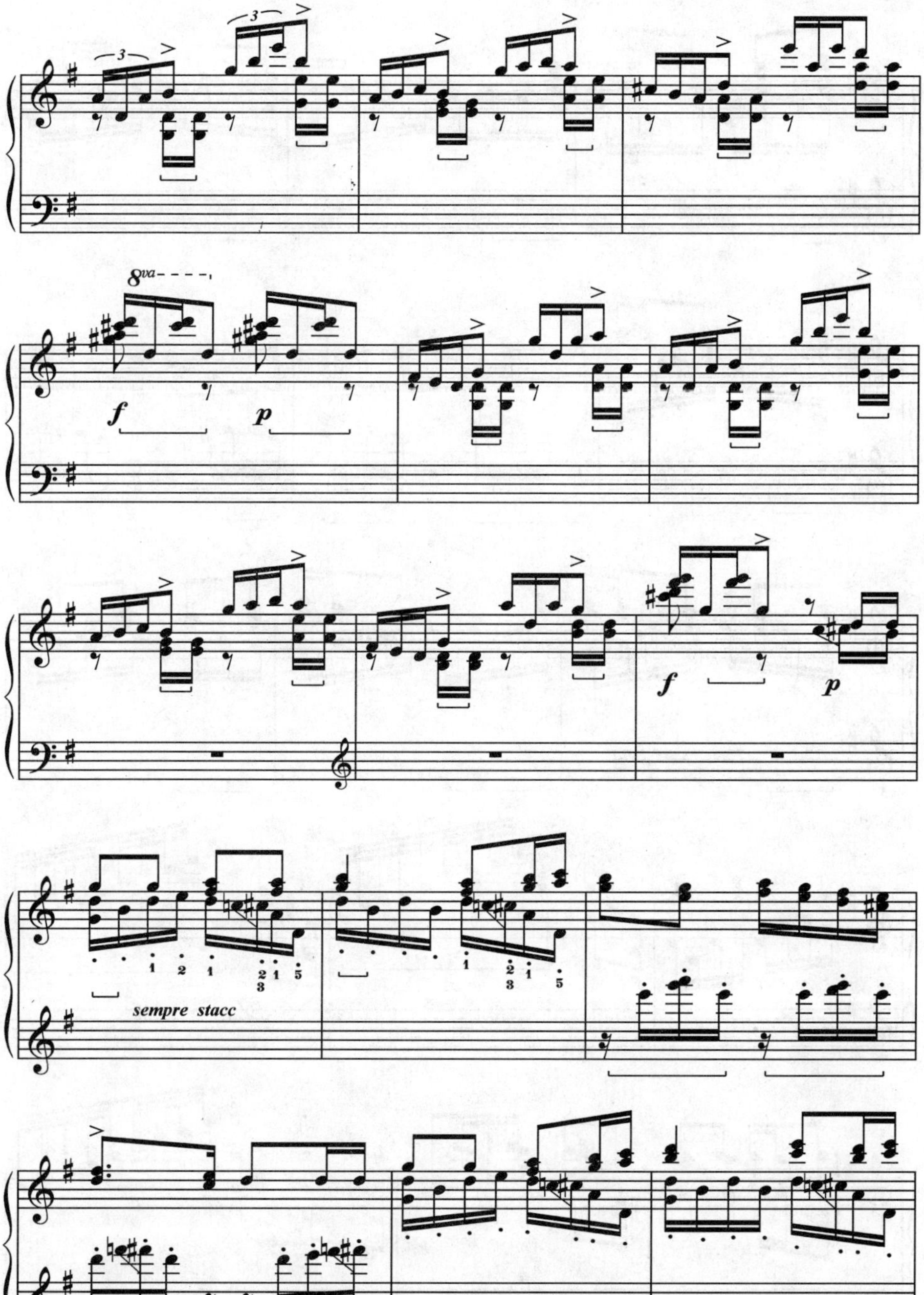
8va
f
p
f
p
sempre stacc

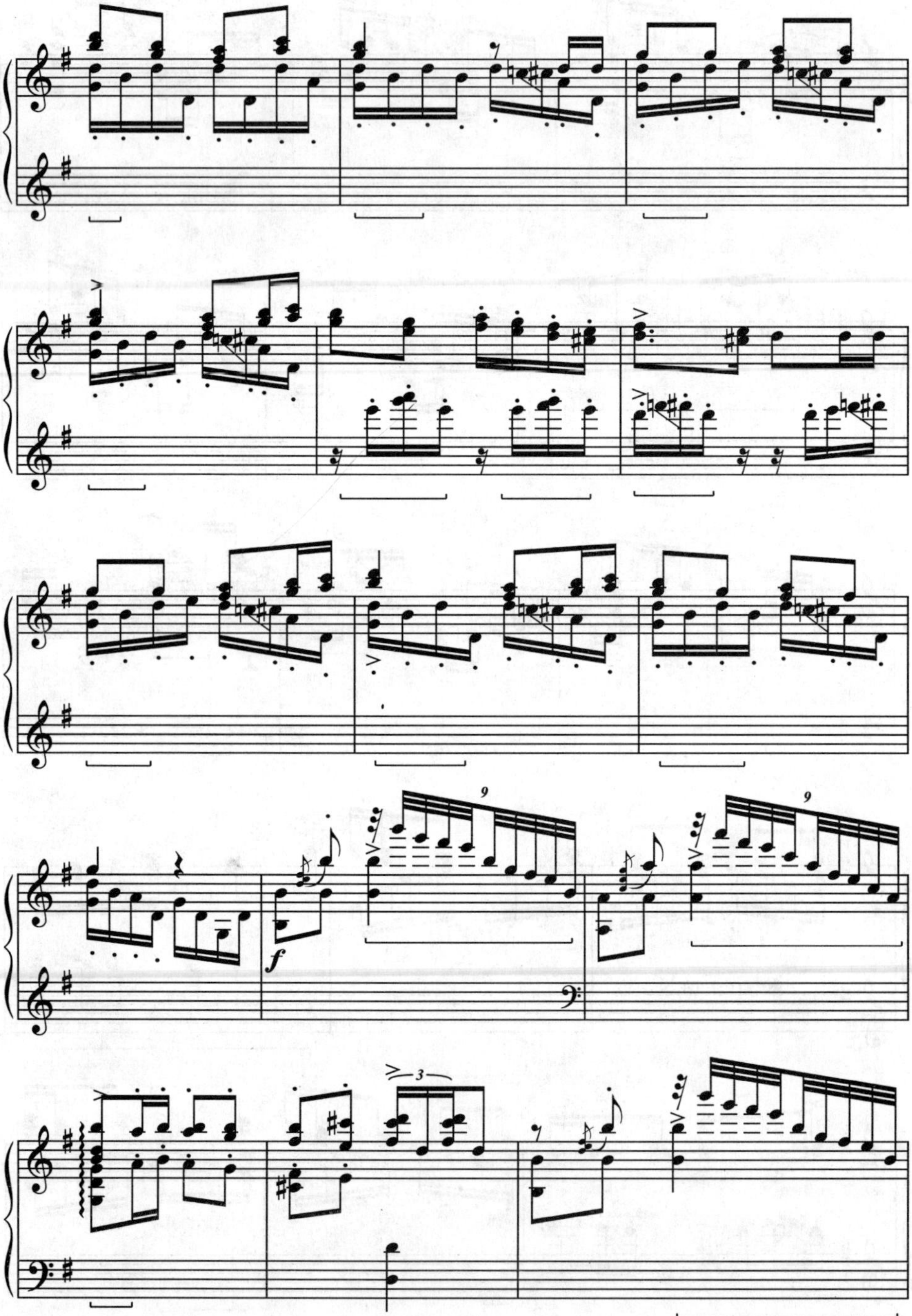
9
9
3

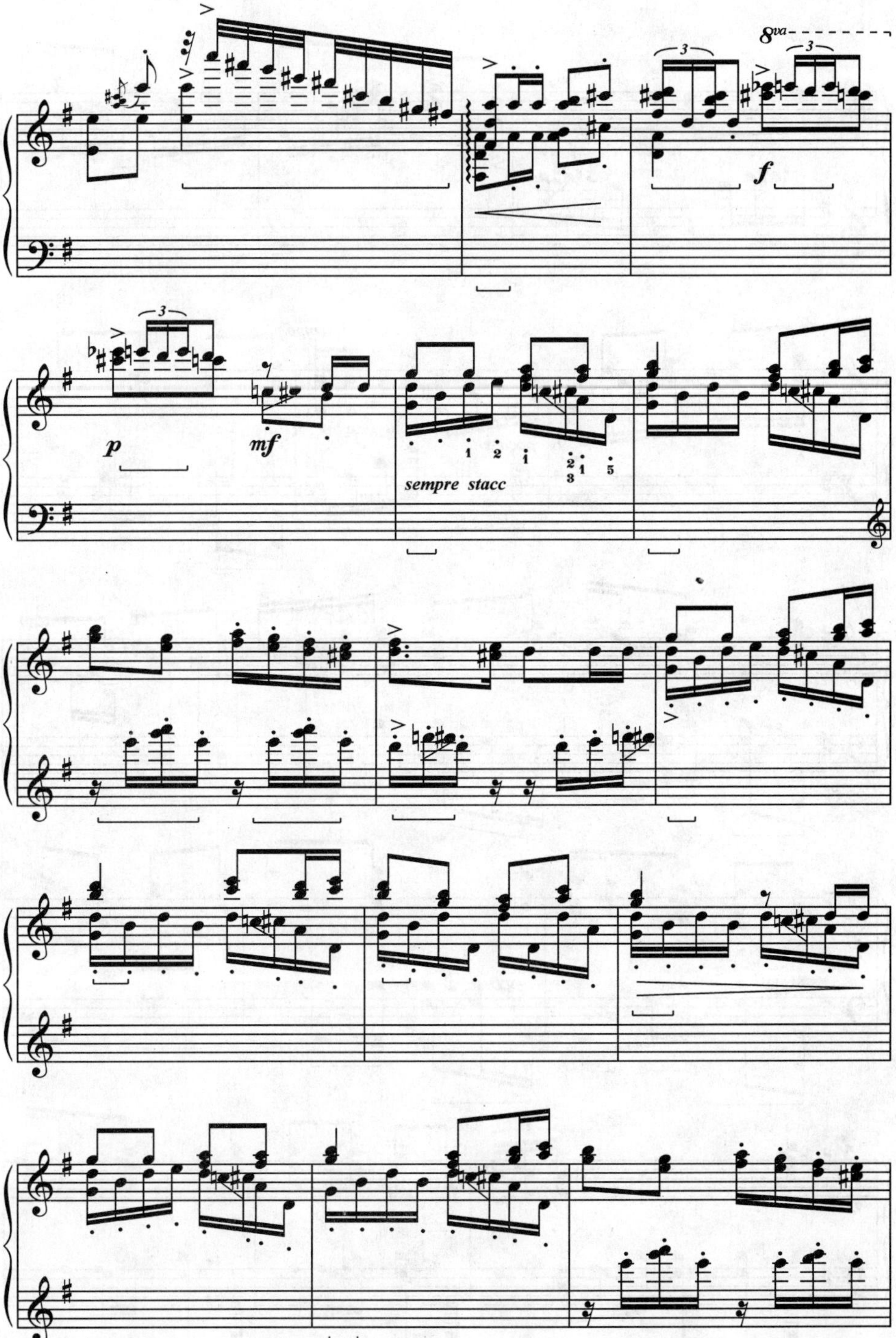
8va
3
f
p
mf
sempre stacc

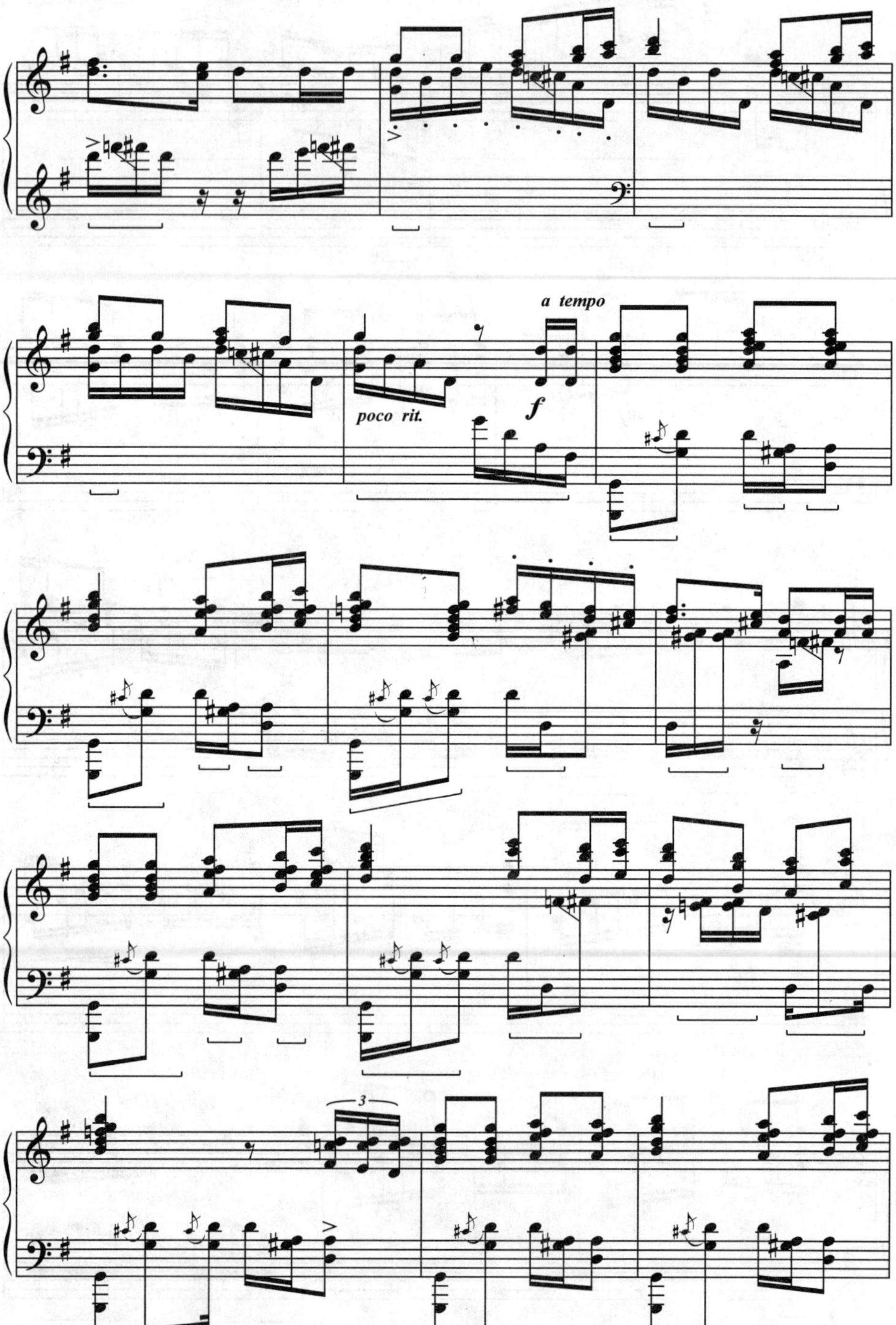
poco rit.
a tempo
f

* *Gliss.* 即用左手大指刮奏

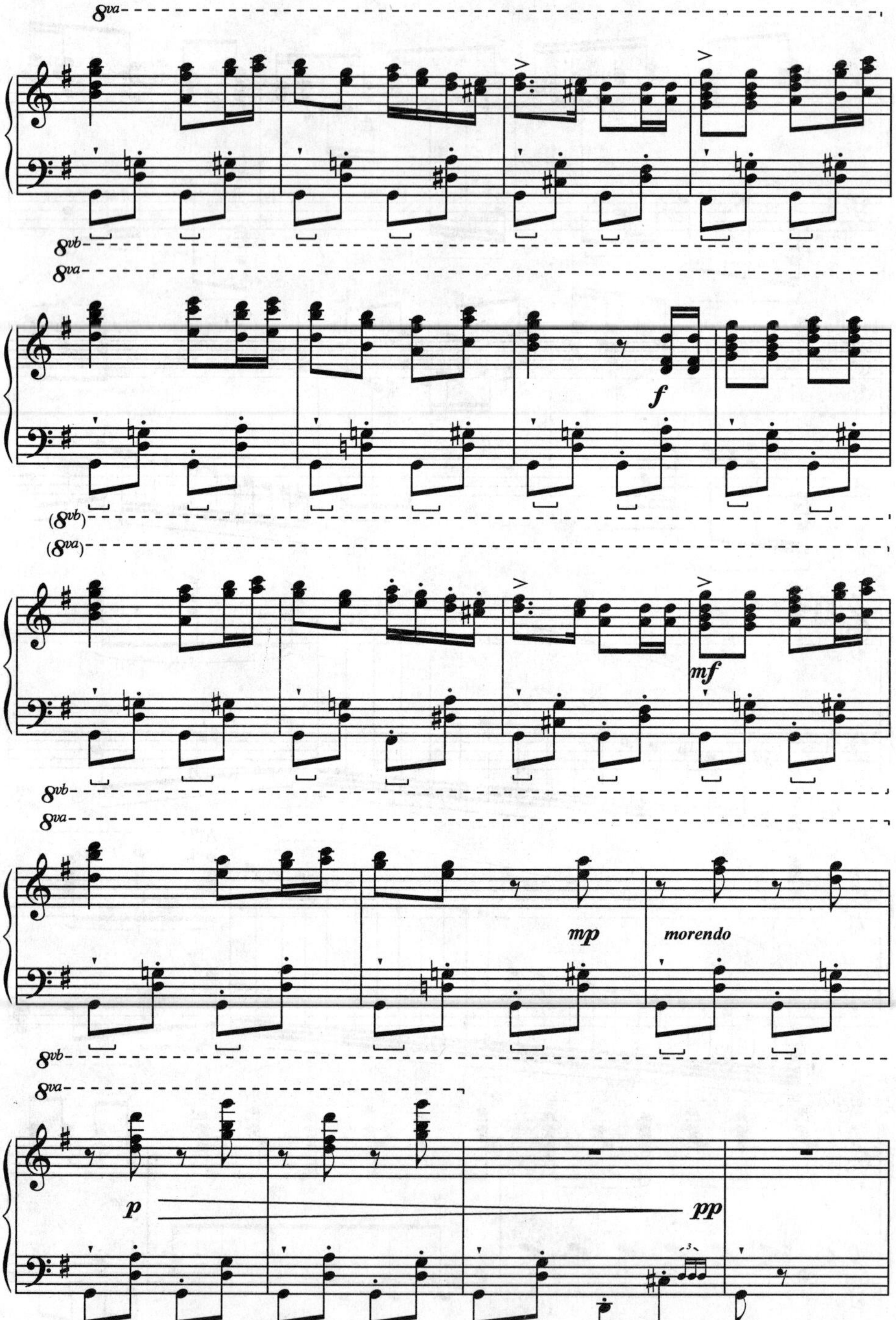
8va
8vb
8va
f
(8vb)
(8va)
mf
8vb
8va
mp
morendo
8vb
8va
p
pp
3
(8vb)

红 梅 赞

羊　鸣、姜春阳曲
李　嘉　禄改编

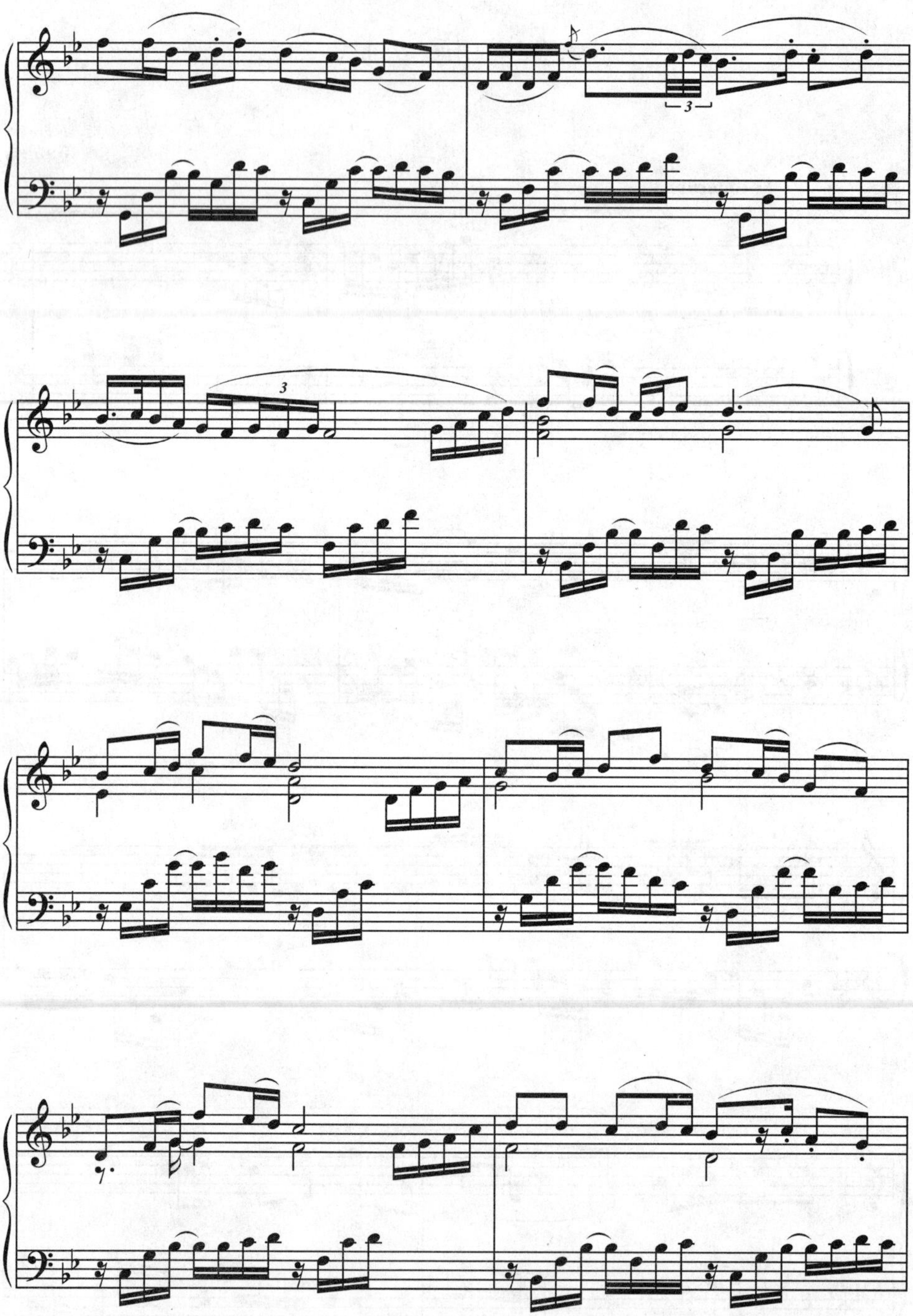

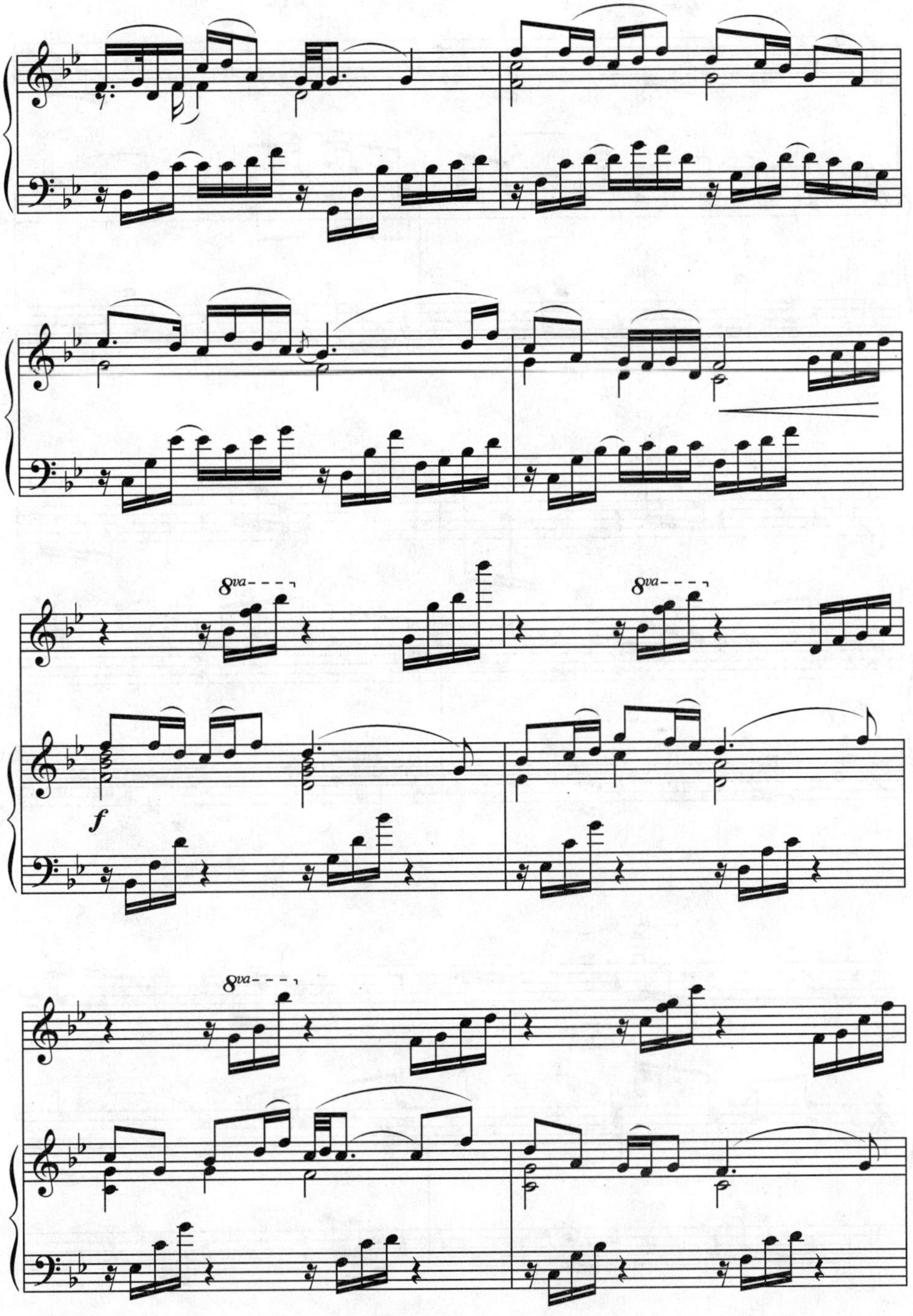
8va
8va
f
8va

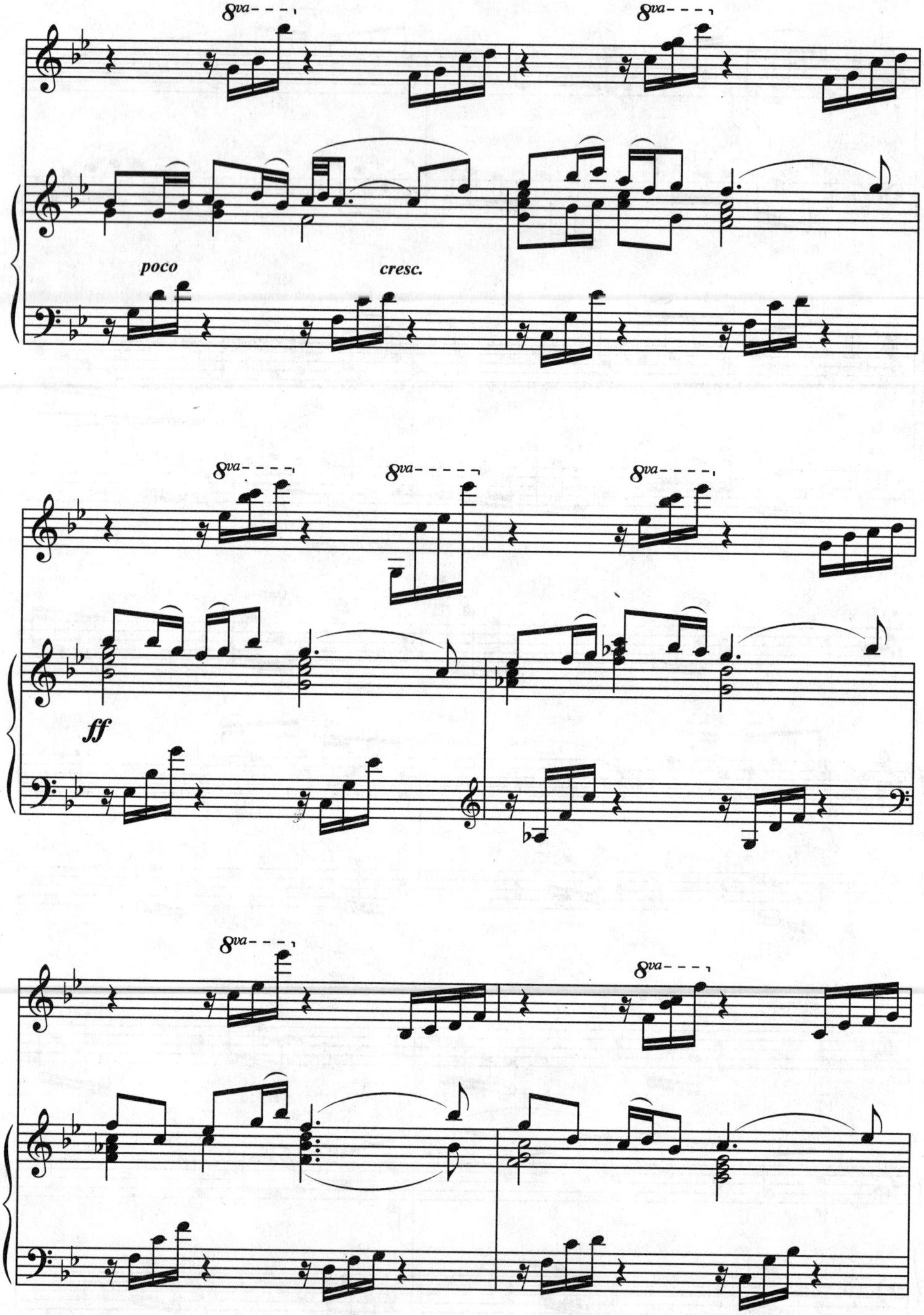
8va
poco
cresc.
ff

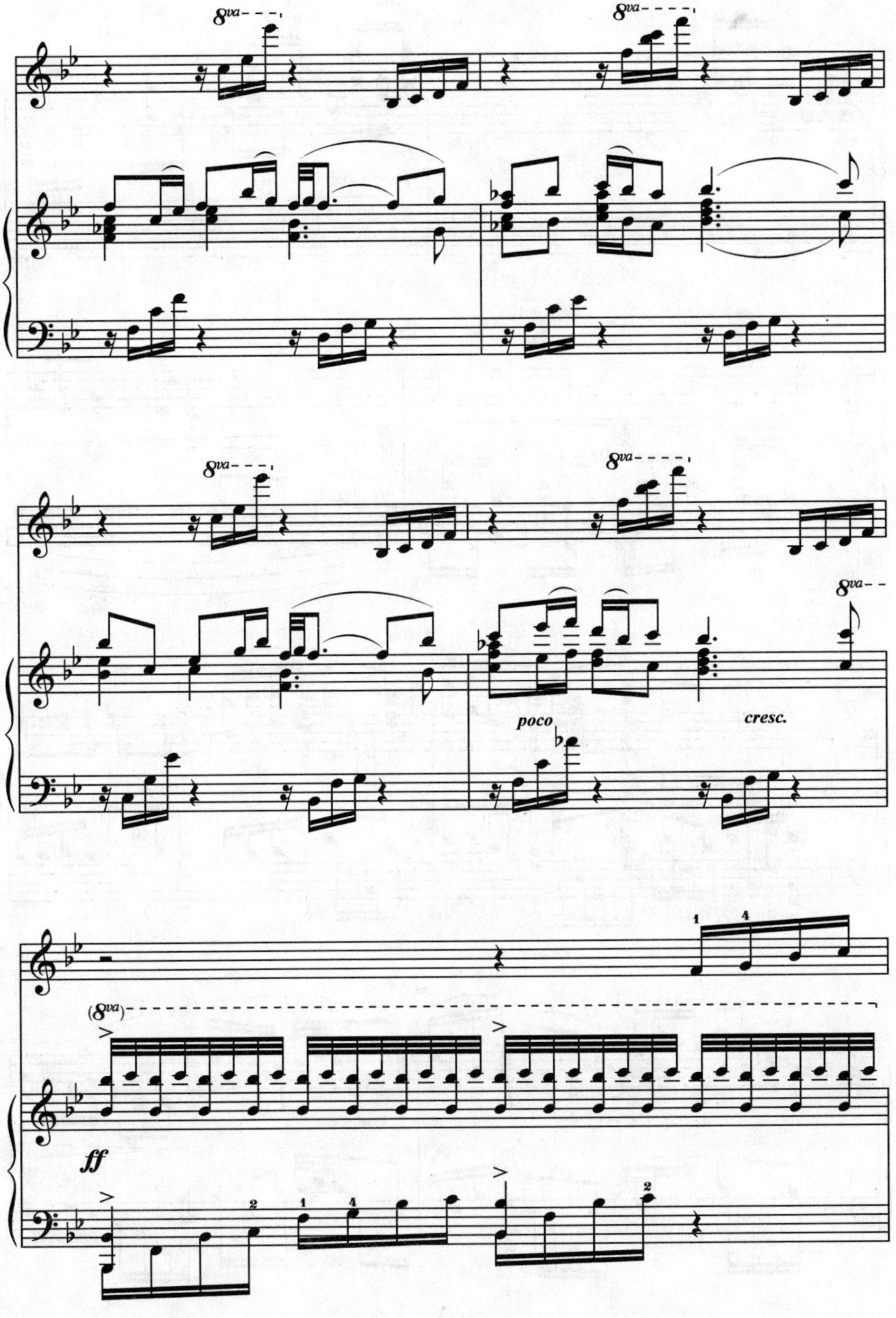

8va
8va
8va
8va
8va
poco
cresc.
(8va)
ff

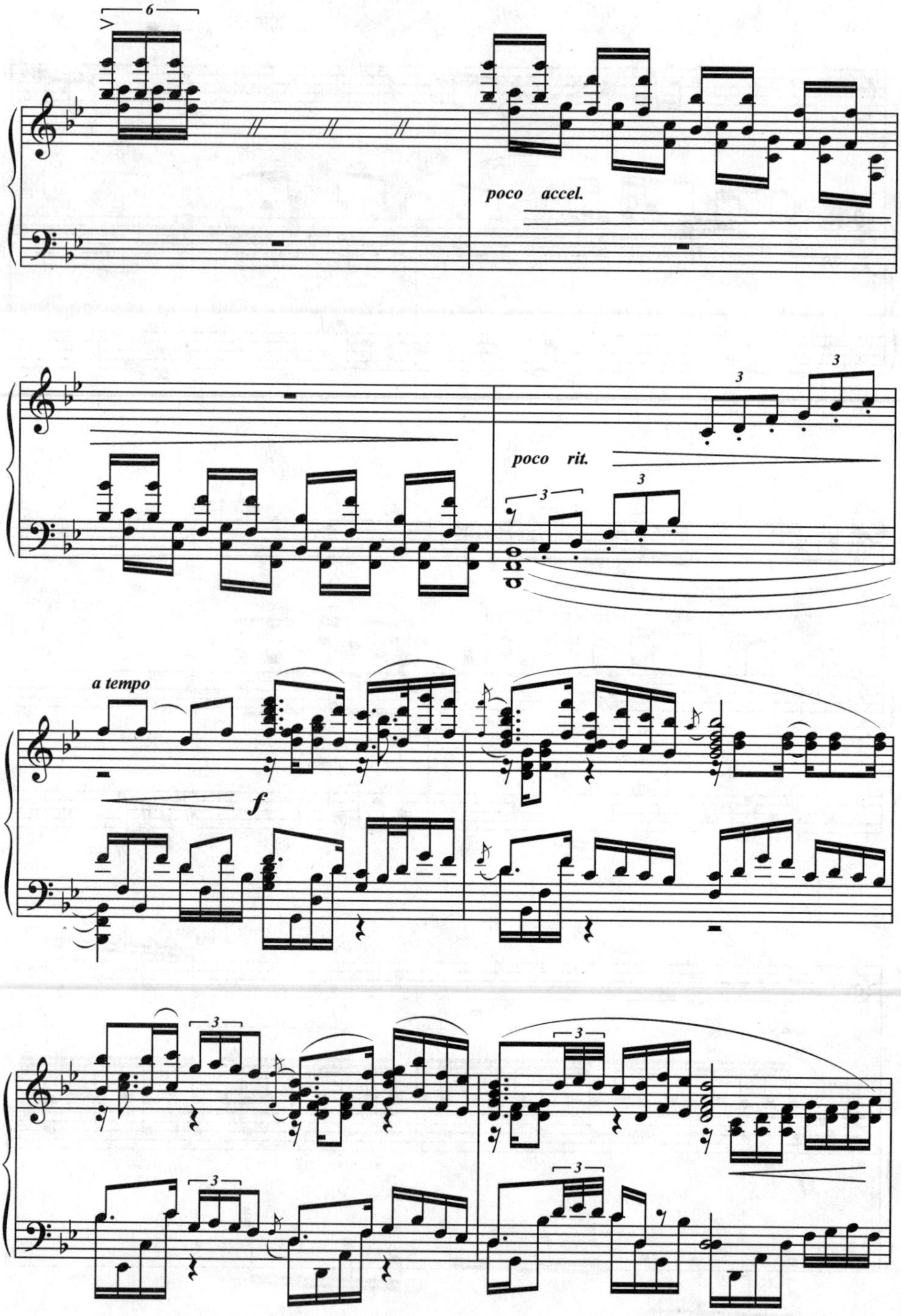
6
poco accel.
3
3
poco rit.
3
3
a tempo
f
3
3
3
3

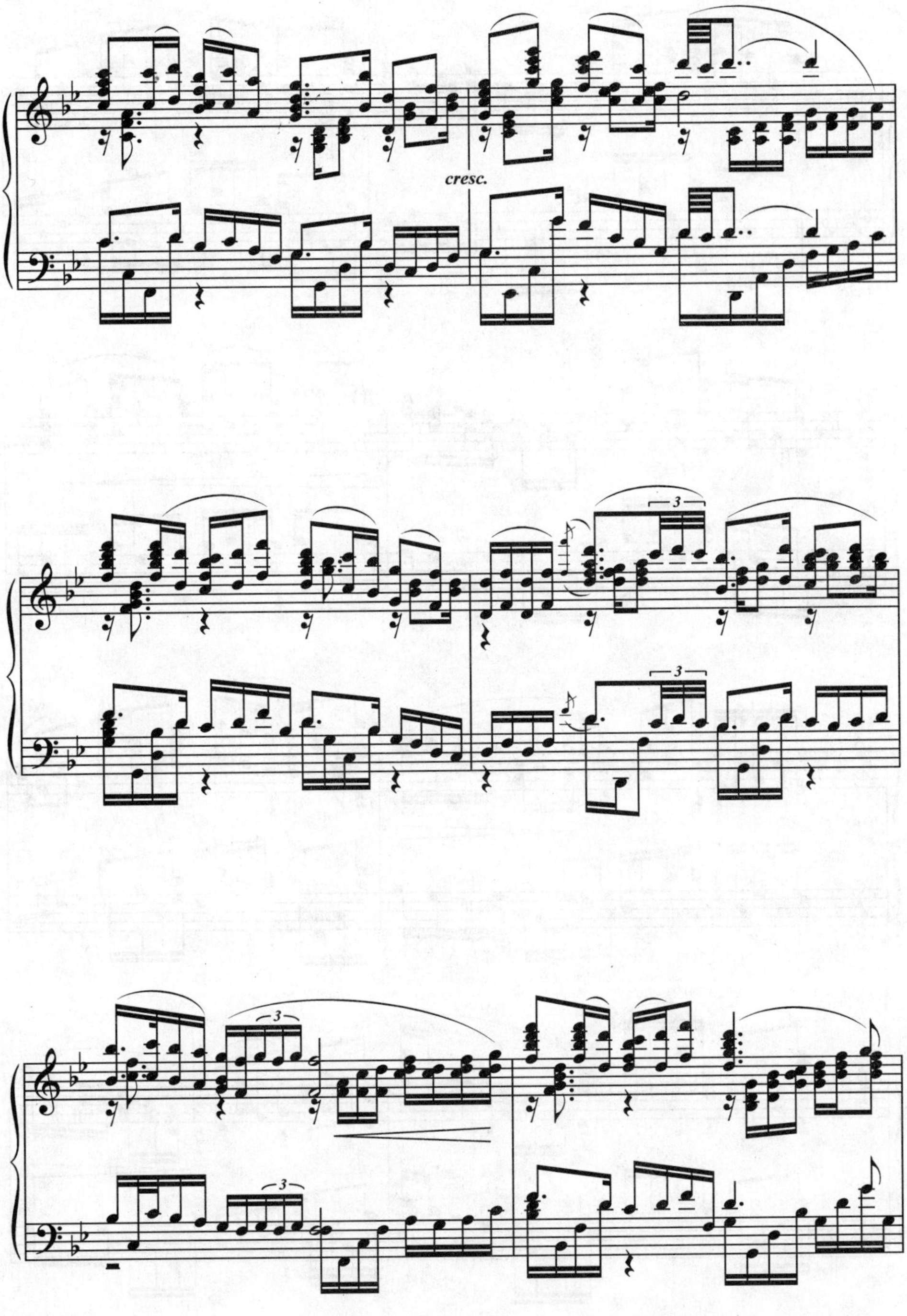
cresc.
3
3
3
3

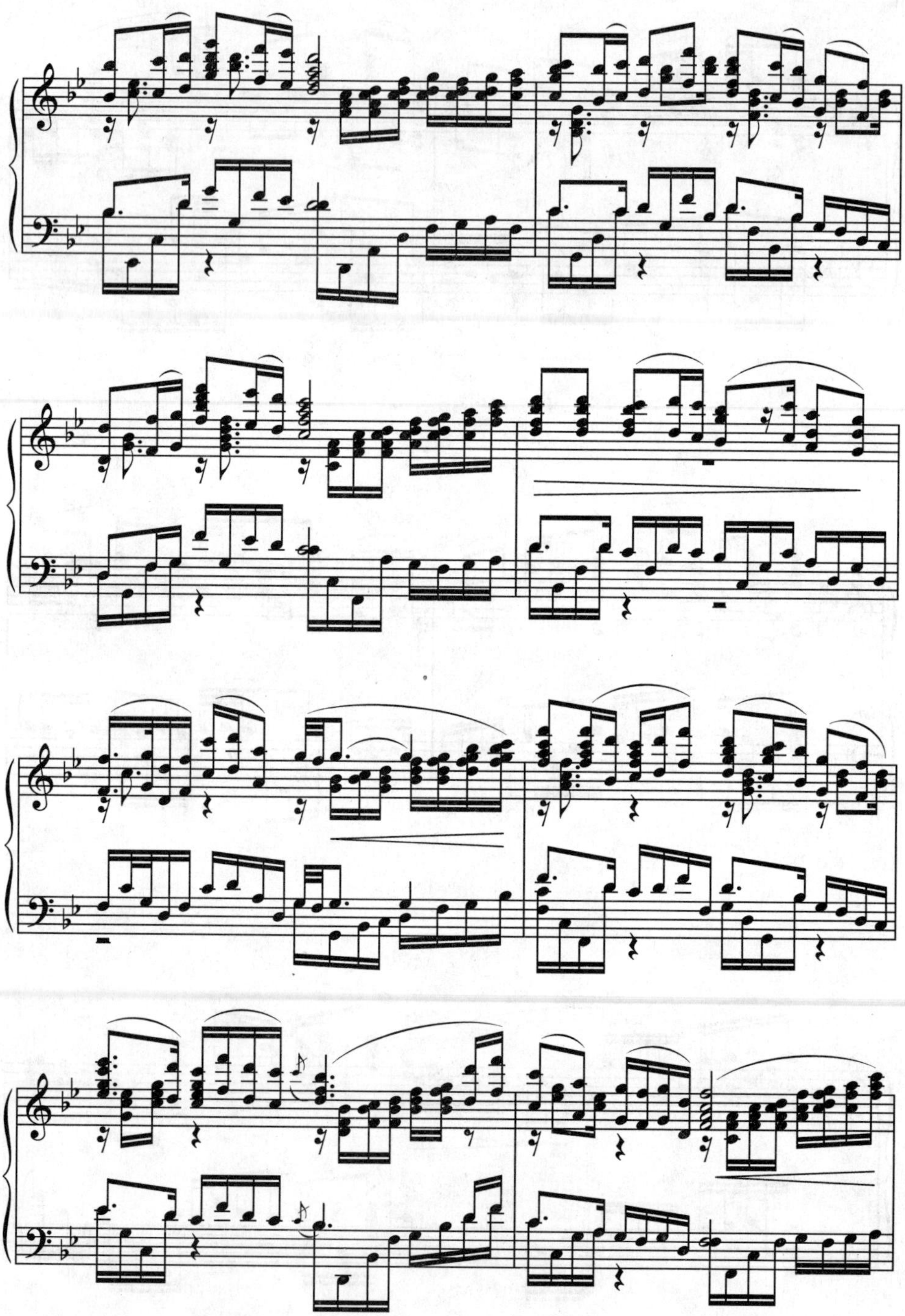

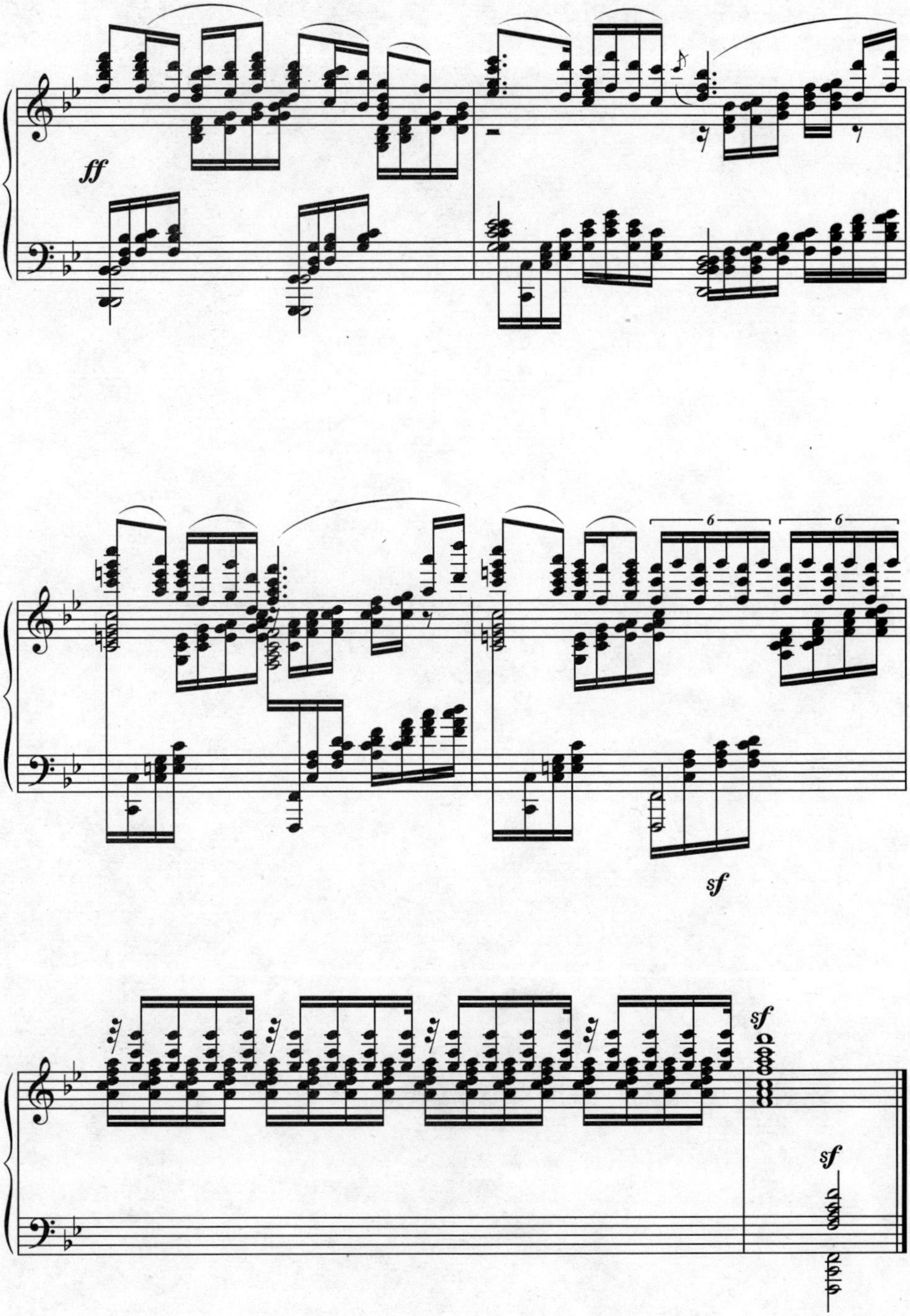
ff
6
6
sf
sf
sf

李嘉禄钢琴独奏曲目
及部分节目单

李嘉禄钢琴独奏曲目

李嘉禄开过 150 多场次钢琴独奏音乐会,保留曲目(不全)如下:

Bach: Prelude and Fugue in c minor, d minor, b flat minor (Well Tempered Clavichord Book 1)

Toccata and fugue in d minor, B major

Partita B$^\flat$ major

Suite B$^\flat$ major, e minor, b minor

Scarlatti: Capriccio, Sonatas C, E, d minor

Mozart: Pastorale Variee, Sonata K333

Beethoven: Sonata Op. 27 No. 2; Op. 31 No. 3; Op. 110; Op. 57

Rondo a capriccio Op. 129

Mendelssohn: Variation Serieuses op. 54

Schumann: Etudes Symphoniques, Carnaval Suite, The Prophet Bird, Soaring Op. 12, No. 2

Schubert: Impromptu in G$^\flat$ major, E major

Chopin: Etudes Op. 10 No. 3, No. 5, No. 12; Op. 25 No. 1, No. 2, No. 7, No. 8, No. 9, No. 12,

10 Preludes fr. Op. 28, The Clock prelude (Prelude in A$^\flat$),

Ballades No. 1, 2, 3, 4

Impromptu F$^\sharp$ Op. 36 No. 2

Scherzo Op. 31, Op. 54

Nocturnes: Op. 27 No. 2, D$^\flat$ major, F$^\sharp$ major, Op. 15 No. 2, B$^\flat$ minor, Op. 37 No. 2,

Polonaises: A, A$^\flat$ Op. 53

Concertos: No. 1, No. 2

Fantasia Impromptu

Liszt：Hungarian Rhapsody：No. 2，No. 6，No. 12

　　　　La Campanella

　　　　Concert Etude D$^\flat$

　　　　Liebestraume

　　　　Regoletto Paraphrase

　　　　Gnomin – Reigon

Smetana：By the Seashore

Leschetzky：Andante Finale(for the Left hand only)

Brahms：Imtermezzo：Op. 116 No. 4，No. 6；Op. 117 No. 1，Op. 119 No. 3

　　　　Capriccio：Op. 76 No. 2；Op. 116 No. 3

Moussorgsky：Pictures at an Exhibition，Gopak

Tchaikovsky：Piano concevto No. 1

Grieg：Piano Concerto in a minor

Godard：La Cavalier Fantastique

Albeniz：Castlian Dance

Macdowell：Concert Etude in F$^\sharp$ major

Debussy：The Sunken Cathedral，The Maid with the Flaxen Hair，Clair de
　　　　lune，Arabesque，Reflections on the water，Children's Corner Suite，
　　　　Pour le Piano，Firework，Toccata，Garden in the Rain，

Scriabine：Etude in E

Rachmaninoff：Prelude：G major Op. 32，g minor，

　　　　Etude c$^\sharp$ minor Op. 33 No. 9

　　　　Piano Concerto：c minor；a minor

Ravel：Sonatine

Strauss – Schulz – Eveler：Arabesque"Blue Danube"

Dohnanyi：Rhapsody in f$^\sharp$ minor.

　　　　Capriccio in f minor，

M. de Falla：Fire Dance

Ireland，John：The Island Spell

Medtner：Fairy Tale Op. 26 No. 3

Bartok：Bear Dance，Allegro Barbaro

Dett，*R. N.*："Juba"Dance

Cadman：The Pompadeur's Fan

Kabalevsky：Sonatine in G

Jelobinsky，*Valarie*：Nocturne Op. 19；Waltz Op. 19；Toccata

贺绿汀：牧童短笛

唐学咏：流星

丁善德：晓风之舞、新疆舞曲

瞿　维：花鼓

寄　明：农村舞曲

李嘉禄：钢琴奏鸣曲（单乐章）

（林鸿祥提供）

节　目　单

Mr. Li Chia Lu
Pupil of A. Faurot
assisted by
Vocal Soloists
Hsü Pi Tuan
- Wang An Hua
Li Tong Chi
Pupils of Mrs. Scott

Fukien Christian University
Auditorium
October 19 1941
7:00 P.M.

福路学生李嘉禄 1941 年 10 月 19 日 7 时于福建私立协和大学大礼堂举行钢琴独奏会,节目单中Ⅰ、Ⅲ、Ⅴ、Ⅶ为李嘉禄独奏曲目。

Program

I

Pastorale Variee .... Mozart

II　　Chia-lu Li

I Attempt from Love's Sickness
To Fly - - - - - Purcell

Wang An-Hua

III

Intermezzo in E　　Brahms
The Prophet Bird　Schumann
Soaring　　　　　Schumann

IV　Chia lu Li

Kathleen Mavourneen Crowen

Hsü Pi Tuan

V

Prelude in G minor

Rachmaninoff

Dause Negre　Cyril Scott

chia-lu Li

VI

Si Love Thee　Grieg

Li Tong Chi

VII

• Etude in A flat　Chopin

Nocturne in F#　Chopin

Scherzo in B♭ minor

Chopin

chia-lu Li

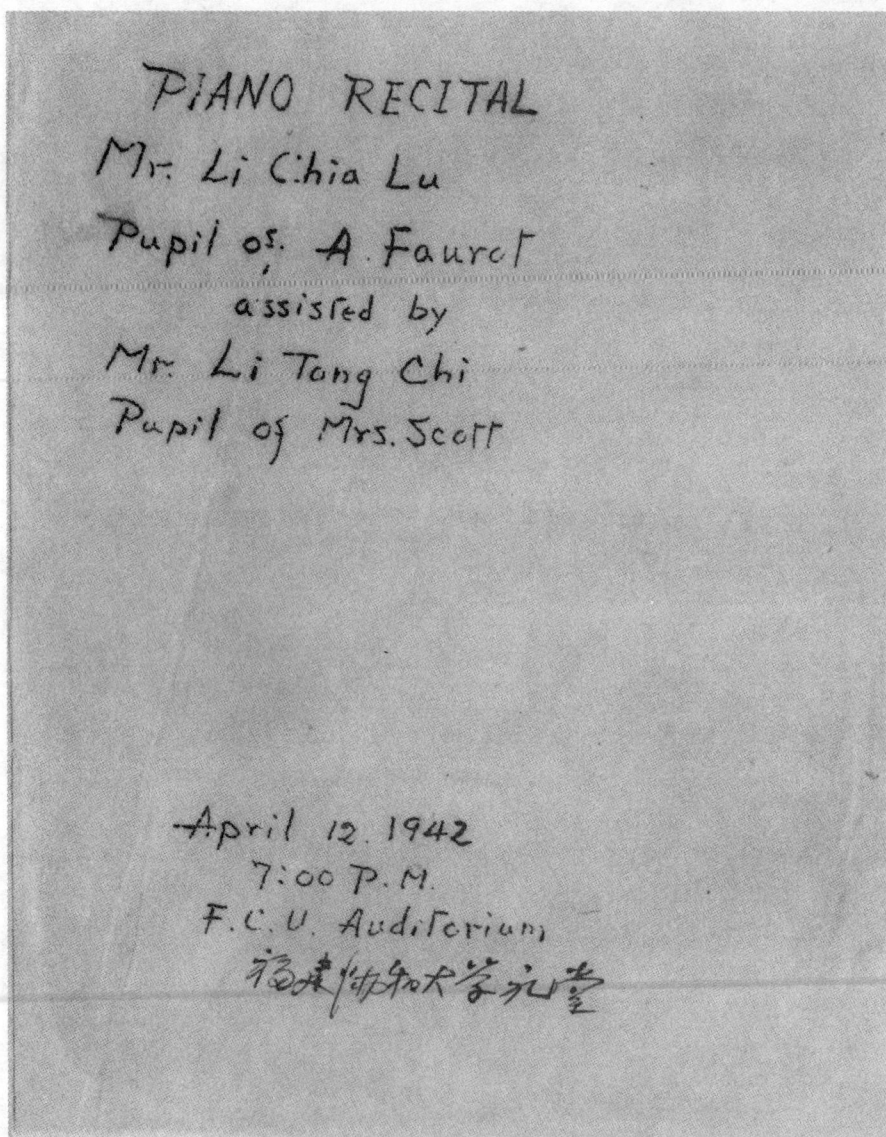

PIANO RECITAL
Mr. Li Chia Lu
Pupil of. A. Faurot
assisted by
Mr. Li Tong Chi
Pupil of Mrs. Scott

April 12. 1942
7:00 P.M.
F.C.U. Auditorium
福建协和大学礼堂

福路学生李嘉禄 1942 年 4 月 12 日晚 7 时于福建私立协和大学大礼堂举行钢琴独奏会，Ⅰ、Ⅲ、Ⅴ、Ⅶ为李嘉禄独奏曲。

Program

I

Sonata in Eb. op. 31. no. 3
------------Beethoven

Allegro
Allegretto vivace
Minuetto
Presto con Fuoco
Chia-lu Li

II

Duna -----------Megiil
Tong chi Li
accomp. by Chia lu Li

III

Intermezzo-------Brahms
Liebestraum-----Liszt
Concert Etude----Liszt
Chia-lu Li

IV

Heavenly Aida----Verdi
Tong-chi Li
accomp. by Chia lu Li

V

Etude (Revolutionary) Chopin

Etude ('Cello) ____ Chopin

Polonaise in A♭ Chopin

Chia-lu Li

VI

The Two grenadiers

_____ Schumann

Tong-chi Li

VII accomp. by Chia-lu Li

Moonlight _____ Debussy

The Maid with the Flaxen

Hair _____ Debussy

The Sunken Cathedral

_____ Debussy

Arabesque _____ Debussy

Concert Etude _____ MacDowell

Chia-lu Li

Two Piano Recital
Mr. Albert Faurot
Mr. Li Chia Lu
Mr. Li Kuo Yuan
assisted by
Mrs. Roderick Scott, soprano

I

The Philosopher · · · · · · · ·	A. Arensky
Romance · · · · · · · ·	A. Arensky
Valse · · · · · · · ·	A. Arensky

Mr. Li Kuo Yuan
Mr. Faurot

II

Song of Sunshine · · · ·	Florence Turner-Maley
By the Waters of Minnetonka · · ·	Thurlow Lieurance
Without a Song · · · · ·	Vincent Youmans

III

Concerto in C minor · · · · · ·	Rachmaninoff
Moderato	

Mr. Faurot
Orchestra parts by Mr. Li Chia Lu

IV

Villanelle (A Rural Song) · · · ·	Eva Dell' Acqua

Mrs. Scott

V

Concerto in A minor · · · · · · · ·	Grieg
Allegro Moderato	
Adagio	
Allegretto	

Mr. Li Chia Lu
Orchestra parts by Mr. Faurot

Fukien Christian University
June 15, 1942

1942 年 6 月 15 日福路教授与学生李嘉禄在福建协会大学举行双钢琴协奏曲音乐会。

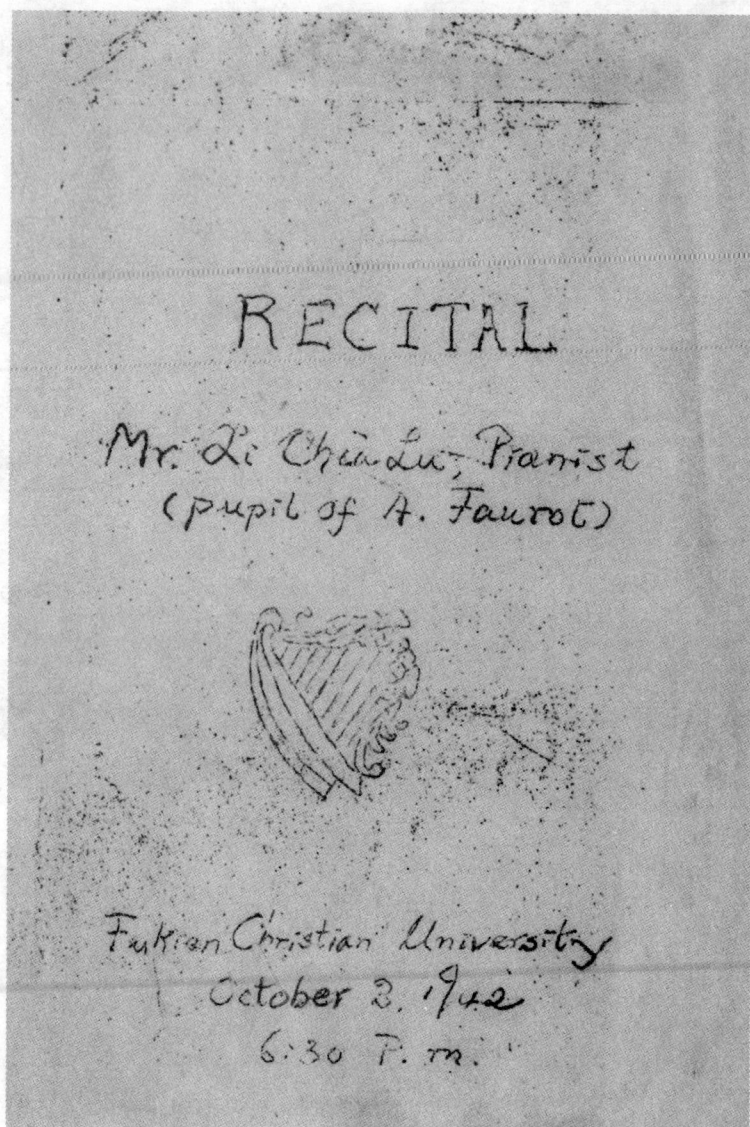

1942 年 10 月 3 日福路教授的学生李嘉禄于福建协和大学礼堂举行钢琴
独奏会。

Program

I

Chopin ——————— Ten preludes
from op. 28

I

M. de Falla ————— Fire Dance
Rachmaninoff ————— Prelude in G.
Cadman ——— The Pompadour's Fan
J. Zieland ——— The island spell.

III

Schumann — Etudes Symphoniques

RECITAL
Mr. Li Chia Lu, Pianist
(Pupil of A. Faurot)

Fukien Christian University
Shaowu China
January 16, 1943
6:00 P.m.

离开协大应聘在国立福建音专之前

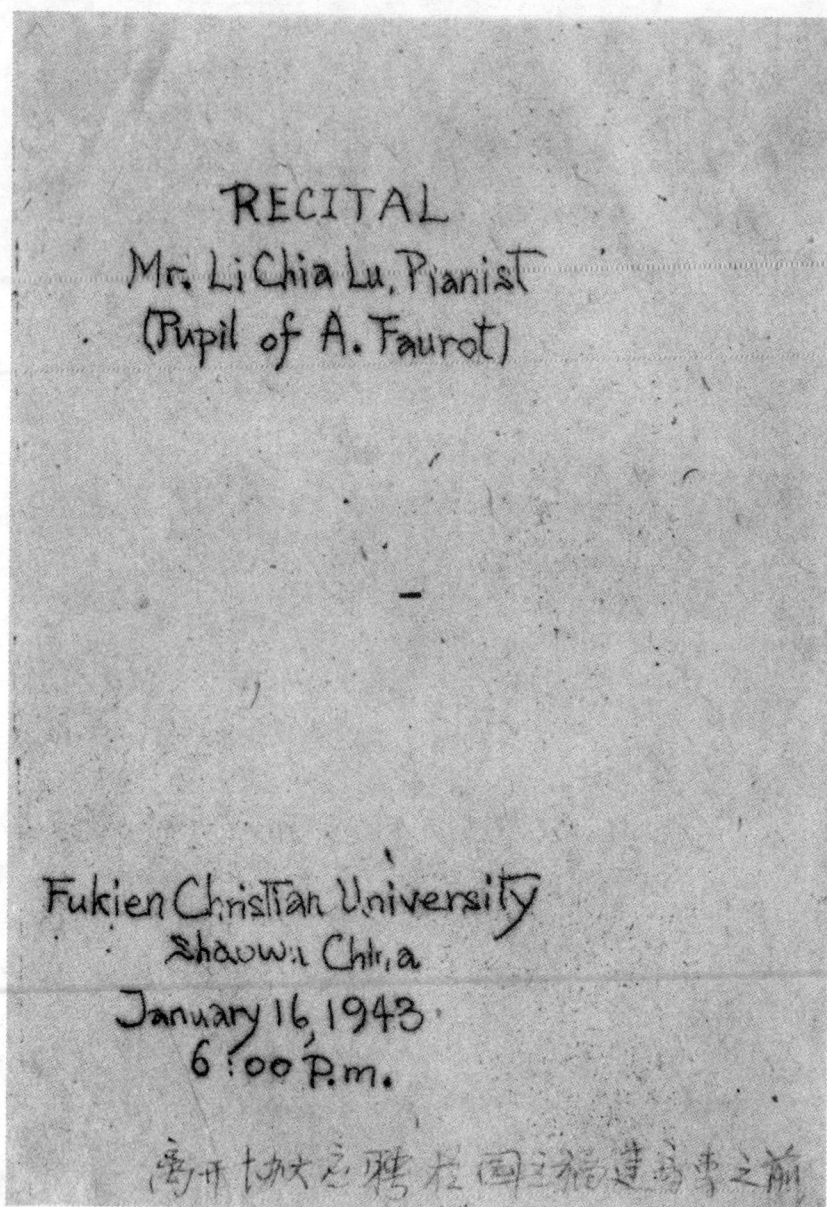

1943 年 1 月 6 日晚 6 时　李嘉禄应聘于国立福建音专前在福建协和大学开告别音乐会

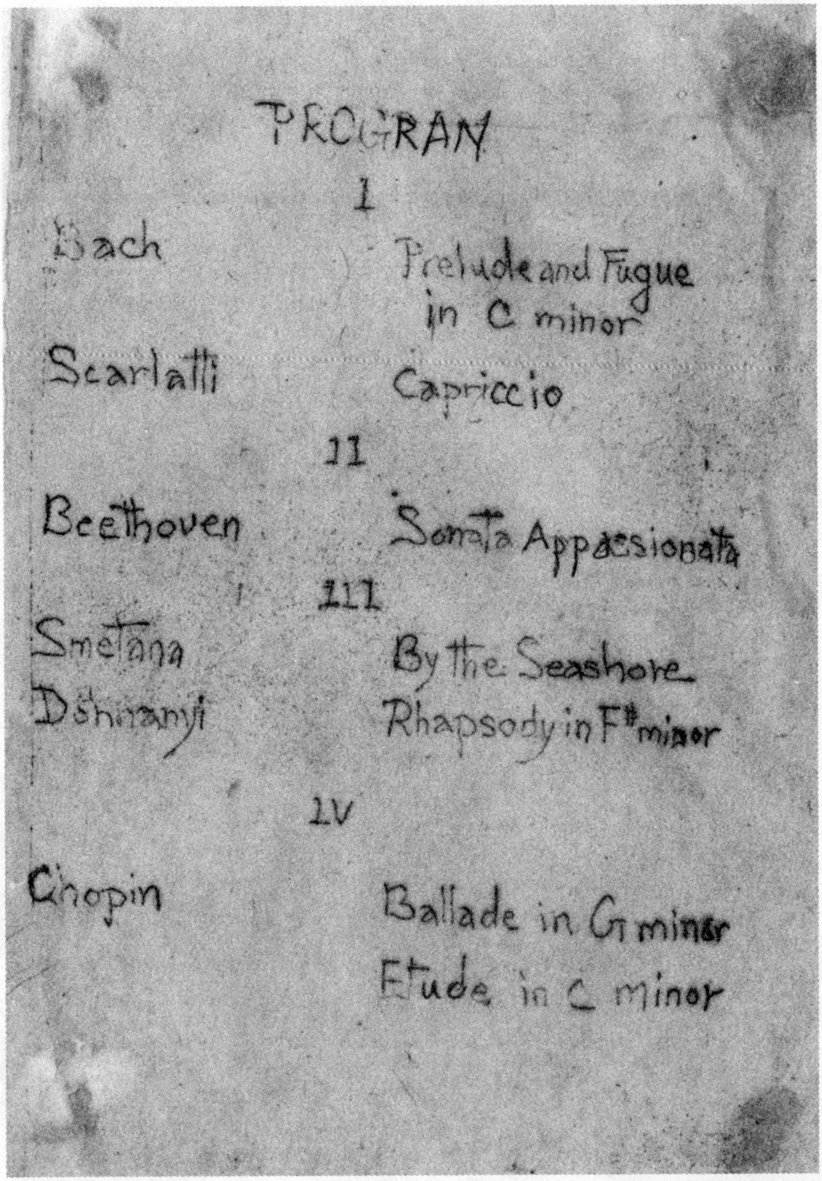

PROGRAN

I

Bach　　　　　　Prelude and Fugue
　　　　　　　　　　in C minor

Scarlatti　　　　Capriccio

II

Beethoven　　　Sonata Appaesionata

III

Smetana　　　　By the Seashore
Dóhnanyi　　　　Rhapsody in F# minor

IV

Chopin　　　　　Ballade in G minor

　　　　　　　　Etude in C minor

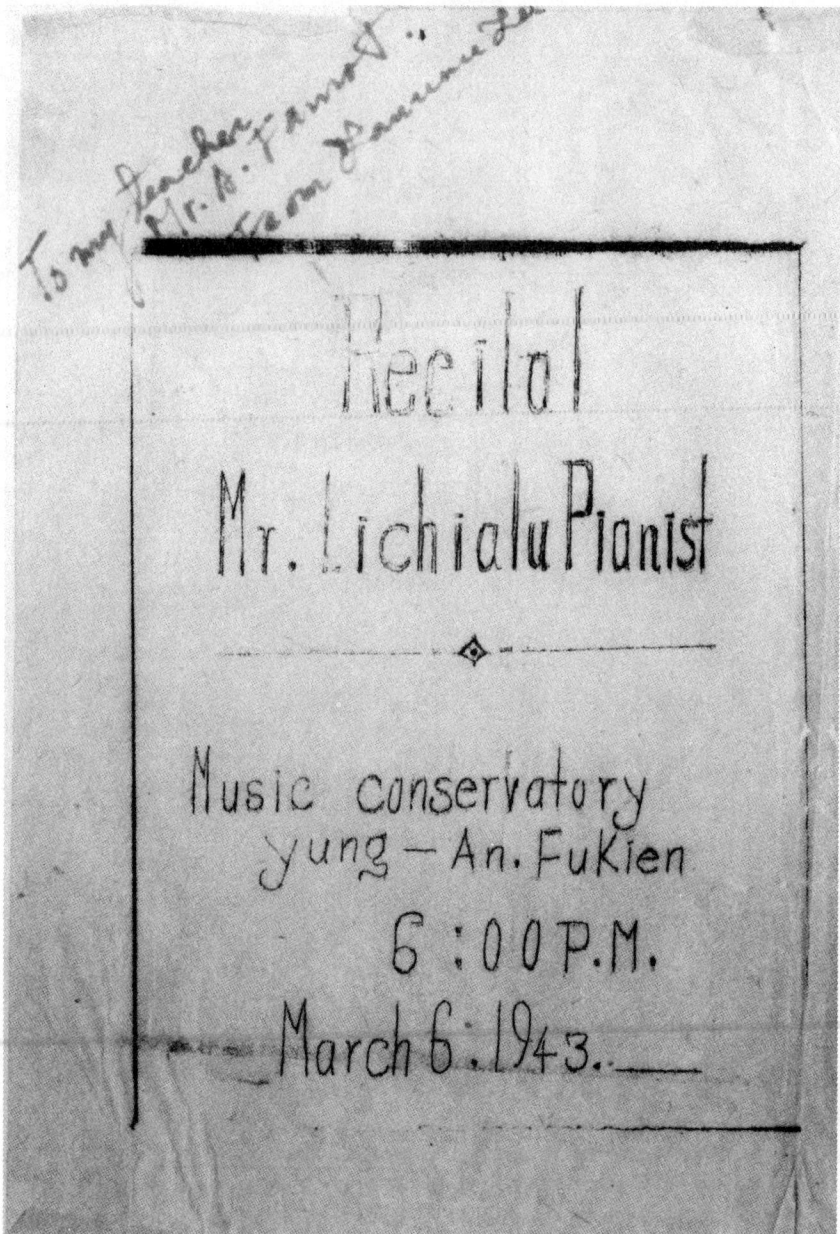

1943 年 3 月 6 日晚 6 时　李嘉禄于福建永安国立福建音乐专科学校开钢琴独奏音乐会。
左上角为李嘉禄签名送给福路教授。

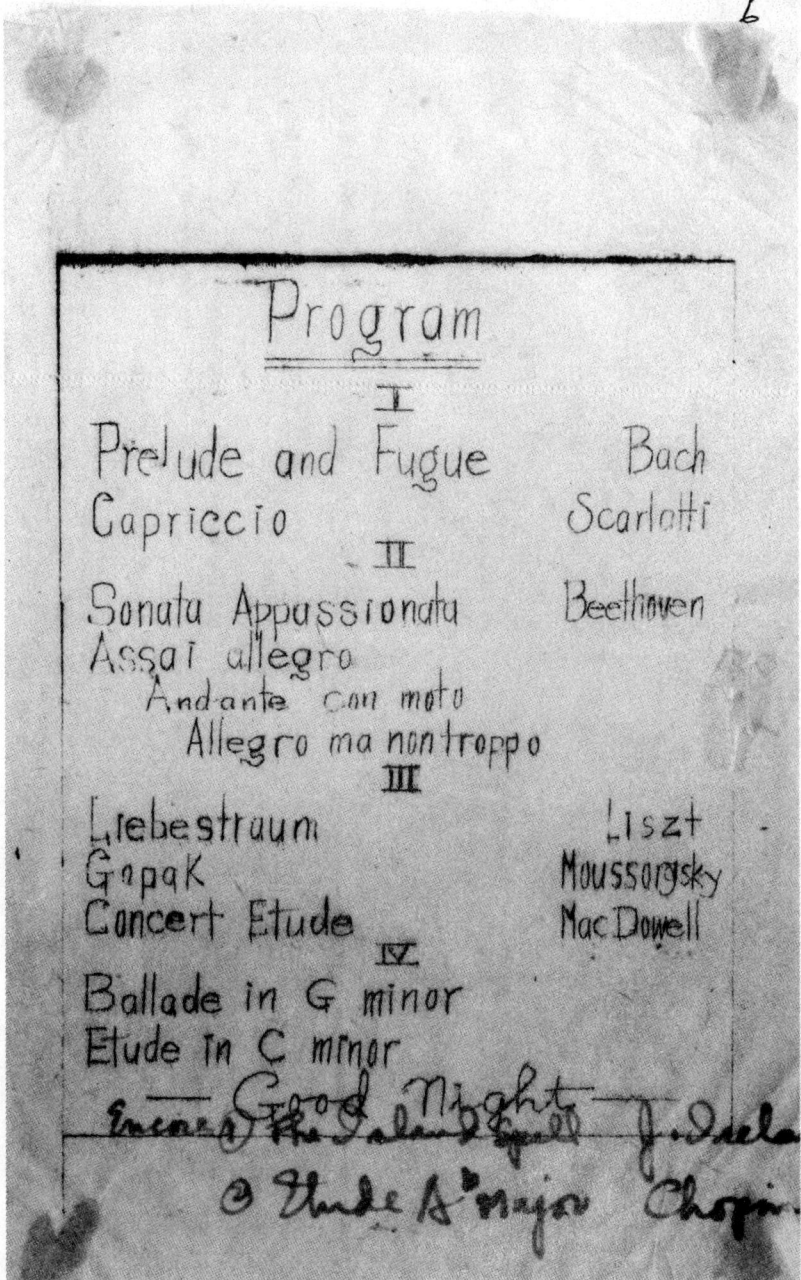

右下角为返场时李加演的二首乐曲。

對號　入座

兒童不招待

每劵限一人　$20

時間：民國三十二年六月二十一日晚七時

地點：永安中山紀念堂

No. 00026

國立廈門音樂專科學校

李加祿先生

鋼琴獨奏會

一欵

請

章彥先生　小提琴獨奏
黃飛立先生　小提琴獨奏
程韻子先生　女高音獨唱

Program	節目

I

Scarlatti...... Capriccio 狂想曲
Beethoven...... Moonlight sonata 月光曲
　　Adagio sostenuto
　　Allegretto
　　Presto agitato

II

小提琴獨奏　章彥先生

Ch. Deberriot op.100 協奏曲

III

黃飛立先生

Chopin...... Etude in C Minor 練習曲
　　Ballade in Ab 敘事曲
　　Nocturne in F♯ 夜曲
　　Scene de Ballet幻想
　　Polonaise in Ab 波蘭舞曲

—— Interval 休息 ——

IV

Godard...... Le Cavalier Fantastique騎士幻想曲
Debussy...... Clair de lune明月
Cadman...... The Pompadour's Fan流佩洛的扇子
Smetana...... By the Seashore海濱

V

程韻子先生　女高音獨唱

G. Verdi...... Scena and Aria (Rigoletto) "Rigoletto"之插曲
黃貞...... 思鄉

VI

Liszt...... Concert study in Db音樂會練習曲
　　Hungarian Rhapsody No. 2 匈牙利狂想曲

完

對號入座

每券貳限一人　兒童恕不招待

$20

時間：民國卅二年六月廿三日晚七時

地點：永安中山紀念堂

No._____

國立福建音樂專科學校

李加祿先生

鋼琴獨奏會

請
柬

一欵

黃彥立先生　小提琴伴奏

程爵子先生　女高音獨唱

Program	節目

I

Godard............Lecavlier Fantastique莱士幻想曲
Brahms............Intermezzo in Eb降E間奏曲
Beethoven ......Moonlight Sonata月光曲
　　　　　Adagio sostenuto
　　　　　Allegretto

II
　　　　　Presto ygitato

III

小提琴伴奏　　　黃彥先生
Beethoven............Romance in F降F奏鳴曲
Pablole Sarasate op 20 Zigeunerweisen流浪者之歌

Ireland............The Island Spell海島曲
Debussy ......Reflections on the water水上流光
Moussorgsky......Pictures at an Sthibition詠畫意
　　　　　Promenade
　　　　　The Gnome (Promenade)侏儒
　　　　　An old castle (Promenade)古堡

Children quarreling in the Garden兒童口角
　　　　　Ox—cart牛車
　　　　　Baby chicks小鷄
　　　　　Market place市场
　　　　　Great Gate at Kiew偉大的凱旋
IV
　　　　Interval　休　息

Chopin............Polonaise in A波蘭舞曲
　　　　Stydein Db探習曲
　　　　Clbk preludes降鐘序奏曲
　　　　Stude in Ab探習曲
　　　　Polonaisesin Ab波蘭舞曲
V
女高音獨唱　　程爵子先生
G. Puccini......Vissid' are, Vissid' amore "Tosca"之挿曲
黃目　　　　玫瑰三願
VI
Liszt............Concert study in Db音樂會練習曲
　　　　Hungarian Rhapsody No. 2 匈牙利狂想曲

完

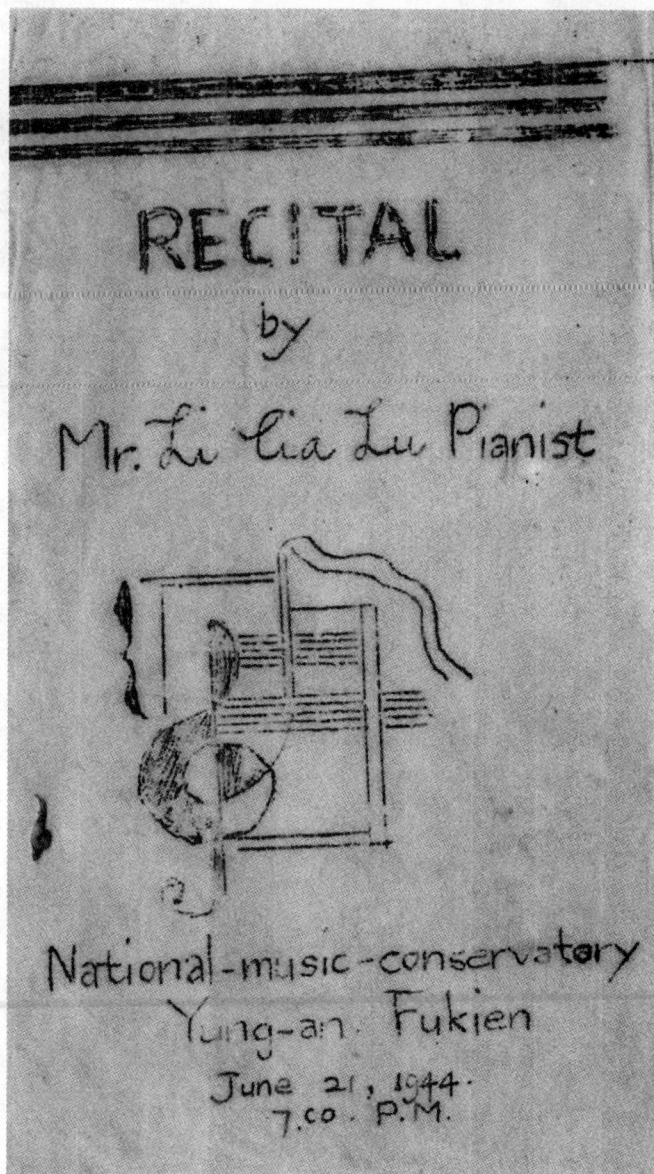

1944 年 6 月 21 日晚 7 时李嘉禄于国立福建音乐专科学校礼堂开钢琴独奏音乐会。

PROGRAM

I.

Toccata and Fuga
(in D minor)
-----Bach.

II.

Nocturne (in B♭ minor)
Nocturne (in F♯ major)
Fantaisia-Impromptu
-----Chopin.

III.

Capriccio (in F minor)
-----Dohnany

Castilian Dance
-----Albeniz

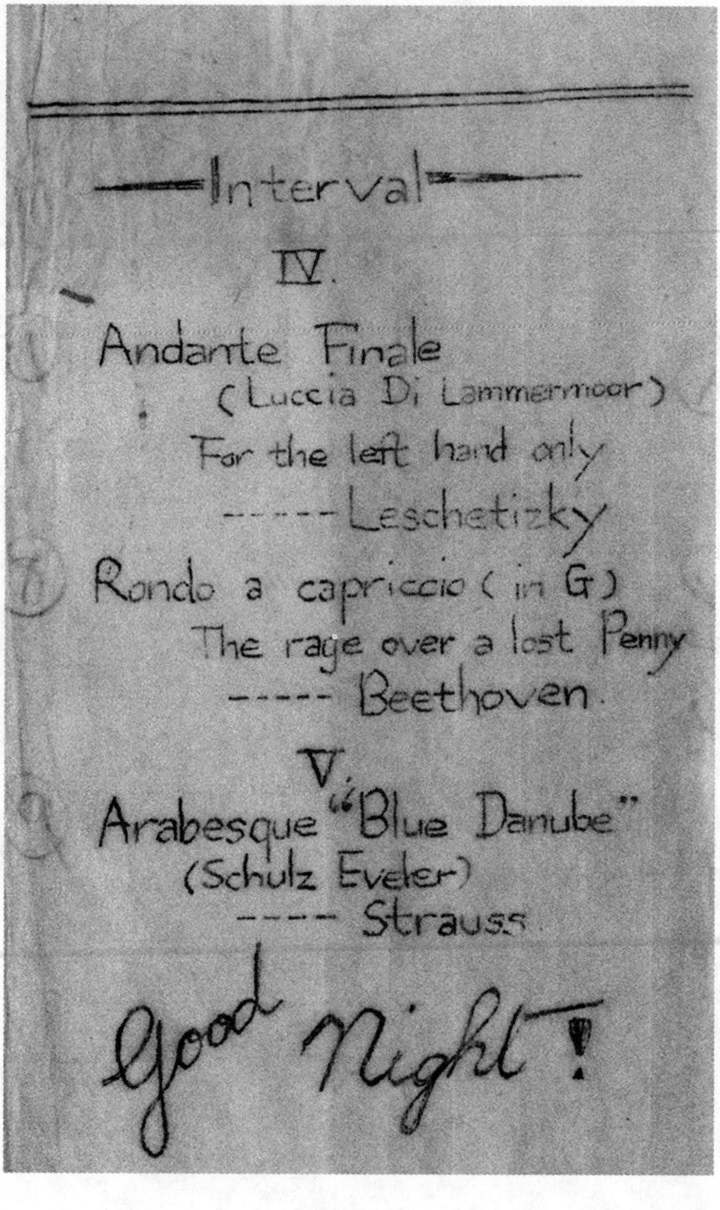

—Interval—

IV.

Andante Finale
(Luccia Di Lammermoor)
For the left hand only
------Leschetizky

Rondo a capriccio (in G)
The rage over a lost Penny
----- Beethoven.

V.

Arabesque "Blue Danube"
(Schulz Eveler)
---- Strauss.

Good Night!

1945年2月1日6时30分李嘉禄于福建永安国立音乐专科学校举行钢琴独奏音乐会。

PROGRAM

I

J.S.Bach — Partita I in ♭B

Präludium (序曲)
Allemande (德国的法国舞)
Corrente (渣蘭西年曲)
Sarabande (西班牙舞曲)
Menuetto I (法肯西舞曲 I)
Menuetto II (法肅西舞曲 II)
Gique (舞曲)

II

Schumann — Carnaval Suite op.9 (狂欢节)

Préambule (序曲)
Pierrot (比亥洛)
Arlequin (阿来金)
Valse noble (高贵圆年曲)
Eusebius (歐雪比亚士)
Florestan (雪洽雪坦)
Coquette (阿娜者)
Replique (答谢)

b. Papillons（蝴蝶）
　　Lettres Dansantes
　　　Chiarina（克阿仁娜）
　　　　Chopin（晓邦）
　　　　　Estrella（伊史德利拉）
　　　　　　Reconnaissance（辩认）
　　　　　　　Pantalon et Colombine（邦太隆）
c. Valse Allemande（Paganini）（德国风圆舞曲）
　　Aveu（誓）
　　　Promenade（漫步曲）
　　　Pause（休止）
　　　　Marche des Davidsbündler contro
　　　　　les Philistins

Chopin --- Nocturne in G op.37. No.2（夜曲）
　　　　　　Nocturne in #F op.15. No.2（夜曲）
　　　　　　Etude in E op 10. No.3（技术曲）
　　　　　　Etude in f minor op.25. No.2（技术曲）

Scriabine --- Etude in E（技術曲）

Liszt --------- Hungarian Rhapsody No.6
（第六 匈牙利狂想曲）
La campanella (N. Paganini)
（钟）

Good Night!

CONCERT
LAURENCE LEE, Pianist
assisted by
A. FAUROT, Tenor
BRADLEY CHEN, Accompanist

Program

I

a. Black Key Etude .... Chopin
b. Butterfly Etude .... Chopin
c. The Bells .... Paganini—Liszt

Mr. Lee

II

a. Dalla sua Pace (Don Giovanni) .... Mozart
b. Sound an Alarm .... Handel

Mr. Faurot

III

a. Ballade in F .... Chopin
b. Nocturne in D flat .... Chopin
c. Hungarian Rhapsody, No. 2 .... Liszt

Mr. Lee

IV

a. Aria: La Boheme .... Puccini
      "Your Tiny Hand is Frozen"
b. Aria: Il Pagliacci .... Leoncavallo
      "On with the Motley"

Mr. Faurot

V

a. Children's Corner Suite .... Debussy
      1. Dr. Gradus ad Parnassum
      2. Serenade for the Doll
      3. Golliwog's Cakewalk
b. Rigoletto Paraphrase .... Liszt

Mr. Lee

VI

a. Sylvelin .... Sinding
b. Come to the Fair .... Martin
c. I Love Life .... Mana-Zuca

Mr. Faurot

VII

a. Variations Serieuses .... Mendelssohn
b. Hungarian Rhapsody, No 6 .... Liszt

Mr. Lee

1945.12.5

1945 年 12 月 5 日晚 7 时钢琴家李嘉禄钢琴独奏音乐会。Ⅰ、Ⅲ、Ⅴ、Ⅶ为李嘉禄独奏曲，Ⅱ、Ⅳ、Ⅵ为福路教授独唱曲目。

DOANE COLLEGE DEPARTMENT OF MUSIC

Senior Recital

by

LAURENCE CHIA-LU LEE

Piano

Lee Memorial Chapel
Tuesday, January 4, 1949
8:15 p. m.

Program

Prelude and Fugue in B flat minor	*Bach*
(From The Well-Tempered Clavichord, Book I)	
Sonata in A flat major, Op. 110	*Beethoven*
Moderato cantabile molto espressivo	
Allegro molto	
Adagio ma non troppo (Arioso) -- Allegro, ma non troppo (Fuga)	
Capriccio in B minor, Op. 76, No. 2	*Brahms*
Intermezzo in E major, Op. 116, No. 4	*Brahms*
Capriccio in G minor, Op. 116, No. 3	*Brahms*
Fairy Tale, Op. 26, No. 3	*Medtner*
Bear Dance	*Bartok*
Allegro Barbaro	*Bartok*

1949 年 1 月 4 日晚 8 时 15 分李嘉禄在美国内州道安大学音乐厅举行钢琴独奏会。

THE UNIVERSITY OF NEBRASKA
SCHOOL OF FINE ARTS

presents

LAWRENCE CHIA-LU LEE

in

GRADUATE RECITAL

IN PARTIAL FULFILLMENT OF THE REQUIREMENTS
FOR THE MASTER OF MUSIC DEGREE

Social Science Auditorium, Thursday Afternoon
March Sixteenth, Nineteen Hundred Fifty
Four O'Clock

1950, 3, 16

PROGRAM

Two Sonatas	*Scarlatti*
Sonata K.333	*Mozart*
Allegro	
Andante Cantabile	
Allegretto grazioso	
Impromptu in F♯	*Chopin*
La Campanella	*Liszt*
Sonatine	*Ravel*
Modere	
Mouvt de Menuet	
Anime	
Nocturne	*Valarie Jelobinsky*
Waltz	*Valarie Jelobinsky*
Toccata	*Debussy*

　　1950 年 3 月 16 日下午 4 时李嘉禄在内州州立大学社会科学大礼堂举行毕业音乐会两场完全不同节目中之一。

金 女 大 音 樂 系

爲 皖 北 災 民 募 捐 寒 衣

音 樂 演 奏 會

李 加 祿 先 生 (鋼琴獨奏)

溫 可 錚 先 生 (男低音獨唱)

方 仁 慧 女 士 (伴　奏)

1950年 十一月 廿四日 下午 七時半

本 校 大 禮 堂

節　目
★

I. 鋼琴

C 短調練習曲作品廿五第十二號 ... ... 蕭邦 Chopin
Etude in C Minor, op. 25, no. 12

升F長調即興曲作品卅六第二號 ... ... 蕭邦 Chopin
Impromptu in F Sharp, op. 36, no. 2

降A長調流瀉舞曲作品五十三 ... ... 蕭邦 Chopin
Polonaise in A Flat, op. 53

II. 男低音

詠　嘆　調　選自歌劇"魔笛" ... ... 莫扎特 Mozart
O Isi: und Osiris from "Zauberflöte"

卿似一朵鮮花 ... ... 舒曼 Schumann
Du bist wie eine blume

父親悲傷的心 ... ... 凡爾第 Verdi
Il lacerato spirito from "Simon Boccanegra"

舞吧!少女 ... ... F. Durante
Dance, Maiden, Dance

休　息

III. 鋼琴

托克特作品十九 ... ... 查羅載斯基 V. Jelobinsky
Toccata, op. 19

夜曲作品十九 ... ... 查羅載斯基 V. Jelobinsky
Nocturne, op. 19

圓舞曲作品十九 ... ... 查羅載斯基 V. Jelobinsky
Waltz, op. 19

升C短調練習曲作品卅三第九號 ... 雷克曼尼奈夫 Rachmaninoff
Etude in C Sharp Minor, op. 33, no. 9

IV. 男低音

紅彩妹妹 ... ... 綏遠民歌
馬車夫之歌 ... ... 新疆民歌
伏爾加船夫曲 ... ... 俄羅民歌
Fu Yzhemb!

V. 鋼琴

中國風味的鋼琴長奏鳴曲(第一樂章) ... 李加祿 Chia-Lu Lee
Chinese Piano Sonata (First Movement)

鐘 ... ... 李斯德 Liszt
La Campanella

捐獻飛機大炮坦克

音樂會

鋼琴獨奏　李加祿先生

男低音獨唱　溫可錚先生

伴奏　李加祿先生

時間：1951年9月1日晚七時半

地點：亞洲電影院

★ 衛國保家 ★

★ 抗美援朝 ★

刊讯与挽联

李嘉禄教授病逝

【本刊讯】我国著名钢琴家、音乐教育家、上海音乐学院钢琴系副主任、院学术委员会委员、中国音乐家协会上海分会理事、上海徐汇区政协常委、中国民主同盟盟员李嘉禄教授因患癌症,医治无效,于 1982 年 2 月 19 日不幸逝世,终年六十三岁。

李嘉禄教授在大学时期曾向美国钢琴演奏家福路(Albert Faurot)学习钢琴。在美留学期间又从师于欧洲著名钢琴家富兰克·曼海米尔(Franck Mannheimer)学习深造。1950 年夏天在美国内布纳斯加州州立大学音乐研究院获音乐硕士学位,并获美国全国荣誉奖金钥匙一枚。同年秋回国后,三十二年如一日,为我国钢琴事业的发展作出了杰出的贡献。他培养的优秀钢琴人才中,有国际比赛获奖者,有优秀的演奏家,有各地音乐院校、文艺单位的骨干力量。李嘉禄教授有高深的艺术造诣,丰富的教学经验,他生前所录制的唱片,编写的不少钢琴教材,以及大量的教学论文将成为我国钢琴教育事业中的宝贵遗产。

上海音乐学院于 3 月 7 日上午在上海龙华革命公墓隆重举行李嘉禄教授追悼会。文化部副部长周巍峙、中共上海市委副书记陈沂、文化部艺术教育事业管理局等个人和单位赠送了花圈。全国音协副主席、音协上海分会主席、上海音乐学院院长贺绿汀,上海文联党组书记钟望阳,上海音乐学院党委书记杨进,上海电影局党委书记孟波,上海作协副主席吴强和音乐学院其他负责人杨海天、贝纹、丁善德、谭抒真、周小燕、陈良、桑桐以及各系各部门师生员工参加了追悼会。参加追悼会的还有全国人大常委、法制委员会顾问、外贸学院副院长裘劭恒教授,市侨联秘书长郑竟辉,徐汇区政协主席、世界卫生组织亚洲及西太平洋地区神经科研究及训练中心主任、华山医院副院长史玉泉,上海肿瘤医院副院长俞鲁谊,中山医院外科主任、全国人大代表吴肇光,华东医院内科负责人李开沪,上海钢琴厂厂长黄辅廷以及李嘉禄同志的亲友等五百余人。

李嘉禄教授的骨灰盒于 3 月 12 日安放在龙华革命公墓干部骨灰室。

原载《音乐艺术》1982 年第 1 期

李嘉禄追悼会挽联

（抄录）

李嘉禄先生千古

卅载勤耕苦耘乐坛长赞颂

满园桃红李白文苑永芳菲

贺绿汀 敬挽

李嘉禄先生千古

四十年化育乐坛　　长愿传薪人常健

那堪病榻缠绵　　　力疾深宵著巨轶

九泉下若逢吾女　　应怜入室出同工

忍顾琴键深沉　　　神伤何处觅遗音

顾高地 敬挽

李嘉禄先生千古

探迹索隐　好学深思　琴音邃杳

栉风沐雨　诲人不倦　师表长存

陈叔亮　萧　远 敬挽

恩师李嘉禄教授千古

痛失良师情恩比天高悲恸乐界

名誉寰球桃李满天下含笑九泉

受业门生 徐祖颐　徐祖巽 敬挽

哀悼恩师李嘉禄

功业犹未尽　辞世竟喟忽
千里寄哀思　严师音容存

香港 姚　彬　熊融礼 敬挽

李嘉禄教授千古

琴声震威美城
金钥匙在手为国争光再创新事业
尽乐坛沥血功勋留人间
蓓蕾绽开竞妍奇葩特多

张晓贤 敬挽

无　题

为悼念李嘉禄先生逝世而作

事业艰难坎坷多　鞠躬尽瘁一峰驼
丹心碧血勤耕作　欣看桃李遍故国

李嘉禄先生千古

呕心沥血　教书教人　启一代器乐演奏新风
鞠躬尽瘁　为国又为民　攀(登)世界钢琴艺术高峰

黄登辉　龚美娜 敬挽

李嘉禄教授千古

音容宛在　教泽长存

汪培元　赵节明 敬挽

师表长存

为献丹心辞他山　卅载耕耘未曾闲

如今良师杳然去　留得桃李满人间

为人师表

维音乐贡献一生　为祖国培育人才

后 记

编撰李嘉禄纪念文集的想法是在李谢世之后 25 年来逐渐形成的。这些年中我先后遇见过许多他生前的学生,有定居国外的也有在国内的,有解放前的也有解放后的,他们都至今仍然在辛勤执教。他们通过自己多年的教学实践都有一点共同的感受,那就是现在他们能深刻得多地理解李老师的教学中许多可贵之处。尤其是他对不同时代,不同民族,不同流派,不同作曲家的风格的精湛理解和准确的诠释。更重要的是他总是把风格分析的要素和方法同时教给学生。这样的教学法使学生具备了独立研究和探索音乐艺术的灵魂的能力,并代代相传。而老师的那种一丝不苟的教学态度也有形无形地一直在影响着他们自己的教学。在许多这样的交谈中总会出现这样一个话题:"……该用哪种方式来表达对老师的感谢和怀念呢? ……"就这样我们在 2006 年春季开始酝酿出纪念文集,原本预计能在嘉禄去世 25 周年(2007 年 2 月 19 日)出版,但由于本人定居国外,加上李生前的学生多数地址、电话都有所更动,要联系国内外所有的学生,是较费时的,因此决定延期到 2007 年年底出版。

去年 10 月底在一个偶然的场合上,杨燕迪院长得知李嘉禄的纪念文集在进行中,杨院长对我说:"钢琴系现在正需要献礼的课题,而目前还没有任何课题,你是否愿意把此文集作为钢琴系在上海音乐学院 80 周年院庆的献礼? 我让杨韵琳系主任和你联系。"我们考虑后,认为既然李嘉禄把毕生最精华的精力和时间都默默地、无私地奉献给上海音乐学院钢琴系,我们也应继承他的精神把这文集无私地奉献给钢琴系作为上海音乐学院八十周年校庆的献礼。

本文集中的纪念文章是先根据投稿者的毕业年限为准,后按姓氏简体笔划顺序而编排的,有不妥之处,请鉴谅。

李嘉禄在 1975 年所写的《织体浅说》及《织体短例》由于时代的局限性,仅以革命样版戏和革命歌曲为依据;而他为配合李恒在部队的任务所写的部分内容——有关如何弹好革命样板戏:《钢琴伴唱红灯记》、《常青就义》、《奋勇前进》及《国际歌颂钢琴协奏曲》……等就不在此文集里出版了。

李生前最视为无价之宝的就是他按年代保留的独奏音乐会和他参加演出过的节目单两本,在文革开始时,连同他在国外演出的照片都被焚烧殆尽;而他的贝多芬 32 首奏鸣曲集两本里有许许多多自己教学的注释也遗失了。所幸在"文革"后,李嘉禄生前福建音专的学生陈炳煌、许文新、林鸿祥和福路教授割爱赠送其中的个别节目单及照片,方得增添文集的完整性,我从心底里感谢他们。

李嘉禄生前在教学改革时创作及改编的乐曲,曾在上海音乐学院钢琴系油印作为教材使用,文革前也曾经在周末音乐会由不同的同学多次公演过,目前尚缺两首:

《南泥湾》李嘉禄、裘寿平曲(裘寿平数次公演过)

《真是乐死人》李嘉禄改编

如有某一位老师仍保留着李生前演出的节目单或上述两首油印谱又愿意让我复印一份者,请与钢琴系联系,谢谢!

本文集能在上海音乐学院八十周年大庆之前完成,作为钢琴系献礼之用,是与院庆办公室及院出版社同志的辛劳分不开的,对于姚世真、徐临二位老师在百忙中帮忙校对,特此表示感谢!

吴誌顺

2007 年 6 月 10 日